D1720877

Лариса Васильева

Собрание
сочинений

Лариса Васильева

Собрание сочинений

Москва
«АТЛАНТИДА XXI ВЕК»
ЭКСМО
2002

Лариса Васильева

Собрание сочинений

Дети Кремля

●

Факты, воспоминания,
документы, слухи, легенды
и взгляд автора

Москва
«АТЛАНТИДА XXI ВЕК»
ЭКСМО
2002

УДК 882
ББК 84(2Рос-Рус)6-4
В 19

Оформление художника *А. Новикова*

Васильева Л. Н.

В 19   Дети Кремля. — М.: Региональная культурно-просветительская общественная организация «Атлантида — XXI век», Изд-во Эксмо, 2002. — 448 с., илл.

ISBN 5-04-006759-3

В прошлые времена дети правителей были царевнами и царевичами. XX век изменил все.

«Дети Кремля» — продолжение книги «Кремлевские жены» — документально-публицистическое исследование, раскрывающее многие тайны минувших десятилетий.

В этой книге приподнимается завеса над некоторыми неясными страницами истории семьи Владимира Ульянова-Ленина. Рассказывается о судьбах детей «врагов народа» Каменева и Гамарника.

Дети Сталина, Ворошилова, Кагановича, Берия, Микояна, Буденного, Хрущева и многих других появляются в книге. Кем стали современные царевны и царевичи? Кем не стали они? Что дал им Кремль и что отнял у них? Чем отличались они от простых детей страны, что было между ними общего, и не всех ли вместе их можно назвать кремлевскими детьми, ибо происходившее за красными стенами касалось каждого человека?

На эти и многие другие вопросы отвечает книга.

В ней много черт кремлевского быта разных лет. В ней также история детей и внуков писателя Максима Горького, в последние годы его жизни тесно связанного с советской властью.

Книга «Дети Кремля» богато иллюстрирована фотографиями из семейных архивов.

УДК 882
ББК 84(2Рос-Рус)6-4

ISBN 5-04-006759-3

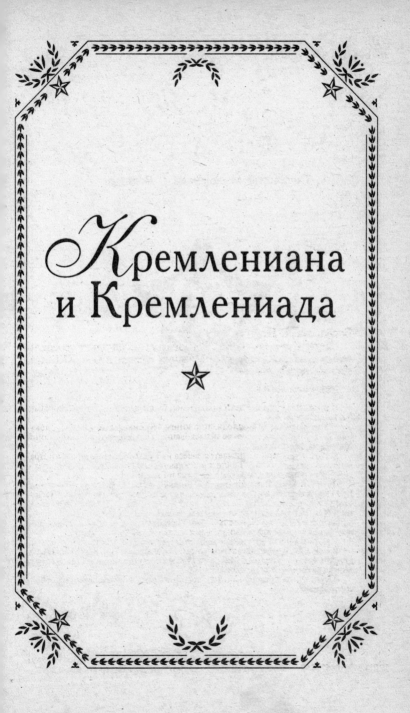

Кремлениана и Кремлениада

Вступление

Кардиограмма Кремля...

Взлетающие и опадающие диастолы и систолы нашей жизни сосредоточены в каменной музыке этих стен. Вверх — вниз — вверх — вниз.

Кремль с птичьего полета похож на сердце. Это и есть сердце России. Замри Кремль — замрет страна.

Кремлениана — книги, картины, песни, фильмы — симфония красок, слов, звуков — все о Кремле.

Что о Кремле?

1147 год. Князь Юрий Долгорукий дает Кремлю жизнь. Со взлетами и падениями, с поражениями и победами идет стремительный рост русской государственности.

Междуусобицы, нашествие Орды — тяжкие болезни. Сердце бьется глуше, тише, медленнее...

Начинается возрождение: кремлевские дети — Иван Калита, Симеон Гордый, Иван Красный, Дмитрий Донской, Иван III начинают собирать Россию.

1472 год. Москва готовится к торжественной встрече византийской царевны Софии Палеолог.

Изгнанная турецким нашествием из Константинополя, царевна жила в Риме и не могла примириться с потерей родины. Она хотела назад: в детство, в юность, в мир Святой Софии, в перезвон византийских колоколов.

Невозвратимо.

Внимание царевны обращается на восток: в России овдовел государь, Иван III. Да, Москва далекая — да, дикая, но быть царицей в ней, а не изгнанницей в Риме — цель!

София въезжает в Москву.

Город поражает ее воображение. Она построит здесь второй Константинополь.

Женщина приглашает лучших мастеров Европы и начинает строить каменный Кремль. Биение ее сердца запечатлено в музыке кремлевских соборов.

Вниз — Лжедмитрий. Польское нашествие. Разруха.

Вверх — первые Романовы, Михаил и Алексей наполняют Кремль жизнью, движением, неторопливо-густыми голосами спорщиков бояр, шорохом платьев стеснительных жен, детским плачем и девичьими песнями. Семнадцатый век — Кремль, огромный семейный дом.

Вниз — стрелецкие бунты. Обагренное боярской кровью Красное крыльцо Кремля. На нем царевна Софья Романова с двумя перепуганными братьями-царевичами, Иваном и Петром, а после — выросший Петр казнит стрельцов под кремлевскими стенами.

Вниз, вниз, вниз — на два века Москва не столица. Опала Кремля — месть кремлевского сынка Петра сердцу России за его детский страх на Красном крыльце.

Снова — вверх. 1918 год. Москва опять столица. Кремль восстает из двухвековой летаргии.

Кардиограмма Кремля...

Много книг написано об истории, архитектуре, живописи нашей Красной Крепости. Много песен спето.

Кремлениана нескончаема.

Но чем больше пишут и говорят, тем все шире, расплывчатее образ этого русского чуда. И, может быть, поэтому навстречу Кремлениане является Кремлениада...

* * *

Суффиксы и окончания русского языка — мощные стилисты нашей истории. Один какой-нибудь слог, одна даже буква меняют слово так, что все огромное историческое явление приобретает иной, часто совершенно противоположный смысл.

Был человек — сталинец, приверженец великого вождя, строитель коммунизма, борец за светлое будущее человечества.

Стал человек — сталинист, приспешник тирана, маньяк, преданный жестокой тоталитарной идее, строитель лагерей и тюрем.

И что удивительно, разнящиеся всего лишь суффиксами, ставшие противоположностями, слова эти живут в истории рядом, как сиамские близнецы, ибо и те, и другие люди — были. Часто в одном человеке.

Кремлениана и Кремлениада. Всего лишь одна буква, а какая разница.

Кремлениада — история внутренней жизни Кремля, его людей, их судеб, их тайн, их подлостей и великих деяний — рассказы о кремлевских характерах, семьях, женщинах, детях, о том, о чем обычно молчит не к месту стыдливая история.

* * *

Первый том моей «Кремлениады» — «Кремлевские жены» — это рассказ о том, что случилось в России, в двадцатом веке, на вершине власти с женщиной, ставшей кремлевской женой.

А там, где женщина, всегда дети.

Книга о кремлевских детях — рассказ о том, что случилось в России, в двадцатом веке, на вершине власти с детьми Кремля.

Почему в России? А где же еще, если это — наша родина?

Почему в двадцатом веке? А когда же еще — ведь это наше время.

Двадцатый век не похож на все вместе взятые предшествующие столетия. Восстань сегодня из гроба человек, умерший сто лет назад, он не узнает землю: огромные города, небоскребы, автомобили, летящие по асфальтовым трассам, самолеты, кино, телевизор, телефон — устанешь перечислять.

Почему на вершине власти?

Да потому, что там, как в фокусе, собирается все происходящее потом внизу, в миллионах жизней, ибо, несмотря на особенности века, человек все тот же: любит, ненавидит, радуется, страдает, совершает подвиги, делает подлости и т.д.

Все мы, в той или иной степени, кремлевские дети, сыновья и дочери великого и страшного времени, отсчитанного нам курантами на Спасской башне.

И все, что произошло с героями этой книги, в той или иной степени, произошло с каждым из нас.

САД ДЕТСТВА И ДЕТСКИЙ САД

Он был ребенком много лет назад.
Все люди эту стадию проходят
И часто от самих себя уходят
Из Сада Детства, что не детский сад.

Осень тысяча девятьсот сорок седьмого года. Праздник 800-летия Москвы. Нарядные толпы на улицах. Из парков доносятся звуки бравурных маршей и навсегда запечатлевающиеся в памяти слова песен:

Сталин — наша слава боевая,
Сталин нашей юности полет,
С песнями борясь и побеждая,
Наш народ за Сталиным идет!

Алые полотнища флагов. Вечерняя иллюминация. В небе на аэростатах покачиваются под ветерком портреты самого человечного человека. Когда темнеет, в пересечениях прожекторов изображения вождя зачаровывают: торжественное парение. Всеобщий восторженный настрой.

Моя семья недавно вернулась в Москву из эвакуации. Я поступила в пятый класс 609-й московской школы. Она находилась в Безбожном — бывшем Протопоповском — переулке. После революции ряд улиц и переулков Москвы, да и других городов, переименовывались назло проклятому прошлому. Теперь он снова Протопоповский. Тоже назло прошлому, но другому.

После маленького уральского заводского поселка столица ошеломила меня. Я училась во второй смене — утром часто одна гуляла по городу.

Однажды, в уютном переулке центра Москвы заметила я красивое четырехэтажное здание. Было около половины девятого — время, когда в школах начинаются уроки первой смены. К зданию стекались черные автомобили. Один за другим. Из них выпархивали девочки в школьных формах с белыми фартучками — тогда мальчики и девочки учились раздельно — и исчезали в широко распахнутых дверях. Автомобили медленно отъезжали.

Я подошла к зданию, поднялась на крыльцо. Как раз в эту минуту очередной лимузин остановился у подъезда, из него выбежала девочка, окинула меня неприязненным взглядом, обернулась, помахала ручкой мужчине, высунувшемуся из машины. На крыльцо вышла нянечка.

— Это какая школа? — сгорала я от любопытства.

— Школа, как школа, — и добавила, понизив голос. — Для счастливчиков школа. Ступай!

«Наверно, тут учатся музыке или живописи. Правда счастливчики», — подумала я.

— Нет, — позднее объяснила мама, — это школа для кремлевских детей. Там учатся также дети знаменитых артистов и писателей. Кажется, и простые есть. Ты хотела бы учиться там? Но отец не может отправлять тебя в школу на машине. Придется ездить на троллейбусе с двумя пересадками. Каждый день. Согласна?

Я задумалась. После любимой школы в уральском поселке, где все дружили, разыгрывали спектакли и участвовали в конкурсах художественного чтения — у меня даже грамота осталась: «За лучшее исполнение стихотворений М.Ю. Лермонтова», школа в Безбожном переулке казалась мне сборищем хулиганок, злючек и канючек, но надменная, равнодушная девочка, выбежавшая из машины, была еще противнее их.

Счастливчики? Кремлевские дети?

Нет, не хочу!

Как сейчас жалею я о том, что не ездила добрых пять лет на троллейбусе с двумя пересадками: была бы уникальная возможность самой воссоздавать атмосферу кремлевской школы, не опираясь на чужие воспоминания.

Впрочем, «лицом к лицу — лица не увидать». Собственные воспоминания всегда влекут к необъективности, чувствительности, они, как ни странно, значительно обманчивее для писателя, чем воспоминания тех, кого он слушает не как свидетель событий, а как летописец.

* * *

Кремлевский холм в веках был огромным семейным домом. Там рождались, росли, восходили на царство и умирали правители России. За его стенами процветали особые устои и традиции — охрана, слуги, интриги, сговоры, вражда.

Над золотыми главами соборов плыли колокольные звоны, возвещая то беду, то победу.

Несколько веков назад дитя кремлевского дома, десятилетний мальчик Петр Романов невзлюбил Кремль во дни стрелецкого бунта, грозившего ему смертью, а когда вырос, стал Петром Великим, то построил себе другую столицу, Санкт-Петербург. Кремль захирел.

Большевики возродили традицию — с 1918 года Кремль опять стал огромным семейным домом, с новыми, казалось бы, невиданными прежде традициями, но как и прежде: охрана, слуги, интриги, сговоры, вражда.

Над все более тускнеющим золотом соборных куполов уже не плыли колокольные звоны — звуки празднично-победных радиомаршей заменили их.

Наш паровоз, вперед лети,
В коммуне остановка,
Иного нет у нас пути,
В руках у нас винтовка.

В прошлые века дети Кремля становились царевнами, царевичами. Некоторые царевичи становились царями. Двадцатый век изменил все.

Кем же стали дети нашего века, выросшие в Кремле и около него?

Какой опыт оставили они миллионам простых детей, которым предстояло и предстоит исправлять ошибки прошлого, делая собственные ошибки?

На эти и многие другие вопросы отвечают судьбы тех, кому Кремлевские куранты отбивали время не по радио, а прямо в ушки. Но без прошлого нет и настоящего: судьбы русских царевичей и царевен незримо витали над новой жизнью и, может быть, заслоны в исторической памяти поколений легли в основу новых трагедий, так похожих на старые, аукаясь и переплетясь с ними.

* * *

Династия Рюриковичей на Руси начиналась распадом одной семьи: киевского князя Игоря убили соседи. Жена его Ольга, желая обеспечить княжескую власть малолетнему сыну, жестоко отомстила убийцам и навела порядки в стране.

Эта династия через несколько веков прервалась распадом семьи многоженца Ивана Грозного и убийством его последнего сына, царевича Дмитрия.

Ни в чем не повинное дитя...

К гибели этого ребенка Романовы не были причастны, но в самом начале их царствования в Москве, у Серпуховской заставы при большом стечении народа был повешен четырехлетний Иван, сын польской шляхтанки Марины Мнишек и Лжедмитрия II, человека неизвестного происхождения. Мальчика убили, чтобы, вырастая, не стал игрушкой в руках авантюристов и не смел претендовать на российский престол.

Ни в чем не повинное дитя...

И начались генетические странности рода Романовых.

Первому царю, Михаилу Федоровичу, молодая жена Евдокия Стрешнева принесла десятерых детей: семь дочерей, три сына. Девочки были, в большинстве, сильные, живучие, мальчики — слабые, нежизнеспособные. Один сын выжил и взошел на престол — Алексей Михайлович.

Царю Алексею первая жена, Мария Милославская, подарила тринадцать детей: пять сыновей, восемь дочерей — сильные девочки и слабые мальчики; вторая жена, Наталья Нарышкина, родила троих: две дочери, один сын. И в этой семье тоже — сильные девочки, слабые мальчики. Один выдался богатырь — Петр. Воцарился.

Однако рок рода Романовых не обошел и его: от первой жены Евдокии Лопухиной у Петра I было трое, от второй, Екатерины, — одиннадцать детей. Сильные девочки и слабые мальчики.

Мужская линия рода Романовых оборвалась на Петре Великом — его внук Петр II не процарствовал и трех лет — умер.

Пришлось не слишком законно править женщинам рода Романовых: жене Петра Великого, племяннице Петра Анне, потом его дочери Елизавете.

Отсутствие прямых наследников и дворцовые интриги возвели на престол ~~немецкую~~ принцессу, ставшую в России императрицей Екатериной II, Великой. Ее сын Павел, предположительно родившийся от мужа, Петра III, внука Петра I, весьма спорная фигура: то ли плод любви Екатерины II и графа Салтыкова, то ли чухонское дитя, положенное в царскую колыбель вместо мертвого ребенка, рожденного Екатериной. *германскую*

Дети Павла I и немецкой принцессы, принявшей в России имя Марии, оказались крепкой породой: они без особых проблем сформировали романовскую династию XIX века: Александр I, его брат Николай I, сын Николая Александр II, сын Александра II Александр III и его сын Николай II.

У Николая II с царицей Александрой родились четыре здоровенькие дочери и один слабый здоровьем сын Алексей, гемофилик. Большевики расстреляли всю царскую семью, вместе с мальчиком Алексеем, дабы не было у него притязаний на рухнувший престол, и не стал он игрушкой в руках людей, жаждавших реванша.

Ни в чем не повинное дитя...

Такова краткая генетическая история рода Романовых.

«Кровь — загадочный сок, она проливается на проливщего ее».

Неужели эти слова, неизвестно кем сказанные много веков назад, могут быть исторической истиной?

Неужели они могут служить предостережением потомкам?

Большевики, придя во власть, не задумывались над мистическими пустяками.

* * *

Счастливое детство. Несчастливое детство. Сирота, выросший без матери.

Один мой друг считает, что несчастливого детства не бывает. Многое можно возразить ему на это о холоде, голоде военных лет и революций, но он стоит на своем: «Как много счастья, когда из холода и голода попадаешь в тепло к хлебу и сахару, как много радости в играх, где найденная на помойке сучковатая палка становится волшебным конем, а черепок тарелки с чудом уцелевшим рисунком представляется роскошной вазой из воображаемого дворца. Дети быстро забывают тяготы и невзгоды, долго помня радости бытия». С ним трудно спорить — он сам дитя детского дома.

Сыну известного в России изобретателя, Шуре Полякову, было восемь лет, когда он из окна своей детской увидел главное событие XX века: Октябрьскую революцию. Шура жил с родителями в богатом доходном доме, прямо напротив Московского Кремля.

У мальчика был прелестный Сад Детства с деревянным, раскрашенным волшебным конем, на котором он катался по просторным комнатам отлично обставленной квартиры.

«В тот день, двадцать пятого октября 1917 года, — вспоминал он много лет спустя, — я лежал в кровати с простудой. Вдруг на площади что-то зашумело. Я бросился к окну. Из здания Манежа выскочил весьма упитанный офицер с двумя юнкерами. Они тащили за собой пушку. Остановившись посреди площади, развернули пушку в сторону Троицких ворот и выдали громкий залп. В окнах нашей квартиры задрожали стекла. Ко мне вбежали родители, гувернантка. Кровать, вместе со мной, перенесли в столовую, выходившую окнами во двор. Стрельба нарастала.

Через несколько дней все стихло, и родители решили, что я могу прогуляться. Мы с гувернанткой вышли на Манежную площадь. Никогда еще не было там столько народу, такого, которого я никогда раньше в этой части города не встречал: крестьяне в тулупах, рабочие с заводов, какие-то непонятные бородатые типы. Хорошо одетых людей вообще не было. Вдруг я увидел дымящиеся руины двух красивых домов. Мне стало грустно, и я заплакал. Все, что я считал постоянным, незыблемым, вечным, оказалось на самом деле таким хрупким».

Сквозь эти толпы простого народа, которому отныне не возбранялось ходить в самых элегантных местах Москвы, и прошли большевики внутрь кремлевских стен, вместе с семьями, женами, детьми, охраной, обслугой.

Кремль снова стал жильем, не только семейным домом, как прежде, а одновременно и центром управления полетом страны к светлому будущему коммунизма, и коммунальной квартирой, где рядом жили главы правительства, партии, военачальники, отцы города: Калинин, Троцкий, Сталин, Молотов, Ворошилов, Каменев и другие.

Пока новые кремлевские мужчины заканчивали Первую мировую и гражданскую войны, устанавливая революционный порядок, законы и нормы жизни, новые женщины Кремля, их жены, не покладая рук помогали им в мирном создании общественных институтов призрения детства.

По всей стране возникали детские дома для сирот и

беспризорных, детские сады для ребятишек, чьи матери заняты на производстве. Государство брало на себя все материальные заботы, а Надежда Константиновна, жена Ленина, вместе с помощниками и помощницами трудилась над созданием нового человека. Октябрята, пионеры, комсомольцы, коммунисты. Поэтапно.

Сады Детства царских, дворянских, буржуазных детей исчезли. Нежные матери, осчастливливавшие детей нечастым общением с собой, солидно-внушительные отцы, а также притворно-ласковые гувернантки и гувернеры, подобострастные слуги канули кто в Лету, кто в эмиграцию. Дореволюционные книжки Лидии Чарской, Анастасии Вербицкой, нотные тетради, украшенные рисунками ползучих растений стиля модерн, растворились в новых временах. Вместо них явился конструктивный, конструктивистский стиль революции, остроугольный, стремительный, где начала и концы изображений сошлись воедино. Вместо индивидуальных Садов Детства явились, во множестве, детские сады, где материнские и отцовские фигуры на целые дни и недели подменялись воспитательницами, должными формировать человека нового типа: с коллективным мировоззрением. Если дитя легко приспосабливалось к условиям коллектива, оно потом легко входило и в новую коллективную жизнь, а если приспосабливалось трудно, то его следовало приспособить общими усилиями правильных детей и воспитателей.

Все это было бы прекрасно, сумей взрослые соблюсти меру в своих воззрениях, будь они более терпимы и внимательны к другим воззрениям.

Но расцветал лозунг: «Кто не с нами, тот против нас!»

* * *

Первый детский сад Кремля назывался «Красная звездочка». Он располагался рядом с Кремлем. В нем обитали вместе и дети вождей, и дети охраны, и обслуги, что было никогда прежде не виданным проявлением демократизма новой власти, провозгласившей равенство всех перед всеми — необходимое условие советского общества. Но, провозгласив равенство, большевистское начальство не разработало принципов его действия и понимания, а народ, веками живший в условиях неравенства, не мог в одночасье изменить себя. Он умел лишь приспосабливаться к обстоятельствам. Или не умел. Кто как.

Кремлевские дети, ходившие в «Красную звездочку», хором вспоминают об отсутствии различий между детьми вождей и обслуги, но дети обслуги говорят, что все понимали: кто чей сын, а кто чья дочь.

Появление «Красной звездочки» стало одной из первых ласточек будущих привилегий. Туда свозили мебель и игрушки из дворцов знати и купеческих домов. Новые детские книжки с революционной романтикой и символикой поступали в «Красную звездочку» в первую очередь. Гувернантки, служанки и горничные срочно переквалифицировались в обслуживающий персонал, с удивлением отмечая про себя, что новым правителям не чужды стремления старых: воспитать детей широко и глубоко образованными людьми. Следовало усвоить лишь одно правило социалистического общежития: прошлое — плохо, настоящее — хорошо, будущее — прекрасно, если большевики у власти.

* * *

Кремль не настолько мал, чтобы не вместить в себя главных вождей Октябрьской революции, но и не настолько велик, чтобы просторно разместить в себе их семьи с чадами и домочадцами. Кельи бывших монастырей становились жильем.

Здесь работали и жили в тесных коммунальных квартирах семьи Сталина и родственников его жены Аллилуевой, семьи Молотова, Калинина, Троцкого, Ворошилова. Каждая семья, вначале, независимо от количества детей, занимала по одной комнате в бывшем здании сената. Лишь у Ленина с Крупской и сестрой вождя Марией Ульяновой была скромная отдельная квартира в Кремле. Может возникнуть вопрос: почему вождям сразу не пришло в голову заселиться в лучших квартирах доходных домов Москвы, или еще великолепнее — в особняках сбежавших богачей царского времени?

На то были причины.

Первая: жить кучно не так опасно в случае контрреволюционного мятежа — стены крепости надежны.

Вторая: быть на виду и иметь на виду других очень важно в накаленных ситуациях политической борьбы.

Третья: само проживание в Кремле — как бы символ прочности положения того или иного вождя.

Четвертая: скромность в быту была провозглашена нормой жизни.

* * *

В первые годы советской власти жизнь внутри Кремля имела вид сущего ада с райскими, по тому времени, возможностями: между дворцами и недействующими храмами туда-сюда, гудя и пофыркивая, сновали трофейные заграничные автомобили, в них запрыгивали, из них выскакивали крупные и мелкие вожди в пенсне, кожанках, галифе и сапогах, похожие на черных муравьев. То встречаясь, то разбегаясь, суетились такие же муравьи без автомобилей, но со сверхважными бумажками.

Иногда по брусчатке, пересекая площади там, где не было автодвижения, стеснительно прогуливался, или, напротив, стремительно проходил загадочно-простой Ленин.

Подметая мостовые полами шинели, держась поближе к стенам, тигриной походкой двигался Сталин, в отличие от многих, никуда не спеша.

Троцкий со взбесившейся шапкой волос жестикулировал перед шеренгами молодых бойцов.

Легендарные командармы в краснозвездных шлемах на виду колокольни Ивана Великого драли уши своим непослушным сынкам, выхватывая у них изо ртов пахучие «козьи ножки», а те, вырвавшись из цепких отцовских рук, с хохотом скатывались по крутым склонам холма над Москвой-рекой. Сновали женщины с сумками; прогуливались с колясками молодые матери; на паперти перед Успенским, Архангельским и Благовещенским соборами девочки прыгали через веревочку и рисовали «классы». Смешивались деловые, смеющиеся, плачущие голоса и сочетались несочетаемые запахи кухни, учреждения, отхожего места и заграничных духов.

Молчали соборные колокола с вырванными языками, а купола, лишенные крестов, словно искренне удивлялись: зачем эти люди, так ненавидящие бога, поселились среди нас, посвященных богу и только ему?

Приходил ли подобный вопрос в разгоряченные головы советских вождей того времени? Их раздражал вид немых великанов-храмов, этих «хранилищ опиума для народа», хотелось скорее снести все и воздвигнуть светлые храмы новой веры в будущее коммунизма.

Вместо хищных двуглавых орлов — символов самодержавия — на башнях Кремля загорались яркие рубиновые звезды. Но каждой весной пьянила сирень и бодрил запах снега в первый день зимы — это единственное, что было неизменно внутри древних стен, имеющих цвет быстро свертывающейся крови.

* * *

В семьях кремлевских вождей с самого начала их власти появилась традиция удочерять и усыновлять сирот: детей из детского дома от неизвестных родителей, или детей умерших родственников, или детей погибших товарищей по партии, братьев по оружию и просто друзей.

Началось с бездетных Ленина и Крупской, которые взяли мальчика Гору, Георгия.

Сталин и Аллилуева, кроме Якова, сына Сталина от первой жены и двоих своих, Василия и Светланы, воспитывали сына большевика Артема.

Ворошиловы растили мальчика Петра как родного сына, взяли в семью двоих детей Фрунзе, Тимура и Таню, а также племянника Ворошилова Николая и племянницу его жены Труду.

Бездетный Буденный во втором браке принял в дом двоих племянников, и лишь третья жена родила ему троих детей: Сергея, Нину, Михаила.

Молотовы растили чужую девочку Соню вместе со своей Светланой. Ходили слухи, что эта девочка — дочь жены Молотова, но они скрывают это. Жил в семье и племянник Молотова, Вячеслав.

Кагановичи ввели в дом, где была взрослая дочь Мая, мальчика Юру.

Хрущевы имели троих детей: Раду, Сергея, Елену, было в семье и двое детей Никиты Сергеевича от первого брака — Леонид и Юлия. Позднее они удочерили внучку Юлию, дочь погибшего Леонида, сына Никиты Сергеевича.

Брежневы вырастили своих — Юрия и Галину.

Черненко тоже. Троих.

Горбачевы — одну дочь, Ирину.

Как видно из этого перечня, традиция усыновления и удочерения с годами угасала, пока не угасла совсем, но во времена ее расцвета кремлевские семьи жили, твердо придерживаясь правила: не делать различий между родными детьми и приемными.

— Когда в 1969 году Климент Ефремович Ворошилов умер и встал вопрос о наследстве, вопрос о том, что Петр приемный сын, не вставал — он был родной, — вспоминает сноха Ворошилова.

— Юра так и умер, не узнав, что он неродной сын, — говорит сноха Кагановича.

Весьма неоднородные по классовому, этническому и культурному составу жены кремлевских вождей представляли собой пестрый букет индивидуальностей: на вид суровая, но, по существу, добрая, всегда занятая, одержимая революцией, стремительно стареющая, больная жена Ленина Надежда Крупская — дворянка по происхождению; деловая и упрямая, тоже благородного происхождения — Наталья Седова, жена Троцкого; рабочая косточка, эстонка, жена Калинина Екатерина Лорберг; еврейки из местечек: Перл Карповская, переделавшая себя в Полину Жемчужину, жена Молотова, и Голда Горбман, ставшая Екатериной Ворошиловой, — такие разные, они были объединены общим делом, общей судьбой, общей кремлевской стеной.

Разными получились и дети, их судьбы и профессии, но общая принадлежность Кремлю накладывала печать, определяя многое в судьбе и характере.

Разорвав с идеалами прошлого, большевики намеревались создать свои идеалы, образцы, примеры. И, опираясь на них, формировать новое общество.

Владимир Ильич Ленин и его семья: мать, отец, сестры, братья стали своего рода иконами нового времени и выглядели неправдоподобно благообразно. Мне всегда не хватало в этой семье изюминки, живости, жизненности, коллизий...

ТАЙНЫ ДЕТЕЙ МАРИИ БЛАНК

Ульянов Илья Николаевич (1831—1886), русский педагог-демократ. Организатор народного образования в Симбирской губернии, где был инспектором (1869—1874), затем директором народных училищ (1874—1886). Сторонник всеобщего равного для всех национальностей образования.

Каракозов Дмитрий Владимирович (1840—1866), русский революционер. Неудачно стрелял в Александра II — 4.4. 1866 года. Повешен.

Ульянов Александр Ильич (1866—1887), один из участников террористической фракции «Народная воля». Участник подготовки покушения на Александра III — 1.3. 1887 года. Повешен.

В каждой, даже самой благополучной семье свои темные углы и тайны. Но если ваша семья не вплыла в фокус истории, то ее дела, проблемы, секреты интересны лишь близким друзьям и соседям, а есть семьи, где один человек становится исторической личностью, и тогда его судьба и судьбы близких ему людей превращаются в народное достояние.

Обыкновенные люди любопытны к судьбам великих, желая примерить на свои плечи нечто безразмерное. Когда им кажется, что примерка удалась, душа наполняется сознанием своей значимости, ощущением своей непосредственной причастности к необыкновенному, возникает иллюзия едва ли не равновеликости.

Вместе с большевиками в Кремль вошли их семейные тайны. У кого-то их не было. У кого-то были глубокие, политические или личные, уходящие корнями в прошлое человека. У кого-то отцовские и материнские — эти тайны бездонные, прикосновение к ним болезненно, ибо родители всегда — больная тема: мы все перед ними виноваты, даже когда виноваты они.

* * *

В интеллектуальных кругах Франции второй половины девятнадцатого века было неприлично называть великим Наполеона Бонапарта, хотя страна жила по законам и нормам, им составленным.

Сегодня в определенных российских интеллектуальных кругах неприлично называть великим человеком Владимира Ульянова-Ленина, хотя все эти люди есть не что иное, как продукты ленинских затей.

Фигура Ленина, с огромной амплитудой колеблющаяся ныне между плюсом и минусом, при всей кажущейся простоте, при всей известности каждого дня жизни, где можно с точностью до наоборот высчитать, в какие дни и часы встречался он с Инессой Арманд не только для обсуждения большевистских проблем, эта фигура малоизвестна. Во всем. Начиная с семьи.

* * *

Официальный портрет Святого Семейства Ульяновых выглядит так: родители Владимира Ильича имели шестерых детей. Отец был инспектором народных училищ в Симбирске. Мать занималась домом и детьми, была отличная воспитательница и музыкантша. Дети дружили парами: старшие — Анна и Александр, средние — Ольга и Владимир, младшие — Мария и Дмитрий.

После смерти отца мать взяла на себя все семейные проблемы.

В 1887 году Александр Ульянов был арестован за подготовку покушения на императора Александра III. Мать пыталась спасти его — ездила в Петербург, подавала прошения. Увы, он был казнен. Ольга Ульянова умерла от тифа.

Сказав матери: «Мы пойдем другим путем», средний сын Владимир стал революционером и в 1917 году возглавил новую Советскую Россию. Анна, Мария, Дмитрий — тоже революционеры, помогали Ленину.

Все. Большего знать не полагалось. Да и было ли большее?

* * *

В конце сороковых годов нашего века во многих театрах Советского Союза с большим успехом пошла пьеса Ивана Попова «Семья». В Москве она была поставлена в Театре имени Ленинского комсомола. В центре действия — образ матери Ленина, Марии Александровны Ульяновой, пережившей казнь старшего сына Александра и благословляющей среднего сына на путь революции.

Впервые на сцене был живой, незалакированный юноша Ленин, были переживания матери, которую отлично играла знаменитая актриса Софья Гиацинтова, сама в то время переживавшая, правда, иного рода семейную драму: муж и режиссер Иван Берсенев оставил ее ради знаменитой балерины Галины Улановой.

На спектаклях «Семьи» в антрактах зрители перешептывались о страданиях Гиацинтовой, и эта история словно прибавляла спектаклю того, чего не хватало ему: любви, страсти, чувственного накала.

В пьесе «Семья» была сцена — разговор Марии Александровны с директором департамента полиции Дурново. Мать просила о свидании с арестованным Александром. Дурново говорил ей: «Мы разрешим вам свидание. Поговорите с сыном, как мать, посоветуйтесь с ним. Положенье-то ужасное. Да хранит нас бог от тяжких испытаний, а все-таки смертный приговор как будто неминуем... Вот если бы установить, кто и как толкнул вашего сына...»

Почему я до сих пор не забыла этих слов: «Вот если бы установить, кто и как толкнул вашего сына?» Дурново в спектакле всего-навсего хотел знать имена злонамеренных товарищей Александра Ульянова, о чем же думаю я?

«Кто и как толкнул сына?» Кто толкнул? Куда?

Помню даже интонацию артиста, игравшего Дурново. Такая ласково-угрожающая.

* * *

Сейчас, во время всех и всяческих переоценок и пересмотров, легенды и сплетни столетней давности вдруг оживают, как мухи весной, и начинают летать между людьми, которым, в сущности, безразличны, хотя интересно послушать.

В годы хрущевской оттепели писательница Мариетта Шагинян, работая в архивах над материалами о семье Ульяновых, неожиданно натолкнулась на документы о том, что отец Марии Александровны, врач Александр Дмитриевич Бланк, был крещеный еврей. Шагинян явилась со своим открытием в ЦК КПСС.

— Этого еще не хватало! — сказали коммунистические интернационалисты, взволновавшись, как будто еврейская кровь в Ленине делала его то ли «врачом-убийцей» конца сороковых, то ли сионистом, вроде Мозе Монтефиоре, жившим в конце прошлого века. — Забудьте об этом.

Но на роток Мариетты Шагинян нельзя было накинуть платок — вскоре весь интеллектуальный мир знал о нежелательных корнях в ленинском семействе. Кто посмеивался, говоря, что у него самого есть евреи в роду, кто возмущался, обвиняя Шагинян в том, что «она хочет отнять у русских их чистокровного вождя», кто убеждался в своей правоте: «человечество жить не сумеет без народа по имени «и», имея в виду народ Израиля, кто был вообще равнодушен к такой информации.

Весной 1991 года в одной компании услыхала я легенду: будто бы мать Ленина, Мария Бланк, до замужества некоторое время была при царском дворе чуть ли не фрейлиной, завела роман с кем-то из великих князей, чуть ли не с будущим Александром II или III, забеременела и была отправлена к родителям, где ее срочно выдали замуж за скромного учителя Илью Ульянова, пообещав ему повышение по службе, что он регулярно получал в течение всей жизни. Мария родила первого своего ребенка, сына Александра, потом еще много детей, уже от мужа, а спустя годы Александр Ульянов узнал тайну матери и поклялся отомстить царю за ее поруганную честь. Став студентом, он связался с террористами и готов был покуситься на жизнь царя, своего подлинного отца. Легенда вызвала сомнения.

Первым ребенком в семье был не Александр, а Анна, кроме того, могла ли дочь еврея стать фрейлиной? Могла, если крещена в православии.

У Петра Великого был еврей-канцлер Шафиров; все его дочери стали фрейлинами императрицы и вышли замуж за знатных людей, влив свою будоражащую каплю крови в поколения князей Голицыных, Гагариных, Хованских, Долгоруковых, Барятинских, графов Головиных, Матюшкиных, Вильегорских. Но ведь там — царский канцлер, а тут всего лишь полицейский врач. И это могло быть, но...

Услышав эту легенду, я тихо ушла из интеллектуальной компании: не хотелось спорить, ибо мне было известно о семье Ульяновых нечто похожее, но не хватало фактов для спора с интеллектуалами.

Именно от автора пьесы «Семья», драматурга Ивана Попова, друга моего отца, много лет назад, в середине пятидесятых, я услышала: «Анна у Марии Александровны прижитая. Она, как будто, дочь кого-то из великих князей».

Попов был социал-демократом, работал с Лениным в эмиграции, дружил с Инессой Арманд. Он уверял, что Инесса знала какую-то тайну семьи Ульяновых.

Я поместила легенду интеллектуалов в книгу «Кремлевские жены», где рассказала, как пыталась по историческим бумагам найти хоть какое-то подтверждение семейной тайны в поведении матери и сына перед его казнью, но — ничего не нашла.

После выхода в свет «Кремлевских жен», в своей многочисленной почте нахожу письмо от незнакомой мне Наталии Николаевны Матвеевой из Санкт-Петербурга:

«Вы правы, — пишет она, — дети семьи Ульяновых имели разных отцов. Мария Александровна была гордой женщиной и проповедовала свободную любовь.

Илья Николаевич Ульянов очень законопослушный человек, боготворил царя, и посещение церкви являлось для него обязательным ритуалом. Женившись, он пытался построить семью согласно своим понятиям: отец живет работой, мать — домом и детьми, но умная, вольная, передовая, по понятиям того времени, жена не дала себя закабалить. Долго пытались они найти общий язык, и наконец Ульянов сдался — перешел на такую работу, чтобы меньше бывать дома: сначала инспектором народных школ, потом стал директором, отдавая все свои силы и жизнь работе. Мария Александровна жила, как хотела. Илья Николаевич был вне семьи — редкий гость в доме.

Александр Ульянов родился в 1866 году от Дмитрия Каракозова, бывшего ученика Ильи Николаевича Ульянова в Пензенской гимназии. Каракозов в 1866 году стрелял в императора Александра II. Роман Каракозова с Марией Александровной в то время не был секретом для знакомых семьи Ульяновых.

Боясь разоблачений, связанных с близостью Каракозова к семье Ульяновых, Мария Александровна сбросила с крутого откоса в Нижнем Новгороде малолетнего

Сашу, и лишь счастливая случайность не дала завершиться этому преступлению. Александр Ульянов родился шестипалым. Это считается дьявольской метой. Роковое падение с откоса сделало его горбатым. Илья Николаевич, глава семейства, не любил его, не признавал своим сыном. Рожденный всего за четыре дня до выстрела Каракозова, Александр Ульянов был внешне и внутренне очень похож на своего реального отца.

В семье Ульяновых был друг дома, врач Иван Сидорович Покровский, незаконный сын всем известного музыковеда и литератора Улыбышева. Покровский приехал в Симбирск одновременно с Ульяновыми в 1869 году, он был революционно настроен, распространял нелегальную литературу из типографии Войнаральского, воспитывал детей Ульяновых, снабжая их революционными книгами, и фактически был хозяином в доме Марии Александровны, муж которой всегда находился в разъездах. В Симбирске все настолько привыкли, что Мария Александровна и Иван Сидорович всегда вместе, что Володе выдали аттестат на имя Владимира Ивановича Ульянова, а потом зачеркнули отчество и надписали над ним: «Ильич».

Кроме всем известных шестерых детей, у Марии Александровны было еще трое, которые умерли вскоре после рождения. Известны имена двоих: Николай и еще одна Ольга...

Младший сын Ульяновых Дмитрий рожден от Покровского — Дмитрий тоже стал врачом...

Друг семьи Ульяновых, провинциальный драматург Валериан Назарьев написал пьесу «Золотые сердца», где были черты истории семьи Ульяновых. Пьеса шла в 80-х годах прошлого века на сцене Малого театра...

Он же был автором статьи «Из весенних воспоминаний члена Симбирского уездного училищного совета», напечатанной в «Симбирских губернских ведомостях от 1894 года, где написал об Илье Николаевиче Ульянове много добрых слов, отметив, что тот «не знал, что делалось в его семье, как и чем занимались дети».

Все эти грандиозные сенсации Наталия Николаевна

почерпнула из воспоминаний своего покойного деда Василия Ивановича Павлинова, друга Александра Ульянова, священника и народовольца. Это якобы ему, а не своей матери, на сороковой день после казни старшего брата юный Ленин сказал: «Мы пойдем другим путем». И добавил: «Путем Нечаева».

* * *

Я не собиралась верить Матвеевой, слишком смелы были сообщения, но они волновали меня.

«Чтобы поверить, нужно проверить», — поется в песенке. Кого спрашивать?

В 1988 году московское издательство политической литературы сделало попытку собрать в одном издании литературное наследие старшей сестры Ленина, Анны Ильиничны Ульяновой-Елизаровой. И появилась книга: «О В.И. Ленине и семье Ульяновых». Наталия Матвеева прислала мне эту книгу, и первой моей мыслью было: «Почему, создавая бесчисленные тома Ленинианы, наследники дела Ленина не нашли возможным издать эту небольшую книжку во время Сталина, Хрущева, Брежнева? Почему лишь в годы перестройки могла она появиться?» И пустилась я путешествовать по книге, читать в строках и сквозь строки.

Анна Ильинична пишет об отце: «Он был искренне и глубоко религиозным человеком и воспитал в этом духе детей...»

«Так как отец мой был религиозен, то он ходил в сочельник ко всенощной, куда брал позднее и нас...»

«Когда отец, бывший всю жизнь искренне религиозным, спрашивал иногда Сашу за обедом: «Ты нынче ко всенощной пойдешь?» — Он отвечал кратко и твердо: «Нет!» И вопросы эти перестали повторяться...»

Анна Ильинична — о матери: «Она отличалась ровным, твердым, но в то же время веселым и приветливым характером. Одаренная хорошими способностями, она изучала иностранные языки, музыку и много читала...»

«Мать моя, как все выросшие не в чисто национальной семье, не была богомольной и одинаково мало посещала как русскую церковь, так и немецкую...» (бабушка матери была немка. — *Л.В.*). *германка*

«Мария Александровна отличалась **отсутствием предрассудков и большой энергией** (выделено мной. — *Л.В.*). При скудных средствах и большой энергии она была весь день занята, твердость ее характера проявилась во весь рост во время ее последующих испытаний...»

Анна Ильинична — о брате Владимире: «Самоуверенный, резкий и проказливый мальчик...»

«Вполне правильной педагогическая линия отца была для брата Владимира, большой самоуверенности которого и постоянным отличиям в школе представляла полезный корректив. Ничуть не ослабив его верной самооценки, она сбавила заносчивость...»

Читая такое, понимаешь, почему книга Анны Ильиничны не издавалась.

О религиозности отца вряд ли было уместно вспоминать в самые атеистические советские годы.

Об отсутствии предрассудков у матери — тоже.

О самоуверенности Владимира Ильича — тем более.

Конечно, не стала бы я искать подтверждения нелепицы о том, что мать столкнула сына с откоса. Но в воспоминаниях Анны Ильиничны неожиданно читаю: «Помню нижегородский откос — аллеи, разведенные по крутому склону к Волге, — с которого Саша упал раз и покатился, напугав мать. Очень ясна перед глазами картина: мать, закрывшая от страха глаза рукой, быстро катящийся вниз по крутому склону маленький комочек, а там, на нижней дорожке некий благодетель, поднявший и поставивший на ноги брата».

Почему эта решительная и твердая женщина, отличающаяся большой энергией, не бежит опрометью вниз, за своим падающим с откоса ребенком?

Я опросила не менее сотни женщин, что бы сделали они в подобной ситуации. Все были единодушны — вниз! Некоторые предположили возможность шока...

Трудно судить.

В голове моей зазвучали слова Дурново из пьесы «Семья»: «Кто и как толкнул вашего сына?»

Сама толкнула вниз с откоса? И писатель Попов знал это?!

Нет, не о том говорил Дурново — не нужно притягивать за уши разные ситуации...

* * *

Петербургская газета «Северная почта» от 11 мая 1866 года, рассказывая подробно о личности человека, покусившегося на жизнь Александра III, сообщает, что Дмитрий Каракозов в 1850 году окончил курс в Пензенской гимназии (Ульяновы тогда жили в Пензе, и Илья Николаевич преподавал в гимназии); поступил в Казанский университет, потом перешел в Московский. Пенза — единственное, что хоть каким-то намеком могло связать имена Марии Александровны и Каракозова.

Дмитрий Каракозов родился в 1840 году. Он был на 5 лет младше Марии Бланк.

Александр Ульянов родился 31 марта 1866 года.

Дмитрий Каракозов стрелял в Александра II 4 апреля 1866 года.

Александр Ульянов взят под стражу за подготовку покушения на Александра III 1 марта 1887 года.

О чем говорят эти даты? Ни о чем. Разве что о возможности Александра быть сыном Каракозова. Или о том, что Ульянов мог готовиться вместе со своей террористической группой убить Александра III 4 апреля — день в день с выстрелом Каракозова, но осведомленная царская полиция взяла террористов более чем за месяц до назначенного срока. Однако для того, чтобы таким образом почтить память Каракозова, необязательно быть его сыном.

Накануне покушения Каракозова нигде не могли найти. Матвеева высказывает предположение, что он присутствовал при рождении сына, а потом вернулся в Петербург.

Не докажешь.

Александр Ульянов стал студентом Петербургского университета. Он изучал кольчатых червей и не собирался менять их на революцию. Отец его умер в январе 1886 года. Александр на похороны не поехал — по воспоминаниям Анны Ильиничны мать не хотела травмировать его (?) и не советовала приезжать, но сама Анна Ильинична на похороны отца приезжала. (Почему ее можно было травмировать?) Лето этого же года Александр Ульянов провел с матерью в имении Алакаевка. И, вернувшись в Петербург, стал готовиться к покушению.

Что повлияло на него?

Могла ли мать тем летом, после смерти Ильи Николаевича, открыть сыну тайну его рождения, если такая была, и юноша решил довести до конца дело Дмитрия Каракозова?

Мог ли кто-то еще, рядом с матерью, сформировать решение Александра идти путем террора? Кто? Покровский? Есть ли основания так думать?

* * *

Анна Ильинична в своих знаменательных воспоминаниях пишет: «Брали мы Писарева, запрещенного в библиотеках, у одного знакомого врача, имевшего полное собрание его сочинений».

В другом месте этой же книги встречаем: «Мы читали с Сашей Писарева, которого тогда уже в библиотеках не выдавали, которого доставали у нашего домашнего доктора, имевшего полное собрание сочинений».

«Знакомый доктор», «домашний доктор»...

Иван Сидорович Покровский был этим доктором.

Почему Анна Ильинична, упоминая в мемуарах имена людей даже мало знакомых, опускает имя и фамилию человека, которому вместе с братом обязана столь важным чтением первых запрещенных книг, сформировавших их революционное сознание?

Не домашний ли революционно настроенный врач посоветовал Марии Александровне назвать Александру имя его настоящего отца, чем повлиял на весь последующий путь юноши?

Похоже, Анне Ильиничне неприятно сознание, что кто-то, встретив имя Покровского на страницах ее мемуаров, вспомнит тайну, и она прилагает все силы, чтобы тайна не всплыла.

* * *

Валериан Назарьев, драматург и, как утверждает Наталия Николаевна Матвеева, автор пьесы о семье Ульяновых, заклеймен Анной Ильиничной в заметке, написанной ею по поводу опубликованных им в Симбирске воспоминаний об Илье Николаевиче Ульянове. Читая ее заметку, можно подумать, что Назарьев выступил против Ильи Николаевича.

В Ленинской библиотеке я получила назарьевскую брошюрку с панегириками отцу Анны Ильиничны: «Ульянов был просветителем целой губернии, строителем сельских школ, вечным просителем у земства лишний грош на школы... беспримерным тружеником» — и так до конца брошюры.

И была там одна лишь фраза, даже часть ее: «не знал, что делалось в семье, как и чем занимаются дети». Анна Ильинична осуждает именно эту фразу, возмущается, пылает гневом: отец знал, что делалось в семье, и много времени уделял своим детям.

Вот в точности целиком «крамольная» фраза Назарьева: «Что делалось в семье, как велось домашнее хозяйство, откуда являлся новый вицмундир на место пришедшего в совершенную негодность старого вицмундира, каким образом в кармане оказался носовой платок, как и чем занимаются дети, ничего этого Ульянов не знал, благодаря заботливости своей жены».

Что плохого?

Анна Ильинична явно увидела в словах Назарьева не то, что он сказал, а то, чего она не хотела бы найти в этих воспоминаниях. К тому времени уже существовала его пьеса «Золотые сердца». 11 и 12 ноября 1882 года она шла на сцене Малого театра. Ее единодушно ошикали, признав примером проникновения в репертуар театра реакционных пьес в катковском духе, объявили пасквилем на молодежь, земских деятелей, интеллигенцию и вообще на все передовое общество.

Пьеса, сюжет которой был взят из жизни родителей Ленина?! Пьеса, о которой при советской власти никто ничего не знал?! Случайно не знали или намеренно?

* * *

«Золотые сердца» обнаружились в архиве Малого театра.

Заведующая архивом Ольга Васильевна Бубнова положила передо мной рукопись в большом, со следами времени, сафьяновом переплете.

Желтые страницы исчерканы рукой режиссера. Пять актов. История девушки Маруси, обедневшей дворянки, которая сначала выходит замуж за человека, спасшего ее отца от разорения, потом уезжает от него в Петербург с возлюбленным, студентом-медиком. Студент возвращается, рассказывает страдающему мужу об успехах его жены, ставшей богатой литературной дамой. Но, как выясняется, она терпит в Петербурге фиаско и решает посвятить себя уходу за увечными. Муж просит ее вернуться — она отказывается. Все страдания происходят на фоне земских судов, не всегда справедливых, и рассуждений...

Какое все это имеет отношение к семье Ульяновых? Решительно никакого, если не стоять на точке зрения Матвеевой, считающей Марию Александровну любвеобильной, а Илью Николаевича многотерпеливым. Если же такую точку зрения принять, то можно, не без натяжки, увидеть Марию Александровну в ее тезке, героине Марусе, а Илью Николаевича в муже героини — Алексее Петровиче Краснобаеве. Студента-медика можно соотнести с врачом Покровским.

Нетрудно и опровергнуть это предположение вышеприведенными словами того же Назарьева о заботливой жене Ульянова. Впрочем, заботливость жены и матери в жизни вполне уживаются с желанием любить кого-то еще за пределами семьи.

На титульном листе пьесы «Золотые сердца» чьей-то рукой написано: «Провалилась **торжественно!**» (выделено мной. — *Л.В.*).

Прочтение этой слабой, почти беспомощной пьесы Назарьева сильно поумерило мой интерес к версии Наталии Николаевны Матвеевой, но дело ведь не в интересе, а в желании проникнуть в тайну — на пути такого желания всегда больше разочарований, чем открытий.

* * *

Версии... Недоказанные. Недоказуемые. Как докажешь отцовство Дмитрия Каракозова? Дмитрий — имя младшего сына Марии Ульяновой, родившегося в 1874 году, возможно, названного в честь Каракозова, а возможно, и нет. Не доказательство. Кто докажет, что мать сама сбросила крохотного ребенка с крутого откоса? Какие свидетельства есть об интимных отношениях Марии Ульяновой и Ивана Покровского? И вообще, какое все это имеет отношение к теме кремлевских детей?

Вроде бы никакого. Но задумаемся. Сын Марии Бланк-Ульяновой и брат террориста Александра Ульянова ввел в Кремль тех, о ком я пишу. Не было никакой необходимости ему открывать им все свои семейные тайны, но иметь сводного брата, рожденного от Дмитрия Каракозова, одного из первых русских революционеров, так ли уж плохо для большевика? Почему умолчание? Ленин хранил честь матери? Честь отца? Ему, провинциальному интеллигенту, неприятны были любовные истории, подобные вышеизложенным? Можно понять. Но тайны не только обладают свойством открываться — неоткрытые, они обрастают легендами. Ленинская легенда, в какой-то степени известная Попову и Арманд, возможно, была известна и другим большевикам. Необходимость скрывать ее породила традицию скрытности в других большевистских семьях. И, возможно, запреты на семейные отношения внутри Кремля и нежелание «выносить сор из избы» изначально возникли на фундаменте тайн семьи Ульяновых.

Я рассказала о версиях Н.Н. Матвеевой бывшему секретарю по идеологии Пензенского обкома партии Георгу Васильевичу Мясникову, который в 70-х годах нашего века создал в Пензе большой музей, посвященный Марии Александровне и Илье Николаевичу Ульяновым. Рассказала в надежде, что ему известно хоть что-нибудь, проливающее свет на эти версии.

Георг Васильевич впервые слышал о них. И, разумеется, подверг сомнению. Но сказал:

— Там что-то, конечно, было. Занимаясь организацией музея Ульяновых, я перерыл все без исключения тома ленинского собрания сочинений. Искал его высказывания об отце. Ни слова. Это казалось мне странным.

— А о матери? — спросила я с надеждой.

— Письма к матери, разумеется, известны. Но о ней — тоже ни слова.

Почему? Не крылась ли в ленинской закрытости какая-нибудь из этих версий? Или все версии, плюс неизвестные нам?

Как бы то ни было, есть о чем задуматься не только мне, но и тем, кто захочет проследить преемственность пути от выстрела Дмитрия Каракозова к террористическим подготовкам Александра Ульянова и к действиям Владимира Ленина.

В сущности, все трое, каждый своим путем, готовили цареубийство. И не в том суть, где оно должно было произойти: у решетки Летнего сада, на улице Петербурга или в подвале Ипатьевского дома — цель одна. Удалась она лишь третьему в этой цепи, Ленину. Но мысль о том, что она последовательно возникла в умах троих революционеров, связанных с именем Марии Александровны, при всей недоказуемости многих фактов, относится к разряду метаисторических[1].

* * *

Мария Бланк, одна из пяти дочерей врача-выкреста Александра Бланка и немки Анны Грошопф, родилась в 1835 году, расцветала в пятидесятых — начале шестидесятых годов, когда тургеневские романы «Рудин» (1856), «Накануне» (1860), «Отцы и дети» (1862) давали, по нарастающей, читательницам России новые, смелые женские образцы для подражания, но всех их затмила героиня Чернышевского Вера Павловна в романе «Что делать?», увидевшем свет в 1864 году и взбудоражившем женские умы.

Как могла проявить себя женщина середины XIX века, еще не освобожденная от необходимости быть семейной рабыней? Лишь с помощью домашнего протеста: либо уходила от нелюбимого к любимому, либо умело распределяла свои чувства между двумя мужчинами. Думаю, живая Мария Александровна была куда более определенной фигурой, чем литературная Вера Павловна. Она произвела революцию в семье, открыто сочетая мужа и любовников, она же, народив детей от кого сама пожелала, сделала их всех революционерами не с помощью Ильи Ульянова, законопослушного гражданина, а с помощью революционера Ивана Покровского.

Любил ли ее Илья Николаевич и понимал ли ее по-

---

[1] Метаистория (термин Даниила Андреева) — ныне находящаяся вне поля зрения науки и вне ее методологии совокупность процессов, протекающих в тех слоях иноматериального бытия, которые, пребывая в других видах пространства и других потоках времени, просвечивают иногда сквозь процесс, воспринимаемый нами, как история.

рывы и прорывы? Страдал ли? Остается лишь догадываться. Ежедневное напоминание о Каракозове в имени младшего сына, да еще рожденного от Покровского, вряд ли было приятно законопослушному гражданину. Но и тут не следует спешить с выводами о человеке XIX века — Герцен и Огарев с помощью одной женщины, жены Огарева, ставшей женой Герцена, вовлекли себя и друг друга в тяжелейшие душевные муки, стараясь найти выход из любовного треугольника путем нравственных совершенствований. Счастья это не принесло ни им, ни их женщине. Но... «страдания возвышают душу». Окружение, если верить Матвеевой, осуждало Марию Александровну, так ведь кумушки — явление известное, для того и существуют, чтобы путать факты, затемнять события и травить необычную личность.

Кого любила она? Безумного Каракозова, смирного Ульянова, властного Покровского? Каждого по-своему? Любвеобильна...

Нет дыма без огня. И Попов, и Арманд ощущали тайну в семье Ульяновых. Анна Ильинична, возможно, знала ее.

Владимир Ильич? Знал?..

Чего боялись первые большевики, скрывая происхождение и подлинные факты семейных тайн Ленина?

Хотели быть чистенькими, начиная с родителей? Но что есть чистота — нравственность обывателя или искренность и правдивость потрясателя основ? И не странно ли — большевики, разрушившие основы, строили свои фундаменты на старой, доброй обывательской нравственности: тех же щей пожиже влей.

Мать Ленина такая, какою она предстает и в описаниях дочери Анны, и в материалах от Наталии Матвеевой, для меня куда интереснее, жизненнее, сильнее, драматичнее и ярче той, которую нам навязывали школы и университеты. Крещенная в православии полуеврейка, полунемка, засидевшаяся в девках до двадцати восьми лет, красивая и жизнелюбивая, вступив в официальный брак, нарожала детей, и всех до единого отдала в жерло полыхающих костров революции. Именно ее чреву мы, сегодняшние, обязаны всем, что произошло с нашими отцами, дедами, братьями и с нами, ибо любимый ее сын Владимир, похоже, родившийся от безропотного, богобоязненного, официального отца Ильи Ульянова, сотворил наш век таким, каким мы его знаем, а все наши разноречивые суждения о Ленине лишь оттеняют величие и непознаваемость образа.

Но это всего лишь версия...

Лениниана дополняется Лениниадой. Вместе они смогут больше, чем порознь.

Как сказал поэт: «Века уж дорисуют, видно, недорисованный портрет».

Добавлю: начиная с родителей.

* * *

Читатели иногда говорят мне, что им не совсем ясна моя позиция по отношению к этой версии: верю я в нее или нет.

Исследуя Кремлениаду, не могу связывать те или иные факты с понятием веры. Могу изучать, предполагать, сомневаться, не сомневаться, но не больше.

Вероятность версии Матвеевой для меня очевидна, но она не факт. В ее пользу говорят два обстоятельства.

Первое — приведенное в «Кремлевских женах» воспоминание присутствовавшего при последнем свидании Марии Александровны с сыном Александром молодого прокурора Князева, который записал слова Александра: «Представь себе, мама, двое стоят друг против друга *на поединке* (выделено мной. — *Л.В.*). Один уже выстрелил в своего противника, другой еще нет, и тот, кто уже выстрелил, обращается к противнику с просьбой не пользоваться оружием. Нет, я не могу так поступить».

Эти слова в контексте новых знаний о семье Ульяновых приобретают новый смысл: Александр несомненно считает свой поступок не покушением, а дуэлью, в которой ему не за что извиняться перед противником. И сын, и мать, видимо, оба понимают подтекст всей ситуации: сын мстит за отца, сын убитого мстит сыну убийцы.

Второе — известная всему миру фраза царя Соломона: «Птица в небе, змея на камне, мужчина в женщине оставляют невидимые следы».

Что в таком случае можно утверждать относительно происхождения ульяновских детей, без скрупулезных специальных исследований, не входящих в мою компетенцию?

* * *

В малоизвестных воспоминаниях подельника Александра Ульянова И. Лукашевича, опубликованных в июльском-августовском номерах журнала «Былое» за 1917 год, нахожу подтверждение матвеевским и своим домыслам: «Ни я, ни Ульянов не забрасывали своих университетских занятий из-за различных студенческих предприятий... (Лукашевич имеет в виду демонстрации и террор. — *Л.В.*) В 1886 г. у нас составился кружок для изучения биологии, в который входили Ульянов, я, Туган-Барсановский, Олейников и др. ... Кроме того, Ульянов, я, Шевырев состояли членами научно-литературного общества».

Далее идет лето 1886 года, поездка Александра Ульянова в Алакаевку. В воспоминаниях Лукашевича обнаруживаю: «В конце октября или в начале ноября (1886 г.) мы, то есть я и Шевырев, предложили одному нашему общему знакомому З. присоединиться к нам для совместной террористической деятельности... Следует заметить, что Ульянов и Г. признавали также необходимость террористической борьбы, и потому мы сильно сблизились с ними».

Тот же Лукашевич оставил потрясающее свидетельство в конце своих мемуаров: «Помню, однажды как-то речь зашла о возможных арестах после покушения, и Говорухин сказал: — Кому-кому — а Лукашевичу достанется больше всех! Он имел в виду бомбы, приготовленные мною. А между тем степень моего участия не была выяснена следствием, для Ульянова же обстоятельства сложились самым несчастным образом... на него даже пало подозрение в виновности в том, чего он не делал. Ярко обрисовывая свое участие, он выгораживал других и своей смертью думал принести пользу своим товарищам. Когда на суде хозяйка квартиры Говорухина старалась уличить Шмидову в знакомстве с Андреюшкиным, Ульянов стал доказывать, что это он, а не Андреюшкин приносил разные вещи Шмидовой. Даже обер-прокурор Нехлюдов заметил на суде: «Вероятно, Ульянов признает себя виновным и в том, чего не делал». Когда я увиделся с Ульяновым в первое заседание на суде (он сидел рядом со мной на 1-й скамье), то он, пожимая мне руку, сказал: — Если вам что-нибудь будет нужно, говорите на меня — *и я прочел в его глазах бесповоротную решимость умереть* (выделено мной. — *Л.В.*). Да, это была светлая, самоотверженная личность».

Почему ни о ком, кроме Александра Ульянова, Лукашевич в воспоминаниях не сказал ничего подобного?

Что стояло за самоотверженностью Александра, еще недавно посещавшего не террористические сходки, а собрания литературного общества? Желание повторить судьбу Каракозова? Отомстить за него? Отомстить за себя? Кому? Или все-таки официальная версия: несправедливость жизни и жажда свободы привели светлую личность к террору? Так скоропостижно?

В безответности всех этих и многих других возможных вопросов скрыт один ответ; у Александра Ульянова были свои личные основания в дни суда выделить себя из группы товарищей, чтобы умереть с сознанием, что его невидимая дуэль с царем состоялась. И лишь они вместе с матерью знали истинную причину этой дуэли.

Сюжет, достойный пера художника?

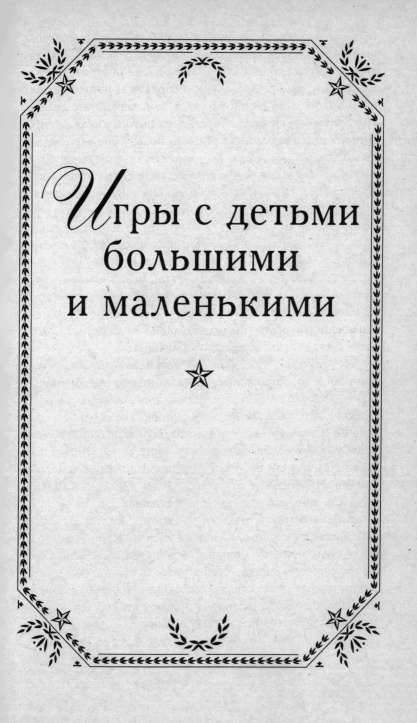

Игры с детьми большими и маленькими

СНОХА, ИЛИ ДВА МАЛЬЧИКА
В ОДНОЙ МАТРОСКЕ

Каменев (Розенфельд) Лев Борисович (1883—1936), советский партийный и государственный деятель, участник революций 1905-го и Октябрьской 1917-го. С 1918 по 1926-го — председатель Моссовета. В 1923—1926-й — зам. Председателя Совета Народных Комиссаров СССР. Неоднократно в ссылке в царское время и при советской власти. В середине 30-х осужден по «Кремлевскому делу», обвиненный в создании контрреволюционных террористических групп и подготовке убийства Сталина. Реабилитирован посмертно в 1988-м.

Середина июня 1991 года. Иду по Беговой — по знакомой московской улице.

Вот стадион «Юных пионеров». Вот справа группа серых бегемотов — жилые дома. Здесь в сороковых годах жили многие писатели. Памятная доска на стене: «Советский писатель Борис Горбатов...»

Налево по улице — Бега. Злачное место.

Направо видны корпуса онкологического института имени Герцена и Боткинской больницы.

По Беговой идет, ползет, бежит лето 1991 года.

Проносятся машины. Много среди них так называемых «иномарок» — свидетельство новых веяний.

Повсюду приватизация чего-то, пока непонятно чего. Вроде бы квартир.

Середина дня, но я знаю: у многих включены телевизоры — все ждут, когда объявят имя первого Президента России.

В магазине «Ткани» на Беговой пусто. В магазине «Молоко» ремонт. Сегодня всюду ремонт в магазинах — нечем торговать. Люди вот уже второй год готовятся к голодной зиме. Можно ли готовиться к голоду? Да. Запасаться.

В магазине «Обувь» на Беговой продаются одни галоши. Больше ничего нет. Такие грязно-коричневые, как будто нарочно измазанные. Сразу после войны все покупали другие галоши — черные, блестящие, на красной байковой подкладке. Моя бабушка почему-то называла их «похороны коммуниста».

«Почта» на Беговой принимает переводы, продает марки и открытки, выдает письма до востребования. Тут все, как всегда.

Я вхожу в дом, где «Почта». Он огромный, многоэтажный. В стиле «сталинского ампира». Просторный вход и широкая площадка перед лифтами.

Мне открывает дверь немолодая женщина. Но и не старуха. Хотя по всему, что я знаю о ней, женщина, должно быть, очень стара. Она когда-то была звездой немого кино.

Звездой!

Ее имя — Галина Кравченко.

Кто-нибудь помнит?

Вся фигура большая, сильная. Если бы не походка — Галина Сергеевна несколько лет назад сломала шейку бедра, — ей можно было бы дать...

Ах, не будем отгадывать. Все жалкие женские ухищрения лишь выдают, а не скрывают наши годы. Каждой столько, сколько есть, плюс или минус тот возраст, в котором она себя чувствует.

К Галине Сергеевне эта сентенция вообще не относится. Она не думает о своем возрасте — ей есть о чем думать.

Настоящее связано с бытом, как у всех, нелегким, с помощью по хозяйству дочери, зятю, внуку.

Будущее связано с благополучием этих же людей: внука, дочери, зятя.

А прошлое...

* * *

Она родилась в 1904 году, в Казани, в семье небогатой, но имевшей средства путешествовать по миру и побывавшей со своей хорошенькой дочкой Галей в Париже. От того путешествия остались у Галины Сергеевны штук пятнадцать уникальных фотографий, прикрепленных одна к другой и вставленных в металлическую пластинку. Если перебирать фотографии, как колоду карт, получается движение, девочка Галочка сначала смотрит перед собой, потом поворачивает головку вправо-влево, потом посылает воздушный поцелуй, предназначавшийся стоявшей за фотоаппаратом маме. Это была первая съемка Галины Кравченко в «синематографе». Книжечка жива и по сей день.

Девочка Галочка вместе с родителями приехала в Москву. Училась в гимназии на Лубянке — там еще не было того страшного учреждения.

Любя танцевать, Галина Кравченко поступила в балетную школу, потом в училище при Большом театре. У нее были хорошие учителя, предрекавшие ей славу балерины. И красавица она была писаная: высокая стройная блондинка с точеными чертами лица — весь этот банальный набор примет достаточно точен. Плюс яркая индивидуальность.

Она уже танцевала в разного рода балетных и оперных спектаклях и считала, что жизненный путь определился — будет балериной. Но случайная встреча повернула судьбу. Все было буднично — Галина пришла к матери, которая работала в Наркомпроде (что-то связанное с распределением продуктов. — *Л.В.*) и там встретила немолодого человека. Это был режиссер Всеволод Пудовкин. Он уговорил ее идти учиться в киношколу.

Галина Кравченко выросла стопроцентной советской супердевушкой. Она не только прекрасная балерина, но и акробатка: выступала с акробатическими этюдами, танцевала на проволоке.

Увлекалась спортом — плавала, стреляла, скакала на лошади.

Водила мотоцикл.

Занималась боксом. Вспоминает: «Мне непонятны те люди, которые называют бокс «мордобоем». Бокс — это танец, это молниеносная реакция. Прежде всего — мысль и только потом быстрота движений».

Все это помогало ей на киносъемках, которые шли одна за другой.

Она снималась в «Папироснице от Моссельпрома» и в «Аэлите», играла главную роль в нашумевшем в свое время фильме «Угар нэпа», в фильмах «Лесная быль» и «Солистка его величества» о Матильде Кшесинской. Во всех фильмах Кравченко танцевала, стреляла, скакала на лошадях сама. А с фильмом «Солистка его величества» связано знаменательное событие. Галина Сергеевна описывает его так: «Солистка» снималась в Ленинграде, понадобилась срочно какая-то досъемка с моим участием. А я как раз была вызвана в Москву. Стали искать дублершу, кого-нибудь из учениц хореографического училища. Нашли высокую, худенькую, какой я тогда была, мою тезку, Галину Сергеевну Уланову».

Поразительно! Галина Кравченко, сама того не подозревая, открыла путь великой балерине...

Ко всем талантам, Галина Кравченко еще и прекрасная рассказчица. В ее книге «Мозаика прошлого» много интересных, часто смешных эпизодов из истории немого кино. Не могу не рассказать об одном из них, странным образом наконец-то подводящим к главной теме нашего рассказа.

Шли съемки фильма о любви Лермонтова к легендарной Адель Омер де Гелль, которая в лермонтоведении считается мистификацией. Вроде была она в жизни поэта. Вроде бы не было такой женщины в жизни поэта. Но в кино она была. И Кравченко играла ее.

«В фильме есть эпизод похищения Омер де Гелль горцами, — рассказывает Галина Сергеевна. — Режиссеру очень понравился один из инженеров-строителей Военно-Грузинской дороги, работавший неподалеку от того места, где мы снимались, и режиссер предложил ему участвовать в эпизоде. Его одели в костюм того времени. Режиссер разъяснил, что он должен делать: перекинуть меня через седло и ускакать со мной в горы.

Стали снимать. Раздалась команда: «Приготовились! Начали!»

Мой партнер увлекся съемкой больше, чем нужно.

В горах у него была прекрасная усадьба, куда он меня и умчал. Во дворе он меня осторожно спустил с седла на землю, развязал руки и, галантно попросив подождать, скрылся. Через минуту появился с огромным кувшином и сказал: «Прошу вас, молодое вино, маджари!» Но не успел он опомниться, как я вскочила в седло его лошади и поскакала обратно».

Это был тридцатый год. Двадцатишестилетняя красавица, кинозвезда уже встретила своего героя, и не в кино, а в жизни уже умыкнули ее в мир странный, необыкновенный, звездный, полный удивительных превращений.

О нем и его людях ее рассказ, записанный мною в июне 1991 года в раскалывающемся на части Советском Союзе, в России, в Москве, на Беговой улице.

— Мне вспоминается один человек, — говорит Галина Сергеевна. — Ратмиров. Старичок. Аристократ. Он был когда-то выслан за хиромантию, потом вернулся. В двадцать шестом году он гадал мне по руке и сказал нелепые слова: «Вы выйдете замуж, будете находиться близко к очень крупному человеку, попадете в международный политический скандал, но выйдете сухая из воды».

Какой бред! — думаю. Международный политический скандал и я? Какая связь? Замуж не собиралась. Ушла и забыла про дурацкое гаданье. Однажды, в двадцать девятом году, мой друг, Владимир Шнейдер, режиссер, только что вернувшийся из Китая, позвонил, говорит, приходи, — мы с его женой учились в ГИКе, — приоденься, будет один очень интересный человек. Влюбишься.

А я была строптивая. Нарочно оделась кое-как в простое ситцевое платье.

Действительно, познакомил меня Володя с красивым, элегантным человеком в летной форме. После вечера у Шнейдеров он пошел меня провожать, а по Театральной площади ходил трамвай, я вскочила на подножку, рукой помахала, говорю, не люблю, когда меня провожают. Так и застыли в памяти его удивленные глаза, глядящие вслед моему трамваю. Стал мне звонить. Голос бархатный, завораживающий. Сказал, что сам водит мотоцикл. А я как раз увлекалась мотоциклетным спортом, но мой приятель, который меня обучал профессиональному вождению, уехал на Дальний Восток, и я осталась без мотоцикла.

Тогда было разрешено после двенадцати ночи на Ленинградском шоссе тренироваться на мотоциклах.

Мой новый знакомый стал ездить со мной на своем мотоцикле «Харлее». Признавался, что ни одну девушку до сих пор не сажал за руль.

Лютик был летчик. Кончил Военно-воздушную академию имени Жуковского. Очень красивый...

— Лютик?!

— Да, сын Каменева. Александр Львович. Все с детства звали его Лютиком. И я стала звать.

* * *

Есть в воспоминаниях поэта Владислава Ходасевича строки, где Ольга Давидовна Каменева рассказывает ему о подростке-сыне Лютике, который болеет где-то в соседней комнате.

«Такой способный. Прекрасно учится, необыкновенно живо все схватывает, прямо на лету. Всего четырнадцать лет (кажется, она сказала именно четырнадцать) — а уже сорганизовал союз молодых коммунистов из кремлевских ребят... У них все на военную ногу».

«Если не ошибаюсь, — пишет Ходасевич, — этот потешный полк маленького Каменева развился впоследствии в комсомол. О сыне Ольга Давидовна говорит долго, неинтересно, но мне даже приятно слушать от нее эти человеческие, не из книжек нахватанные слова. И даже становится жаль ее: живет в каких-то затвержденных абстракциях, схемах, мыслях, не ею созданных; недаровитая и неумная, все-то она норовит стать в позу, сыграть какую-то непосильную роль, вылезть из кожи, прыгнуть выше головы. Говорит о работницах, которых не знает, об искусстве, которого тоже не знает и не понимает. А вероятно, если бы взялась за посильное и подходящее дело, была бы хорошим зубным врачом... или просто хорошей хозяйкой, доброй матерью. Ведь вот есть же в ней настоящее материнское чувство...

К счастью моему, в эту самую минуту, не стучась, в комнату ввалились два красноармейца с винтовками. Снег сыпался с их шинелей — на улице шла метель. У одного из них в руках был пакет.

— Товарищу Каменеву от товарища Ленина.

Ольга Давидовна протянула руку.

— Товарища Каменева нет дома. Дайте мне.

— Приказано в собственные руки. Нам намедни попало за то, что вашему сынку отдали.

Ольга Давидовна долго и раздраженно спорит, получает-таки пакет и относит в соседнюю комнату. Красноармейцы уходят. Она снова садится перед камином и говорит:

— Эдакие чудаки! Конечно, они исполняют то, что им велено, но нашему Лютику можно доверять решительно все, что угодно. Он был еще совсем маленьким, когда его царские жандармы допрашивали — и то ничего не добились. Знаете, он у нас иногда присутствует на самых важных совещаниях, и приходится только удивляться, до какой степени он знает людей! Иногда сидит, слушает молча, а потом, когда все уйдут, вдруг возьмет да и скажет: «Папочка, мамочка, вы не верьте товарищу такому-то. Это он все только притворяется и вам льстит, а я знаю, что в душе он буржуй и предатель рабочего класса». Сперва мы, разумеется, не обращали внимания на его слова, но когда раза два выяснилось, что он прав был относительно старых, как будто самых испытанных коммунистов, — признаться, мы стали к нему прислушиваться. И теперь обо всех, с кем приходится иметь дело, мы спрашиваем мнение Лютика».

«Вот те на! — думаю я. — Значит, работает человек в партии много лет, сидит в тюрьмах, может быть, отбывает каторгу, может быть, рискует жизнью, а потом, когда партия приходит наконец к власти, проницательный мальчишка, чуть ли не озаренный свыше, этакий домашний оракул, объявляет его «предателем рабочего класса» — и мальчишке этому верят».

* * *

У Владимира Ходасевича в книге воспоминаний в том же эпизоде с Ольгой Давидовной Каменевой находим и такие слова матери о Лютике: «А какой самостоятельный — вы и представить себе не можете! В прошлом году (то есть в 1918-м. — *Л.В.*) пристал, чтобы мы его отпустили на Волгу с товарищем Раскольниковым. Мы не хотели отпускать — опасно все-таки, он настоял на своем. Я потом говорю товарищу Раскольникову: «Он, наверное, вам мешал? И не рады были, что взяли?» А товарищ Раскольников отвечает: «Что вы! Да он у вас молодчина! Приехали мы с ним в Нижний. Там всякого народа ждет меня по делам видимо-невидимо. А он взял револьвер, стал у моих дверей — никого не пустил!» Вернулся наш Лютик совсем другим: возмужал, окреп, вырос. Товарищ Раскольников тогда командовал флотом. И представьте — он нашего Лютика там, на Волге, одел по-матросски: матросская куртка, матросская шапочка, фуфайка такая, знаете, полосатая. Даже башмаки — как матросы носят. Ну — настоящий маленький матросик».

«Слушать ее мне противно и жутковато, — пишет Ходасевич. — Ведь так же точно, таким же матросиком, недавно бегал еще один мальчик, сыну ее примерно ровесник: наследник, убитый большевиками, ребенок, кровь которого на руках вот у этих счастливых родителей!

А Ольга Давидовна не унимается:

— Мне даже вспомнилось: ведь и раньше, бывало, детей одевали в солдатскую форму или в матросскую...

Вдруг она умолкает, пристально и как бы с удивлением глядит на меня, и я чувствую, что моя мысль ей передалась. Но она надеется, что это еще только ее мысль, что я не вспомнил еще о наследнике. Она хочет что-нибудь поскорее добавить, чтобы не дать мне времени о нем вспомнить, — и топит себя еще глубже.

— То есть я хочу сказать, — бормочет она, — что, может быть, нашему Лютику в самом деле суждено стать моряком. Ведь вот и раньше бывало, что с детства записывали во флот...»

* * *

Увы, боюсь, не передалась Ольге Давидовне Каменевой чуткая мысль Владислава Фелициановича Ходасевича, а ему ее мысль передалась. Похоже, она доподлинно знала, чью матросскую курточку, матросскую шапочку, полосатую тельняшку и даже башмаки получил в подарок от Федора Раскольникова ее сын.

* * *

До революции мальчика в матроске знала вся Россия. И пусть многие кляли царя за слабость государственного характера, а царицу за ее германское происхождение, ставшее во время войны с Германией для многих подозрительным, к мальчику в матроске относились те с любовью, те с жалостью, те равнодушно, но никто не проявлял к нему ненависти. Мальчик был наследником престола — единственным сыном императора Николая и его жены Александры.

Опять генетическое проклятие рода Романовых. Четыре старших дочери: Ольга, Татьяна, Мария, Анастасия — здоровые, красивые девочки, вырастающие в девушек. Лучшие женихи царских домов Европы уже начинали поглядывать в сторону старших, носивших имена пушкинских героинь из «Евгения Онегина». И рядом больной мальчик — царевич Алексей.

У него был генетический недуг, идущий от матери: гемофилия. Болезнь крови. Она передается не по мужской, а по женской линии, через поколения. Говорили, что английская королева Виктория наградила этой болезнью мужское потомство своего рода. Александра Федоровна, мать Алексея, русская императрица, жена Николая II — племянница Виктории.

Впрочем, изредка в английской прессе появляются статьи, опровергающие слухи о больной крови долгожительницы Виктории. Как бы то ни было, остается факт: русский наследник страдал этим недугом.

Стоило мальчику в матроске слегка порезать пальчик или ударить коленку, кровь начинала вытекать из него, и остановить ее было чрезвычайно трудно. После кровотечений дитя ослабевало и долго болело. Единственным человеком, способным с помощью магии быстро остановить кровь, оказался сибирский мужик Григорий Распутин. Оттого-то приблизился он к царскому дому, оттого-то имел неотразимое влияние на царицу, зацикленную на болезни своего ребенка и страстно жаждавшую, чтобы ее сын выздоровел и со временем занял российский престол.

Распутина убили в декабре 1916 года. Незадолго до смерти он говорил царице: «Покуда я жив, с вашей семьей ничего не случится. Но как только меня не будет, вы окажетесь беззащитны».

Царица верила ему. Так и случилось: через два месяца после гибели Распутина Николай II отрекся от престола. Семью его вместе с ним взяли под домашний арест, а позже сослали в Сибирь, сначала в Тобольск, потом в Екатеринбург.

В 1918 году, когда по всей России шла гражданская война и красные отступали от Екатеринбурга, Яков Свердлов, Председатель ВЦИКа, подписал приказ о расстреле всей царской семьи.

Мальчика в матроске не стало. Его больная кровь пролилась невинно. Но вскоре не стало и Свердлова. Ходил слух, что рабочие, когда он выступал на одном из московских заводов, якобы в порыве энтузиазма подбрасывали его после выступления и нарочно уронили на землю, отбив ему все внутренности. В отместку за кровь царской семьи. Впрочем, доказательств этому пока нет.

Имущество царя — дворцы, яхты, земли, конюшни — досталось большевикам. Попала в их руки и яхта «Межень», ходившая по Волге и Каме. Именно на этой яхте летом 1918 года, может быть, даже в день убийства царевича Алексея, командир Красной большевистской флотилии Федор Раскольников вместе со своей возлюбленной и помощницей, поэтессой Ларисой Рейснер, нарядили Лютика, четырнадцатилетнего сына большевика Каменева, в матросский костюм, найденный в гардеробах яхты.

Матроска пришлась Лютику впору. Откуда было

знать его умиленной матери, что вместе с матроской убитого ребенка Раскольников и Рейснер надели на Лютика судьбу царевича Алексея?

* * *

Настоящее имя Лютика было Александр. Бойкий, сметливый мальчик быстро ухватил революционный дух времени и проявлял его по-своему: сорганизовал союз молодых коммунистов из кремлевских ребят, где все устроилось на военную ногу. Но это был не комсомол, а чисто кремлевская группа сынков вождей.

Когда он подрос, двери всех институтов раскрылись перед сыном большевистского вождя. Он выбрал Военно-воздушную академию имени Жуковского. Московские невесты мечтали познакомиться с ним: сын самого Каменева лихо водит мотоцикл, для него нет никаких преград.

В середине двадцатых драматург Лев Славин написал пьесу «Сын наркома». Герой пьесы легко угадывался — Лютик, знаменитый своими похождениями в духе, как тогда говорили, «буржуазного разложения».

Один из московских театров поставил пьесу.

Каменев запротестовал: «Пьесу нужно запретить, она дискредитирует члена Политбюро».

Сталин не согласился: «Пусть идет».

Зиновьев уговаривал Каменева: «Если вы запретите пьесу, то распишетесь в том, что она о вашем сыне».

Пьесу «Сын наркома» не запретили, но спустя короткое время тихо сняли с репертуара театра.

Лютика познакомили со знаменитой актрисой Галиной Кравченко. Они полюбили друг друга.

* * *

Рассказывает Галина Сергеевна:

— Лютик сказал мне, что его отец хотел бы познакомиться со мной. Мама Лютика Ольга Давидовна отдыхала в Сочи, когда мы познакомились и начали кататься по ночам на мотоцикле. Лев Борисович и Лютик заехали за мной на машине с шофером, и мы поехали в Горки. У Льва Борисовича своего ничего не было — все было казенное. Когда он ездил в Италию «обрабатывать» Муссолини, ему там подарили великолепный автомобиль, он отдал его во ВЦИК.

Тогда за рулем можно было выпить, и Каменевы взяли с собой бутылку. На пути в Горки мы устроили привал. У них была с собой еда. Я накрыла на траве. Лев Борисович укрепил бутылку на дереве и предложил расстрелять ее. Он выстрелил — мимо. Лютик выстрелил — мимо. Шофер — тоже мимо. Я умела стрелять, но подумала, если промахнусь, не стыдно, никто ведь не попал. Выстрелила — бутылка разлетелась.

«Вот это девица!» — восхитился Лев Борисович.

Ольга Давидовна? Она была тяжелая. Неприветливая. Конечно, образованная, умная. Говорили, что в молодости была красивая. У нее были прострелены голова и нога. Она вообще-то редко бывала дома, все время работала. Жестокая. Когда мы уже вместе с ней жили, Лютик часто приходил усталый, только снимет сапоги, она звонит, приезжай за мной, хотя у нее была машина, к ней прикрепленная, а ей хотелось перед сотрудниками сыном гордиться.

Через несколько дней после нашей поездки в Горки Лев Борисович сказал: «Сегодня вы у нас останетесь».

Вышла я замуж в июне двадцать девятого года. Почти семь лет прожила в семье Каменевых. Все страшное, что случилось, было при мне.

Сначала — сказочная жизнь. Сказочная. Квартира Каменевых была на Манежной площади напротив Кремля. Раньше они в самом Кремле жили, но там стало тесно. Тут, на Манежной, шесть комнат. Квартира на одну сторону. Над нами Анна Ильинична, сестра Ленина. Противная. У нас собиралась молодежь, шумела. Анна Ильинична всегда присылала прислугу, требуя, чтобы мы потише себя вели. Народ приходил разный, в основном артистический.

У нас в доме родилась идея фильма «Веселые ребята». Однажды, на Новый год, было сто четырнадцать человек. Приходил Эйзенштейн, Лев Борисович обожал его. Устраивались просмотры новых советских и заграничных картин. Устраивали тир прямо в доме. Из духовой домашней винтовки в потолок стреляли...

«Ах! — хочу я перебить Галину Сергеевну. — Может, поэтому Анна-то Ильинична прислугу присылала?!» — Но молчу, слушаю.

— У Каменевых был второй сын, Юра. Он в школе учился. Чудесный мальчик. В тридцать первом году мы с Лютиком осенью поехали в Крым. Я ждала ребенка. Была на седьмом месяце. Лютик получил из Америки «Форд» и показал мне весь Крым — Форос, и Суук-Су, и Мухалатку. В Мухалатке дом Политбюро. Когда мы туда приехали, никого из членов Политбюро не было — только дети их собрались, пять пар. Взрослые дети. Нас с Лютиком поместили в апартаменты Сталина: спальня, кабинет, гостиная. После Мухалатки я нигде отдыхать не могла — так там все удобно и комфортабельно. Это был настоящий отдых. Сначала смущал нас охранник, потом к нему привыкли. Не замечали. Все время были на колесах, путешествие сказочное, потом в Москве рассказывали, а Лев Борисович шутил, что ребенок, наверно, родится на роликах. Каменевы хотели девочку, внучку, я говорила: лучше бы лошадку, а родился Виталик. Коллонтай новорожденному Виталику винтовку подарила. Лев Борисович был неравнодушен к Коллонтай. Ольга Давидовна работала в ВОКСе. Возглавляла. Потом работала в кинофикации, начальником отдела по прокату. Очень была добросовестная...

* * *

Чета молодых Каменевых любила отдыхать в Крыму, в Мухалатке...

Летом 1995 года я попала в полуразрушенный, одичалый Крым, где по берегам стояли опустелые бывшие замечательные здравницы — у новых украинских властей не хватало средств содержать их. По пути в Форос увидела я указатель: «Мухалатка». Пошла вниз, в сторону моря.

Вот два жилых дома. Вот ребятишки, лазающие по деревьям, а вот сплошная глухая стена. К морю не пройти.

— Что там, внизу? — спросила я мальчишек.

— Мухалатка.

— Что это?

— Не знаем.

— Ваши родители работают там?

— Да.

— Как они туда ходят?

— Они знают дорогу.

— А вы почему не ходите?

— Нам туда нельзя.

«После Мухалатки я нигде отдыхать не могла, так там было все удобно и комфортабельно» — вспомнились мне слова Галины Сергеевны.

Галина Сергеевна описывала Мухалатку 1931 года.

Я подходила к глухой стене в 1995 году.

Шестьдесят четыре года спустя. Кто сегодня отдыхает в Мухалатке, какой правитель? Во времена Галины Сергеевны наверняка на деревьях также играли дети обслуживающего персонала. За эти шестьдесят с лишним лет они успели состариться, многие уже умерли. Сменились поколения, а комфортабельная Мухалатка все та же — туда нельзя.

* * *

Когда началась для Лютика Каменева расплата за матроску царевича Алексея?

Галина Кравченко рассказывала:

— В тридцать четвертом году я снималась в кино. Съемки происходили в Крыму. Они закончились, и в начале декабря, вместе с режиссером Марком Донским, я села в поезд. В дороге узнали мы, что убит Киров. Меня встречал Лютик, бледный, как полотно. В доме было сложно. Шестнадцатого декабря взяли Льва Борисовича. Татьяну Глебову взяли, это женщина, с которой Лев Борисович в последние годы жил как с женой. У нее был от него сын. Льва Борисовича сослали в Минусинск.

Пятого марта тридцать пятого года взяли Лютика. Пришли поздним вечером. Устроили страшный обыск. Четверо. Среди них один полковник. Полезли в шкаф, где были пленки с моими фильмами. Поганый полковник под утро сунул руку в шкаф и сразу вытащил уникальную пленку, где Лев Борисович снят с Лениным. Они ее забрали. А мои пленки, все до одной, вытаскивали, разматывали, смотрели на свет и бросали на пол. Весь пол был в кучах размотанных пленок. Месяц я раскладывала их обратно.

Двадцатого марта взяли Ольгу Давидовну. Она простилась с Юрой. Сначала ее выслали на три года в Горький.

Меня с маленьким Виталиком выселили из правительственного дома. В тридцать восьмом году Юра решил поехать к Ольге Давидовне в Горький. Он был чудесный мальчик, благородный, честный, чистый. Поэтичный. Я отговаривала его, боялась отпустить. Но он настоял. И не вернулся. Его взяли в Горьком вместе с матерью. Расстреляли. Если бы он не поехал, я бы сделала все, чтобы спасти его.

* * *

— Галина Сергеевна, скажите, вы понимали, что происходит и к чему все идет?

— Ольга Давидовна все понимала. Она ждала. Лев Борисович, тот вообще был не от мира сего, а она ждала и боялась. Меня всегда потрясал пессимизм Ольги Давидовны. Она часто говорила мне:

«Ох, Галенка, плохо нам будет, плохо. Живите, пока живется, вы молодые. Плохо будет». — «Почему вы так говорите?» — «Я это чувствую. Я много знаю. Вот увидите, нас ожидает огромное горе. Жизнь будет очень трудной, сложной».

Лев Борисович, наоборот, очень был оптимистичен. И весь в искусстве. Я не помню, чтобы он когда-нибудь в доме говорил о политике. Он, когда я вошла в их дом, вообще уже отошел от политики. Весь в книгах. Обожал музыку.

Троцкий? Брат Ольги Давидовны? Я его не знала. Он уехал, вернее, его выслали в двадцать седьмом, а я пришла в дом в двадцать девятом. Ольга Давидовна никогда о брате не говорила. Сережа, младший сын Троцкого, у нас бывал. Очаровательный. Скромный. Двое детей. Такое несчастье. Когда нас выселяли после ареста Льва Борисовича и Ольги Давидовны, мы все попали в один дом, и я, и Юра, младший брат моего мужа Лютика, и Сережа, сын Троцкого. Дом был на улице Горького, 27, дом ВЦИКа. Гостиничного типа. Бывшая дореволюционная гостиница. Не перворазрядная. Там мы все и жили.

Наташа? Жена Троцкого? Наташа Седова? Нет, я ее не знала, она уже была там, за границей. Говорили, что скромная. Очень любила его. Русская была. Дворянка. Старший сын уехал с ними, а Сережа отказался ехать. Его потом расстреляли, детей его куда-то угнали — я не знаю концов. Такое горе...

— Галина Сергеевна, — меняю я грустную тему, — вы помните, чем питались в семье Каменевых?

— О да. Это хорошо помню. Питание было на мне. «Кремлевка» была. Пятьсот рублей вносили на месяц за человека, и я ездила за обедами. Обеды были на двоих, на Льва Борисовича и Ольгу Давидовну, но девять человек бывали сыты этими обедами — вот так. Я ездила за ними на машине Льва Борисовича. В доме жила кухарка и Терентьевна, няня Лютика. Строгая была, никаких девиц Лютика не признавала, а меня полюбила сразу. Выпить обожала. И угостить. Когда мы поздно приходили из гостей или со спектакля, нас всегда ждал легкий ужин и водка — красная, желтая, белая. В графинчиках.

В «Кремлевке» к обедам давалось всегда полкило масла и полкило черной икры. Зернистой. Вместе с обедом или вместо него можно было взять так называемый «сухой паек» — гастрономию, бакалею, сладости, спиртное. Вот такие рыбины. Чудные отбивные. Все, что хотите.

Если нужно больше продуктов, всегда можно было заказать.

Готовые обеды были очень вкусные — повара прекрасные.

Где была «Кремлевка»? А там, где сейчас, в доме правительства, внизу, налево. Она делилась на две части: одна для людей, близких к Кремлю, — разных чиновников и партийцев, ну, помельче, а другая — для высших чинов, — туда я и ездила. Там было все. На масленицу давали горячие блины. Везли в судках — не остывали, это же близко от Кремля, и машине Льва Давидовича — зеленый свет.

С одеждой было потруднее. Я одевалась в мастерской Наркоминдела, на Кузнецком. Там встречалась с Надеждой Аллилуевой.

Помню, году в тридцать втором, Лев Борисович говорит мне: «Галенка, будете в городе, купите мне носки».

Поехала — вернулась.

— Носков нет, Лев Борисович.

— Как так?

— Так. В Москве нигде нет носков.

Очень он удивился.

Вторая семья Льва Борисовича нас как-то не касалась, хотя мы все знали о ней. Там тоже, как и здесь, было два сына: один у Глебовой от первого мужа, другой от Льва Борисовича. И разница между детьми такая же, как у наших сыновей: шестнадцать лет между рождениями Лютика и Юрочки.

Настоящая фамилия Льва Борисовича Розенфельд. Нет, он не был еврей, как принято считать. Отец его, инженер-путеец, из обрусевших прибалтийских немцев. Что? Фамилия еврейская? Почему? А Бенкендорф? *прибалтийских германцев.*

* * *

— Как взяли моего сына Виталика? Когда? В пятьдесят первом году. Летом. Я помню, засиделась в гостях у моего друга Николая Николаевича Миловидова, юриста — замечательный был человек, мастер своего дела. Возвращалась во втором часу ночи, смотрю, недалеко от дома стоит мой сын Виталик. Он был громадного роста. Красивый. Только что стукнуло восемнадцать.

— Ты что? — спрашиваю.

— Так, не спится. Тебя встречаю.

У меня уже была дочь от второго мужа. Но я тогда отправила ее в Грузию. На лето.

Вошли мы в квартиру, и через несколько минут «они» явились. Трое. Увели Виталика и всю ночь шарили. Обыск делали. Хамы невероятные. Это вообще была варфоломеевская ночь — этой ночью взяли всех подросших детей «врагов народа», Леночку Косареву тогда же взяли.

— А что они искали у Виталика?

— Связи искали. Письма Льва Борисовича. Нашли два письма. Оба — мне. Одно Лев Борисович в больницу-Кремлевку прислал, когда Виталик родился, свекор тогда подарил мне револьверчик. Павел Аллилуев привез из-за границы два одинаковых револьверчика — один подарил Льву Борисовичу, другой своей сестре. Из него она, говорят, и застрелилась. Хотя ведь ходили слухи, что Сталин ее...

63

— Галина Сергеевна, если можно, вернемся к Лютику.

— Он два раза сидел. Первый раз в Бутырках. Я с маленьким Виталиком ходила к нему. Виталик все говорил: «Папа через канавку».

Две сетки, а между ними пространство — канавка.

Он получил три года ссылки. На свидании Лютик попросил меня: «Напиши, ради бога, Иосифу Виссарионовичу, чтобы меня этапом не посылали, а нормально отправили».

Я тут же написала, отнесла письмо, и через двадцать четыре часа позвонил Поскребышев, сталинский секретарь, — омерзительная личность, но известие сообщил хорошее:

— Иосиф Виссарионович письмо прочитал, все, о чем просите, разрешено.

Я Лютика провожала.

Позвонили мне «оттуда», сказали, откуда звонят, говорят: ваш муж сегодня отъезжает с Казанского вокзала в семь вечера, просит привезти ему к поезду кожаное пальто, столько-то денег и чемодан.

Я побежала. На вокзале, в специальной комнате, сдала вещи и расписку потребовала. Я была молодая, экспансивная, ничего не боялась.

— Давайте расписку, вы все жулики!

Они дали.

Я кинулась в справочную, там подтвердили, что поезд отходит в семь часов пять минут на Алма-Ату с первого пути.

Бежала вдоль состава, искала вагон с решетками. Состав был — ну я не знаю сколько, — мне казалось, что сто вагонов. Оставалось очень мало времени: нету, нету, нету, и у самого паровоза — вагон. Очень приличный. Вижу — малиновые фуражки, и вдруг Лютик, уже бритый, уже хороший, потому что в тюрьме он был ужасный, без пояса, без знаков различия, а тут уже нормальный.

Увидал. Только показал на пальцах — три года. Мы с ним очень хорошо простились.

А сзади меня, поодаль, все время стоял человек в малиновой фуражке. Когда поезд ушел, он сказал:

— Теперь быстро уходите. Я дал вам возможность проститься. Уходите, а то мне влетит.

Я его поблагодарила.

Второй раз Лютика посадили уже безвозвратно...

— Галина Сергеевна, вы с Лютиком любили друг друга?

— Очень любили. Мы с ним просто не расставались. Когда я читаю сейчас в «Огоньке», что он стоял на шоссе и ждал, пойдет машина Вышинского или Сталина, словом, был террористом, мне смешно: я с ним не расставалась. Даже в академию, где он учился, за ним на машине приезжала. Сама машину водила.

* * *

Галина Сергеевна раскладывает справки и свидетельства о смерти. Их много. Они заполняют весь стол — бумажки об убийстве людей и бумажки о том, что убили напрасно.

Каменев Лев Борисович, умер 25.08.1936 года в возрасте 53 лет. Причина смерти — прочерк. Место смерти — г. Москва.

Каменева Ольга Давидовна, умерла 11.09.41 года в возрасте 58 лет. Причина смерти — два прочерка. Место смерти — прочерк.

Каменев Юрий Львович, умер 30.01.1938 года в возрасте 17 лет. Причина смерти — прочерк. Место смерти (между этими двумя словами вписано слово «регистрация». — Л.В.) — Москва.

Значит, его привезли из Горького, куда он поехал

навестить мать и не вернулся? В чем его обвиняли? За что убили?

Каменев Александр Львович, умер 15.07.39 года в возрасте 33 лет. Причина смерти — прочерк. Место смерти — прочерк.

У Галины Сергеевны нет справки о Татьяне Ивановне Глебовой, но и она была расстреляна, как жена Каменева.

* * *

А справки из Верховного Суда СССР — эти образцы социалистической бюрократии — звучат хором: «За отсутствием состава преступления».

* * *

Есть у Галины Сергеевны еще две горькие справки. Одна от 11 ноября 1955 года: «Дана гражданину Кравченко Виталию Александровичу, 1931 года рождения, в том, что определением Судебной Коллегии по уголовным делам Верховного Суда СССР от 5 ноября 1955 года постановление Особого Совещания при Министре Государственной безопасности СССР от 18 августа 1951 года в отношении него отменено и дело производством прекращено за отсутствием в действиях состава преступления».

Подпись неразборчива.

Другая — свидетельство о смерти: «Кравченко Виталий Александрович, умер 3.08.1966 года, в возрасте 34 лет. Причина смерти — отравление. Место смерти — Москва».

Виталий — сын Галины Сергеевны и Лютика, внук Льва Каменева. Я ничего не спрашиваю о нем, зная, нет страшнее горя для матери, чем потеря сына. В любом возрасте. О чем спрашивать? Зачем?

— Да, — говорит Галина Сергеевна, — всю семью

взяли, осталась я с маленьким мальчиком. Все, конечно, тут же отвернулись — и околоправительственные друзья, и многие приятели-актеры. Я их не виню. Такое было время. Люди боялись за себя.

Режиссер Абрам Роом, например, его жена, актриса Ольга Жизнева, писательница Анна Антоновская — те не боялись, продолжали со мной дружить.

Карьера моя покатилась.

Сняли меня с почти законченной картины «Счастливый полет». Да уж, такой оказался счастливый. Взяли другую актрису.

Награждали актеров, участников февральского фестиваля 1935 года. Меня в списке награжденных не было. В Большом театре Енукидзе зачитывал список награжденных. Все посмотрели в мою сторону, а Енукидзе в противоположную. Вы слышали о таком? Авель Енукидзе. Милый был человек, но слишком баловался с девочками-балеринами. Сталин ему это припомнил вместе с политическими претензиями.

И за вторым мужем моим следили. Мы с ним еще не жили вместе, он приходил ко мне, а на улице несколько человек гуляют, на окна смотрят, ждут, когда выйдет.

Меня, конечно, в покое не оставили. В тридцать восьмом году начали мучить. Вызывать, допрашивать. Я уже была замужем, другую семью завела, дочка родилась, а в покое не оставляли. Стал звонить какой-то мужчина, говорил, что я подлежу высылке, что он меня посадит, предлагал помогать ему. Мне подсказал один знающий человек, кому написать в НКВД, — генералу Коруцкому. Написала. Он меня принял и сказал, что тот занимается самодеятельностью и больше не будет меня беспокоить. Сказал, чтобы жила спокойно.

* * *

Я уже хочу уходить, закрываю блокнот, выключаю магнитофон, а Галина Сергеевна вдруг говорит:

— Знаете, я иногда думаю, что все, происшедшее со

мной, страшный сон. Не раз, не раз вспомнила я старика Ратмирова. Все он правильно нагадал.

Я выжила. И в кино снималась. Но, глядя правде в глаза, знаю — меня под корень подкосила вся эта история. Много больше могла бы я сделать в искусстве. Да что обо мне говорить. Я сегодня вспоминаю их всех: обаятельного Льва Борисовича, и несчастную Ольгу Давидовну, и Юрочку прекрасного, и своего незабываемого Лютика, и думаю — да были ли они? Не приснился ли мне сон? Я в последнее время, когда многое узнала про расстрел царской семьи, почему-то думаю, что всех их с детьми и женами жизнь наказала. Так жестоко и виноватых, и невинных. Виталика за что?

Я торопливо меняю тему разговора — сама мать. И красивая даже в старости Галина Кравченко с удовольствием, с увлечением рассказывает мне о разных актерах, с кем вместе играла, о фильмах. Она — живая история нашего немого кино, о котором мы сегодня или ничего не знаем, или знаем очень мало.

За окном шумит Москва 1991 года, проносятся автомобили, идет приватизация квартир, выбран первый Президент России, а 17 июля по всей стране в церквах служат первый широкий молебен за упокой святых душ: Николая, Александры, Ольги, Татьяны, Марии, Анастасии, Алексея...

* * *

Галина Сергеевна Кравченко умерла в феврале 1996 года. Вместе с ее дочерью от второго брака Кариной мы перебирали бумаги покойной. Рассматривали старые фотографии. Галина Кравченко была разносторонне одаренной женщиной. Прекрасно не только танцевала, пела, рисовала, плавала, стреляла, но и фехтовала.

— У мамы был когда-то роман с режиссером Григорием Александровым. Он считал ее совершенной европейской актрисой, а когда позднее встретил Любовь Орлову, то формировал ее имидж с облика мамы, — вспоминает сегодня Карина.

Какая судьба. Оттолкнувшись от одной фигуры, время создает две — великую балерину Уланову и замечательную киноартистку Орлову. А та, первая, попав в эпицентр политических взрывов, остается в стороне.

Десятилетиями она не снимается. Позднее, когда драгоценное время артистической молодости проходит, а пресс времени ослабевает, Галина Кравченко довольствуется эпизодическими ролями.

— Мама довольно быстро, после того, как Лютик исчез, вышла замуж. Отец мой был для того времени смелым человеком: женился на женщине с ребенком, старше себя и имевшей мужа в тюрьме, сына Каменева.

Отец очень любил маму, замечательно относился к ее сыну от Лютика, Виталику, хотел его усыновить, спрятать за своей грузинской фамилией, но мама настояла на своем: «Он должен остаться сыном Лютика!»

Вот и остался — попал в тюрьму, как сын Лютика и внук Льва Борисовича. После тюрьмы Виталик не вернулся домой, уехал на Сахалин, там женился, потом вместе с семьей приехал в Москву и вскоре умер.

Мама сохранила у себя восковой букетик лютиков, который первый муж когда-то подарил ей. Я положила букетик ей в гроб, — заканчивает Карина грустный рассказ.

* * *

Три Лжедмитрия в XVII веке пытались продолжить жизнь подлинного царевича, сына Ивана Грозного. Появлялся ли в XX веке Лжеалексей? Трудно представить себе это в условиях той советской действительности, где чекисты всегда начеку, и все же легенда явилась.

Писатель Радзинский в книге о Николае II приводит письмо врача-психиатра Д. Кауфман из Петрозаводска: «Речь пойдет о человеке, который некоторое время находился на лечении в психиатрической больнице Петрозаводска, где я работала ординатором с сентября 1946-го по октябрь 1949 года...

Контингент наших больных состоял как из гражданских лиц, так и из заключенных, которых нам присылали в эти годы для лечения или для прохождения судебно-психиатрической экспертизы...

В 1947 или 1948 году, в зимнее время, к нам поступил очередной больной из заключенных... Сознание его было неясным, он не ориентировался в обстановке, не понимал, где находится...

В бессвязных высказываниях два или три раза промелькнула фамилия Белобородова... в документах его был указан год рождения 1904-й, что же касается имени и фамилии, я их не могу вспомнить точно: то ли Филиппов Семен Григорьевич, то ли Семенов Филипп Григорьевич. (Обращает на себя внимание отчество, в обоих случаях «Григорьевич» — Григорий Распутин был неизменным спасителем царевича Алексея, ладанка Распутина всегда находилась на шее царевича, царица считала, что этот талисман защищает мальчика от беды и болезни. — *Л.В.*) Через один-три дня, как это обычно бывает в таких случаях, проявление острого психоза исчезло. Больной стал спокоен, вполне контактен».

И далее следует рассказ о том, что он наследник короны. Во время расстрела в подвале дома Ипатьева отец обнял его и прижал лицом к себе. Ребенок даже не успел осознать случившегося, чтения приговора он не услышал. Запомнил только фамилию Белобородова... (это один из расстрельщиков царской семьи. — *Л.В.*).

«Постепенно мы стали смотреть на него другими глазами, — пишет врач Кауфман, — стойкая гематурия, которой он страдал, находила себе объяснение: у наследника была гемофилия...

В то время к нам раз в полтора-два месяца приезжал консультант из Ленинграда, лучший психиатр-практик, которого я встречала на своем веку. Мы представили ему нашего больного. В течение двух-трех часов он «гонял» его по вопросам, которых мы не могли задать, так как были несведущи, а он был компетентен. С.И. Генделевич знал расположение и назначение всех покоев Зимнего дворца и загородных резиденций в начале века.

Консультант знал также протокол всех церемоний и ритуалов, принятых при дворце, даты разных тезоименитств и других торжеств, отмечаемых в семейном кругу Романовых. На все вопросы больной отвечал совершенно точно и без малейших раздумий. Для него это было элементарной азбукой...»

Далее врач Кауфман рассказала, что консультант Генделевич встал перед дилеммой: либо поставить диагноз «паранойя в стадии ремиссии» и вернуть больного в лагерь, либо признать случай неясным и тогда понадобится раскрыть перед прокурорским надзором все то, что он узнал от больного. В те времена лучше было назвать его параноиком, чем царевичем Алексеем. Врачи посоветовались с больным, и он согласился с ними, вернулся в лагерь.

Спустя много лет рассказ Кауфман слово в слово подтвердил заместитель главного врача той же больницы, где работала Кауфман, отыскавший историю болезни Семенова Филиппа Григорьевича, где было записано и о Белобородове, которого ругал больной, и об осмотре его Генделевичем, и о том, что больной объявлял себя сыном последнего царя, спасенного той страшной ночью. Его увезли, доставили в Ленинград под чужим именем. Одно время он служил в Красной Армии кавалеристом. Есть в истории болезни Семенова абзац, запись Генделевича, что у него «нет никакой корысти присваивать чужое имя, он не ждет никаких привилегий, так как понимает, что вокруг его имени могут собраться различные антисоветские элементы, и, чтобы не принести зла, он всегда готов уйти из жизни».

Ни Радзинский, ни Кауфман, ни Генделевич, ни тем более я — никто ничего не утверждает.

Сказка о Филиппе Григорьевиче Семенове грустна до боли. Лжедмитрий пришел на Москву с польским войском и около года правил Россией. Лжеалексей пришел в тюрьму и психбольницу, чтобы объявить десятку врачей о своей царской принадлежности.

Увы...

Мальчик-царевич Алексей Романов погиб в Ипатьевском доме. Его тельняшка стала смертной рубахой кремлевского полупринца Александра Каменева.

Если же принять неправдоподобную версию Кауфман, то полосатая тельняшка Алексея Романова, надетая на Александра Каменева, парадоксально запечатлелась на обоих телах советской тюремной полосатой робой.

МАЛЬЧИК И ДЕВОЧКА ПОСЛЕ ПАРИЖА

В жизни Лютика Каменева был эпизод, о котором он... не имел понятия. Или не обратил внимания, потому что участвовал не он, а его отец.

Перед революцией большевики вместе с эсерами боролись с монархией. В парижской эмиграции семья Льва Борисовича Каменева жила по соседству с семьей лидера эсеров Виктора Михайловича Чернова. Дети Каменева и Чернова дружили, играли вместе. После революции все изменилось.

Окончательно порвав с большевиками, Чернов в 1920 году подвергся преследованию. Скрывался. Чекисты сбивались с ног, разыскивая его. Пошли на крайнюю меру — арестовали жену Чернова и троих несовершеннолетних дочерей, чтобы вынудить его выйти из подполья.

Чернов написал Ленину: «Поздравляю вас с крупным успехом на внутреннем фронте: вашими агентами арестованы моя жена с тремя дочерьми, из которых старшей 17, младшей 10 лет.

Обстоятельства этого ареста показывают, что я могу поздравить Совет Народных Комиссаров также с немалым прогрессом в технике работы его розыскных органов. После задержания матери, к детям, находящимся в поезде железной дороги, посылают какого-то человека, ночью сообщающего им эту тревожную весть, в расчете, что они бросятся к отцу, единственному убежищу. По их пятам пускают сыщиков, устраивают целую облаву и арестуют, как мнимого Чернова, человека, вся вина которого в том, что он осмелился принять с вокзала и обогреть детей, оказавшихся внезапно без приюта, без отца и матери...

Вся грязь провокаторско-предательских приемов, не брезгающих эксплуатировать чувства детей к отцу, все то, перед чем останавливались порой даже наиболее чистоплотные из жандармов царского режима, — ныне воскрешены вами».

* * *

Еще недавно эсеры и большевики вместе боролись с царизмом. В 1920 году вчерашние соратники уже враги.

Позднее врагами станут соратники по партии.

Круг сузится.

Друзья Чернова, зная, что его жена и дети больны цингой, помня также недавние добрые отношения с большевиками, отправляются к Каменеву. Тот спокойно объясняет им, что жена и дочери Чернова задержаны как заложники.

— Мы требуем освободить женщин и детей.

— Готовы обменять их на Виктора Михайловича, — спокойно отвечает Каменев, недавний хороший знакомый семьи.

— Вы расстреляете Чернова?

— Это решит суд. За детей можно не беспокоиться. Моя жена Ольга Давидовна с удовольствием возьмет в нашу семью младшую Ариадну. Наш сын Лютик отлично играл с девочками Чернова в Париже. Жена воспитает из Ариадны достойную большевичку.

Чернову передали ответ Льва Борисовича. И он немедленно отреагировал:

«Гражданин Каменев!

До меня дошло известие, что вы или жена ваша Ольга Давидовна выразили намерение взять к себе или поместить в Кремлевский сад мою десятилетнюю дочь, арестованную агентами вашего политического розыска, подвергнутую следователем Кирпичниковым выпытыванию местожительства ее отца...

Я категорически протестую против этой вашей попытки, если она делается во имя нашего прежнего знакомства и добрых отношений. После того как в ответ на справку у вас, за что арестованы моя жена и трое детей, вы с завидным хладнокровием объяснили, что они, очевидно, взяты советской властью в качестве заложниц — ни о каких личных отношениях, основанных на прошлом, и речи быть не может. Кроме того, я не хочу, чтобы моя дочь пользовалась многочисленными удобствами и благами жизни, составляющими привилегию Кремля, являющимися насмешкой над холодом и голодом, от которых изнывают дети в Москве и только ли в Москве. Если в России, находящейся под вашим управлением, могла бы идти речь о правах, — я по праву отца требовал бы передачи моей дочери представителям общества помощи политическим ссыльным и заключенным (Красный Крест). Но так как у современной России, кроме членов вашей партии, все ввергнуты в состояние полного бесправия, то в вашей власти, конечно, изощряться в изобретении различных форм секвестра малолетних детей ваших политических противников-социалистов, а в нашей власти лишь одно: публично клеймить всю гнусность подобных деяний, до которых даже самодержавие доходило в виде исключения в наиболее темные и позорные времена своего существования.

Виктор Чернов».

Письмо возымело действие не только на Каменева.

Кремлевские вожди отказывались брать на воспитание и благодетельствовать детей своих врагов.

И когда, расправившись с меньшевиками и эсерами, большевики начали борьбу друг с другом, а разногласия, в тех случаях, если в спорах побеждал сильнейший, стали рассматриваться как измена родине, то детей большевиков, осужденных на казнь или на тюрьму, никто из не арестованного на тот момент сталинского окружения уже не осмеливался брать в свои семьи, дабы не навлечь на себя подозрений в единомыслии с «врагом».

Дети «врагов» становились игрушками в руках победителей. Если их нельзя было взять в семьи и воспитать вопреки желаниям родителей, то с ними следовало поступить по всей строгости времени.

Маленькие? Вырастут, и тогда взрослые поиграют с ними по-взрослому...

ЕЩЕ ОДИН МАЛЬЧИК...

Иные дети и внуки кремлевских вождей сегодня возникают из небытия и выясняется, что небытия-то и не было. Галина Сергеевна Кравченко в разговоре со мной упомянула: «Вторая семья Льва Борисовича нас как-то не касалась, хотя мы все знали о ней. Там тоже, как и здесь, было два сына: один у Глебовой от первого мужа, другой — от Льва Борисовича. И разница между детьми такая же, как у наших сыновей: шестнадцать лет между рождениями Лютика и Юрочки...»

И что же случилось с этой второй семьей, если первая была, можно сказать, под корень уничтожена?

Когда «Кремлевские жены» вышли в свет, я получила письмо из Новосибирска: «Мой дед, Лев Борисович Каменев, еще в середине 20-х годов развелся с Ольгой Давидовной и женился на моей бабушке, Татьяне Ивановне Глебовой. В Италию они ездили вместе, заехав на Капри к Горькому.

Потом он с Татьяной Ивановной вместе был в ссылке с 1927 по 1929 год. Вернулись в Москву, в 1929 году родился мой папа, и в следующую ссылку они ездили уже втроем с 1932 по 1933 год. Опять вернулись в Москву и жили в Карманицком переулке на Арбате до ареста в декабре 1934 года. Дедушку и бабушку расстреляли...

Мой отец, Глебов Владимир Львович, профессор кафедры мировой культуры Новосибирского государственного технического университета, младший сын Льва Борисовича Каменева, был репрессирован, реабилитирован. Моя мама, младшая сноха Льва Борисовича, Глебова Лидия Александровна, — учительница. Нас у родителей трое детей: брат Евгений, 1961 года рождения, я — Ульяна, 1967-го, Устинья, 1975 года рождения».

Владимир Львович Каменев рассказывал:

«Мне было четыре года, и я был «страшный преступник», оказавшийся в ссылке вместе с отцом.

Второй раз оказался в ссылке после ареста отца. Что я понимал? Даже не знал, что такое ссылка. Меня в то время не расстреляли, потому что мне было семь лет.

Всерьез меня арестовали в 1950 году, взяли с пятого курса Ленинградского университета. Следователь тогда и объяснил мне, что я профессиональный рецидивист, и этот срок будет третьим.

К 1956 году из двадцати семи лет восемнадцать я провел в ссылках и лагерях».

* * *

Ничто не могло спасти «детей врагов народа»: одна семья, вторая семья — какая разница, — обе они объединены одним опасным именем Льва Борисовича, оба сына — Александр и Владимир. И внук Виталий.

Ольга Давидовна получила свою пулю во дворе Орловского централа, стоя рядом со знаменитой эсеркой Марией Спиридоновой не только за то, что была первой женой Каменева, но и за собственную жизнь и большевистскую деятельность, а также за брата, Льва Троцкого.

Татьяна Ивановна Глебова погибла за любовь ко Льву Борисовичу, за смелость соединить жизнь с кремлевским вождем, попавшим в мясорубку времени. В середине тридцатых овдовевший Сталин на чужое семейное счастье, возникшее на развалинах первой семьи, смотрел косо.

Лев Каменев, как бы того ни хотелось новосибирским Каменевым, не разводился с Ольгой Давидовной. Да и был ли он зарегистрирован с нею? В те годы регистрации брака не придавали особого значения. Его смелость состояла в том, что открыто жил и путешествовал с Татьяной Глебовой, считая ее женой, а Владимира Львовича — своим сыном.

* * *

Возвращаясь к истории с детьми Виктора Чернова, невольно думаешь: что было бы, возьми Лев Борисович в 1920 году на воспитание юную Ариадну Чернову?

В тридцатых она была бы уже взрослой девушкой и, как дочь Каменева, пусть приемная, попала бы либо в клетку, либо под расстрел. Вероятнее второе, ибо дважды оказалась бы дочерью «врагов народа»: и Чернова, и Каменева.

ДЕВОЧКИ БЕЗ ИМЕНИ

Жестокие взрослые игры ударяют по детям, деформируют сознание целых поколений. Даже благополучные семьи, не потерявшие родителей, несут на себе печать времени: либо чувство страха, либо ощущение раздвоения личности, либо сознание некоей своей неосознанной вины: «Мы отвечаем за все, что было при нас».

В книге «Кремлевские жены» есть у меня глава о Галине Антоновне Егоровой, жене маршала Егорова, которая в 1937 году, попав на Лубянку и потеряв самоконтроль, наговорила невесть что на себя и на мужа (он, впрочем, сделал то же самое), призналась в безнравственности и шпионаже в пользу Польши. Ее, ни в чем не повинную женщину, расстреляли сразу после суда, тут же, во дворе лубянского здания. Познакомившись с делом Егоровой, я пыталась найти ее родственников, но, по-видимому, никого не осталось в живых, единственная сестра умерла.

Была у меня слабая надежда: если «Кремлевские жены» выйдут в свет, может быть, найдутся среди читателей люди, способные вспомнить Галину Егорову?

Дождалась.

* * *

Телефонный звонок. Женский голос:

— Я прочитала «Кремлевских жен» и впервые узнала подробности о конце моей матери, Галины Антоновны Егоровой. Страшно читать. Скажите, пожалуйста, в «Деле» Егоровой ничего не было о дочери Александре?

— Не было.

— Вы уверены?

— Уверена, Александра Александровна, — говорю я. — У вас не сохранилась фотография мамы? И какие-либо документы? Ваши воспоминания о ней?..

— Дело в том, — прерывает меня собеседница, — что мое имя сейчас Антонина Германовна, и девичья фамилия другая. Когда родителей посадили, я оказалась на Урале, жила в детском доме, потом меня взяла семья чекиста и воспитала. Ничего не могу сказать против этих людей, благодарна им. Мне было тогда восемь лет. Я все помнила: и маму, она была красавица, и папу, маршала. Рассказывала своим приемным родителям, как мы жили в Кремле, как Буденный катал меня на лошади.

Они очень боялись этих воспоминаний, говорили: «Ты никогда не жила в Москве. Запомни, тебе все это приснилось. Никому не рассказывай».

— Зачем вы позвонили мне?

— Помогите восстановить мои настоящие имя и фамилию.

— Что я должна для этого сделать?

— Вы знаете кремлевских людей. Кто-то из них должен помнить моих родителей и меня. Для перемены документов достаточно двоих свидетелей. Я встречалась с некоторыми. Они вспоминают Егоровых, но идентифицировать мою личность с той девочкой отказываются.

Я продиктовала Антонине Германовне несколько телефонов, позвонила в редакцию газеты в надежде заинтересовать журналистов этой темой.

— А если она была у Егоровых приемной дочерью, — спросил сотрудник редакции, — и ее ждет очередной удар? Стоит ли ворошить прошлое?

Ответа у меня не нашлось. Попыталась представить себя на месте женщины, у которой отняли детство, отняли имя, заменив его другим. Будет ли она страдать, узнав, что и Егоровы заменили ей детство и, может быть, имя? Не знаю. Полагаю все же, в любом случае, ей станет легче от сознания, что она восстановила память своего Сада Детства.

У Егоровых вряд ли оставались счета в швейцарских банках, во всяком случае, Антонина Германовна на них не претендовала, она хотела стать всего лишь Александрой Александровной.

* * *

Собственное имя...

Как не вспомнить тут русскую царевну Анастасию, дочь Николая II, якобы спасшуюся, и легенды, связанные с нею. Жила в Европе претендентка на ее имя, госпожа Андерсон со своим мало правдоподобным мифом о том, что удалось ей, великой княжне Анастасии Николаевне, остаться живой и, преодолев множество невыносимых трудностей, оказаться за границей. Немало споров было на эту тему в русских эмигрантских кругах, разделившихся надвое: одни признавали в ней Анастасию, другие — нет. Прочитав немало о госпоже Андерсон, я так и не смогла заставить себя поверить в то, что она — Анастасия. Все мне казалось — стоит за ее рассказами желание открыть романовские счета в Швейцарии.

Но вот совершенно другая история: в книге «Мой отец Лаврентий Берия» его сын Серго приводит эпизод:

«Произошло это через несколько лет после войны. К тому времени я уже был офицером... у военных свободного времени не так много, но, когда удавалось, охотно посещал театры. Зная мою страсть, мама как-то предложила: «Серго, сегодня идем в театр. В Большом — «Иван Сусанин».

— Мама, — говорю, — я ведь не Иосиф Виссарионович. Это он может «Сусанина» по сорок раз слушать...

— Пойдем, Серго, — уговаривает мама, — покажу тебе очень интересного человека.

Места у нас оказались в шестом или седьмом ряду, довольно близко к ложе, где сидела незнакомая женщина.

— Это ради нее я тебя и уговаривала, — говорит мама.

Смотрю: седая уже женщина в темной одежде, с очень выразительным лицом. Весь спектакль она проплакала.

— А знаешь, кто она? — спрашивает мама.

— Понятия не имею, — отвечаю.

— Дочь Николая II. Великая княжна Анастасия...

Я, конечно, опешил. Знал ведь, что всю царскую семью еще в восемнадцатом на Урале расстреляли.

— Дома расскажу, — пообещала мама».

* * *

Есть от чего заволноваться и насторожиться. Сын самого Берия со слов жены Берия свидетельствует об Анастасии Николаевне Романовой.

Мать, вернувшись домой, рассказала ему, что после войны к Берия обратился советский офицер, в войну раненный на территории Польши, где его подобрали монахини православного монастыря. Настоятельница, когда офицера выходили монашки, часто говорила с ним и, при разлуке, призналась ему, что она дочь Николая II, Анастасия.

Берия, поговорив с офицером, доложил о разговоре Сталину, тот захотел проверить, не самозванка ли она, и, проверив, решил послать в Польшу офицера с предложением Анастасии приехать в Советский Союз. Две недели она инкогнито жила в Москве в специально выделенном для нее особняке. Офицер находился рядом. Бывала в музеях и театрах. Посетила Ленинград. Ей предложили полное государственное обеспечение, но она, поблагодарив за гостеприимство, отказалась: дала обет господу и должна вернуться в монастырь. Никто ни о чем не узнал: ее принимали официально как настоятельницу православного монастыря. Вернулась в Польшу.

Возникает вопрос: как же спаслась царевна Анастасия? Серго Берия пишет, что в страшную ночь расстрела ее не было в Ипатьевском доме: доктор Боткин, спасая хоть один царский корень, подставил вместо нее свою дочь.

Возможно ли?

Анастасия Николаевна во дни пребывания в Москве якобы рассказала — вот только кому, Сталину или Берия? — подробности своего спасения и сообщила, что, кроме нее, Романовым удалось спасти и царевича Алексея.

Не того ли Филиппа Григорьевича, психически больного, заключенного? Но считать ли такое — спасением? И почему, каким образом Анастасия оказалась в Европе, а Алексей в тюрьме? Разумеется, все бывает в жизни революционной...

Очередная фантасмагория всегда связана с воскрешением царских детей: Лжедмитрий, лжецаревна дочь царицы Елизаветы княжна Тараканова... Лжелюди, требовавшие престола. Но почему никогда прямо, смело, открыто не объявлялся в Советском Союзе царевич Алексей и не претендовала на первое место в Советском правительстве княжна Анастасия? Не потому ли, считают некоторые, что подлинные или мнимые претенденты знали, чего нужно опасаться? У Сталина длинные руки: он достал Троцкого в Мексике — убрать Анастасию, живущую в Европе, ему не стоило большого труда, Алексея, сидевшего в тюрьме, — тем более.

Мне думается иное: ни Анастасия, ни Алексей, ни кто другой, приди они со своими претензиями на русский, уже не существующий трон, не представляли для советских вождей серьезной опасности: идея народной власти укрепилась в сознании поколения, строившего коммунизм, а история, как известно, обратного хода не имеет. Сталин это отлично понимал и был целиком сосредоточен на поисках внутреннего врага.

Вот почему открыто, с требованием престола не объявились царские дети в России. Если они были.

* * *

Рассказ Серго Берия заслуживает внимания по разным причинам.

Первая — достоверность источника: его отец, уж он-то знал все.

Вторая — психологические особенности Сталина, любившего «острые блюда» и невероятные ситуации, тем более что в описываемом случае монахиня была безопасна.

Третья — опера «Иван Сусанин». Каждый видел в ней свое: Сталин радовался народному герою, ценой жизни спасавшему родину от врага, монахиня, возможно, плакала от того, что народный герой спас первого Романова и не нашлось героя для последнего.

Четвертая — послевоенный Сталин, уничтоживший многих своих соратников по партии, разочарованный в собственной семейной жизни и в детях, чувствовавший себя отцом народов, некогда сам учившийся в духовной семинарии с намерением стать монахом, если не настоятелем, мог захотеть своими глазами увидеть дочь расстрелянного большевиками Романова: монах стал властителем, дочь властителя — монахиней. Поменялись местами.

Смелость вседозволенности...

У Сталина перед Анастасией личной вины не существовало — не он отдавал приказ о расстреле царской семьи. Человеку, пославшему на расстрел многих других, могло быть приятно сознание, что к этому, особому для России, расстрелу не была приложена его рука. И, возможно, он даже был против, когда принималось решение, если его в восемнадцатом году вообще спросили об этом. А также есть обстоятельства времени: после войны Сталин — победитель в глазах всей Европы, монахиня может быть расположена к нему.

Сотрудник КГБ, помогавший мне с архивами жен Калинина, Молотова и других, сказал, когда я поинтересовалась делом Нины Берия:

— В наших архивах этого дела нет. Оно находится в архиве наркома.

— Какого?

— Лаврентия Павловича.

— Как попасть в этот архив?

— Он закрыт, и, думаю, вам никто не разрешит познакомиться с его материалами.

— Но ведь сейчас все архивы открыты, — говорила я ему тогда, в августе 1991 года.

Он не ответил, и мне стало ясно, что есть несколько ступеней секретности, я преодолела лишь первую. Возможно, окончательная разгадка тайны княжны Анастасии находится на второй или на третьей, а может быть, на последней ступени совершенной секретности.

«Сказка о царевне», рассказанная Серго Берия, выглядит правдоподобно не только потому, что происходит из достоверного источника, но и потому еще, что мальчик Серго, родом из кремлевского детства, защищая поруганное имя своего далеко не безупречного отца, обратился к воспоминанию о девочке Анастасии, чей Сад Детства разрушил не Берия, как к одной из немногих возможностей представить Лаврентия Павловича не тем зверем, каким мы привыкли представлять его себе.

Впрочем, сегодня рождаются новые легенды о выжившей не Анастасии, а Марии.

* * *

Весна 1996 года. Канун праздника 8 Марта. В большом зале московской мэрии идет встреча женщин — вдов разных поколений, организованная российским фондом «Благовест». Зал — битком. Здесь вдовы войны, вдовы космонавтов, вдовы Афганистана, вдовы Чечни. Жертвы жестоких мужских амбиций XX века.

В зале Дмитрий Романович Романов — великий князь, внучатый племянник Николая II, с женой Дорит. Они приехали из Дании. Дмитрий Романович возглавляет датский фонд «Романовы для России». Стройная европейская пара заметно отличается от всех нас, ширококостных, пышнотелых. Романов отлично говорит по-русски. Подойти к нему?..

О многом хочу спросить, но главный вопрос об Анастасии, Алексее, о Марии Романовых. Что думает он о вероятности спасения хотя бы одного из царских детей?

Романовы окружены людьми. В этом зале вопросы мои неуместны.

И тут подходит ко мне Людмила Швецова, глава департамента общественных связей московской мэрии.

— Приезжайте завтра ко мне домой. Соберутся женщины из «Благовеста», и Романовы будут. Вы ведь хотите поговорить с Дмитрием Романовичем.

— Откуда вы знаете?

— А вы сейчас стояли в сторонке и как будто не решались подойти к нему.

Сама жизнь, как всегда, помогала мне с моей темой. Оказавшись за столом между Дорит и Дмитрием Романовичем, я не сразу приступила к своим вопросам. Разговор уходил в пустяки, пока Дмитрий Романович, к слову, не сказал фразу:

— Знаю, что такое инфляция, много лет работал в банке.

Ничего удивительного, но я удивилась — царский родственник не вязался в моем представлении с этим учреждением.

— Кстати, о банках, — ухватилась я, — насколько мне известно, госпожа Андерсон, выдававшая себя за царевну Анастасию, претендовала на счета Романовых в швейцарских банках?

Романов слегка поморщился:

— Какая Анастасия! Разве можно доказать недоказуемое? Когда в двадцатых Андерсон появилась, еще были живы люди, знавшие подлинную Анастасию, ее близкие родственники. Все отвергли притязания этой дамы.

И тут я спросила Дмитрия Романовича, верит ли он в возможность спасения хотя бы одного из детей Николая II.

— Все это легенды. Стремление выдать желаемое за действительное. Из того подвала был один-единственный выход: смерть, — сказал Романов.

— И бессмертие, — добавила я.

Он согласно кивнул.

После этой встречи я вновь перечитала строки книги Серго Берия об Анастасии. Если согласиться с Дмитрием Романовичем, то следует либо считать женщину в ложе Большого театра очередной самозванкой, введшей в заблуждение Сталина и Берия, либо считать Сталина и Берия фальсификаторами конкретного события, либо — Серго Берия хорошим сочинителем.

Будут возникать новые легенды, всплывать факты и неопровержимые доказательства — тайны останутся тайнами.

P.S. Продолжение (или окончание?) истории Александры — Антонины Егоровой обнаружилось в памяти разных людей, к которым обращалась она, прося идентифицировать ее с дочерью Галины и Александры Егоровых.

Виктория Яновна Гамарник, Степан Анастасович Микоян и многие другие свидетельствовали: у Егоровых никогда не было детей, ни своих, ни приемных. Но ни Гамарник, ни Микоян не могли утверждать, что не жил в Кремле их детства кто-нибудь из служащих армии или охраны по фамилии Егоров, чья последняя участь оказалась сходной с участью маршала Егорова.

«Ищите и обрящете»...

ДЕТКИ В КЛЕТКЕ

Гамарник Ян Борисович (1894—1937), советский государственный, партийный и военный деятель, армейский комиссар 1-го ранга (1935), член ВКП(б) с 1916-го. В 1917-м один из руководителей борьбы за установление советской власти в Киеве. С 1920-го — председатель Одесского, Киевского губкомов КП(б) Украины. С 1923-го — председатель Дальревкома, Далькрайкома. В 1928-м — секретарь ЦК КП(б) Белоруссии. С 1929-го — начальник политуправления РККА, с 1930-го — 1-й зам. наркома обороны. В 1930—1934-м — зам. пред. РВС СССР. Чл. ЦК ВКП(б), ВЦИК, ЦИК СССР. В обстановке массовых репрессий покончил жизнь самоубийством.

Блюхер Василий Константинович (1890—1938). Маршал Советского Союза (1935), член ВКП(б) с 1916-го. Награжден орденом Красного Знамени № 1. В 1921—1922-м руководил Дальневосточной армией и Волочаевской операцией. В 1929—1938-м — Командующий Особой Дальневосточной армией, член ВЦИК, ЦИК СССР. Депутат Верховного Совета СССР с 1937-го. Арестован. Умер под следствием.

Пресыщенные кремлевским бытом многие кремлевские жены и дети, бывало, называли его золотой клеткой.

Иных раздражали охранники, следовавшие по пятам.

Иные дети, наиболее совестливые, особенно с непривычки, в первые годы советской власти, стеснялись подъезжать к школе в отцовских автомобилях.

А иным это нравилось, особенно в сороковых, пятидесятых, шестидесятых годах.

Но у тех, кому пришлось сразу, в один день или одну ночь попасть из золотой в железную клетку, если выжили, осталась травма на всю жизнь.

Массовые аресты тридцать седьмого года начались задолго до него, и страх оказаться в железной клетке у кремлевских отцов и матерей нарастал медленно, однако неуклонно. Люди Кремля, оказываясь в атмосфере все нарастающей паранойи власти, постепенно теряли благоприобретенные черты уверенности и силы, совершая поступки, противные их характерам и принципам, вынужденные приноравливаться к одному-единственному характеру Сталина и его расцветающей эпохи. Еще вчера они уважали и любили своего товарища по партии и по работе, а сегодня вынуждены были клеймить его, как «врага народа», «шпиона», «пособника мирового империализма». Не верили, но заставляли себя верить, чтобы завтра не оказаться на его месте. Не все клеймили, не все отказывались от друзей, но в результате и сильные, и слабые духом оказывались в одном месте — в камерах Лубянки.

Отцов забирали чаще всего ночами, когда дети спали. Даже если не спали, заботливые матери старались увести их в дальнюю комнату, спрятать не только от чекистов, но и от естественного в таком случае шока, когда на любимого и, в сознании ребенка, всемогущего отца зло кричат, толкают его, а то и бьют незнакомые или даже знакомые дяди, еще вчера охранявшие его и угодливо улыбавшиеся. Как это все понять? Детская психика не воспринимает таких перемен.

Чем меньше был ребенок «врага народа», тем легче переносил он перелом жизни. Малыша, если ему везло, забирал кто-нибудь из родственников, потому что мама тоже куда-то исчезала. Но родственники брали таких детей неохотно, опасаясь повредить себе и собственным детям. Оставался один путь — в неизвестность, в беззащитность.

10 июня 1937 года жен военачальников, «врагов народа» — Гамарника, покончившего с собой, и арестованных Уборевича и Тухачевского вместе с дочерьми-подростками сослали в Астрахань. В пути жены арестованных узнали общую судьбу своих мужей: расстреляны. Но жить надо. Женщины искали работу в Астрахани — везде отказ: запятнанным работа не предоставлялась.

Первого сентября три девочки: Вета Гамарник, Мира Уборевич и Светлана Тухачевская пошли в школу, а через несколько дней, вернувшись с уроков, обнаружили, что их мам нет — арестованы. Девочки не успели испугаться, как за ними пришли незнакомые дяди, и они оказались в астраханском детприемнике. Оттуда их перевезли в детдом, но уже не в Астрахани, увезли в Нижне-Иссетск, под Свердловском.

Вскоре радость — в один день все трое получили от мам письма. И тут же все трое ответили. Год переписки — год надежды, но все оборвалось — письма перестали приходить. Матерей расстреляли.

Большевики не расстреливали несовершеннолетних. Девочки трех вчерашних боевых командиров — Гамарника, Уборевича, Тухачевского выживали в детском доме, а когда настала война, все трое стали проситься на фронт, желая подвигами смыть позор.

Кто же пустит туда несовершеннолетних девочек, да еще «детей врагов народа»?

Вета Гамарник после школы пошла работать в свердловский госпиталь. Там встретилась ей первая любовь — лейтенант Валентин Кочнев. Девушке не хватало до совершеннолетия всего полгода, когда лейтенант объявил своему комиссару, что намерен жениться, но начальника смущал не юный возраст невесты, а ее принадлежность к «врагам народа». Он сопротивлялся, отговаривал, грозил. Любовь переупрямила мнение комиссара: Вета и Валентин поженились, едва ей исполнилось восемнадцать. Потом родилась дочь, а муж отправился на фронт, отослав жену с ребенком к своей матери в Новокузнецк.

Кончилась война. Вета родила еще одну дочь. Семейное счастье могло быть безоблачным, но тучи прошлого не рассеивались.

Валентин Кочнев за форсирование Днепра был представлен к Звезде Героя — не дали.

В 1946 году пытался поступить в академию имени Куйбышева в Москве, все экзамены сдал на «отлично» — не пропустила мандатная комиссия.

Наконец, в 1949 году его исключили из партии «за потерю бдительности», что означало: за женитьбу на дочери давно покончившего с собой «врага народа».

И Вета решилась — отправилась в Москву.

Дочь Гамарника надеялась добиться справедливости, она везла с собой несколько писем в официальные органы и одно — лично товарищу Сталину.

«Надо — сажайте меня, но при чем тут мой муж? Он воевал, он имеет семнадцать благодарностей лично от вас, товарищ Сталин, он награжден орденами и медалями, он потерял на войне отца и брата, чем же он провинился перед Отечеством?» — писала Вета.

Иосиф Виссарионович внял просьбе дочери своего погибшего военачальника, четко исполнил ее: спустя две недели после отправки этого письма Валентина Кочнева восстановили в партии, еще через две недели арестовали Вету.

— Оружие есть? — спросил ее чекист при аресте.

— Есть. Пулемет в подполе.

Стали искать. Ничего не нашли.

— Издеваешься?

Она улыбнулась и пошла к дверям.

— Простимся, Вета, — сказал муж.

Вернулась, поцеловала его.

Три с половиной месяца одиночной камеры. Ночные допросы. В общей сложности год сидения во внутренней тюрьме Новокузнецка вблизи от своих маленьких дочек и мужа.

Муж возил передачи, но писать не разрешалось: она ничего не знала о детях.

В семье Кочневых тем временем шли разногласия. Муж сестры Валентина уговаривал его:

— Отрекись от Веты. Она приносит тебе одно горе.

Но свекровь выгнала его и сказала сыну:

— Держись за Вету. Она — твое счастье.

Бывают и такие свекрови.

Виктория Яновна Гамарник получила десять лет ссылки в Красноярский край, как «социально опасный элемент» — так в сталинские времена определялись проститутки. В обществе женщин такого рода ехала Вета в ссылку «столыпинским вагоном» с решетками вместо дверей.

Чего только не вынесла в ссылке эта женщина: пятидесятиградусные морозы, непосильная тяжесть носилок с кирпичами, обрубка сучьев по пояс в снегу. Умирала — не умерла. Кочнев ездил к жене в Красноярск, хотел перебраться к ней — отговорила, надеялась на чудо. Да и какие перспективы были у него в Красноярске: работы нет, всюду за ним хвост мужа «дочери врага народа». Он работал учителем, там к нему привыкли, а на новом месте вряд ли такому доверят учить простых советских детей.

Московские подруги слали Вете посылки с едой и теплыми вещами. Но дороже всего были их письма.

В Красноярске Вета родила третью дочь.

«Не было сил расставаться с Леной. Ею только и жила. Семь километров в один конец, семь километров в другой — дорога в ясли. Каждый день одолевали ее на санках. Жили в закутке, отгороженном фанерой. По другую сторону фанеры — бочки с помоями для хозяйских свиней и коровы. Дважды дочка у меня там умирала».

Осень 1997-го. Виктория Яновна Гамарник. Большая, прокуренная, умная. Если считать аристократизмом свободу от предрассудков, каких бы то ни было идеологий или групп — то она истинная аристократка, какая бы кровь ни текла в ее жилах. С нею легко — она не тенденциозна и видит жизнь и людей такими как есть.

— Когда началась реабилитация, мне разрешили поехать из места ссылки в Москву — ссылку с меня уже сняли. Я остановилась у своего школьного друга, скульптора Даниэля Метлянского, ученика Веры Мухиной, и казалось мне, что мой приезд был напрасным. Накануне обратного отъезда зашла я к маминой подруге, жене Лаврентия Квартвелашвили, и раскрыла рот — у нее сидит Лиза Осепян, жена первого зама моего папы. Лиза говорит: «Срочно звони помощнику Микояна Барабанову. Гайка реабилитировали». (Гайк Лазаревич Туманян — родной брат Ашхен Лазаревны Микоян. — *Л.В.*)

Я позвонила. Барабанов без паузы: «Позвоните мне завтра».

Вернулась к Метлянским. Даниэль — мы с детства зва—ли его Нолькой — и его жена в один голос: «Сдавай билет!»

Весь остаток дня мы с ним сдавали билет, а когда вернулись, узнали, что меня разыскивали по телефону, спрашивали, как я выгляжу, в чем одета, просили передать, что завтра у Спасских ворот Кремля мне будет заказан пропуск.

И полезли мысли: «заберут, увезут, посадят, вышлют из Москвы в неизвестность».

Пришла к Спасским воротам в десять утра. Получила пропуск. Велели идти в кабинет № 50. На двери кабинета: «Первый заместитель Председателя Совета Министров СССР А.И. Микоян».

Приемная. Секретарь. Сажусь на стул. Входит знакомый мне с детства помощник Микояна Александр Владимирович Барабанов. Подходит к секретарю и что-то шепотом спрашивает, а секретарь в полный голос отвечает:

— Это дочка товарища Гамарника.

— Здравствуй, Вета. Тебя не узнать, — говорит Барабанов, не видавший меня с детства, около двадцати лет. — Иди в кабинет к Анастасу Ивановичу.

Когда я зашла, Микоян держал перед собой газету и его не было видно. Отвел газету — у меня задрожало в душе: он — мое детство.

Опустил газету. Боялся смотреть в глаза. Обнял. Поцеловал. Сказал:

— Мамы нет в живых. — И еще: — Никто из нас не считал твоего отца врагом. Он был предельно чистый и честный человек. И настоящий большевик.

— Я всегда в это верила, — ответила я. В моих документах было постановление: «Выслать в Красноярский край, как социально опасный элемент по биографическим данным».

Слушая Викторию Яновну, я не могла отделаться от впечатления, что она в этом рассказе невольно как бы совместила два времени: кремлевское прошлое и кремлевское настоящее так, словно не было между ними двадцати не кремлевских лет мучений и страданий. И неизменный Микоян, как будто ничего не случилось, встречал потерянную и обретенную девочку Кремля.

* * *

Микоян спросил:

— Ты хочешь повидать моих ребят? Я скоро поеду домой обедать. Подожди в кремлевском садике.

Пошла. Сижу. Жду. Подходит один:

— Как вы сюда попали?

— Жду товарища.

Подходит другой:

— Вы что тут делаете?

— Жду товарища Барабанова.

Наконец идет Барабанов. Я к нему, говорю, что боюсь.

— А ты скажи им, что ждешь Микояна.

— Они же меня за это в сумасшедший дом отправят. Смеется, а мне не смешно.

В самом деле, сытый голодного не разумеет. Вчерашняя ссыльная, дочь врага народа Гамарника сидит в сердце нашей родины Кремле, и, даже если она уже чувствует близость перемен, слишком силен в ней страх многолетних переживаний, чтобы смеяться вместе с пережившим время помощником пережившего время Микояна.

«Дома у Микоянов никого не было, ни Ашхен, ни ребят. Сели мы обедать. Анастас Иванович спрашивает:

— Какие у тебя планы?

— Возвращаюсь в Красноярск.

— Там тебе делать нечего.

— Там у меня ребенок. А старшая девочка с мужем в Кузнецке.

— Слетай самолетом. А мы пока решим вопрос с твоим жильем. Тебе заказан номер в гостинице «Москва», а то по телефону твои друзья сказали, что ты ночуешь в скверике.

Это жена Нольки Метлянского из осторожности так сказала.

— Мне не нужна гостиница, я живу у друзей.

— Деньги есть?

— Получила отпускных 400 рублей. Осталось 200. Хватит.

Он вынимает из кармана 1000.

— Не надо.

— Если ты такая богатая, проешь на мороженое».

* * *

Рассказ Виктории Гамарник очень характерен для реабилитационных времен.

После смерти Сталина Хрущев, Микоян и другие вожди старались помочь обездоленным детям своих бывших соратников, может, желая восстановить справедливость, попранную не без их участия, может, желая отмыть неотмываемое, может, и то, и другое. Да и вообще — могла мучить совесть.

Все дети «врагов народа» вспоминают эти поступки вождей с благодарностью. А что им остается делать — слишком горькой оказалась чаша, испитая за счастье недолго жить в золотой клетке.

* * *

Детей знаменитого сталинского маршала Василия Блюхера, после его расстрела и ареста его жены Глафиры, жизнь разметала в разные стороны. У Блюхера было двое детей от первой жены: Зоя и Всеволод и двое — от Глафиры: дочь Ваира (похоже, имя — революционная аббревиатура) и маленький сын Василин.

Всеволод попал в приемник-распределитель, потом пошел на фронт, воевал, был представлен ко многим наградам, но, как «сын Блюхера», не получил ни одной. Лишь в 1964 году ему вручили орден Красного Знамени.

Дочь Глафиры и маршала Блюхера Ваира находилась в детском приемнике, откуда мать, осужденная на восемь лет «за недонесение о преступных намерениях мужа», не могла ее взять.

А мальчика Василина Глафира больше не увидела. Освободившись из тюрьмы, искала его — тщетно. Получила две официальные справки, где значились разные даты смерти ребенка, от разных болезней. Эти разночтения вселяли надежду. И мать ждала, не поддавалась на провокации: в пятидесятых годах к ней приходили молодые люди, выдававшие себя за Василина, но сердце матери обмануть невозможно.

* * *

Сталинская система не убивала детей «врагов народа» и «изменников родины», мне даже неизвестно ни одно имя девочки или мальчика из кремлевской клетки, попавших в лагерь, это, впрочем, не значит, что их там не было. Но лагеря специально для провинившихся детей в сталинское время были. Их устраивали рядом со взрослыми лагерями в отдельных бараках, куда лишний раз не решались заходить даже надзиратели и начальники лагерей, чтобы не расстраиваться. «Малолетки» — так их называли — пользовались некоторыми привилегиями: если нужно было взрослым уголовникам убить кого-то, они давали пайку хлеба мальчикам-подросткам из «малолеток» и те исполняли задуманное бандитами без страха получить высшую меру наказания. Девочки-«малолетки» считали высшим шиком похвалиться, что могут пропустить через себя целую бригаду лесорубов. Кто были эти дети? Крестьянские дочери, попавшие в лагерь за колоски, подобранные на плохо убранном поле? Мелкие воришки, сбежавшие из детприемников, где собирали детей арестованных ответственных работников разного масштаба?

В сорок втором году лагеря стали пополняться детьми, осужденными за самовольный уход с работы на предприятиях военной промышленности. Четырнадцати-пятнадцатилетние дети заменили у станков ушедших на фронт отцов — иногда они были еще так малы, что стояли на ящиках, не доставая до станка. В цехах было холодно, голодно, дети сбегали домой, и это становилось государственным преступлением. Поверить в такое тому, кто не видел, трудно, но очевидцы единодушны в описаниях. Один из них, писатель Лев Разгон, рассказывал: «Мальчики и девочки прибывали в лагеря уже утратившими сопротивляемость от холода и голода, от ужаса, с ними происшедшего. Они попадали в ад и в этом аду жались к тем, кто им казался сильным. Такими сильными были, конечно, взрослые блатари и блатарки.

На «свеженьких» накидывалась вся «лагерная кодла». Бандитки продавали девочек шоферам, нарядчикам и комендантам. За пайку, за банку консервов, а то и за самое ценное — глоток водки. Перед тем, как продать девочку, ощупывали ее, как куру. За девственниц брали больше.

Мальчики становились «шестерками» у паханов... Они были слугами, бессловесными рабами, холуями, наложниками, всем, кем угодно...»

Лев Разгон вспоминает, как однажды отдал свой обед белокурой юной девчушке, подметавшей лагерный двор.

«Ела она тихо и аккуратно. Было в ней еще много ощутимо-домашнего, воспитанного семьей... Мне почему-то казалось, что моя дочь Наташка должна быть такой... Девочка поела, аккуратно сложила на деревянный поднос посуду. Потом подняла платье, стянула с себя трусы и, держа их в руке, повернула ко мне неулыбчивое лицо:

— Мне лечь или как? — спросила она.

Сначала не поняв, а потом испугавшись того, что со мной происходит — я разрыдался, — она также без улыбки сказала:

— Меня без этого не кормят».

* * *

Великая наша, несравненная эпоха. За одну такую девочку она достойна самого жестокого наказания. А сколько их было?!

Миллионы детей не знали, что их сверстники и сверстницы проходят через ад. Есть ли статистика загубленных детских душ? Где она? Есть ли статистика непосредственных детей Кремля, прошедших через ад, и может ли она быть? Сколько бы ни утверждала я, что все мы в той или иной степени кремлевские дети — это ведь переносный смысл, а дети Кремля в прямом смысле — особая поросль со своей исключительной психологией до катастрофы, с особенностями переживаний во время катастрофы и со своеобразием возвращения в мир после нее. Но и здесь — каждый случай отдельный, каждый заслуживает книги или исследования, объединенного общим названием СИРОТЫ КРЕМЛЯ. Жаль, моей жизни не хватит для такой работы, но, возможно, найдутся люди...

Официальный портрет семьи Ульяновых.
Сидят внизу: Дмитрий (слева) и Владимир.
Второй ряд: сидят — Мария Александровна с Марией на руках
и Илья Николаевич; стоят — Ольга, Александр, Анна.

Фотография «Праздник». На обороте написано: Симбирск 1885 г. Встр[
его награждения орденом Кирилла и Мефодия. Илья Николаевич (сед[
рядом со священнослужителем.

...ей семьи Ульяновых и сотрудников Ильи Николаевича по случаю ...углой медалью на шее) стоит ближе к правому краю фотографии

Фрагмент фотографии «Праздник». Сидят: Анна Ильинична Ульянова, Мария Александровна Бланк-Ульянова, Иван Сидорович Покровский.

Террорист Дмитрий Каракозов.

(На развороте) →
Фрагмент фотографии «Праздник». Первый ряд — дети.
П я т а я   с л е в а — Мария Ульянова, дочь. Второй ряд — взрослые.
П е р в ы й   с л е в а — Василий Павлинов, дед Н. И. Матвеевой,
священник-народоволец, т р е т и й   с л е в а — директор гимназии
Федор Керенский, п я т ы й   с л е в а — драматург Валерьян Назарьев.
Третий, четвертый, пятый ряды — гимназисты.
Над правым плечом Керенского — Владимир Ульянов-Ленин.
За плечом Владимира, с л е в а, Александр Ульянов. Бросается в глаза
внешнее сходство Александра Ульянова с Дмитрием Каракозовым.

Мальчик в матроске. Царевич Алексей Романов.

Галина Сергеевна Кравченко на сцене.

Лютик Каменев.

Лютик с сыном.

Галина и Александр Каменев.

Галина Сергеевна Кравченко и ее свекор — Лев Борисович Каменев.

Дама на пьедесталах — Галина Сергеевна Кравченко.

Галина Сергеевна Кравченко в лучшие годы.

В лучшие времена. Анастас Иванович Микоян с детьми
на Зубаловской даче. С л е в а н а п р а в о: сыновья Микояна,
Вета Гамарник и ее подруги.

Вета Гамарник.

Вета Гамарник с мамой Блюмой Савельевной.

Виктория Яновна
Гамарник (сидит)
с друзьями.

Мария Ивановна Кочнева —
свекровь Виктории Гамарник.

КРАСНЫЙ КОМАНДИР КУДРЯВЦЕВ
И ЮНЫЙ ГРАФ КАНКРИН

В конце семидесятых годов нашего века редактору издательства «Московский рабочий» Нине Буденной принес рукопись знаменитый филолог и любитель конного спорта Дмитрий Урнов. В ней были рассказы о лошадях, написанные так хорошо, с такой любовью и знанием дела, что Нина, дочь маршала Буденного, у которой любовь к лошадям в крови, сразу же решила подготовить к изданию сборник, в него вошли эти рассказы, став украшением всей книги. Автор рассказов был никому не известный Федор Федорович Кудрявцев.

В 1918 году он, пятнадцатилетний, добровольцем ушел в Красную Армию. Поэтапно: командир взвода в Первой Конной, помощник командира эскадрона, всегда на линии огня, пять ранений и контузий, усыпан орденами и медалями, особая гордость — шашка, врученная ему героем гражданской войны Окой Городовиковым — на ней надпись: «Краскому Ф. Ф. Кудрявцеву за храбрость. 1920 г.».

В мирные годы Кудрявцев окончил Военную академию имени Фрунзе, потом, оставаясь на военной службе, физико-математический факультет Ленинградского университета. Но этого ему показалось мало, он окончил также Ленинградский инженерно-строительный институт, получив профессию архитектора.

В годы Отечественной войны на Сталинградском фронте Кудрявцев был арестован по доносу офицера, увидевшего в его руках английский фотоаппарат. Это показалось подозрительным. Вещица ушла в руки доносчика, а Кудрявцев на несколько лет ушел в тюрьму.

Один из лучших спортсменов-конников Ленинграда, известный боксер Кудрявцев, пройдя все испытания сороковых годов и выйдя в отставку, занялся изучением историко-архитектурных памятников. Он писал статьи, составившие книгу «Золотое кольцо» — о старинных городах России. Изданная в Ленинграде, она четырежды переиздавалась.

Все, кто знал его, кто видел и слышал, поражались глубине ума, эрудиции, всегда особому взгляду на жизнь, твердости характера, жизнелюбию, восхищались прекрасным русским языком старого петербуржца, открытости... Открытости?

После смерти Федора Федоровича, когда он навеки умолк, заговорила его вдова Галина Георгиевна Вершинина. И открылась тайна этого человека.

* * *

1917 год. Лето. Граф Виктор Канкрин — по отцу потомок преданного царям вельможи министра финансов Канкрина, который в последние годы правления Александра I пытался спасти экономику России и предотвратить события 1825 года, а по матери потомок генерала Раевского, героя войны 1812 года, — возвращается с фронта в революционный Петроград и получает от Временного правительства за заслуги перед родиной чин генерал-майора.

Подходит осень. Сразу же после Октябрьской революции графа Канкрина арестовывают. Его сын Алеша, только что выброшенный на улицу из стен прекратившего свое существование Пажеского корпуса, бродит по городу и читает объявления. Так натыкается он на список расстрелянных врагов революции и находит среди них имя своего отца. Мальчику четырнадцать лет. За плечами опыт жизни в нежном Саду Детства и взросления в стенах Пажеского корпуса, где время уже перемешало все: восторг и низкопоклонство перед императорской властью, реальное видение несоответствий вокруг, вольнолюбивые настроения, предчувствия катастрофы и предощущения молодости и счастья.

Женщины дома Канкрина держат совет: как поступить Алеше, что делать и куда бежать сыну расстрелянного в Петербургской ЧК «синего кирасира» полка Ея Величества вдовствующей императрицы Марии Федоровны.

— Прежде всего ты должен немедленно покинуть дом, — твердо говорит ему родная тетка, только что пережившая тяжелое горе: смерть четырнадцатилетнего сына, — вот все документы моего Феди. Теперь ты будешь Федором Федоровичем Кудрявцевым до тех пор, пока не минует опасность. Иди. «Гости» могут нагрянуть сюда каждую минуту.

Они действительно пришли за ним на следующий день, но Алексея Викторовича Канкрина уже не существовало, а Федор Кудрявцев ушел, не оглядываясь, в новую жизнь.

Историй, подобных этой, было немало в революционные дни, вот и царевича Алексея якобы спасли, он служил кавалеристом в Красной Армии, прежде чем попасть в тюрьму, но Канкрин-Кудрявцев, может быть, более других вобрал в свою биографию все противоречия, все парадоксы эпохи, взрослея в ней на сломе времени, не выживая, а живя полнокровно.

Моему поколению хрущевской оттепели и брежневского застоя, отрезанному идеологией от прошлого России, в которой жизнь рассматривалась официально односторонне, лишь с точки зрения большевиков, пожалуй, только в 1991 году, после развала Советского Союза, когда границы и линии фронтов прошли через семьи, а значит, через сердца, стали в какой-то степени понятны переживания тех людей, чьи семьи и сердца разделила Октябрьская революция: сломалось время, а жизнь идет — и молодость, и любовь, и поиск своего пути...

Какая судьба ждала четырнадцатилетнего графа Канкрина? В худшем случае — беспризорство, детприемники, а позднее, когда бы вырос, возможно, и физическая ликвидация «сына врага народа».

В лучшем случае — эмиграция.

Алексей Канкрин — выдающаяся личность, выбрал третий путь. Взяв имя двоюродного брата, совместив в душе прошлое и настоящее, не посрамил имени, принял новые времена с достоинством потомственного русского офицера.

А что было в этой душе все годы его жизни, знал лишь бог.

Позднее, когда стало можно говорить, Канкрин-Кудрявцев начал доверять чистым листам бумаги свои откровения. Его книга «Мальтийские рыцари», изданная все той же Ниной Буденной в «Московском рабочем» в 1993 году, раскрыла все тайны. Откровенный рассказ о Пажеском корпусе, о предпереломном времени, о семье никого не может оставить равнодушным. Этот человек не плевал в прошлое, он жил настоящим, и все, что происходило с его родиной, произошло с ним.

* * *

Возникает возражение: сын расстрелянного большевиками служил большевикам! Но все не так просто. Кудрявцев служил России, а Канкрин, даже в своей родословной, не однозначная фигура.

Род Канкриных — Раевских далеко не безупречен, с точки зрения самодержавия. Террористка Софья Перовская тоже принадлежала к этому роду. Дед Алексея Канкрина изъял ее имя из родословной в царские времена, чем проявил недальновидность: при большевиках это родство, возможно, помогло бы Алексею сохранить фамилию.

Жизнь вообще полна парадоксов.

«Быть, а не казаться» — это девиз, запечатленный в гербе графов Канкриных. Алексей, последний представитель этого рода, формально нарушил девиз, прожив под чужим именем. Но ни в чем перед прошлым и настоящим не виноватый, он был, а не казался, вобрав в себя противоречия эпохи.

Стареющий великий француз Сен-Симон поучал племянников всегда помнить, что он — граф. Тетка Канкрина учила своего племянника забыть, что он — граф. Но как забудешь?

Отвратительные парадоксы политики тяжким грузом ложатся на человеческие судьбы, калеча их. Сильные натуры, подобные Канкрину, выдерживают все.

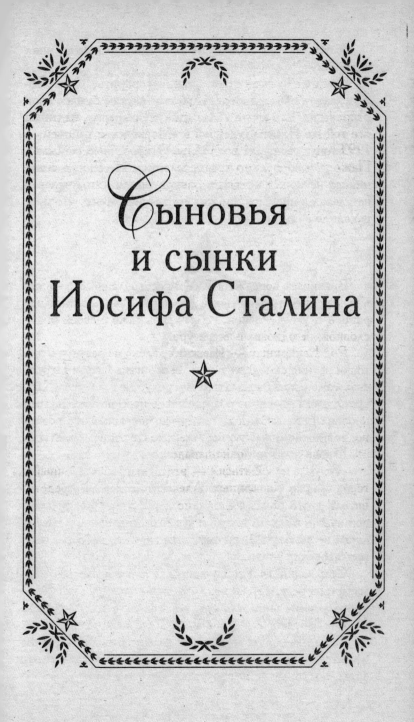

Сыновья
и сынки
Иосифа Сталина

★

Сталин был для нас отцом народов. Мое поколение благодарило его за счастливое детство — это походило на благодарение богу за насущный хлеб.

Потом его объявили тираном, убийцей, вурдалаком.

Мне долго казалось, что он не предвидел такого поворота, но я ошибалась. Однажды он сказал: «Когда я умру, на мою могилу нанесут много мусору, а ветер времени безжалостно сметет его».

Не знаю, как поступит ветер, его время еще не пришло, но уже сегодня противоречивая фигура Сталина становится понятнее, когда вплотную подходишь к его семье: жены, дети, родственники высвечивают личность.

Первая жена, грузинка Екатерина Сванидзе, умерла от брюшного тифа в 1907 году. Остался маленький сын, Яков.

Второй женой Сталина стала Надежда Аллилуева, дочь его друга и соратника. Она была на двадцать два года моложе мужа. Родила двоих: Василия и Светлану.

Итого — трое.

Но значит ли это, что у Сталина было трое детей? Мужчина порой сеет семя как попало и не всегда помнит, где вырос плод.

Когда-то, на похоронах первой жены Сталин сказал:

— Это существо смягчало мое каменное сердце.

На похоронах второй жены он сказал:

— Она ушла, как враг.

Больше не женился.

Сплетни о его тайной жене Розе Каганович, похоже, распространялись германскими спецслужбами в антиеврейских целях.

Валечка, его многолетняя официантка, каждый день подававшая еду и оплакавшая его смерть, возможно, стала идеальным вариантом женщины великого вождя: предана, безропотна, покорна. Всегда под рукой.

Царские жены правили вместе с царями.

Царские жены жили в сознании неизменности своих привилегий. Жене государя Ивана III, византийской царевне Софии Палеолог, возмечтавшей возродить в Москве Константинополь, современный Кремль обязан многими замечательными постройками.

Надежда Аллилуева ничего подобного не совершила за годы своей жизни в Кремле.

Но попробуй они поменяться местами.

Возможно, в роли царицы Надежда Сергеевна сделала бы много больше, чем София Палеолог. А вот византийская царевна София в роли жены Сталина вообще была бы немыслима — не та анкета.

Детям царей внушалось, что им по праву положена их царская жизнь. Навечно.

Детям кремлевских вождей внушалось, что привилегии, которыми они пользуются, имеют отношение только к их родителям. На время.

Дети Сталина...

Не заложено ли в самом этом словосочетании нечто похожее на взрывчатку, неподвластное законам природы, общества и человеческих отношений? Попробуем понять.

КАВКАЗСКИЙ ПЛЕННИК

В Москву с Кавказа в 1921 году приехал подросток. Множество их, жаждущих знаний, стекалось в столицу со всех концов бывшей Российской Империи, но этот мальчик был особый.

Сын вождя.

Его приветствовали на вокзале старые и новые родственники, окруженные людьми с винтовками, и на большом автомобиле отвезли в Кремль, где ему предстояло жить.

За кремлевской стеной в квартире отца встретила его неулыбающаяся молодая мачеха с ребенком на руках. Пришел отец, попыхивающий трубкой, обнял его, и зажили все вместе. Мачеха, суровая с виду, оказалась добрей отца, защищала Якова от наказаний за курение, к которому он пристрастился еще в Грузии.

«Мальчик с очень нежным, смуглым личиком, на котором привлекают внимание черные глаза с золотистым поблескиванием. Тоненький, скорее миниатюрный, похожий, как я слышала, на свою умершую мать, — вспоминала Наталья Седова, жена Троцкого. — В манерах очень мягок... отец его тяжело наказывает, бьет за курение... вчера Яша провел всю ночь в коридоре с часовыми...

Сталин выгнал его из квартиры за то, что от него пахло табаком».

«Я очень любила Яшу, милого, красивого: смуглое лицо, агатовые глаза, чудесная улыбка, чудные вьющиеся волосы. Очень добрый взгляд, очень дружелюбен. Он подходил к моей маме:

— Жень, дай рубль.

— Может, больше?

— Нет, рубль.

Она все удивлялась, зачем ему рубль-то нужен? Оказывается, ему папа денег не давал, вот он с рублем и ходил», — говорит сегодня Кира Павловна, племянница Сталина.

Кремль был замечательным местом — центром страны, однако мальчику, выросшему среди вольной природы, свободному бегать, где пожелает, с его романтическим характером, влюбленному в горы и быстро бегущие прозрачные речки, Кремль с самых первых дней ограничил движения, и чем дальше мальчик жил в нем, тем все больше Кремль казался ему мрачной крепостью. Хотелось убежать. И он, веселый, общительный с малых лет, стал замкнут, тих, неразговорчив.

Кто-то из кремлевских дам, работавших с документами, заметил в метриках Якова одну ошибочку. По документам выходило, что мать его умерла в 1907 году, а он родился в 1908-м. Люди зашептались.

— Это внебрачный сын Сталина.

— Интересно, кто его мать, если не Екатерина Сванидзе? Может, она жива?

Достигли сплетни ушей Якова или нет — неизвестно. Если да, то мальчик несомненно пережил еще одну травму. Знаю по себе. Когда-то в детстве соседка поймала меня в подъезде и нашептала, что мать у меня неродная. Очень похожая на отца, я моментально поверила ей. Откуда мне было знать, что она — сумасшедшая? Целый год я страдала, пристально наблюдая за отношением матери ко мне, видя в ее справедливости и строгости умысел злой мачехи, пока не призналась.

В истории Якова разъяснение дала Александра Семеновна, сестра его покойной матери, у которой он жил до своего переезда в Москву: «Якова, рожденного в 1907 году, крестила его бабушка, Саппора Двали-Сванидзе, в 1908 году, и дата крещения стала датой рождения».

* * *

Почему отец и сын не сошлись характерами? Некоторые семейные сталинские биографы ищут причину в том, что Яков был не подготовлен к жизни в Москве, и объясняют все его «меньшей на первых этапах воспитанностью по сравнению с детьми Надежды Сергеевны».

Смешно! Стоит посмотреть даты. Когда тринадцатилетний мальчик в 1921 году приехал в Москву, старшему сыну Надежды Сергеевны Василию был всего год, а Светланы вообще не было на свете. О каких «первых этапах» можно говорить?

Думаю, причина несходства характеров со взрослеющим Яковом в том, что Сталин изначально любил маленьких детей, надеясь увидеть в будущем то, что хотелось ему. Но получался совершенно другой человек, в нем все не нравилось, все не такое, как он мечтал. Так было с Яковом, Василием, Светланой. Один к одному.

Яков рос, учился в школе, созревал, как личность. Отношения с отцом не налаживались. Со временем и с мачехой стали портиться. Она много болела, собственных детей передавала на руки прислуге и охране, что уж о Якове говорить. Да он и не нуждался в ее опеке. Другие дети отца — сын Василий, перед Яковом малыш, и малютка Светлана любили старшего брата за его нежность и доброту.

Бывший секретарь Сталина Борис Бажанов, сбежавший за границу, в воспоминаниях о вожде и его семье пишет:

«У Сталина жил его старший сын от первого брака — Яков. Почему-то его никто не называл иначе, как Яшка. Это был очень сдержанный, молчаливый и скрытный юноша. Вид у него был забитый. Поражала одна его особенность, я бы назвал ее нервной глухотой. Он всегда был погружен в какие-то скрытые внутренние переживания. Можно было обращаться к нему и говорить — он вас не слышал. Вид у него был отсутствующий... Потом он вдруг замечал, что с ним говорят, спохватывался и все хорошо слышал».

Если верить Бажанову, — впечатляющая зарисовка: юного грузина, а значит — очень самолюбивого и взрывчатого, все дома кличут «Яшкой». Как пса.

* * *

Окончив школу, Яков поступил учиться в Московский институт инженеров транспорта. Никто не ходатайствовал за него. В приемной комиссии института вообще не обратили внимания на фамилию Джугашвили. Лишь к концу приемных экзаменов директору позвонили, сообщив, что сейчас с ним будет говорить товарищ Сталин. Директор опешил и, соответственно сложившейся в стране традиции, затрясся.

— Слушаю вас, товарищ Сталин!

— Скажите, пожалуйста, Яков Джугашвили действительно выдержал экзамены и принят в институт?

Отец проверял сына.

— Да, товарищ Сталин. Джугашвили теперь студент нашего института! — отрапортовал директор, до той минуты понятия не имея о Джугашвили, но понимая, какой теперь у него есть студент.

В институте Якова считали скромным и порядочным человеком. Вспоминали его неизменные победы на шахматных турнирах.

Решил жениться на своей бывшей однокласснице Зое. Обошлось не без препятствий: отец Зои был священником — это не понравилось бывшему семинаристу Сталину. И не только это.

— Хочешь свою семью посадить мне на шею? — сердился отец.

— Получи образование, стань самостоятельным человеком, тогда и женись, — убеждал его дядя, брат покойной матери Александр Сванидзе.

В метаниях между любимой девушкой и ожесточенными против нее родственниками Яков нашел единственный выход — он стрелялся в квартире отца, на кухне. Неудачно.

— Хэ! Не попал! — насмешливо сказал Сталин.

Но на своем Яков все же настоял. Женился. Уехал жить в Ленинград. Родилась дочь. Умерла. Брак распался.

В Кремле покончила с собой мачеха, Надежда Сергеевна.

Среди слухов, ходивших о причине ее гибели, был и такой: «Сталин сам убил жену из ревности. Она завела роман со своим пасынком Яковом. Сталин застал их в постели и пристрелил ее, а сыну отомстил позднее, когда не вызволил его из немецкого плена, отдал на растерзание врагам».

Можно было бы не касаться вообще этой глупой сплетни, но она была, и я считаю своим долгом опровергнуть ее.

Ни один из родственников этой большой, разветвленной семьи не то чтобы не подтверждает сплетню, но и вообще не может представить себе, на какой почве она возникла. Разве чье-то разгоряченное воображение.

В семье известно другое — между пасынком и мачехой были весьма сложные, напряженные отношения. Мария Сванидзе, тетка Якова, в своем дневнике пишет: «Заговорили о Яше. Иосиф опять вспомнил его отвратительное отношение к нашей Надюше, его женитьбу, все его ошибки, его покушение на жизнь, и тут Иосиф сказал: «Как это Надя, так осуждавшая Яшу за этот поступок, могла сама застрелиться?»

Мог бы Сталин вспомнить аналогичный случай — Маяковского, который осуждал Есенина за самоубийство и сам застрелился. Почему? Возможно, люди, обрекающие себя на самоуничтожение, перед этим актом вспоминают тех, кто поступил так же. Это придает им силы?

Необъяснимо...

Впрочем, все мы, оставаясь неизменными, меняемся каждую минуту, оправдывая этим универсальность своего существования на земле, где все изменчиво и неизменно.

* * *

В 1936 году в городе Урюпинске молодая женщина родила сына. В книге регистрации новорожденных бюро загса появилась запись за № 49:

«Имя новорожденного — Джугашвили Евгений.

Отец — Джугашвили Яков Иосифович, грузин 27 лет, студент.

Мать — Голышева Ольга Павловна, русская, 25 лет, техник».

Родился Евгений, но его отец уже встретил Юлию Мельцер, женщину, которая навсегда осталась его вдовой.

«Яша был хорош собой, он очень нравился женщинам. Я сама была влюблена в него», — вспоминает Марфа Максимовна Пешкова, внучка Горького.

Среди немногочисленных документов, оставшихся от Якова, сохранилась анкета:

«Родился в 1908 году в г. Баку в семье профессионального революционера.

Ныне отец Джугашвили-Сталин И.В. находится на партийной работе. Мать умерла в 1908 году.

Брат Василий Сталин занимается в авиашколе.

Сестра Светлана, учащаяся средней школы г. Москвы.

Жена, Юлия Исааковна Мельцер, родилась в Одессе в семье служащего. Брат жены — служащий г. Одессы. Мать жены — домохозяйка. До 1935 года жена на иждивении отца — училась.

С 1936 г. по 1937 г. работал на электростанции завода им. Сталина в должности дежурного инженера трубочиста. В 1937 г. поступил на вечернее отделение Артакадемии РККА».

* * *

«Перед началом войны Яше было тридцать три года, а мне пятнадцать, — вспоминает его сводная сестра Светлана, дочь Сталина, — и мы только-только с ним подружились по-настоящему. Я любила его за ровность, мягкость и спокойствие... Яша уважал отца и его мнения, и по его желанию он стал военным, но они были слишком разные люди, сойтись душевно им было невозможно. «Отец всегда говорит тезисами», — как-то раз сказал мне Яша».

Вот так! Именно надувного величия и ложной непогрешимости Сталина не выдержала естественная натура сына, желавшего хоть иногда видеть рядом не «отца народов», а родного отца.

Сталин понимал сына по-своему. Он видел в нем хлюпика, не умеющего даже застрелиться, приспособленца, а Яков и впрямь хотел приспособиться к кремлевскому плену и характеру Сталина, но не получалось. Он не был приспособленцем.

«Яков стремится ко мне, потому что это выгодно», — стоял на своем Сталин. И ничто не могло переубедить его.

Казалось бы, если Яков ищет выгоды, он должен во всем слушаться отца. Почему же, после неудачного первого брака, он не последовал желанию Сталина, не женился на Кетусе, дочери Председателя Совнаркома Грузии, тянул с предложением, пока невеста не вышла замуж за другого, а сам нашел себе жену по сердцу, и его беда лишь в том, что его жены не нравились переборчивому отцу; та была дочерью священника, эта — дочь еврея.

Юлию Исааковну Мельцер в семье Сталина не приняли.

«Она хорошенькая женщина, лет 30—32-х, кокетливая, говорит с апломбом глупости, читает романы, поставила себе целью уйти от мужа и сделать «карьеру», что и выполнила. Не знаю, как отнесется к этому Иосиф, — пишет Мария Сванидзе в дневнике, — она живет уже у

Яши, вещи пока у мужа. Боюсь, чтоб она не просчиталась. Яша у нее 3-й или 4-й муж. (Заметим, в анкете Яков не упоминает мужей Юлии. — *Л.В.*) Она старше его. Женщина, которая летом еще говорила, что без накрашенных губ чувствует себя хуже, чем если бы пришла в общество голой, перестала делать маникюр, красить губы, делать прическу. Невестка великого человека. Конечно, она хорошая хозяйка, возьмет Яшу в руки, заставит его подтянуться и фигурировать, но если он будет подтягиваться за счет отца, то ее афера потерпит фиаско, — а она, конечно, метит на это. Поглядим, что будет».

* * *

Любовь и коварство? Нет! Любовь и корысть — вот тема. Коварство лишь входит в корысть, как составная часть.

Что есть любовь? — вопрос вопросов, а ответов множество. И все они не объемлют вопроса.

Что есть корысть? Выгода, материальная польза, стремление к наживе, жадность к деньгам?

Кремль и корысть...

Цари и короли с подчеркнутой государственной корыстью выдавали замуж своих дочерей за родовитых принцев других стран и сами женились на родовитых иноземных принцессах, дабы крепить дружбу между государствами. Редко достигали они главной цели — стоит вспомнить хотя бы брак Николая II с немецкой принцессой, что не помешало России и Германии затеять между собой войну. Интересы семьи, даже царской, всегда попираемы интересами государства.

Сталин и подумать не мог о династическом браке для своих детей на межгосударственном уровне: с монархией и ее принципами было покончено. Но, став во главе Кремля, он автоматически превратился в лакомую фигуру для разного рода корыстолюбцев. Выдвинуться в партии, стать рядом с вождем, получить все вытекающие отсюда привилегии и, главное, не соскользнуть, не упасть с высоты — вот цель тех, кто явился в Кремль вслед за победителями, у которых изначально была высокая корысть: свергнуть гнилые режимы, установить власть рабочих и крестьян и никому ее не отдавать!

Сталин, огражденный ото всего мира кремлевской стеной, зорко наблюдает за всеми, кто попадает в поле его зрения внутри кремлевской стены. В ястребиной точности взгляда ему не откажешь. Он видит, как в семьи его соратников входят снохи и зятья не кремлевского круга, он насквозь видит и понимает, где голый расчет. Он понимает, что спецжизнь, четко организованная им, — это приманка, ею проверяется искренность, честность, правдивость и преданность людей, и выдает приманку, и на нее попадаются.

Он отчетливо видит, как быстро, на глазах сформировалось внутри кремлевских стен общество, которое он однажды в сердцах назвал «проклятой кастой». В эту касту вошли вожди, их жены, дети, зятья, снохи. И даже обслуга, в сравнении с обслугой разных учреждений за стенами Кремля, была особой, причастной к великому, а значит, кастовой.

Сталинские дети, по мнению самого Сталина, автоматически становились лакомыми кусками для всякого рода проходимцев и проходимок, желающих проникнуть за багровые зубчатые стены. Он заведомо ждал эту корысть, когда никого еще рядом с детьми не было. Какая сноха или какой зять могли ему угодить? В любой фигуре, даже самой, с его позиций, идеальной, он нашел бы изъяны.

Вождь слишком занят высокими материями, он лишь высказывает недовольство очередным выбором сына, но не мешает ему поступать по собственному желанию.

Юлия Мельцер в 1936 году выходит замуж за Якова Джугашвили. В 1938 году у них рождается дочь Галина.

«Яша знал все слабости Юлии, но относился к ней, как истинный рыцарь, когда ее критиковали другие. Он любил ее, любил дочь Галочку...» — пишет Светлана Сталина в книге «Двадцать писем к другу».

Светлана Иосифовна недоговаривает. Какие слабости? Она была еврейкой. Это что, слабость, а не факт биографии?

Или слабости — есть черты натуры, замеченные Марией Сванидзе?

Жаль, что дочь Сталина может бросить общую фразу, не раскрывая сути, жаль, потому что к ее свидетельствам станут прислушиваться историки будущего и, неровен час, оценят слова «слабости Юли», как подтверждение факта, что она «участвовала в операции захвата в немецкий плен собственного мужа» — обвинение, предъявленное ей в Москве осенью 1941 года.

* * *

«Не знаю, почему Яша сделался профессиональным военным, — пишет Светлана. — Он был глубоко мирный человек — мягкий, немного медлительный, очень спокойный, но внутренне твердый и убежденный. Он был похож на отца миндалевидным, кавказским разрезом глаз, и больше ничем. Он походил на свою мать, Екатерину Сванидзе... Это сходство бросается в глаза и на портретах. Очевидно, и характер достался ему от нее — он не был ни честолюбив, ни резок, ни одержим. Не было в нем противоречивых качеств, взаимоисключающих стремлений: не было в нем и каких-либо блестящих способностей; он был скромен, прост, очень трудолюбив и трудоспособен, и очаровательно спокоен».

В мае 1941 года, накануне войны Якова Джугашвили назначают командиром артиллерийской батареи.

22 июня 1941 года Яков прощается с отцом перед уходом на фронт. Он отправляется в Белоруссию. Мог ли остаться где-нибудь в штабе? Мог ли подальше от линии фронта? Некоторые думают — мог. Думаю — нет. Это было исключено для его честной натуры. Отец не сделал ни одного движения, хоть как-то облегчить его первые дни на войне.

— Иди и сражайся, — сказал сыну Сталин.

Пошел, не ослушался.

4 июля 1941 года Яков Джугашвили попадает в плен.

Вечный пленник: то за кремлевской стеной, то за колючей проволокой у немцев. Пленник собственного хрупкого характера, собственного отца, обстоятельств...

Многочисленные очевидцы поведения Якова в плену, и русские, и немцы, единодушны в одном: он не верил в возможность захвата Москвы, не верил в победу Германии, отказывался сотрудничать с немцами и, увидев агитлистовку от своего имени, сказал:

— Никто не поверит в это!

Немецкий разведчик, капитан Штрик-Штрикфельд, живший после войны в ФРГ, вспоминал, как пытался вербовать Якова на создание своей армии против Красной Армии — позднее на эту роль завербовали генерала Власова:

«Сын Сталина с неприязнью встречал мои рассуждения о превосходстве германской нации: «Находясь в ваших руках, я за все время не обнаружил ни одной причины смотреть на вас снизу вверх».

Отец мог бы гордиться поведением сына... Но...

Плен Якова Джугашвили был окружен слухами и сплетнями. То он пьет заморские напитки в обществе немецких генералов, то фотографируется на немецкой листовке «Отцы и дети» вместе с русопятым юнцом, якобы сыном Молотова (у Молотова никогда не было сыновей. — *Л.В.*), то вот-вот возглавит армию, идущую на Советский Союз, то является героем других листовок, забрасываемых в наши тылы.

«На Москву осенью 1941 года сбрасывали листовки с Яшиными фотографиями, — вспоминает Светлана. — Собственный сын Сталина сдался в плен, потому что всякое сопротивление германской армии отныне бесполезно! Следуйте примеру сына Сталина — он жив, здоров и чувствует себя прекрасно. Зачем вам приносить бесполезные жертвы, идти на верную смерть, когда даже сын вашего верховного заправилы сдался в плен? Переходите и вы!»

Такие призывы с таким примером могли бы подействовать лучше пушек, если бы сам Яков, сын Иосифа, сдался: написал отцу враждебное письмо, выступил по радио. Согласись он на это, немцы тут же подключили бы к нему целый издательский аппарат. Но он отказался. И пришлось немцам сочинять фальшивки.

Думаю, было в столь твердом, непреклонном поведении Якова Иосифовича несомненное стремление наконец-то, через линии фронта, сквозь стрельбу и разрывы бомб доказать отцу, что он, Яков, не ничтожество, каким отец всегда представлял его, что он достоин своего отца, что он, может быть, даже герой.

Но и тут с отцом не вышло понимания. Немцы познакомили Якова с точкой зрения Сталина на его положение:

— Нет военнопленных, — сказал Сталин, — есть изменники родины.

Через линии фронта и колючую проволоку отец посылал сыну свой приговор, как будто снова легко побеждал в давнем споре, доказывая ему, что он плох, негоден, ничтожен.

* * *

Бывший военнопленный, польский поручик Мариан Венцлевич свидетельствует: «Четвертого мая 1942 года трое вооруженных автоматами охранников во главе с капитаном ввели в наш барак пленного в советской военной форме. Этот тщательно охраняемый пленный и был старший лейтенант Джугашвили. Мы сразу узнали его: без головного убора, черноволосый, точно такой же, как на фотографии, помещенной в фашистской газете... Несколько раз мне удавалось встретиться с Яковом с глазу на глаз. Он рассказывал о том, что никогда не делал немцам никаких заявлений и просил — если ему больше не придется увидеть своей родины, сообщить отцу, что он остался верен воинскому долгу. Все, что состряпала фашистская пропаганда, — ложь».

Другой бывший польский военнопленный, Салацкий, пишет: «Во время пребывания в Любеке Джугашвили подружился с поляками. Его близкими друзьями были поручик Кордани, свободно говоривший по-русски, поручик Венцлевич, поручик Мысловский. Мы обсуждали разные темы, играли в карты, шахматы...

Рассказывая о своих трагических переживаниях, он подчеркивал, что никогда не изменит родине, что заявления немецкой прессы — ничем не прикрытая ложь. Он верил в победу Советского Союза».

В Любеке польские офицеры попытались бежать. Неудачно. Якова изолировали от них и перевели в Заксенхаузен, лагерь смерти, поместив в отделение для высокопоставленных пленных, родственников руководителей антигитлеровской коалиции.

Номер с переориентировкой сына Сталина немцам явно не удался. Но сын мог еще пригодиться. Для обмена.

В это время завершалась Сталинградская битва. В плену у русских оказался фельдмаршал Фридрих Паулюс, один из авторов плана «Барбаросса». Это он, командующий армией под Сталинградом, отдал своим войскам приказ о прекращении сопротивления и сдаче в плен.

Кто передавал Сталину предложение Гитлера: обменять Паулюса на Якова? Было ли такое предложение? Советовался ли с кем-либо Сталин, прежде чем дать легендарный ответ через председателя шведского Красного Креста графа Бернадота:

«Солдата на маршала не меняю!»

Эффектная, блистательная государственная поза. Но что или кто за ней?

Старик Паулюс, своей сдачей в плен сохранивший немецкой и советской армиям сотни жизней?

Старик Паулюс, которому по возвращении домой грозила от Гитлера такая же расправа, какую получил бы, может быть, не Яков, а генерал Власов, отдай его Гитлер Сталину в руки?

Ни на сына, ни на кого другого не мог обменять Сталин старика Паулюса, ибо союзники, так же, как и он, не захотели бы выдачи его Гитлеру на кровавую расправу.

Паулюс и Яков Джугашвили оказались в неравных положениях не только потому, что были в разных чинах разных армий, а потому, что в человечестве общественный и государственный долг всегда предпочтительнее семейного долга: как мог Сталин явно спасать собственного сына, когда тысячи детей его граждан сидели в немецком плену?

А тайно?

* * *

Возможно, Якову Джугашвили стала известна крылатая фраза отца: «Солдата на маршала не меняю!», возможно, сталинская крылатая фраза «нет военнопленных — есть изменники родины» бесконечно бередила его душу. Находясь вдали от отца, Яков несомненно ощущал его присутствие в себе, осознавая невозможность изменить положение, как собственное ничтожество, о котором так много и жестко всегда говорил ему отец.

Зимой 1943 года, после Сталинградской битвы Сталин заговорил с дочерью о своем пленном сыне: «Немцы предлагали обменять Яшу на кого-нибудь из своих... Стану я с ними торговаться! Нет! На войне, как на войне!»

Светлана пишет — волновался при этом, и тон его был раздраженным.

Несколько более чувствительным выглядит Сталин в воспоминаниях маршала Жукова:

«— Товарищ Сталин, давно я хотел узнать о Вашем сыне, Якове. Нет ли сведений о его судьбе?

На этот вопрос он ответил не сразу. Пройдя добрую сотню шагов, сказал каким-то приглушенным голосом:

— Не выбраться Якову из плена. Расстреляют его фашисты. По наведенным справкам, держат они его изолированно от других военнопленных и агитируют за измену Родине.

Чувствовалось, он глубоко переживает за сына. Сидя

за столом, И.В. Сталин долго молчал, не притрагиваясь к еде».

Летом 1945 года, уже после Победы, отец опять говорил с дочерью о сыне:

«Яшу расстреляли немцы. Я получил письмо от бельгийского офицера, принца, что ли, с соболезнованием. Он был очевидцем».

Есть подробный документ, составленный бывшими узниками Заксенхаузена: «Яков Джугашвили постоянно ощущал безысходность своего положения. Он часто впадал в депрессию, отказывался от еды... вечером 14 апреля 1943 года Яков отказался войти в барак и бросился в мертвую зону. Часовой выстрелил. Смерть наступила мгновенно. И тогда труп бросили на проволочный забор, находившийся под высоким напряжением».

«Попытка к бегству», — рапортовало лагерное начальство.

Самоубийство — думаю я, вспоминая попытку Якова Джугашвили покончить с собой из-за несогласия с отцом. Самоубийство — как последний отчаянный ответ отцу, насмешливо заметившему сыну, что не умеет даже убить себя.

Сумел.

Отец не простил сыну плена?

Кинорежиссер Михаил Чиаурели снимал эпопею «Падение Берлина» в лучших сталинских традициях и хотел сделать из Якова Джугашвили трагического героя войны. Сталин решительно воспротивился этому: для него он оставался прежде всего военнопленным.

«Кроме того, — пишет Светлана, — отцу не хотелось выпячивать своих родственников, которых он, всех без исключения, считал не заслуживающими памяти».

Без исключения!!!

О, да, если ему не повезло с родственниками, то как сильно повезло им, расстрелянным, посаженным в тюрьмы, сосланным!

* * *

Пленение Якова мгновенно отразилось на его семье.

«В конце августа 1941 года я говорила из Сочи с отцом по телефону, — пишет Светлана, — Юля стояла рядом, не сводя глаз с моего лица. Я спросила его, почему нет известий от Яши, и он медленно и ясно произнес: «Яша попал в плен». И прежде чем я успела открыть рот, добавил: «Не говори ничего его жене, пока что...»

Отцом руководили совсем не гуманные соображения насчет Юли: у него зародилась мысль, что этот плен неспроста, что Яшу кто-то умышленно выдал и «подвел», и не причастна ли к этому Юля...

Когда мы вернулись к сентябрю в Москву, он сказал мне: «Яшина дочка пусть останется пока у тебя... А жена его, по-видимому, нечестный человек, надо будет в этом разобраться».

И Юля была арестована в Москве, осенью 1941 года».

О том, что Яков Джугашвили попал в плен не случайно, что этот плен был заранее организован немецкой разведкой, говорят некоторые факты и свидетельства, а также ответ самого Якова немецкому военному корреспонденту, капитану Рейли:

— Как узнали, что вы сын Сталина, при вас не было документов? — спросил капитан.

— Меня выдали военнослужащие моей части, — ответил Яков.

Но предположить, что его жена, еврейка, уговорила Якова, уйдя на фронт, сдаться фашистам, чтобы в случае их победы...

Что в случае их победы? Всей семье попасть в Дахау?

Абсурд. Но этот абсурд стоил Юлии Исааковне нескольких лет тюрьмы: Лубянка, ночные допросы, ледяные камеры, вечный электрический свет.

— Что вам известно о муже? Как он попал в плен? Не говорил ли он с вами перед уходом на фронт на эту тему? — сыпались нелепые вопросы.

120

Откуда бы ей, сидевшей в то время на сталинской даче в Сочи, знать, как он попал в плен?

Тюрьма города Энгельса, опять Москва, Лефортово, около двух лет, можно сказать, по-божески, провела Юлия Исааковна в заключении.

Ее дочь Галина со слов матери записала эпизод, достойный внимания: «Однажды была долгая пауза, странная, почти угрожающая. Наконец — обычный приказ выходить. Я очнулась в длинной комнате. Алая дорожка от моих ног вела к столу у противоположной стены, крытому ярко-зеленым сукном. За столом сидели люди в военной форме, какой именно, я не могла бы сказать: взгляд мой приковали их сверкающие золотом плечи. Алая дорожка заколыхалась и поползла вверх, в ушах остро звенел комар. Сквозь пестрый, звенящий туман прошел голос. На плече я почувствовала жесткие пальцы. Низкий, почти бас, голос гудел: — Успокойтесь, у нас новая форма».

Я думала, все — немцы, а тут, какое счастье, свои, свои...»

* * *

«Поглядим, что будет», — написала в дневнике Мария Сванидзе, подозревая Юлию в корыстном желании проникнуть в кремлевский мир. Сама Мария Анисимовна не поглядела — умерла в тюрьме, зато Юлия испила полную чашу, на себе испытав счастье: быть женой сына Сталина.

Сына...

Да. Яков Иосифович был сын, не сынок. Никакой радости не принесла ему кремлевская жизнь, а имя отца бедой откликнулось на войне. Его хотели сделать игрушкой в руках борющихся сил, а он стал героем, тихим, незаметным, страдающим, не предавшим ни жесткого отца, ни своего мягкого характера.

Возможно ли, чтобы Яков всей незадачливой жизнью поколебал сталинскую непримиримость, возведенную в норму социалистического быта, и, нелюбимый отцом при жизни, стал раной в его сердце после смерти, как об этом пишет Светлана?

Характерная подробность: после победы над Германией, при всех неограниченных возможностях Сталина, стоило бы поинтересоваться хотя бы тем, где похоронен его сын? Он не только не воспользовался ими, но и в 1945 году не ответил на телеграмму советской администрации в Германии, в которой сообщалось о месте захоронения останков Якова.

Впрочем, что мы знаем о том, чего не знаем? Проигнорировать телеграмму — не значит забыть сына. Не удивлюсь, узнав, что по тайному поручению Сталина могила его сына, «изменника родины», при жизни вождя сохранялась в чистоте и порядке. Совершенно необязательно при этом ставить в известность официальные организации — для того у вождя была сверхсекретная служба.

Думаю, так оно и было, еще потому, что Сталин, как сверхличность, позволял себе нарушать собственные принципы, именно в случаях, когда жизнь встречается со смертью.

Размышляя о Сталине, я никогда не забываю, что он шесть лет в молодые годы был студентом духовной семинарии, и как бы ни зачеркивал семинарского прошлого, а он и не слишком делал это, — оно дало ему не только понимание человеческой психологии, но и способность внутри диалектического материализма, марксизма-ленинизма, подниматься выше их постулатов в мир, где сказано:

«Любите врагов ваших, благословляйте проклинающих вас, благотворите ненавидящим вас и молитесь за обижающих вас и гонящих вас».

Сталин жил вопреки евангельским заветам, но опять парадокс: жестокий мужчина двадцатого столетия, как всякий прозелит, неофит, он всегда оставлял для себя смелость вспомнить ТЕ слова, как запрещенные им же. Думаю даже, он искренне верил в то, что любит своих врагов и желает им добра, исправляя тюрьмой и могилой.

* * *

После войны возникли подробности о смерти Якова. Поляк Александр Салацкий, бывший военнопленный, в 1981 году опубликовал в Варшаве воспоминания, в которых говорилось о ссоре между русскими и англичанами, жившими в одном бараке лагеря Заксенхаузен. Русские пленные считали, что англичане лебезят перед немцами; русские отказывались отдавать честь немецким офицерам, саботировали их приказы, а наказание получал весь барак, включая «законопослушных» англичан, которые открыто возмущались «русскими национальными недостатками».

Салацкий рассказывает, что в среду 14 апреля 1943 года, после обеда, в бараке поднялся скандал. Слышались оскорбления: «грязные русские», «большевистские свиньи». Якова ударили по лицу. Именно поэтому вечером он отказался войти в барак. И с криком «застрелите меня» бросился на колючую проволоку.

Немецкое командование скрывало гибель Якова, продолжая использовать его имя в своей пропаганде, а также опасаясь ответных действий Сталина по отношению к их военнопленным. Плохо же они знали его большевистскую принципиальность.

После капитуляции Германии документы о пленном Якове Джугашвили оказались на англо-американской стороне.

В телеграмме от 30 июня 1945 года госсекретарь США Грю предложил послу США в СССР Гарриману проинформировать Молотова о документах, касающихся смерти Якова: письмо Гиммлера Риббентропу на эту тему, фотографии, документы. Но вскоре Гарриман получил приказ: никакой информации Москве не сообщать.

В 1968 году американцы рассекретили эти документы и нашли справку: «отвергнуть первоначальную идею передачи документов, которые по причине их неприятного содержания могут огорчить Сталина».

Что было в документах? Ничего принципиально нового: «застрелен при попытке к бегству».

Почему власти союзников так беспокоились тогда о настроении Сталина? От каких подробностей они оберегали его? Или оберегали себя? Последнее вероятнее.

Чиновник британского МИДа Майкл Вайен в частном письме выразился достаточно четко:

«Следует отказаться от намерения проинформировать маршала Сталина, в противном случае придется обратить внимание на то, что смерть его сына вызвана англо-русской ссорой».

По моему убеждению, в англо-русской ссоре, предшествовавшей самоубийству Якова Джугашвили, был некий нюанс, категорически невыгодный для английской стороны. Этот нюанс был сразу же изъят из документов, а для большей убедительности документы объявили секретными, дабы спустя годы рассекреченные они не представляли собой ничего особенно деликатного. Такой прием, как известно, называется «прятать концы в воду».

Но что за нюанс? Кто знает?

* * *

Легенды о Якове появились сразу после его пленения. Некоторые дожили до наших дней.

Участник войны Чернявский из Гомеля рассказывает: «В 1945 году читал в одной болгарской газете заметку о том, что в германских газетах опубликовано обращение генералиссимуса Сталина, в котором он предлагает за миллион западногерманских марок сообщить ему достоверные сведения о судьбе Якова Джугашвили».

Обычная газетная утка?

Некоторые ищут следы сына Сталина в Минске,

куда его переправили немецкие коммунисты, заменив Якова в Заксенхаузене другим человеком.

Иные называют 11 апреля 1945 года датой смерти Якова, застреленного конвоирами у реки Бинне, близ города Аттендорн.

Кто-то кому-то рассказывал, будто брат Микояна Артем видел Якова 24 июня 1945 года возле дачи Сталина — удивился. Яков пообещал все рассказать ему и исчез.

Галлюцинация? Выдумка?

Живет в народе и сказание о том, что Сталин обменял Якова на группу немецких офицеров и переправил сына в Америку. Это сильно припахивает сегодняшним днем, в котором бродят слухи о наших современных правителях и «новых русских», переправляющих в Америку жен и детей, купив там недвижимость, чтобы в случае своей глобальной неудачи ускользнуть к семье и на свободу.

Кто-то где-то читал, что Яков бежал из плена, попал к итальянским партизанам, полюбил итальянку. Она родила ему дочь и сына. Его называли «капитан Монти», а он скрывал, кем был на самом деле.

Ищут Якова и в Ираке, утверждая, что Садам Хусейн — его сын.

Во время войны было множество двойников Якова: особо бойкие красноармейцы, попав в плен, часто пытались выдать себя за сына Сталина, в надежде на поблажки и даже на свободу.

Старая грузинка когда-то рассказывала мне, что в ее селе, откуда она выехала к детям в Тбилиси, живет сын Сталина Яков, которого отец выручил из плена, но взял с него слово никогда не раскрывать своего имени. Деревенский Яков — пчеловод. У него куча детей. Он раскрылся этой старушке, когда пришел к ней, как к знахарке, лечить зубную боль.

Сказка о спасенном царевиче...

В давние времена она становилась источником огромных народных бед.

Двадцатый век сделал подобную сказку безопасной для народа. Обществу не стало никакой необходимости реанимировать тень Якова Джугашвили, как претендента...

Не на что претендовать.

Но людям хотелось человечности от своего вождя, они домысливали быль, используя имя Якова.

* * *

Знаменитый афоризм поэта «нам не дано предугадать, как наше слово отзовется» мужчины могли бы перефразировать так: «Нам не дано предугадать, как наше семя отольется».

Я давно заметила одну особенность человеческой натуры: дети, рожденные в законном браке, не слишком ценят эту законность. Принимая ее, как должное, они могут свысока поглядывать на отца или деда, могут позволять себе даже отрицание их.

Незаконнорожденные дети, особенно если они получают фамилию и отчество отца, ценят их, как дар судьбы, и восполняют банальную законность своим бережным отношением к предкам.

Законная дочь Якова Джугашвили от Юлии Исааковны Мельцер, Галина Яковлевна, бережно и тихо хранит память отца, приняла награду, которая нашла Якова Иосифовича спустя много лет. Незаконный сын Якова от Ольги Голышевой, Евгений Яковлевич Джугашвили, исступленно любит память отца и деда. У него два сына. Виссарион, 1965 года рождения, и Яков, 1972 года рождения.

Евгений Джугашвили говорит: «Преклоняюсь перед Сталиным и в том же духе воспитал своих детей. Критику Сталина, точнее сказать, поношение его, не воспринимаю. Охаивание деятельности Сталина идет в «одностороннем порядке». Все средства массовой информации закрыты для тех, кто мог бы высказать что-то в защиту Сталина. Для них изготовили ярлык: «антиперестройщики»... В день рождения Сталина 21 декабря я с детьми и некоторыми моими решительными друзьями обычно возлагаем цветы на его могилу, на Красной площади».

Виссарион и Яков...

Несчастливый «кавказский пленник» Яков Джугашвили воскресает в имени своего внука. Сын другого внука, Виссариона, может стать Иосифом Виссарионовичем.

Имена, как известно, не повторяют судеб тех, в чью честь новые люди названы, но они несомненно как-то влияют на их судьбы. Как?

> Имя сливается с тобою,
> хотя подходит не всегда,
> оно становится судьбою
> на все грядущие года,
> и живы в этой звучной силе
> обозначенья твоего
> те люди, что его носили
> и обессмертили его.
> Их тени имя обвивают,
> нашептывают и поют,
> они то что-то отнимают,
> а то доверчиво дают.

Будем надеяться, что имя и отчество благородного Якова, а также имя и отчество его жестокого отца, Иосифа Виссарионовича, сойдясь в именах их внуков от Евгения Джугашвили, дадут новый сплав характеров, более счастливых и дарующих другим счастье, чем были не забытые ими предки.

ПРИНЦ ВАСЯ

Есть воспоминание Марфы Максимовны, внучки Горького:

«В Ташкент, где жила в эвакуации моя семья, зимой 1942 года прилетел на военном самолете Вася Сталин.

Он стал уговаривать мою маму отпустить меня с ним — в школе каникулы — слетать в Куйбышев к его сестре Светлане, моей подруге.

— Она там скучает, — настаивал Вася.

Мама отпустила, и мы полетели. Василий сам вел машину — он был замечательный летчик, лихой, очень ловкий. С нами летел Иван Павлович Ладыжников, издатель Горького. В эвакуационной спешке затерялся один из ящиков с дедушкиными рукописями, и Ладыжников надеялся найти его в Куйбышеве.

В какой-то момент нашего полета мы с Иваном Павловичем заметили, что иллюминаторы стали покрываться маслом. Оно хлестало все сильнее и сильнее. Команда забегала.

Самолет против обледенения заправляют спиртом, а этого не сделали — спирт Васины приятели употребили по другому назначению.

Машина стала обледеневать. Вышла из строя рация. Там, в Ташкенте, мама все время звонила на аэродром, ей отвечали, что самолет в пути, и вдруг ей сообщили о потере связи.

Вася сидел за штурвалом, он делал все, что мог. Ему повезло — внизу был лес с поляной. Посреди поляны — заснеженный стог сена. Он исхитрился посадить машину в стог. Если бы мы уткнулись в дерево, то все погибли бы.

Сели. Василий стал принимать сердечные лекарства. Самолет военный, без мягких, теплых кресел. Лавки по краям. Мы стали замерзать. Кто-то из команды пошел искать населенный пункт. К счастью, неподалеку было село. Председатель колхоза дал розвальни.

Летчики, попав в домашнее тепло, тут же начали праздновать счастливый исход посадки. Жена председателя колхоза, увидев пьяную компанию, от греха подальше, заперла меня в своей комнате. Наутро меня на машине отправили к какому-то вокзалу.

Я нисколько не испугалась во время полета и посадки — когда Василий сидел за штурвалом, можно было не беспокоиться».

Это женское воспоминание.

Мужчины, знавшие Василия Сталина в деле, видавшие его в небе, с профессиональным основанием подтверждают слова Марфы Максимовны. Но далеко не все.

Мнения о Василии Сталине, втором сыне нашего вождя, самые разноречивые.

«Очень добрый человек». «Самодур и пьяница». «Великолепный летчик». «Таких летчиков было много, но его замечали потому, что он сын Сталина». «Честный парень». «Самодур и враль». Кто же он?

* * *

С самого первого дня жизни Василий Сталин оказался в экстремальной ситуации. Его мать, Надежда Аллилуева, поссорившись с его отцом Иосифом Сталиным, накануне родов, рискуя своей жизнью и жизнью ребенка, ушла из дому в никуда. Василий родился не в кремлевской больнице, где все уже было заранее подготовлено для первенца сталинской жены, а на окраине Москвы, в маленьком, заштатном родильном доме. Аллилуеву и ребенка с трудом разыскали там.

Мальчик рос в строгости. Мать суровая, неласковая, занята то работой, то учебой. Отец всегда занят, в доме хмур. Были воспитательница, воспитатель, няня. Были люди из охраны.

Бухарин рассказывал Троцкому: «Только что вернулся от Кобы. Знаете, чем он занимается? Берет из кроватки своего годовалого мальчика, набирает полон рот дыму и пускает ребенку в лицо...

— Да вы вздор говорите! — прервал я рассказчика.

— Ей-богу, правда! Ей-богу, чистая правда, — поспешно возразил Бухарин с отличавшей его ребячливостью, — младенец захлебывается и плачет, а Коба смеется-заливается: «Ничего, мол, крепче будет...»

Бухарин передразнил грузинское произношение Сталина.

— Да ведь это же варварство?!

— Вы Кобы не знаете: он уж такой, особенный...»

«Годовалый мальчик» — это, конечно, Василий Сталин.

Странные картинки, не так ли? Эти странности на уровне быта, попадая на уровни управления страной, получают поистине неограниченные возможности.

Свою исключительность Василий ощутил рано и понял ее единственную выгоду: люди боятся его отца, а отец любит его. Он стал жить соответственно этой выгоде.

Сохранилось одно письмо Надежды Сергеевны к Светлане: «Здравствуй, Светланочка. Вася мне писал, пошаливаешь что-то девочка, усердно. Ужасно скучно получать такие письма про девочку... напиши мне вместе с Васей или Н.К. (это воспитательница сталинских детей. — *Л.В.*) письмо о том, как вы договорились обо всем...»

К этому письму еще придется вернуться. Пока что я выбрала из него строки, касающиеся Василия, из которых видно, что он ябедничает матери на сестру.

Василий старше Светланы на шесть лет. Письмо написано, видимо, году в 1930—1931, за год или два до самоубийства Надежды Сергеевны. В то время Василию около десяти, Светлане около пяти лет.

Василий чувствует себя в семье старшим.

Яков — взрослый — не в счет. Чуткий Василий ощущает Якова как бы и не совсем братом себе. Отношения их не ладятся. В школе он также чувствует свою исключительность. Фамилия его не Джугашвили, как у Якова, а Сталин. Отец подарил ему свой громкий партийный псевдоним. Это укрепляет в мальчике уверенность.

Тетка Якова Джугашвили — Мария Сванидзе в своих дневниках пишет о Василии в его детские годы:

«За ужином говорили о Васе. Он учится плохо.

Иосиф дал ему два месяца на исправление и пригрозил прогнать из дому и взять на воспитание трех способных парней вместо него. Нюра (сестра покойной Надежды. — *Л.В.*) плакала горько, у Павла (брат покойной Надежды. — *Л.В.*) тоже наворачивались на глаза слезы. Они мало верят в то, что Вася исправится за два месяца, и считают эту угрозу уже осуществившейся. Отец, наоборот, верит в способности Васи и в возможности исправления. Конечно, Васю надо привести в порядок. Он зачванился тем, что сын великого человека, и, почивая на лаврах отца, жутко ведет себя с окружающими...

Вася уже прощен и был у отца. Очевидно, он выправил отметки. Я очень рада. Вася — мальчик чрезвычайно жизнеспособный и **хитрый** (выделено мной. — *Л.В.*) — он умеет обходить даже своего отца и являть себя прямым и искренним, не будучи таковым на самом деле».

Наблюдая кремлевскую жизнь сталинских детей довольно близко, Мария Анисимовна Сванидзе делает в дневнике вывод:

«Обстановка создана идеальная, чтоб учиться, развиваться и быть хорошими. Ужас в том, что дети чувствуют привилегированность своего положения, и это их губит навеки. Никогда у выдающихся родителей не бывает выдающихся детей, потому что с самого детства они обречены на ничтожество из-за исключительности своего положения. Надя много старалась растить детей в аскетизме, но после ее смерти все пошло прахом. В конце концов, всем обслуживающим детей такого великого человека, каким является Иосиф, выгодно, чтоб дети были в исключительных условиях, чтобы самим пользоваться плодами этой исключительности».

* * *

Когда погибает его мать, Василий уже подросток. Он многое понимает, видит, может анализировать. Сталин в личных разговорах с родственниками своей первой и второй жены часто говорит о том, что дети преступно быстро забыли мать, прежде всего имея в виду Василия.

Но прав ли Сталин? Ему ведь нет времени заглядывать в душу сына. Он достоверно не знает, какая версия о гибели матери укрепилась в сознании мальчика: смерть от аппендицита или самоубийство.

Думаю, о самоубийстве Василий услышал с первых же минут после трагедии. Думаю также, ему известно, что и сводный брат его Яков когда-то хотел покончить самоубийством.

Слово «самоубийство» закрепляется в детском сознании настолько, что он, не слишком вникая в глубины смысла, умело спекулирует им.

Вот строки из письма Сталина Мартышину, школьному учителю Василия, осмелившемуся написать вождю о проделках ученика:

«Ваше письмо о художествах Василия Сталина получил. Отвечаю с большим опозданием ввиду перегруженности работой. Прошу извинения.

Мой совет: требовать построже от Василия и не бояться фальшивых, шантажистских угроз капризника насчет «самоубийства».

Письмо Сталина датировано 8.IV.38 годом. Василию восемнадцать. Со дня самоубийства матери прошло около шести лет. Детская рана если и не зажила — в отличие от Сталина я уверена, что такие раны не заживают, — то задубела и перешла в подсознание.

Когда такие раны вновь приоткрываются, слабые души часто лечат их запоями. Что и случилось с Василием. А условий для этого у него было предостаточно: охрана пила и спаивала тех, кто хотел пить.

Василий — до безумия взбалмошный, пустой человек, но тот же Василий — добрая душа. Вот два полюса. Не хочу проводить прямых аналогий, они всегда ущербны, но, думая о нем, почему-то вспоминаю Дмитрия Карамазова, героя Достоевского: слабый дух и широкая душа.

* * *

Василий учится во 2-й московской спецшколе. Его любят приятели за общительность, смелость и отзывчивость; учителя скрыто недолюбливают за нерадивость и неуправляемость. Моя приятельница, писательница Людмила Уварова, в 1986 году, зная, что я работаю над темой кремлевских семей, рассказала мне, как недолго преподавала немецкий язык во 2-й спецшколе, и ее учеником был Василий Сталин.

— Я написала о нем рассказ. Он так и называется «Василий». Возьми оттуда в свою книгу любой кусок, который тебе пригодится.

И дала рукопись.

Вот описание первой встречи: «Я села за стол. Вдруг что-то ударило меня в лоб, не больно, но ощутимо. От неожиданности я вскочила со стула. По классу пронесся откровенный смех. На пол, рядом со мной, упал белый «голубь», я подняла его, он был сделан умело, из довольно плотного картона непогрешимой белизны.

Смех разрастался все сильнее.

— Кто это сделал? — спросила я.

Молчание было ответом мне.

— Я надеюсь, что тот, кто бросил в меня «голубя», окажется сознательным и открыто признает свою вину...

Снова молчание.

Потом из-за парты, стоявшей возле окна, встал коренастый мальчик. Что-то знакомое, много раз виденное, почудилось мне в надменном очерке губ, в хмурых бровях, сдвинутых к переносице; нижние веки у него были слегка приподняты, и потому взгляд казался как бы притушенным. Откинув назад голову, он ясно, отчетливо проговорил:

— Свою вину? А в чем вина, хотелось бы знать?

Я продолжала вглядываться в его лицо, и чем дольше вглядывалась, тем все более знакомым казался мне его низкий, с вертикальной морщинкой лоб, коротко остриженные, рыжеватого оттенка волосы, срезанный подбородок.

— Так вот, — сказал Василий, конечно же, это был он, — «голубя» послал вам я. Как привет. Называйте, как хотите.

Он произносил слова отрывисто, словно рубил их пополам. Надменные губы его дрогнули в неясной улыбке.

— Поняли? — спросил он меня, спросил так, словно я была в чем-то перед ним виновата.

Я молчала. Вспомнилась мне моя комната на Большой Бронной, за которую я не платила квартплату уже четвертый месяц. Мамино лицо. Надо было подбросить маме немного деньжат, сама никогда не попросит, а ведь ей, наверно, не продержаться до конца месяца. И еще следовало подшить старые, прохудившиеся валенки и отдать перелицевать зимнее пальто. И на все нужны деньги, деньги, деньги, а их долго не было у меня... Много чего вспомнилось в эти тягостные минуты, пока сын великого вождя всех времен и народов ждал моего ответа.

— Поняла, — сказала я».

Возможно, Людмила ничего тогда в 1937 году не поняла по молодости и запуганности, свойственной людям тех дней. Она могла просто понравиться Василию, и он, как свойственно юношам, стеснительным до наглости, «голубем» выразил свое отношение.

Подними она «голубя» с пола и пошли ему в лоб, может, весь класс, включая Василия, заликовал бы.

Знаю возражение: Людмилу упрятали бы в тюрьму. Сомневаюсь. Подтверждением мне служит уже частично процитированный здесь ответ Сталина учителю Мартышину. Там есть такие строки:

«Василий — избалованный юноша средних способностей, дикаренок (тип скифа!), не всегда правдив, любит шантажировать «слабеньких» руководителей, нередко нахал, со слабой или — вернее неорганизованной волей. Его избаловали всякие «кумы» и «кумушки», то и дело подчеркивающие, что он «сын Сталина».

Я рад, что в Вашем лице нашелся хотя бы один уважающий себя преподаватель, который поступает с Василием, как со всеми, и требует от нахала подчинения общему режиму в школе. Василия портят директора, вроде упомянутого Вами, люди-тряпки, которым не место в школе, и если наглец Василий не успел погубить себя, то это потому, что существуют в нашей стране кое-какие преподаватели, которые не дают спуску капризному барчуку... Будете иметь в этом мою поддержку.

К сожалению, сам я не имею возможности возиться с Василием. Но обещаю время от времени брать его за шиворот».

Примечательное послание. Во-первых, тем, что написано несомненно самим отцом, без вмешательства секретарей. Во-вторых, тем, что написано прекрасным языком и с полным пониманием ситуации, без сожаления и поблажки сыну и самому себе. В-третьих, тем, что, несмотря на твердость позиции автора, есть в письме несомненная беспомощность его положения: великий управитель огромного государства «не имеет возможности» справиться с собственным сыном.

В последнем, по-моему, не только истоки драмы Василия Сталина, но и самого Иосифа Виссарионовича.

В итоге Людмиле Уваровой, по требованию трусливого директора, о котором писал Сталину учитель Мартышин, пришлось покинуть спецшколу № 2.

* * *

С грехом пополам окончив школу, Василий Сталин пошел было в артиллерийское училище, по следам сводного брата Якова, но вскоре передумал и в 1939 году поступил в Качинское авиационное училище, в Крыму.

Движение, быстрота, полет — характер Василия. Еще подростком он лихо водил мотоцикл — потом пересел в автомобиль. Любая машина была ему послушна. Особенно лих бывал Василий на поворотах.

С юности любил он веселые компании. Охранники приучили его к водке, а он шумно разливал ее друзьям и знакомым. Подростки, потом юноши, потом молодые мужчины вместе с Василием гоняли в футбол, проводили утренники на рыбалках, гоняли охотничьих собак, парились в бане. Он был, что называется, «свой парень».

Вот малоизвестное воспоминание о Василии в период его учения в Качинской школе:

«Василий Сталин на своем «Харлее» и в кожанке прибыл под Севастополь, учиться. Он, Долгушин, Гаранин, Ветров москвичи были, своей командой держались. Жил Василий не с нами в казарме, а в доме комсостава. В гараже выпьет — и на мотоцикл. Чуть не разбился однажды. Вывихнул ногу, попал в госпиталь, оттуда прямиком в нашу эскадрилью. Вдогонку телеграмма. Текст и сейчас наизусть помню: «Курсанта Сталина содержать на общих основаниях. И. Сталин».

Перевели Василия в казарму на 30 человек. Вообще он казался простым парнем. В курилку зайдет, всех «Казбеком» угостит.

Обучались мы на «И-16». Строгая машина. Много жизней унесла. Василий, правда, на «И-16» летать отказался. Специально для него оборудовали «ДС-16».

* * *

С белокурой москвичкой Галиной Бурдонской Василий встретился на привилегированном катке на Петровке.

Позднее, в годы моей юности я несколько раз приходила на этот каток. Туда можно было попасть только по блату. Подруга моей матери, знаменитая актриса Вера Марецкая, достала нам с ее дочкой Машей два абонемента на вечернее катание.

Там, при ярком электрическом свете скользили юноши и девушки в великолепных, по тем временам, конькобежных костюмах. Многие катались плохо, отчего костюмы на них, как говорится, не смотрелись. Но хорошие конькобежцы и конькобежки, часто скромно одетые, увлекали мастерством.

Никогда не забуду девушку в голубом коротеньком пальтишке с белой опушкой по воротнику, рукавам и по подолу. Белая шапочка набекрень. Руки засунуты в белую муфту.

— Это Ляля, — сказал мне знаменитый артист, Ростислав Янович Плятт, — Марецкая отправляла его со мной и Машей на каток, следить, чтобы мы не разбились на льду.

— Какая Ляля?

Он сделал большие глаза и приложил палец к губам. Я так ничего и не узнала о Ляле. Теперь, вспоминая тот образ в белом ореоле, я думаю: не возлюбленная ли это Берия была, Ляля Дроздова? Не знаю.

Галина Бурдонская стала женой Василия Сталина, вошла в кремлевскую жизнь, во все сталинские дачи под Москвой и на юге. Родила двоих детей.

* * *

Началась война. Наученный горьким опытом со старшим сыном, не желая провокаций со вторым сыном Василием, Сталин не спешил отправлять его на передовую. Василия сначала определили на безопасную инспекторскую должность, но сам он рвался на фронт. И дорвался. Все, знавшие его в годы войны, в один голос называют Василия бесстрашным летчиком. Отец запретил ему участвовать в боевых вылетах, но он плевал на отцовы запреты.

Участие Василия в боевых действиях, несмотря на его рвение, все же было ограничено: сына Сталина оберегали во время полетов. Сохранилось свидетельство генерал-полковника Глебова:

«Под Сталинградом, у хутора Широкого, на командном пункте 4-й танковой армии, в присутствии командующего, генерала Владимира Крюченкина, я стал свидетелем атаки двумя немецкими «мессерами» десяти наших самолетов. Причем наши в бой не ввязывались, а всячески уклонялись, выстроившись в круг, и, уходя, перемещались по спирали.

Все это было настолько возмутительно, что по указанию командарма была дана телеграмма командующему.

Полученный ответ озадачил нас. В нем говорилось, что самолеты после выполнения боевого задания вел на аэродром Василий Сталин, и советовалось больше не поднимать этот вопрос».

Иногда Василий мог совершить невероятное. Так, в Шяуляе, однажды ночью, на аэродром, где он служил, прорвались немецкие танки. Накануне к Василию приехала жена. Василий выскочил на улицу, когда среди наших уже была паника. Он схватил Галину, посадил ее в открытую машину и закричал:

— Трусы! Смотрите, женщина и та не боится!

Паника мгновенно прекратилась, самолеты поднялись в воздух и отбросили немецкие танки.

Смелость Василия часто перерастала в наглость. Он не признавал для себя никаких ограничений в жизни, как в спецшколе № 2.

Есть свидетельство Ивана Борисова, бывшего в Куйбышеве курсантом: «Комиссар объяснил, что необходима дисциплина, курение запрещено. В это время садится самолет. Вылезает летчик и, не спеша, на крыле, закуривает. Комиссар подбегает, устраивает разнос. А летчик — это был Василий Сталин — кожаными перчатками хлещет комиссара по щекам. При всех».

Истории осталась официальная характеристика Василия, написанная его начальником, генерал-полковником авиации Папивиным:

«Лично В.И. Сталин обладает хорошими организаторскими способностями и волевыми качествами. Тактически подготовлен хорошо, грамотно разбирается в оперативной обстановке, быстро и правильно ориентируется в вопросах ведения боевой работы. Энергичен, весьма инициативен... Боевую работу полка и дивизии организовать может...»

Сначала в справедливости этой характеристики нетрудно усомниться — Папивину есть чего опасаться, оценивая сына Сталина, есть на что закрыть глаза, чтобы не волновать Верховного Главнокомандующего Иосифа Виссарионовича.

Но у характеристики есть продолжение:

«Наряду с положительными качествами гвардии полковник Сталин В.И. имеет ряд больших недостатков: горяч, вспыльчив, несдержан, имели место случаи рукоприкладства к подчиненным... В личной жизни допускает поступки, несовместимые с занимаемой должностью, имелись случаи нетактичного поведения на вечерах летного состава...

Состояние здоровья слабое, особенно нервной системы, крайне раздражителен: это оказало влияние на то, что за последнее время в летной работе личной тренировкой занимался мало, что привело к слабой отработке отдельных вопросов летной ориентировки».

Написано явно без оглядки на Верховного Главнокомандующего.

* * *

В 1942 году, несколько позже истории, рассказанной мне Марфой Максимовной о полете в Куйбышев в самолете Василия, он оказывается в Москве. От смерти подальше его назначают начальником авиаинспекции. Скучное тыловое дело.

Говорит сестра Светлана:

«Возле Васи толпилось много незнакомых летчиков, все были подобострастны перед молоденьким начальником, которому едва исполнилось двадцать лет. Это подхалимничанье и погубило его потом. Возле него не было старых друзей, которые были с ним наравне...

Эти же все заискивали. Жены их навещали Галю и тоже искали дружбы.

В доме нашем была толчея. Кругом была неразбериха — и в головах наших тоже. И не было никого, с кем бы душу отвести, кто бы научил, кто бы сказал умное слово».

Похоже, Светлана говорит о Василии, а думает о себе. Он в то время уже, как говорится, вошел в штопор — отводить душу требовалось ей, девушке на выданье, а не ему, спивающемуся сынку великого человека.

Сынку...

Да, Василий был сынком Сталина, в отличие от Якова, этаким Трилли из «Белого пуделя» Куприна, этаким вертопрахом, этаким плейбоем своего времени.

«В дом вошел неведомый ему дух пьяного разгула, — свидетельствует Светлана, — к Василию приезжали гости: спортсмены, актеры, его друзья — летчики. И постоянно устраивались обильные возлияния. Гремела радиола. Шло веселье, как будто не было войны».

Но война шла, и Василий мечтал о боевых действиях. На инспекторской должности он не находил себе применения. Сталинская дача в Зубалове была превращена им если не в притон, то в развеселый клуб интересных встреч.

Кинематографисты пригласили Василия консультировать какой-то фильм о войне — он познакомился с кинодраматургом Алексеем Каплером. Каплер повлек за собой друзей: кинорежиссера Романа Кармена с женой-красавицей Ниной, писателя Константина Симонова, актрис — Валентину Серову, Людмилу Целиковскую, многих других знаменитостей.

Известно увлечение Василия женой Кармена, когда Василий, не без согласия самой дамы, увез ее от мужа, а разгневанный Кармен написал об этом Сталину.

Грозный отец приказал найти сына, отнять чужую жену, наказать его.

Вскрылись гулянки на даче в Зубалове. Сталин рвал

и метал. Зубалово закрыли. Отец и мать покойной Аллилуевой, жившие там и молчавшие о гулянках Василия, получили суровый выговор от зятя.

Василий уже привык не бояться отца. На все его выволочки он ответил очередным «подвигом»: заядлый браконьер — Василий придумал глушить рыбу реактивным снарядом. По темпераменту ли ему сидеть с удочкой и часами ждать своего рыболовецкого счастья? В результате взрыв был такой, что спутник Василия погиб, а его сильно ранило в ногу, пролежал в госпитале.

Сталин приказал выгнать его со службы.

Василий вышел из госпиталя и по свидетельству своего двоюродного брата Владимира Аллилуева какое-то время жил в их семье, часто жалуясь, что его не хотят послать на фронт.

«Этими руками только чертей душить, а я сижу здесь, в тылу!»

Наконец его отправили на фронт, там он совершил двадцать семь боевых вылетов и сбил один немецкий самолет.

* * *

Сталин помирился с сыном лишь в 1945 году во время Потсдамской конференции. Однако, видно, не зря Мария Сванидзе в дневнике назвала Василия хитрым. Он умело скрывал от людей свою ссору с отцом, а окружение его продолжало льстить отцу, повышая Василия в чинах и званиях.

Вспоминает Герой Советского Союза, маршал авиации Евгений Савицкий:

«Это произошло в Германии, в конце войны. До этого я только слышал о нем: «Вася Сталин, Вася Сталин, всемогущий Вася Сталин...» Перед ним все преклонялись, боялись его.

Я тогда командовал истребительным авиакорпусом. И вот приходит приказ: назначить Василия Сталина командиром 286-й дивизии ко мне в корпус. Это было полной неожиданностью. Ну все, думаю, неприятностей теперь не оберешься. Оробел.

Ладно, прибывает в корпус Василий. И что меня сразу поразило — со свитой: адъютант и четверо охранников. Я сказал ему, что нужно, как положено сдать и принять дивизию.

Он небрежно отмахнулся:

— Вот еще не хватало. С завтрашнего дня вступаю в командование.

Тут уж мой характер дал о себе знать.

— Подождите. Здесь я командую корпусом, так что будьте добры делать так, как я говорю.

— Нет! — услышал ответ. — Делать будете, как я скажу.

То есть он сразу пытался диктовать свои условия. Все-таки я настоял, чтобы он принял дивизию по всем правилам. А в принципе, он, конечно, был неуправляем.

Подать на него рапорт? У всех, кому я мог его подать, коленки тряслись: Василия считали всесильным. Потом разобрались в его хитростях. От отца он тогда в отдалении был, особым расположением не пользовался. Но мы-то не знали этого. А вот с сестрой своей, Светланой, которая жила рядом с отцом, была его любимицей, Василий часто общался. Узнавал от нее многие «придворные тайны». Очень умело этим пользовался.

Был тогда главкомом ВВС Вершинин. Вызвал он чем-то серьезное недовольство Сталина. Светлана рассказала об этом Василию. Тот начал открыто говорить, мол, Вершинин плох, снимать его надо. И действительно, дней через пять-шесть Вершинина снимают. И у всех нас складывается впечатление, что это Вася снял Вершинина.

Ни один военачальник, так или иначе встречавшийся в жизни с Василием, не мог сказать, что отец способствовал должностному продвижению сына по службе, но Василий с начала войны рос, как на дрожжах, от майора до генерал-майора.

В 1946 году Василий служил в Германии при группе Советских войск. Он занимал двухэтажный особняк. При нем были дети: сын и дочь. Охрана — пограничники в зеленых фуражках. Продовольствие ему привозили пограничники на двух ишаках. Славился жестокостью. Его боялись военные, но особенно — немецкое население. И в то же время он очень заботился о семьях офицеров.

После очередного хулиганства уехал в Москву. Думали, отец сурово накажет его, но вскоре на обложке журнала «Огонек» появилась его фотография в кабине самолета».

* * *

18 июля 1948 года генерал-лейтенант Василий Иосифович Сталин стал командующим ВВС Московского военного округа. Было ему тогда двадцать семь лет.

11 мая 1949 года Иосифом Сталиным был подписан указ о присвоении звания генерал-лейтенанта Василию Сталину. Василий стал депутатом Верховного Совета.

Всему этому отец если не способствовал, то не мешал.

Блудный сын, вернувшись жить и работать в Москву, и не подумал менять своих привычек, которые, как правило, шли вразрез с привычками отца.

Иосиф Сталин обычно работал по ночам, и вся огромная страна вместе с ним не спала ночами — каждый подчиненный по цепочке ждал вызова своего бодрствующего начальника.

У Василия Сталина был другой режим: он не привык засиживаться на работе и стал наказывать тех, кто задерживается в учреждении. Вверенный ему штаб ВВС Московского округа оживился — в фойе появилась театральная касса. Сотрудники начали коллективные походы в театры, на концерты. Лучшие артисты страны не отказывали Василию, когда он приглашал их выступить у летчиков Москвы. Начались выезды и вылеты на охоту.

Добродушно-жестокий характер Василия сказался в его отношении к животным. Он очень любил «братьев наших меньших». Провожая жену из Шяуляя — женой тогда была Галина Бурдонская, — он просил ее приземлиться на соседнем аэродроме и забрать там посылку.

Невозможно передать удивление жены при виде «посылки»: живая израненная лошадь. Галина не смогла ее взять, но Василий все же переправил больное животное в Москву и заботливо выходил его на даче.

Он мог покинуть дивизию в ответственный момент, потому что ему нужно было ехать со своей охраной за больной собакой.

С другой стороны — охота была его излюбленным занятием.

Отстрел уток под Астраханью.

Отстрел волков под Архангельском.

Отстрел зайцев и кабанов в Подмосковье.

* * *

Во время войны Василий развелся с Галиной Бурдонской. Осталось двое детей: Александр и Надежда. Вскоре он женился на дочери маршала Тимошенко, Екатерине. Знакомые описывают ее как красивую женщину «с иссиня-черными волосами и голубыми белками глаз». Екатерина Тимошенко рожает Василию двоих: сына и дочь. Но и эта попытка семьи неудачна: Василий не может примирить Екатерину с детьми Галины Бурдонской. Екатерина не может примириться с его пьянством. Они расходятся.

* * *

В конце шестидесятых я водила маленького сына в школу и приходила за ним после уроков. Школа № 7, где он учился, находилась в глубине квартала по правую руку от Ленинградского проспекта, если смотреть в сторону Кремля, — наш дом — по левую.

Чтобы попасть в школу, нужно было пересечь небольшой парк, посредине которого располагалось нечто широкое, недостроенное. Похожее то ли на огромный каток, то ли на небольшой стадион.

— Что тут строят? — спрашивал меня сын. — Почему не видно кранов и рабочих?

В самом деле, стройка выглядела замороженной. Однажды, желая все же найти ответ сыну об этом долгострое, я спросила о нем пожилого человека, сидевшего в парке на скамейке.

— Это памятник Васе Сталину, — ответил он. — Никогда его не достроят. Так и останется.

— Что собирался построить здесь Вася Сталин? — спросила я.

— Не знаю, кажется, бассейн для своей любовницы.

* * *

1944 год. В Москву приехала спортсменка, пловчиха, Капитолина Васильева. Она стала работать тренером в Центральном Доме Красной Армии и побеждать в соревнованиях по плаванию, получать призы и награды. Жила в общежитии с матерью и маленькой дочкой. Друзья предложили ей организовать встречу с командующим ВВС Московского округа Василием Сталиным, дабы он помог получить квартиру. Повод нашелся: Капитолина победила в очередных соревнованиях по плаванию, и генерал Сталин вызвал ее для вручения памятного приза — роскошной вазы и путевки в санаторий. Вазу взяла — от путевки отказалась: на руках ребенок, какой отдых.

Прошло несколько дней. Капитолине позвонил адъютант Василия Сталина: генерал пожелал еще раз встретиться с ней.

Явилась.

— Я по поводу квартиры, — сказал Василий, — есть несколько вариантов. Вот один, посмотрите.

Квартира была двухкомнатная, на Хорошевском шоссе. Капитолине она показалась сказочным дворцом.

Едва въехали — явился Василий. Предложил Капитолине зайти к нему в гости. И сразу сказал, что в разводе, свободен и готов жениться на ней.

— Вы же меня совсем не знаете, — растерялась Капитолина.

— Знаю. О вас мне все рассказали.

— У меня есть жених, — сказала Капитолина.

Это подогрело Василия. Он пригласил Капитолину с дочкой Первого мая на Красную площадь, а после парада увез к себе на дачу, в Усово. Сам все решил.

Дача показалась провинциалке Капитолине роскошной, но запущенной. Она ожидала увидеть компанию гостей, но в доме было лишь двое детей — мальчик Саша и девочка Надя, дети Галины Бурдонской. На девочке были огромные сапоги.

— Почему дети здесь, а не с матерью?

Она уже знала о двух женах Василия — Галине и Екатерине.

— Я отобрал их у Галины. Она это заслужила. А вторая — была настоящая мачеха: к нашим общим детям этих, моих, не подпускала. Ты будешь им матерью.

Три месяца счастья с Василием сменились четырьмя годами мучений, оскорблений, пьяных оргий. Капитолина попала в капкан собственной жалости. Видела в нем слабого, доброго человека и спасала, спасала, спасала. Отваживала собутыльников, выгоняла подхалимов.

Осенью 1950 года Василий повез Капитолину в санаторий, в Сочи. На озере Рица отдыхал его отец. Он пригласил их к себе. Ехали на один день — пробыли две недели. Сталин представил Капитолину своему окружению, как невестку.

Эта встреча на озере Рица могла бы решить судьбу плавательного бассейна в маленьком парке близ Ленинградского проспекта. Василий строил его для Капитолины и учеников ее секции, но не хватило государственных средств.

— Если отец заведет разговор о спорте, скажи, что мы никак не можем достроить бассейн, — учил он ее.

Капитолина все искала повода для этого разговора, очень заинтересованная в новом бассейне.

Однажды утром, просматривая газеты, Сталин сказал:

— Ну вот, опять армейские футболисты проиграли.

— Неудивительно, — подхватила Капитолина, — базы у нас нет. Вот Василий начал строить бассейн — нет денег. Через два года Олимпиада, а где тренироваться пловцам?

— А где ты сегодня плавала? — спросил Сталин.

— В озере.

— Вот. Пускай там тренируются.

— Это не выход, нужны деньги...

— В Белоруссии защитники страны еще живут в землянках. Подождите немного, все будет.

«Василий рвал и метал, — говорит Капитолина Георгиевна, — ему не хотелось там находиться. Он был ограничен в действиях, не мог выпить. Я заметила, что Василий боится отца, садится в отдалении, никогда сам не заговаривает, но мечтает уехать. Все же решился:

— Отец, мне нужно ехать.

— Куда? Зачем?

(Сталин наизусть знал, куда и зачем рвется его сын: к собутыльникам — отец не позволял ему пить. — Л.В.)

— На пролет самолетов. Надо подготовиться.

— За тебя сделают. Ты отдыхаешь? Отдыхай.

Василий стал подбивать меня:

— Скажи, что мы уезжаем.

— Не-е-ет, я в таких делах участвовать не буду.

Все-таки Василий уловил момент хорошего настроения. Как-то после ужина мы провожали Сталина до его спальни. Василий начал:

— Отец, мне нужно ехать.

Отец шел впереди и резко повернулся:

— Нужно так нужно!

Он подал мне руку и ушел, не попрощавшись с сыном. Больше я его не видела».

* * *

Привилегированность советских властей всегда входила в противоречие с необходимостью казаться скромными в стране рабочих и крестьян, поэтому блага жизни приходилось скрывать от широких масс, утаивать за кремлевской стеной. Но, как известно, шила в мешке не утаишь. И хоть большевистские привилегии, все эти распределители продуктов, поликлиника и больница, условия квартирного быта, в сравнении с царскими привилегиями, выглядели жалко и убого, но для народа, вынужденного жить в коммуналках и с трудом доставать продукты, эти привилегии представлялись раем, тем более что, мало зная о них, народ талантливо фантазировал, домысливал и воображал.

И еще существенная деталь советской элиты: те, на кого привилегии распространялись, происходили в основном тоже из народа. Барьер между Сталиным, Кагановичем, Хрущевым, Буденным с одной стороны, их охраной и обслугой, с другой стороны, изначально был невелик: это ощущали по обе стороны барьера и те, и другие.

Иногда — в положительном плане: «вышли мы все из народа».

Иногда — в отрицательном. Тогда с одной стороны было презрение к обслуге: «все они воры и лизоблюды», с другой — презрение к вождям: «из грязи в князи».

Привилегии сталинского принца Василия были особые. Официально, даже став генералом, Василий Сталин не выделялся среди других генералов, но широко жил, используя имя отца. Ему нравилось казаться могущественным, и он преуспевал в этом желании. Но казаться не значит быть. Капризный принц представлял собой весьма жалкую фигуру — о таких говорят: «молодец на овец, а на молодца — сам овца!»

* * *

Капитолина Георгиевна вспоминает:

«Когда мы с Василием были в гостях у Сталина, он однажды поинтересовался:

— Какой у вас семейный доход?

— У Василия оклад — пять тысяч, у меня — две с половиной, Василий платит алименты — тысячу пятьсот. Потом партийные взносы, заем. На семью остается тысячи четыре. У нас еще ничего, у Светланы и того меньше.

— Сколько же выходит в день? — размышлял Сталин. — Маловато. Вот когда в день на питание будет сотня, да еще бутылка сухого вина к обеду, вот тогда жизнь станет нормальной. А сейчас неважная жизнь».

Результатом этого разговора, примерно через месяц, стало появление в доме у Василия и Капитолины пакета от Сталина. В пакете — его месячная зарплата за декабрь 1950 года: десять тысяч рублей.

Рассказывает Капитолина: «Василий обрадовался.

— Слушай, у меня в конюшне одной лошади не хватает. Нужно купить.

— У тебя нет костюма. Даже штанов гражданских нет. У детей руки из рукавов вылезают. О себе уж и не говорю. Деньги пойдут на семью.

Вечером я позвонила Светлане.

— Свет, отец дал нам десять тысяч. Прислал свою зарплату. Мы поделимся с тобой.

— Ни в коем случае, — разволновалась Светлана, — не выдумывай. У тебя семья.

А через месяц звонит:

— Слушай, ты успокойся. Отец мне тоже прислал».

С тех пор до конца своей жизни Сталин рассылал зарплату взрослым детям.

* * *

Жизнь для Василия была игрой.

Игра для Василия была наслаждением. Особенно любая спортивная игра. Возглавив ВВС — Военно-Воздушные Силы Москвы, он стал прибирать к рукам Спортивный клуб Армии: разворачивал строительство стадионов и спортзалов, переманивал лучших спортсменов и тренеров из других команд, не гнушаясь ни подкупом, ни сплетнями — ничем.

Он, казалось, может все.

Баскетбольная команда его спортивного клуба получила отказ на свою просьбу участвовать в соревнованиях чемпионата СССР, мотивированный тем, что у нее нет своего спортзала. Зала действительно не было. Дошло до Василия. Амбиции принца вспыхнули: зал будет! Через двое суток! Наша команда будет участвовать в чемпионате! Или я не я!

Спустя сорок восемь часов при участии крупных военно-строительных организаций Москвы самолетный ангар был переустроен под спортивный зал с душевыми и подсобными помещениями.

Он был непременным участником всех спортивных соревнований. Но, как правило, никогда не поднимался в ложи для почетных гостей, хотя именно там ему всегда предназначалось место. Любил сидеть среди спортсменов и болельщиков — сопереживать со всеми, не отделяя себя барьером власти.

* * *

Июль 1952 года. Авиационный парад в Тушине. После парада — торжественный обед для высокопоставленных участников на даче Сталина. На следующий день — приказ маршала Советского Союза Булганина о снятии с должности командующего ВВС Московского округа, генерал-лейтенанта Василия Иосифовича Сталина.

Что случилось?

Есть несколько описаний этого события.

Бывший командующий дальней авиацией Руденко вошел в конфликт с Василием, и Василий пожаловался министру обороны Василевскому, тот приказал разобраться Главнокомандующему Военно-Воздушных Сил страны Жихареву. Возмущенный разборкой, Василий бросил Жихареву на стол бумагу, в которой просил снять с него ответственность за парад в июле, полагая, что Жихарев на это не пойдет. Но Жихарев спокойно подписал отставку. Василий обиделся и запил.

Рассказывает Руденко: «На репетиции парада приходил пьяным. Пробовал даже командовать в таком состоянии. Но мы перевели всю связь на другую волну, и летчики выполняли только наши команды. На торжественный обед к отцу в день июльского авиапарада Василий приехал пьяным. Отец приказал вывести его, снять с должности и отправить на Дальний Восток».

По окончании парада Иосиф Виссарионович объявил в эфир благодарность исполнителям высшего пилотажа. Пьяный Василий пришел в восторг и решил тут же лично засвидетельствовать почтение отцу. Он смело вошел в охраняемое здание тушинского аэропорта, где руководители партии и правительства отмечали успехи парада. Охрана хорошо знала его, и проблемы «пускать — не пускать» не было. Василий, качаясь, вошел в зал. Отец повернулся к нему:

— Это что такое?

— Я устал, — ответил Василий.

— И часто ты так устаешь?

— Нет! — пьяный мозг еще пытался уберечь Василия.

— Часто! — раздался голос командующего ВВС Жихарева.

Василий, повернувшись к своему начальнику Жихареву, грубо выругался.

— Садись! — громко сказал Сталин.

Василий продолжал покачиваться.

Наступила тишина. Муха жужжала над тарелками с закуской.

— Вон отсюда! — тихо сказал Сталин.

Утром следующего дня приказом Булганина Василия сняли с должности. Сын Сталина не уехал на Дальний Восток — там было место простых офицеров, не защищенных великим именем.

Осенью этого же года Василия, без вступительных экзаменов, зачислили слушателем авиационного факультета Военной академии имени К.Е. Ворошилова. На занятия, разумеется, не ходил. Преподаватели приезжали к нему домой.

Об этом времени рассказывает Капитолина Георгиевна:

«После того, как отец снял Василия с работы, он запил так, что на водку уходила даже маленькая пенсия моей матери. Я мучилась, страдала, боролась и решилась обратиться к Иосифу Виссарионовичу.

Был конец января — начало февраля 1953 года. Позвонила. Поднял трубку хорошо знакомый офицер. Попросила доложить, что прошу принять меня.

— По какому вопросу?

— По личному.

— Он себя сейчас плохо чувствует. Никого не принимает. Как только самочувствие улучшится — доложу.

Через десять минут мне звонит Василий:

— Зачем хочешь видеть отца?

Приехал домой и затеял скандал, но я сообразила перейти в атаку:

— Отец болен. Никого не принимает. А вы со Светланой даже не поинтересуетесь его здоровьем. Я подумала, может, чем могу помочь ему.

— Да кто ты такая, чтобы звонить отцу?

Через несколько дней Капитолина попала в больницу с нервным расстройством, а вышла оттуда навстречу новым скандалам и пьянкам. Он выгнал ее. Уходя, она сказала: «Опомнись. Если с отцом что случится, тебя раздавят».

Было это днем 1 марта 1953 года.

Вечером 1 марта Василий по прямому телефону позвонил отцу. К его удивлению, трубку никто не брал. Подождал. Позвонил снова. Ответил дежурный офицер:

— Товарищ Сталин отдыхает.

Это показалось Василию странным. Около четырех утра, зная, что отец не спит по ночам, Василий снова позвонил. Раздался голос Берия:

— Товарищ Сталин устал. Ему надо отдохнуть. Приезжать не надо.

2 марта Василия и Светлану срочно вызвали на отцовскую дачу в Кунцево.

Несколько часов он, пьяный, сидел в большом зале, где толпились врачи, соратники отца, обслуга дачи. Потом встал и ушел в дом охраны. Там пил и, напиваясь, кричал, что отца убивают, что отца уже убили или отравили.

Рассказывает его сестра Светлана:

«Он сидел на даче и пил. Выпив глоток водки, он валился на диван и засыпал. В таком состоянии он находился все время. Смерть отца потрясла его... Он видел, что рушится мир, без которого ему существовать будет невозможно.

В дни похорон он был в ужасном состоянии и вел себя соответственно: бросался упреками, обвинял правительство, врачей, всех, кого возможно, что не так лечили, не так хоронили.

Он утратил представление о реальном мире, о своем месте, — он ощущал себя наследным принцем».

Нет, не с одних лишь пьяных глаз можно вообразить

о себе такое: некоторые кремлевские счастливчики, очень быстро привыкнув к привилегиям, теряли чувство реальности не только в пьяных состояниях. Трезвенникам тоже начинало казаться, что вся эта «малина», все эти автомобили, слуги, спецпитание будут всегда. Власть имущие родители изначально не делились с ними своими проблемами, неприятностями по работе, и чаще всего падение отца со служебной лестницы бывало, как снег на голову. А если жестокое падение, с тюрьмой и для отца, и матери, то травма оказывалась неизлечимой.

Василий Сталин — особый случай. Он — первый откровенно демонстративный сынок. С него, в той или иной степени, брали фасон и сын Хрущева Леонид и Юрий Каганович, буйно пропивавший свою молодость. Василий стал образцом кремлевского сынка в самом ярком его проявлении потому, что его отцом был сам Сталин.

* * *

Наследным принцам России XIX века и не снилось такое разгулье. Они тоже бывали не агнцы, но царская кровь обязывала к дисциплине. Возможность будущего правления накладывала обязанности быть и казаться лучше самих себя: впереди маячила перспектива трона.

У Василия царских перспектив не было. Светлана и Капитолина могли сколько угодно говорить, как плохо ему придется после отцовской смерти, он не хотел этого знать и более чем все другие кремлевские сынки жил, словно не понимая приближения конца, словно в самом деле был наследным принцем. Это стало очевидным после смерти Сталина.

* * *

Пьяные крики Василия: «Отца убили!» — не могли не раздражать тех, кто затолпился возле опустевшего сталинского места, в попытках занять его. Они звучали едва ли не обвинением им.

Берия, Хрущеву, Маленкову, Молотову это не могло нравиться.

Министр обороны Николай Булганин вызвал осиротевшего Василия и посоветовал утихомириться. Предложил ехать командовать любым военным округом.

Василий наотрез отказался — он хотел служить только в авиации Московского округа. Тогда ему ультимативно было предложено определенное место.

Не пожелал.

— Вы не подчиняетесь приказу министра? — спросил Василия Булганин.

— Не подчиняюсь.

— Вы что же, не считаете себя в армии?

— Не считаю.

— Тогда снимайте погоны!

И Василий ушел из армии.

Говорит Светлана: «Сидел дома и пил. Он был невозможен... Апрель 1953 года провел в ресторанах, пил с кем попало, сам не помнил, что говорил. Поносил все и вся. Его предупреждали, что это может кончиться плохо, но он на всех плевал — он забыл, что времена не те и что он уже не та фигура... После попойки с какими-то иностранцами его арестовали 28 апреля 1953 года».

Рассказ Светланы мало что объясняет.

Есть мнение: его убрали по умыслу Хрущева. Василий якобы «много знал о нем и его окружении».

Но это апрель 1953 года. Около двух месяцев после смерти Сталина. Еще в огромной силе Берия, а Хрущев лишь подбирается к власти. Думаю, Василия Сталина посадили потому, что кончилось время его отца и он стал опасен.

Чем мог быть опасен вождям этот не наследный принц, а прогрессирующий алкоголик? Да все тем же: вероятностью претензий. Смешно вроде говорить об этом применительно к Советскому Союзу пятидесятых годов, давно расправившемуся с монархическими наследными идеями, но смех — смехом, а жизнь — жизнью.

Сталин сидел во власти около тридцати лет. После его смерти могло начаться все, что угодно.

Василий мог стать фигурой в большой игре, еще неизвестно в какой.

Думаю — послесталинские вожди дружно согласовали между собой арест Василия: от греха подальше.

Началось следствие. Всплыли растраты, использование служебного положения, превышение власти, аферы, рукоприкладства при исполнении служебных обязанностей, интриги на высоком уровне, в результате которых многие люди пошли в тюрьму, а кое-кто и погиб. Вернулся из заключения генерал Новиков, оказавшийся там с легкой руки Василия.

Если еще недавно едва ли не весь генералитет готов был покрывать и защищать Василия, то теперь все подбрасывали хворосту в костер. Василия предавали не только генералы, которым он всегда стоял поперек горла, но и его личные адъютанты.

Обвинений хватило бы на несколько человек.

Василий получил восемь лет тюрьмы. Ему этот срок показался чудовищным. И он начал писать отчаянные письма в правительство.

Светлана считает, что над ним сжалились, когда зимой 1954/55 года его, больного, поместили в тюремный госпиталь, откуда позднее должны были отправить в больницу, потом в санаторий «Барвиха», потом на дачу. Этот план сообщил ей Хрущев, по ее мнению, искавший решения, как вернуть Василия к нормальной жизни.

* * *

Разоблачая культ Сталина, Хрущев думал о... себе. О своей жуткой «сладкой» жизни под пятой диктатора, о своих подписях под документами о расстрелах, о том, чего мы никогда не узнаем, но что мешало ему спокойно спать. Он думал об истории, в которую стремительно входил, как развенчатель тирана, а не как его приспешник.

Великодушие Хрущева по отношению к Василию было данью безвременью между 1954 и 1957 годами, когда Берия уже не было, а Хрущева, как единственной фигуры, еще не было.

Есть суждение, что Хрущев, узнав о тяжелом состоянии здоровья Василия, сообразил: если сын Сталина умрет в тюрьме, это примет нежелательную для него окраску — в то время Китай Мао Цзэдуна внимательно присматривался к новациям в СССР.

Оказавшись в госпитале, Василий взялся за старое: «наехали навещать старые дружки, спортсмены, тренеры, грузины с бутылками. Он запил и снова почувствовал себя наследным принцем, лишенным наследства. Результат: после госпиталя опять Владимирская тюрьма». Это мнение Светланы, но сквозь него просвечивает деталь: грузины. Василий привлекает к себе внимание Грузии. «Наследного принца» Василия возвращают во Владимирскую тюрьму.

Вспоминает Светлана: «Во Владимир я ездила навещать его вместе с его третьей женой, Капитолиной Васильевой, от всего сердца пытавшейся помочь ему. Этого мучительного свидания я не забуду никогда. Мы встретились в кабинете у начальника тюрьмы. На стене висел — еще с прежних времен — огромный портрет отца. Под портретом сидел за своим столом начальник, а мы — перед ним, на диване... две столичных дамы в дорогих шубах и Василий... Начальник мучился, на лице его отражалось умственное усилие».

Василий умолял Светлану и Капитолину всюду писать, вызволяя его из тюрьмы.

В январе 1960 года Василия вызвал к себе Хрущев. Расцеловал. Оба плакали. Новый вождь дал сыну Сталина квартиру на Фрунзенской набережной, дачу в Жуковке. Предложил сменить фамилию — тот категорически отказался.

Ему вернули генеральское звание, пенсию, машину, партийный билет без перерыва стажа.

Хрущев просил одного: не ездить в Грузию. (!)

В сущности, Василий на этой встрече предал отца Хрущеву, который тогда уже был главным разоблачителем Сталина. Невольно вспоминается Яков, в куда более жесткой ситуации, не предавший...

Но Яков — сын, а Василий — сынок. Разница.

Три месяца Василий жил в Москве, постепенно входя в прежний ритм жизни: люди из Грузии, бутылки... Его звали в Грузию на шикарную жизнь. Объявилась даже немолодая грузинка, готовая ехать с ним в Сухуми законной женой.

Дети, Александр и Надежда, были уже взрослые. Василий поехал с дочерью в Кисловодск. Вернувшись пьяным, на машине попал в аварию вместе с представителем иностранного посольства. И — снова тюрьма — попросили досидеть срок до конца, но весной 1961 года все же отпустили из Лефортовской тюрьмы по состоянию здоровья. Василию разрешено было жить, где он хочет, кроме Москвы и Грузии. (!)

Выбрал Казань. Туда в качестве жены уехала с ним больничная медсестра Мария Нусберг.

Такова официальная версия. Но есть еще версия его дочери Надежды, которая считает, что тема пьянок и кутежей в жизни Василия Сталина последних лет сильно преувеличена. Она рассказывает о днях, после его первого возвращения из тюрьмы.

«Тогда отца смотрел профессор Бакулев. Его вывод был такой — сердце в порядке, печень здорова, единственное, что вызывает опасение, так это болезнь ноги от длительного курения. На свободе он пробыл всего два с половиной месяца. За это время мы побывали с ним в санатории. Как-то ему передали вина, мы с ним его отдали сестре-хозяйке.

После отдыха его тянуло к работе. Он говорил мне, что хотел бы работать директором бассейна... Что касается утверждения о его аварии и заключения его после этого в Лефортовскую тюрьму, то, на наш взгляд, она была устроена. Все это было на моих глазах, когда мы ехали с отцом. После выхода из Лефортова его сразу выслали из Москвы в Казань сроком на пять лет. Дальнейшую связь мы поддерживали с ним по телефону. 18 марта он позвонил мне. Мы говорили долго. Он очень просил приехать... Смерть моего отца и до сегодняшнего дня для меня загадка. Заключения о его смерти не было».

19 марта 1962 года в возрасте сорока одного года Василий Сталин умер.

На похороны пришла едва ли не вся Казань. Приехали из Москвы Капитолина и дети Василия — Александр и Надежда. Все смотрели на них с удивлением — медсестра Мария убедила всех, что она его верная подруга в течение всей жизни.

* * *

Любопытная подробность: каждый раз освобождая Василия из тюрьмы, власти, в лице Хрущева и тех, кто поддерживал с Василием прямой контакт, ставят ему одно и то же условие: не ездить в Грузию. Думаю, его неоднократные возвращения в тюрьму в значительной степени объясняются тем, что грузинские связи Василия Сталина расширялись с большой быстротой. Чего боялся Хрущев, не желая связей Василия с Грузией? Идеи «наследного принца»?

Грузия неоднородна. Грузины умеют хранить память умерших отцов, тем более вождей, тем более память единственного в истории грузина, около тридцати лет правившего Россией. Россией!

Хрущев несомненно боялся роста грузинских настроений в пользу Василия, боялся, что в Грузии может возникнуть движение, способное как-то возвысить сына Сталина и противопоставить его... Кому?

Достаточно нелепая эта мысль могла выглядеть не столь уж нелепо для тех, кто замахнулся на Сталина.

* * *

Вспоминала дочь Василия Сталина Надежда:

«После ареста отца я, как обычно, явилась в школу. Но в гардеробе меня встретила директор школы. Сорвав с вешалки мое пальто и швырнув мне в лицо, она прокричала:

— Иди вон к своему отцу и деду!

Я так опешила, что у меня непроизвольно вырвалось:

— Мне идти некуда. Отец в тюрьме, а дед в могиле.

Но из школы пришлось уйти. Училась я тогда в седьмом классе».

Школа для счастливчиков не принимала детей и внуков поверженных. Она не могла пятнать себя позором.

Ни в тридцатых, ни в пятидесятых годах.

* * *

В середине девяностых годов я иногда водила в школу свою внучку. Останки «памятника Васе Сталину — бассейна для любовницы» продолжали угнетать своей безжизненностью. Говорили, что летом в этих недостроенных руинах ночуют бомжи.

И вот — мы с Наташей увидели башенный кран. Началось строительство торгового центра. Сюда придет множество людей, но мало кто будет знать, на каком фундаменте стоит это здание.

ЗАГАДОЧНЫЙ СЫН

О Василии Сталине бродило не меньше легенд, чем о Якове Джугашвили, хотя Василий, в отличие от Якова, с детства был весь на виду.

Устойчивая сказка о том, что он не умер в Казани, а скрылся и живет в Китае, спровоцирована самим Василием: сидя в тюрьме после смерти отца, он писал в разные инстанции и просил отправить его «для дальнейшей службы в Китай». Видимо, мысль о широких крыльях китайского диктатора Мао Цзэдуна и его режиме, близком к сталинскому, давала Василию надежду, что в Китае он сможет прожить за счет имени отца так, как привык. Подобные пожелания высказывал он и в разговорах с сестрой Светланой и Капитолиной Васильевой.

Странно — его происхождение почему-то всегда было окружено легендами, хотя в кремлевских кругах оно не вызывало сомнений: Аллилуева была на виду.

Народная молва называла Василия сыном большевика Артема, взятого Сталиным и Аллилуевой на воспитание. Эта легенда имела некоторое основание: в семье Сталина, в Кремле, вместе с Василием, Яковом и Светланой некоторое время воспитывался и сын Артема.

Говорили, что Василий — сын героя гражданской войны Александра Пархоменко.

Устойчивой, хотя и смутной, была легенда о Василии, как о сыне женщины, у которой в селе Зимовейка Туруханского края в царское время квартировал ссыльный Сталин. Еще слух: якобы Буденному в конце 20-х годов, во время его инспекционной поездки, первый секретарь Восточно-Сибирского крайкома в Иркутске рассказал об учительнице из Туруханска, которая «донимает его, требуя назначить ей пособие за рожденного от Сталина ребенка». Буденный поговорил с учительницей, она отдала ему Василия, рожденного в 1916 году, и Сталин с Аллилуевой в 1920 году привезли его в Кремль, оформили, как своего родного сына, несколько изменив дату рождения, чтобы правдоподобной казалась разница в возрасте Аллилуевой, родившейся в 1901-м, и Василия, убавив мальчику добрых пять лет.

Все это, разумеется, могло быть в жизни, но генетика и реальность жизни опровергали сплетни: рыжеволосый Василий напоминал и отца, и Надежду Аллилуеву, об этом свидетельствует не только писательница Уварова, умевшая, благодаря своей профессии, смотреть и видеть пронзительно, но и близкие, и неблизкие люди, —

Василий Иосифович был виден всем. Однако во всех нелепицах о происхождении Василия слышалось нечто позволявшее догадываться о каком-то еще сыне Сталина. Или сыновьях?..

Безусловно, в истории мальчика, приехавшего к отцу в Кремль, есть отголосок приезда в Москву Якова Джугашвили, но — учительница, Буденный, первый секретарь крайкома...

Ходил слух, что Василий родился от Иосифа, когда тот отбывал ссылку не в Сибири, а в Ухто-Печерских лагерях Сольвычегодска и жил на квартире у какой-то женщины.

Туруханский край и Ухто-Печерские лагеря Сольвычегодска — действительно факты ссыльной жизни Сталина, но сами эти места друг от друга находятся на огромном расстоянии. Могло ли быть, что и там, и там у Сталина оставалось по сыну? Почему нет?

В середине шестидесятых участие в литературной поездке по Сибири привело меня в Туруханск. Там увидела я полуразрушенный музей Сталина — дом с колоннами и мраморный пол, залитый водой, сквозь которую просвечивал барельеф вождя.

Стоя посередине этого дворца, даже в разрушенном виде являвшего резкий контраст с убогими деревянными постройками, окружавшими его, думая на вечную тему «Sic transit gloria mundi»[1], внезапно вспомнила я давно забытые строки из учебника истории девятого или десятого класса средней школы, где говорилось, что Сталин, живя в ссылке, квартировал у мещанки Кузаковой.

— Помните ли вы, что Сталин жил в ссылке у мещанки Кузаковой? — спросила я двоих писателей, которые были рядом со мной в Туруханске.

Оба отлично помнили эту фамилию. Один из них, сибиряк, сказал, что Кузакова, кажется, жила здесь.

— Она жива? — полюбопытствовала я.

---

[1] Так проходит мирская слава (*лат.*).

Ответа не последовало. Спросить не у кого — мы торопились на самолет. Да и особого интереса к имени Кузаковой тогда у меня не было. Так и провисло бы в памяти это имя, если бы не... телевидение.

* * *

Чувство внутренней раскованности в советском послесталинском обществе нарастало независимо от обстоятельств. В 1964 году свергли Хрущева, взошел Брежнев, казалось бы, задавивший свободомыслие, свободочувствие и свобододействие, но диссидентское движение нарастало — люди интуитивно ощущали, как ослабляется власть; и каждый проявлялся соответственно своим взглядам и намерениям. Мне, лирической поэтессе, притом женщине, многое оказалось легче, чем писателям и поэтам мужчинам, ввергшим себя в политику: у меня цензура выбрасывала из книг от десяти до двадцати любовных стихотворений, я заменяла их другими, такими же — и все. Некоторым литераторам приходилось настолько туго, что они или спивались, или шли на конфликты, или эмигрировали.

С начала шестидесятых стала я иногда на телевидении участвовать в передачах литературно-драматического вещания: в поэтических встречах, интервью и в вечерах «Голубого огонька».

От сознания внутренней ли свободы, а скорей всего с удовольствием подчиняясь новой моде, явилась я однажды на репетицию... в брюках. Репетиция прошла спокойно, лишь когда я собралась уходить, ко мне подошел мой университетский друг и редактор передачи Леня Ершов.

— Не вздумай завтра на запись явиться в таком виде. Лапин категорически запрещает снимать мужчин с бородами и женщин в брюках.

Сергей Георгиевич Лапин был председателем телерадиовещания всей страны. Он имел право запрещать все, что ему заблагорассудится. А я только что написала стихотворение, там были строки о родине, «где невозможное возможно, зачем возможного нельзя?».

В самом деле, почему нельзя в брюках? Я ведь не голая приду. Это самодурство, глупость, провинциализм, ахинея.

— Если сказано нельзя, значит, нельзя, — уговаривала меня мама, пережившая тридцать седьмой год, — в конце концов в чужой монастырь со своим уставом не ходят. Что, у тебя нет платья или юбки с кофтой?

Я не понимала, почему телевидение — монастырь Лапина? А завтра его снимут и придет другой, который разрешит бороды и брюки.

— Иди, — сказала мама, устав убеждать, — но не плачь, если твое выступление вырежут из передачи из-за такой чепухи, как брюки.

«Именно чепухи», — думала я, убеждаясь в своей правоте. И пошла, как хотела.

— Ты что, нарочно? — спросил меня Ершов, но не огорчился, лишь сказал операторам: — Васильеву снимайте до пояса, чтоб брюк не было видно.

Не знаю, операторы то ли забыли, то ли созорничали, но снимали они меня, не думая о требовании Лени Ершова.

На следующий день он позвонил:

— Доставила ты мне хлопот. Начальство отсмотрело материал, там твои брюки, как нарочно, в каждом кадре. Я изнервничался. Все бы сошло, если бы ассистент режиссера — называет женское имя — не встряла: «Ее предупреждали не приходить в брюках. Поэтесса, видите ли». За что она тебя так не любит?

— Не знаю, Леня, — ответила я, — ты скажи мне лучше — вырезали мое выступление?

— Нет, Кузаков все решил. Сказал, ничего страшного. Он, вообще, по-моему, к тебе неравнодушен. Впрочем, не к одной тебе.

— Кто такой Кузаков? Я никогда его не видела.

— Зачем тебе видеть его, важно, чтобы он видел тебя на экране. Это наш главный редактор. Между прочим — сын Сталина.

— Перестань шутить.

— Какие шутки. Все говорят — незаконный сын. Похож на него. Помнишь, мы учили в школе, что Сталин жил в ссылке у мещанки Кузаковой.

И я вспомнила школьную программу.

Как вспомнила, так и забыла. И после разговора с Леней никогда не встречала главного редактора литературно-драматического телевещания — со мной имели дело простые редакторы, режиссеры, операторы и ассистенты режиссера. Но по женскому тщеславию не забыла я слов Ершова о том, что Кузаков ко мне неравнодушен. Может, и скорей всего, это было не так, просто Ершов сказал для красного словца или желая сделать мне приятное.

О Леониде Ершове вообще стоит рассказать подробнее.

* * *

На отделении филологического факультета МГУ, где изучали русский язык и литературу, всегда преобладали девушки, как на подбор, а неказистые филологические юноши такими девицами всерьез не рассматривались.

На их скучном фоне появление Лени Ершова было замечено сразу: высокий, с темными кудрями едва ли не цвета вороньего крыла, с черными очами — в них были спокойствие и уверенность, и дивным глубоким голосом — когда он позднее появился на телевидении, диктор Левитан, познакомившись с ним, хотел сделать Леню своим преемником. Странная походка, будто он идет на несгибающихся ногах, очень быстро разъяснилась — у Ершова не было обеих ног по самые бедра — в восьмилетнем возрасте их отрезало трамваем.

Говорили, что Леня дома снимает свои негнущиеся протезы и передвигается по квартире на руках. Говорили, что его сильно мучают фантомные боли. Но никто никогда не говорил о том, что многие девушки филологического факультета русского отделения, включая также романо-германское и славянское, влюблены в Леню. Не говорили потому, что и так было видно. С некоторыми из них, как правило, самыми прекрасными, у Лени бывали романы.

Из-за него рыдали и обещали уйти из жизни — к счастью, ни одна не выполнила обещания.

Ему посвящали милые, беспомощные девичьи стихи с мотивами разлуки и просьбами вернуться.

Напрочь отметаю предположение о том, что женщины его жалели. Одна из брошенных однажды сказала мне: «Ершов настоящий мужчина. И я благодарна ему за то, что он был в моей жизни».

Собственно, что такое — настоящий мужчина? Много бессмыслицы можно сказать на эту безмерную тему: и сильный, и добрый, и мужественный, и храбрый. И постоянный в чувствах — редчайшее у этого пола свойство, как бы противоречащее законам мужской физиологии и уж никак не относящееся к Ершову...

Наверно, я была одной из немногих, с кем у Лени на факультете не было романа. В первый же день нашего знакомства, когда я уже была почти в плену его жарких очей, мы вместе спускались по крутой чугунной лестнице с верхнего этажа здания, где располагался филологический факультет. И Леня неожиданно упал. Прогремел с верхней ступеньки до нижней всем телом, вместе с протезами. И лежит внизу, у поворота лестницы — ноги, как бы отдельно. Я, конечно, кинулась за ним: помочь, спасти, удержать. Но он падал быстрее, чем я бежала. Когда же я остановилась перед ним, готовая поднять его, то споткнулась о его ненавидящий взгляд, как бы ставящий между нами стенку. Вокруг никого не было — лишь я и он. Наклонилась — он взглядом оттолкнул меня. И тут я, кажется, поняла. Выпрямилась.

— Вставай, — сказала я резко и отвернулась, чувствуя себя... дрянью.

Он быстро поднялся. Наверно, ему было очень больно, но мы пошли, как ни в чем не бывало, он ловко ставил на ступеньки негнущиеся протезы, да еще поддерживал меня.

С того случая мы стали друзьями особого рода. В студенческих столовых и потом, в кафе на телевидении — везде вела я себя так, словно не замечала, что он — инвалид.

— Леня, возьми мне суп грибной, на второе рыбу, на третье пирожное. Пойди принеси хлеба. Принеси кофе. Сходи за вилками.

И он весело шел на своих негнущихся ногах.

Люди, сидевшие поблизости, смотрели на меня осуждающе, но это было не их дело. Как уж я себя чувствовала при этом, было дело мое — отвратительно чувствовала, но знала — так надо.

Спустя годы Леня купил себе автомобиль, и мы иногда ездили вместе. В любую погоду, несмотря на московскую слякоть и сильный гололед, он, когда мы доезжали до места, выключал зажигание, обходил машину, открывал мне дверь и помогал вылезти наружу. Я, презирая себя, ждала.

Леня был женат трижды. Каждый раз уходил от очередной жены, оставляя ее в жестоких переживаниях. Жены продолжали любить, помнить и ждать назад.

— Что в тебе такого? Почему женщины так любят тебя? — спрашивала я его, а он пожимал плечами.

— Не знаю. Ничего особенного.

— Зачем ты оставил Анну с Танечкой — ребенок ведь? Я тебя считала настоящим мужчиной.

— Что делать, разлюбил. И потом... Понимаешь, как только я начинаю чувствовать жалость к себе — не могу терпеть. А Танечку не брошу никогда.

Не могу вспомнить ни одного своего здорового сверстника, который бы так же, как Леня, вынимал меня из машины.

Он умер в пятьдесят лет. О нем плакали жены и возлюбленные — самые красивые женщины советского телевидения. Все они, как и я, потеряли настоящего мужчину, так и не зная, что это такое.

Кузаков не возникал в наших разговорах с Леней. Лишь однажды сказал, что, если какую-то передачу не пропустят на экран, он пойдет к Кузакову:

— Константин Степанович здравомыслящий человек — все поймет.

— Правда, что он сын Сталина?

— Говорят, правда. Какое это имеет значение? У нас работает еще племянница Сталина, Политковская, ассистент режиссера. Ну и что? Работает и работает.

— Сравнил. Ассистент режиссера и глава всего вещания. Он не деспот?

— Не заметил. Думаю, нет.

— Он тебе не делает поблажек?

Леня внимательно посмотрел на меня и тогда сказал нечто, чего я никогда не забуду:

— Не делает. Как и ты. Я так благодарен тебе — ты за все годы нашей дружбы ни разу не дала мне почувствовать, что я — несчастный инвалид.

— Ты — настоящий мужчина, — сказала я ему, желая ободрить и не слишком уверенная в правоте своих слов: все-таки оставил дочь, ушел на своих негнущихся ногах.

Мне запомнился разговор о Кузакове лишь потому, что в нем единственный раз Леня Ершов вслух оценил мое поведение, от которого я страдала, интуитивно ощущая, что не могу иначе.

* * *

В 1995 году Константин Степанович Кузаков впервые в прессе открыто заговорил о своем происхождении. «Я был еще совсем маленьким... У нас, в Сольвычегодске на пустыре, неподалеку от дома ссыльные устроили футбольное поле, и я часто бегал туда смотреть игру. На краю поля подбирал мячи и подавал игрокам. Тогда, конечно, я не понимал, насколько сильно отличаюсь от своих сверстников. Черные-пречерные волосы — ребенок, как теперь говорят, кавказской национальности.

На меня все поглядывали с любопытством. И как-то я заметил — один ссыльный пристально смотрит на меня. Потом он подошел ко мне, спросил, как зовут.

— Костя, — ответил я.

— Так это ты сын Иосифа Джугашвили? Похож, похож.

Я не сразу спросил маму об отце. Она была женщиной доброй, но с железным характером. Гордой женщиной. Иногда суровой. Губы всегда плотно сжаты. Крепкая была. И очень разумная — до последних своих дней.

Когда я все же собрался с духом и спросил, правда ли то, что обо мне говорят, она ответила:

— Ты — мой сын. Об остальном ни с кем никогда не говори».

Этот образ совсем не похож на учительницу, досаждавшую партийному руководителю в Иркутске.

«У меня было три брата и две сестры, — говорит Константин Кузаков, — от законного брака моей матери, от ее мужа Степана Михайловича, он умер за два года до моего рождения. И самое интересное то, что меня, незаконнорожденного, вся семья обожала. Особенно баловали сестры мамы. Смешно, но старшая сестра была замужем за жандармом».

Жизнь переплетала судьбы людей, подбрасывала нелогичные ситуации, парадоксальные связи и события. И то обстоятельство, что в северном русском Сольвычегодске, в дружной семье любили черненького, прижитого матерью мальчика — явление нормальное, обычное, человеческое. Его не дразнили, у него не было особых комплексов за стенами дома, потому что в доме все делалось для того, чтобы мальчик рос спокойно.

Константин Степанович рассказывает по воспоминаниям матери: «До Сталина квартировал у меня ссыльный, Давид. Уехал. Вскоре является грузин.

— Здесь жил Давид?

— Жил.

— Он порекомендовал мне поселиться у вас.

Это и был Иосиф Виссарионович».

Мама говорила Косте, что помогала Сталину налаживать связи с товарищами. Договаривалась с соседями, чтобы на их имя приходили для него письма. Она сама забирала письма и другую почту Сталина и приносила ему.

«Однажды, — рассказывала она, — Сталин бежал из ссылки летом. Тогда многие бежали, он бежал несколько раз — надзор над ссыльными был не слишком суровый. Спустя некоторое время пришел слух, что двое беглецов-ссыльных утонули, переплывая через реку Вычегду. О Сталине долго ничего не было слышно. Я сильно горевала, думала — не выплыл».

Были в Сольвычегодске и другие ссыльные. Недалеко от Кузаковых жил Якуб, кажется, из Чечни. Не политический ссыльный, уголовный. Их в Сольвычегодске было немного. Якуб сам спокойно говорил о себе, что убил несколько человек. Любил детей, возился с ними. Мать Кузакова рассказывала сыну, что Якуб — человек огромной физической силы, каким-то образом подружился со Сталиным, везде сопровождал его, как охранник. Но, став кремлевским вождем, Сталин не взял его к себе. Якуб остался в Сольвычегодске и погиб, когда вез продукты из соседнего Котласа: лошадь не вытянула на скользком подъеме, сани покатились вниз и придавили его.

* * *

Мать сказала: «Ты — мой сын. Об остальном ни с кем никогда не говори». И он молчал. Но в последнем классе школы, когда на товарищеский матч по футболу из Великого Устюга в Сольвычегодск приехала команда, к нему подошел секретарь окружкома, Вася Слепухин.

— Ты куда собираешься после школы?

— Хочу изучать политэкономию.

Вася пообещал ему комсомольскую путевку.

И отправился Константин в Ленинградский финансово-экономический институт, сдавать экзамены. Сдал. Подходит к нему тот же Слепухин — он уже год как был студентом этого института.

— Ну, сын Сталина, отец-то теперь будет доволен.

Константин даже испугался. Подумал: «Разболтает всем, беды не оберешься». Не разболтал.

После института Кузакова оставили на преподавательской работе. Он читал лекции, и вскоре его пригласили в лекторскую группу обкома партии. Хотя в партии не состоял: когда решил вступить, в партии шла чистка, и прием был закрыт. Стал коммунистом Кузаков лишь в 1939 году. После этого очень быстро попал на работу в ЦК КПСС — в Москву. Он рассказывает об этом так: «Я читал лекции на курсах секретарей райкомов. Смотрю, в зал вошел Жданов. Посидел. Послушал. Мне потом передали, что ему понравилось. Через короткое время меня телеграммой вызвали в Агитпроп ЦК, в Москву. Агитпропом руководил Жданов. Мне предложили стать инструктором, я согласился. Ездил, проверял, как идет изучение «Краткого курса истории ВКП(б)». Скоро стал помощником начальника отдела, потом управления, и пошло, пошло...

Знал ли Жданов о моем происхождении? Думаю, большим секретом это не было. Для него тоже. Но я всегда ухитрялся уходить от ответа, когда меня об этом спрашивали. Полагаю, мое продвижение по службе связано и с моими способностями, хотя не могу отрицать, что, приближая меня к себе, Жданов хотел стать ближе к Сталину.

Очень хорошо относился ко мне помощник Сталина, Поскребышев. Он же передавал мне и личные поручения Сталина. Одно время я чувствовал особое отношение ко мне Маленкова. Он попытался устроить мне личный прием у Сталина, но ничего не вышло, по моей вине: мы работали в ЦК на Старой площади до самого утра и, вернувшись домой, я крепко уснул. Семья была на даче. Мне звонили и по вертушке (вертушка, правительственный телефон — знак того, что Кузаков достиг немалых высот в сталинском ЦК. — *Л.В.*), и по городскому телефону, а я спал. Проснулся, позвонил к себе в отдел, узнать, как дела. Сказали, что нужно срочно перезвонить Поскребышеву. Тот на меня шуметь: «Слушай, мы тебя искали-искали. Маленков сам звонил тебе. Сталин хотел видеть тебя. Теперь поздно, к нему зашли маршалы».

* * *

Родной сын вождя работает на расстоянии полукилометра от отца, работает на него, для него, во имя него. Ничем плохим себя не зарекомендовал, напротив: прекрасный, талантливый работник, и у отца не возникает необходимости увидеться с ним. Отец следит за его жизнью, невидимо помогает его продвижению по службе — зачем же вдруг он понадобился отцу?

Говорит Константин Степанович: «Перед этим произошла такая история. На съездах партии и сессиях Верховного Совета СССР создавалась редакционная комиссия. Делегаты и депутаты за день до выступления сдавали в нее тексты своих речей. В комиссию входили люди из аппарата ЦК, Совнаркома и Президиума Верховного Совета. От ЦК, как правило, назначали меня. Я занимался политическим редактированием этих речей.

За несколько дней до несостоявшейся встречи со Сталиным, на сессии, один из депутатов сдал на проверку речь, в которой обрушился на советских и партийных руководителей Прибалтики. А было негласное указание — прибалтов не критиковать. Я в перерыве заседания подошел к Жданову.

— Что делать? — спрашиваю.

Андрей Александрович просмотрел текст. Помолчал. Потом говорит:

— Пойдем, посоветуемся с Молотовым.

И мы пошли в буфет Президиума. Молотов начал читать. Вдруг я вижу — на меня смотрит Сталин. Он рядом, в двух шагах. Молотов говорит:

— Я бы не стал эту речь давать, но надо посоветоваться. — И глазами показывает на Сталина. Шага не успел я сделать в сторону Сталина — раздался звонок. Члены Политбюро пошли в зал. Сталин остановился и опять посмотрел на меня. Я чувствовал — ему хочется что-то сказать мне. Хотелось рвануться к нему, но что-то остановило. Наверно, я подсознательно понимал — ничего, кроме больших неприятностей, публичное признание родства мне не принесет. Сталин махнул трубкой и медленно пошел...

Видел я его не раз. И издали, и близко. Но к себе он больше не вызывал. Думаю, не хотел делать меня инструментом в руках интриганов.

Однажды я наблюдал его очень близко. На заседании Оргбюро ЦК сидел недалеко от него. Заседание было посвящено кинематографии. Неожиданно вошел Сталин. Сел. Мне врезались в память его руки. Странные, необычные. На Оргбюро он все время делал пометки на листках. И потом рвал эти листки. На мелкие, нет, микроскопические кусочки. Никто бы не смог их снова собрать воедино. Совершенно закрытый человек. И от врагов, и от друзей, и от обычных человеческих чувств».

* * *

Законные дети в сороковые годы не радовали Сталина: Яков погиб в плену, Василий спивался, Светлана выбирала не тех любимых, какие бы нравились отцу. А этот мог радовать... Но вождь представлял себе всю сложность его появления в семье, где Кузаков получил бы неадекватный прием у Василия или Светланы. Он также мог представить себе Константина, попавшего в круг охраны, сверхсекретности дач и кремлевских семей. И Сталин скорей всего решил не портить единственного, оставшегося неиспорченным, сына — ничего не менять. От добра, как говорится, добра не ищут. Значит, он, возможно, видел в своем несомненном сыне — добро? Значит женщина из Сольвычегодска, никогда ничего не требовавшая от вождя и содержавшая семью, сдавая комнаты ссыльным большевикам, говорившая сыну: «Не думай о деньгах, как живем, так и проживем», правильно воспитала его в скромности, строгости и молчании о самом главном?..

* * *

В 1947 году прервалась блистательная карьера скромного мальчика из Сольвычегодска. Ему тяжело вспоминать это время:

«Поздно вечером меня вызвал Жданов. У него сидел министр госбезопасности Абакумов. Мне было сказано, что мой заместитель в ЦК КПСС, Борис Сучков — шпион, и выдал американцам секрет советской атомной программы. В глазах у меня потемнело. Не верил, что Борис предатель, но это уже не имело никакого значения. Его, кстати, впоследствии реабилитировали. Атомными вопросами занимался сам Берия, и никакой пощады ни Сучкову, ни тем, кто с ним знаком, ждать не приходилось. Особенно мне, поскольку именно я поручился за Бориса при его приеме на работу в ЦК. Тогда была такая форма взаимной ответственности. Нигде в документах не было зафиксировано, но на работу в аппарат ЦК Сучкова рекомендовал Жданов, а я по его просьбе только подписал поручительство. Берия пытался уничтожить Жданова и хотел, чтобы я дал компромат на Жданова самому Сталину; он, конечно, мог сам доложить об этом, но предпочел обзавестись свидетелем, которому Сталин поверил бы безоговорочно. Жданов делал вид, будто не имеет к Сучкову никакого отношения. Говорил, что плоховато мы знаем своих сотрудников. Он не просил меня не выдавать его, как поручителя за Сучкова, но я прекрасно понимал — назови я Жданова, и мы все автоматически станем участниками грандиозного заговора — защитить нас уже не сможет никто.

Меня судили судом чести ЦК за потерю бдительности. Исключили из партии. Сняли со всех постов. Было тяжело, но все же не лагерь, не расстрел.

А потом, в день ареста Берия, меня восстановили в партии. Председатель партийного контроля Шверник показал мне мое персональное дело. Многие, кого я считал друзьями, написали на меня страшные доносы. Тогда меня спас сам Сталин. Берия вынес вопрос об «атомном шпионаже» на Политбюро и там, как мне рассказывал Жданов, требовал моего ареста. Он понимал, что в тюрьме они заставят меня подписать любые признания.

Сталин долго ходил вдоль стола, курил и наконец сказал:

— Для ареста Кузакова не вижу оснований».

Отец, потерявший из-за своей партийной принципиальности первого сына Якова, каждый день теряющий из-за кастовой принадлежности второго сына Василия, наконец-то позволил себе мягкость по отношению к третьему, незаконному сыну, которого он, всенародный настоящий мужчина, за всю жизнь так и не решился не то чтобы обнять, хотя бы принять в своем кремлевском кабинете и спросить о женщине, приютившей его в тяжелые времена...

* * *

Кира Павловна Политковская, племянница Сталина по линии Аллилуевых, вспоминает:

«Когда я работала на телевидении и оно переехало в Останкино с Шаболовки, я услышала, что нашим главным редактором будет Кузаков Константин Степанович, а он — незаконнорожденный сын Сталина. Это было уже после смерти Иосифа Виссарионовича, а значит, и после моего и моей мамы возвращения из тюрьмы. Я, конечно, удивилась. Пришла к маме, рассказала ей. Она говорит: «Верно. Иосиф говорил мне, что у него в ссылке был сын от русской женщины».

Я, конечно, не посмела подойти к Кузакову, потому что он был очень большим начальником, а я всего помощником режиссера. Но стала наблюдать за ним, за походкой, как он ест, как пьет. Так как я очень хорошо с самого детства знала Иосифа Виссарионовича, то обратила внимание, что Кузаков так же, как Сталин, приседает, когда идет. Движется словно вприсядку. Восточная походка. У Сталина всегда были мягкие сапоги, а у этого ботинки, но походка одинаковая.

Потом, в столовой следила, как кушает Кузаков. У Сталина были очень изящные руки — у Кузакова такие же кисти. Он ел точно как Сталин.

А подойти к нему постеснялась. Лишь когда ушла на пенсию и он узнал, что я родственница, позвонил, пригласил к себе в кабинет — пришла. Мы познакомились. У меня оказалось много интересных семейных фотографий — их мне вернули после тюрьмы. Он рассматривал, удивлялся. И сказал:

— А ко мне сталинские дети не проявили интереса.

— Я как только узнала о вас, проявила интерес, но постеснялась к вам подойти».

* * *

Странная наша человеческая жизнь.

Отец не познакомился с сыном, работавшим в непосредственной близости от него.

Братья и сестра не проявили интереса к сводному брату, возможно, даже не знали о его существовании.

Храбрая и веселая Кира Павловна не переступила барьера, которого, возможно, и не было: сын Сталина, начальник над племянницей того же Сталина, а самого Сталина уже и нет в живых!

* * *

Возвращаюсь к старым слухам. Сольвычегодский сын Сталина обнаружен. Но был ли туруханский сын? И если был он — какова его судьба? Неизвестно...

Не удивлюсь, если такого не было.

Не удивлюсь, если сын учительницы, досаждавшей партсекретарю из Иркутска, обнаружится, и судьба его будет самой непредсказуемой.

Вопрос же о настоящем мужчине для меня остается открытым. Кто он?

Леня Ершов, страстно утверждавший свое право быть таким, как все, превозмогавший фантомные боли ради желания не казаться инвалидом?

Константин Кузаков, удержавший себя от порыва броситься к отцу, опасаясь больших неприятностей?

Или Сталин, не обнявший незаконного сына?

Не знаю.

Могу понять Киру Павловну. Как настоящая женщина, да еще жившая в сталинские времена, она боялась всего на свете в мире настоящих мужчин.

* * *

Знаменитая тележурналистка Татьяна Сергеевна Земскова проработала под начальством Константина Степановича Кузакова с 1970 по 1986 год. Она рассказывает:

«Кузаков — личность. Красивый мужчина. Производил впечатление на всех женщин. Благородное лицо. Седые волосы. То, что называется комильфо. С хорошими манерами. Красивым голосом. Когда он пришел заведовать всем литературно-драматическим вещанием первого канала, я как раз хотела уходить. Меня звали в газету «Книжное обозрение». Кузаков узнал о моих намерениях, вызвал:

— Я вам не советую. Ну что газета? На телевидении интереснее. Подумайте.

И удержал меня. В нем чувствовалась воля. Леонид

Леонов говорил о Сталине, что у него были глаза без блеска, а у Кузакова взгляд с блестинкой. Но тяжелый взгляд. Он им как бы припечатывал. Пригвождал к месту.

За годы работы я несколько раз пыталась уйти из редакции. Звали меня в «Литературную газету», звали в другую телередакцию «Русская речь», вести программы. Я уже и вещи собрала, все папки свои приготовила к уходу. Каждый раз меня удерживал Кузаков».

Что-то почувствовала я в рассказе Татьяны Сергеевны личностное, неравнодушное. И коснулась деликатной темы:

— Он ухаживал за вами? А за другими женщинами в редакции? Были у него романы в коллективе?

— Ухаживал. Но это выглядело благородно. Он вообще был неравнодушен к прекрасному полу. И женщины к нему. Если он вызывал к себе какую-нибудь сотрудницу, она непременно прихорашивалась, приосанивалась.

— Каким он был руководителем? Властным? Сильным?

— Умным. Образованным. Со вкусом. Очень любил книгу. В доме у него хорошая библиотека. Любил театр. И культивировал его на телевидении. При нем литдрама слыла элитарной редакцией. Стабильной. Люди уходили крайне редко.

— Его боялись? Кто-нибудь ненавидел?

— Побаивались, но уважали. Он был не мелочной руководитель. Никогда сам не опускался до административных взысканий — это было делом его заместителей. Сам — выше суеты. Чувствовал людей. Не любил недоучек и всяких «понтярщиков».

— Вы сказали, образованный. Но ведь ему приходилось быть в рамках дозволенного и недозволенного.

— Кузаков — человек системы. Строго соблюдал все запреты. Приказ товарища Лапина был, конечно, законом, перешагнуть через него — невозможно. И все-таки...

В семидесятых Марина Цветаева и Анна Ахматова были нежелательными именами на телевидении. В начале восьмидесятых наша редакция при поддержке Кузакова сделала передачу об Ахматовой. Тогда это было смелостью.

— А через что он так и не перешагнул тогда?

— Помню, мы хотели записать передачу «Шукшин читает свои рассказы». С Шукшиным было очень трудно встретиться. Ирочка Диалектова ухитрилась, договорилась с Василием Макаровичем на субботу, а тогда было строго, любая съемка регистрировалась. Кузаков узнал о наших намерениях и отменил съемку. Могли, конечно, снять тайком, но у нас не было такого опыта.

Однажды записали Василия Аксенова. И книга у него была дозволенная — из серии «Пламенные революционеры», изданная в Политиздате. Но на самого Аксенова был запрет. И передача не пошла.

— Были у Кузакова свои литературные пристрастия?

— Были. Он не любил писателей-деревенщиков: Федора Абрамова, Валентина Распутина, а к Виктору Астафьеву относился хорошо.

* * *

Татьяна Земскова стала в те годы душой «Вечеров в концертной студии Останкино».

Она рассказывает:

— Никак не хотел Кузаков, чтобы я пригласила Абрамова на такой вечер. И я пошла на хитрость: нашептала Абрамову, чтобы он сходил к Лапину и сам договорился о вечере. Все состоялось.

В 1989 году Татьяна Земскова выпустила в свет книгу «15 встреч в Останкино». Это были стенографические записи выступлений Виктора Астафьева, Юрия Нагибина, Владимира Тендрякова, Нодара Думбадзе, Федора Абрамова, Евгения Носова, Юрия Бондарева, Дмитрия Лихачева, Сергея Залыгина, Валентина Пикуля, Валентина Распутина, Леонида Леонова, Чингиза Айтматова, Григория Бакланова и мое.

Как участница такого вечера, могу сказать: для тех времен это были окна в свободу, в смелость. Все выше-перечисленные, люди разных возрастов, характеров и способностей сходились в одном: выразить, по возможности, главное, наболевшее. У меня на вечере, который длился три часа, а на экране его урезали наполовину, было одно желание: сказать все, что мучит, все, чем живу, все, что хочу. Ничего не опасаясь, а там — будь что будет.

Во вступлении к своей книге Татьяна Земскова написала: «Литература в России всегда брала на себя больше, чем ей положено: была и философией, и социологией, и религией».

Перечитывая сейчас эту книгу и уже зная от Земсковой эпизод Кузаков—Абрамов, я неожиданно увидела тень Кузакова в вопросе одного из зрителей и в ответе Федора Абрамова:

Вопрос: — Сидит ли в вас внутренний цензор?

Ответ: — ...Задумываешься, как тебя поймут одни, как другие, как взглянет на это начальство? И так далее... И чего греха-то таить? Я тоже об этом думаю, хотя пытаюсь отрешиться от этих дум.

* * *

— Почему вы думаете, он не любил деревенщиков? — спрашиваю я Земскову.

— Считал их провинциальными. А ведь они тогда были в большой моде.

— Странно, сам-то он тоже был из провинции.

— Тем не менее.

— А как он держался с начальством, которое было над ним?

— Никогда не заискивал...

— Люди знали, что он сын Сталина?

— Он никогда сам об этом не говорил. Все было на уровне слухов.

— Были люди, которые его ненавидели?

— Были. Они-то как раз и говорили, мол, чего ждать от сына Сталина? Но их было немного — в основном плохие работники.

— Как он уходил с телевидения в восемьдесят шестом году?

— Ушел на пенсию. Спокойно. Ему исполнилось семьдесят пять лет. Почувствовал, что время уже не его. Как только он ушел, наша редакция стала разваливаться. Все начальники, которые приходили после него, в сравнении с ним проигрывали. И в культуре поведения, и в общей культуре.

— Сам он когда-нибудь показывался по телевидению?

— Как правило, нет. Однажды, помню, он предварял спектакль.

— Был ли он интриганом?

— Да. Но не слишком. Весь облик как-то не вязался ни с чем отрицательным. Ходил не спеша, как бы вкрадчиво. Никогда не бегал, не суетился. Что-то было в нем благородное...

* * *

В августе 1996 года в газете «Правда» появилась заметка Евгения, сына Якова Джугашвили. Он решительно отказывает Кузакову в происхождении от Сталина на том основании, что в домовой книге Марии Прокопиевны Кузаковой 1908 года зафиксирован, как год рождения сына, а Сталин поселился у нее в 1909-м, хотя все биографы вождя отмечают его появление в Сольвычегодске 1908 годом.

Да и чего не случается в домовых книгах, особенно если нужно зарегистрировать незаконное дитя. Кстати, и у отца Евгения Яковлевича в цифрах тоже прошла ошибка — я говорила о ней выше: вместо 1907 года в дате рождения указан 1908-й, год крещения мальчика.

Удивительно другое — в 1996 году Кузаков и Джугашвили еще живы, могли встретиться. Навестив своего вероятного дядю, Джугашвили наверняка узнал бы от него подробности, ускользнувшие от прессы.

Не пора ли многочисленным потомкам Сталина найти в себе силы сойтись вместе? Тогда многое тайное станет явным.

* * *

Легко сказать. Их разделяют политические бездны, старые страхи, сплетни, недомолвки, социальные преграды и много еще непредвиденного, непроизнесенного, необдуманного. Кто-то против Сталина, кто-то за, кто-то ни за, ни против — вообще никак не относится.

Январь 1998 года. Сижу в квартире сына недавно умершего Константина Степановича Кузакова — Владимира Константиновича — историка и археолога. Дом его — настоящий археологический музей, где множество предметов, сделанных человеческими руками, камней и окаменелостей доисторических времен. Предполагаю, что тот, кто столь высоко ценит далекое прошлое, тем более должен досконально изучить своих предков.

— Отец никогда не говорил нам, детям, что он сын Сталина. Лет за пять до смерти, когда мы с братом приперли его к стенке, сказал то, что мы и без него знали: «Да, это так». Наша мама очень боялась «сталинской темы».

Официально время рождения Константина Кузакова — 5 февраля 1908 года.

Владимир Константинович показывает мне копию справки о рождении № 27, где в графе «мать» значится Мария Прокопиевна Кузакова, в графе «отец» — прочерк.

Сколько на свете таких справок с прочерком в графе «отец»?!

— Бабушка уезжала из Сольвычегодска и крестила сына в Стефаниевской церкви города Котласа. Возможно, она родила его в Котласе, возможно, и год указала неверно, боясь чего-то.

Отец всегда писал в анкете, что его отец Степан Кузаков (муж матери) умер в 1906-м и тут же указывал год своего рождения: 1908-й. Эта бессмыслица ни разу не вызвала недоумения у работников отделов кадров, как будто они знали, что и кто скрывается за ней.

Отец помнил из раннего детства, как какой-то человек заезжал к ним в дом, проездом на Север, и передавал его матери привет от Сталина.

— Назовите фамилию, — попросила она.

Он назвал: Джугашвили.

— Это Иосиф, — узнала она.

* * *

В доме Кузаковой стояла скульптурка, и в ее полость ссыльные всегда прятали пистолет, таким образом передавая его друг другу, по цепочке. Последним, кто взял пистолет и уехал с ним, был Сталин.

В тридцатых дом Марии Прокопиевны взяли под музей политических ссыльных, а ей дали комнату в Ленинграде. Владимир Константинович помнит, как родители привозили его к бабушке и она угощала его вкусным вареным сахаром. Когда началась война, к ней пришли какие-то люди, предложили эвакуироваться, она отказалась и умерла в дни блокады.

— Через год после смерти Сталина мы шли с отцом по Кутузовскому проспекту, к нему подошел бывший начальник охраны Сталина, и они долго о чем-то говорили.

Я в пятидесятых учился на историческом факультете в одной группе с Майей Сусловой, ее отец вместе с

Берия в сороковых требовал расстрела моего отца на суде чести, — рассказывает Владимир Константинович.

— А бабушка, ваша бабушка, что вы еще знаете о ней?

— Слышал, что она в молодости была очень красивая. Когда я с семьей в 1967 году был в Сольвычегодском музее, расположенном в бабушкином доме, работники музея познакомили нас с жившей по соседству Любовью Васильевной Выгодниковой, она вспоминала, что Мария Прокопиевна родом из Уфтюга, что на Двине, напротив Красногорска, из семьи церковного дьякона.

Вот и все. Более ничего не раскопал о своих предках замечательный археолог.

Странное нелюбопытство? Нет. Нам, детям XX века, передалось от отцов нежелание знать больше положенного. Этакое поведение страуса, прячущего голову под крыло. Или, скорее, синдром Ивана, не помнящего родства, не столько уже из осторожности, сколько от равнодушия, выросшего на страхах предыдущего поколения.

Опоминаемся, глядь — поздно, все умерли. И всетаки — никогда не поздно. При ближайшем и пристальном рассмотрении прошлое живет в настоящем и чем дальше будет уходить, тем все ярче и заманчивей будут казаться его яви и тайны.

— Как вы относитесь к Сталину? — спрашиваю я его внука, Владимира Константиновича Кузакова.

— Как я могу относиться, — отвечает он, — если бы не было его, не было бы моего отца, меня, моего сына.

А я при этом разговоре думаю о сольвычегодской вдове-красавице, в первую очередь без которой не было бы всей экзотически красивой ветви рода Кузаковых.

* * *

Сплетня — вещь противная. Она коснулась даже тишайшей Марии Прокопиевны. Кто-то шустрый написал, что в ее доме бегало несколько ребятишек от Сталина.

Это не так. У Марии Кузаковой был старший сын Александр от покойного мужа, родившийся в 1906 году, а кроме того, она была гостеприимной женщиной, привечала и соседскую дочку Любу Выгодникову и других детей.

Был также слух, что в 1922 году Мария Кузакова написала письмо в секретариат Ленина, в котором просила алиментов для ребенка от Сталина. Эта версия смешивается со слухом об учительнице из Туруханска, требовавшей пособия за сына, рожденного ею от знаменитого большевика.

В 1922 году Константину Кузакову тринадцать-четырнадцать лет. Как раз время, когда мальчику очень нужен отец. Нетрудно представить, что Мария Прокопиевна решилась побеспокоить вождя, наверняка знавшего, что в Сольвычегодске растет его сын. Возможно, именно с этого времени Константина Кузакова и повела по жизни невидимая отцовская рука.

* * *

Опять кто-то шустрый написал, что под конец жизни Константин Кузаков отрастил усы под Сталина и стал сильно подражать ему, но все знавшие его по работе и родственники категорически отрицают эту басню: Константин Степанович никогда в жизни не носил усов.

В наши сегодняшние многоопытные дни достаточно внукам сделать анализ ДНК, чтобы их происхождение от того или иного отца было доказано. Но есть еще нечто, генетическое, бросающееся в глаза при первом взгляде на человека. Мы с Владимиром Константиновичем Кузаковым назначили встречу в метро «Проспект Вернадского». Я узнала внука Сталина сразу, хотя на Сталина он не похож. Но есть в лице нечто, позволяющее не сомневаться в его происхождении от грузинского политического ссыльного.

ВТОРОЙ ВАСИЛИЙ?

Сталин не перестает удивлять человечество в своем потомстве, неожиданно возникающем то там, тот тут, словно говоря, я вот он, здесь, не забывайте обо мне.

27 ноября 1997 года в газете «Труд» под рубрикой «Интересная история» появилась статья А. Джапакова «Гуляев — сын Усова, внук Сталина» с фотографией героя, не оставляющей сомнений в сходстве с вождем. Обладатель почти сталинского лица, житель Екатеринбурга, один из первых российских частных предпринимателей Борис Васильевич Гуляев — человек выдающийся. О нем много писали в газетах, он дружен со многими знаменитостями. Вот что недавно поведал он А. Джапакову: «В 1942 году на станции Юг под Пермью готовились к отправке на фронт сибирские и уральские части. Там мой отец, политрук Василий Афанасьевич Усов, и познакомился с матерью, Елизаветой Андреевной Гуляевой. Я родился 18 июля 1943 года и рос в Сибири. Отец же, отвоевав, вернулся в Москву, где у него была семья...

В 1960-м я приехал в Москву поступать в институт. Сумел разыскать отца, провел у него дома несколько дней.

Тогда и узнал, что мой отец — внебрачный сын Сталина. От его связи во время ссылки с некой сибирячкой по фамилии Усова. Никаких подробностей мне, тогда еще совсем мальчишке, отец не сообщил и вообще посоветовал не распространяться на этот счет. А больше нам встретиться не удалось».

И опять налетели старые легенды. Одна — о женщине из села Зимовейка Туруханского края, у которой был сын от Сталина... Вторая — о том, что в конце двадцатых Буденному якобы первый секретарь Восточно-Сибирского крайкома рассказывал об учительнице из Туруханска, которая требовала назначить ей пособие за ребенка от Сталина...

Женщина из Зимовейки и учительница из Туруханска — это два разных человека или одно лицо? Неясно. Та, что требовала пособия в 20-х, должна была иметь ребенка от Сталина по крайней мере рождения 1915—1916 года, который году в 1927—1928-м еще несовершеннолетний. А Усов, по документам, родился в Томске в 1907 году и на пособие уже как бы не имеет права. Значит, не он?

И вообще, с какой стати мне и тут искать иголку в стоге сена? Дети Сталина множатся, как дети лейтенанта Шмидта, драма начинает превращаться в свою противоположность.

Запретив себе интересоваться этой темой, я звоню... в Екатеринбург, Борису Гуляеву. Кляну себя, но звоню.

Женская логика — поступать наперекор собственному решению? Или характер Стрельца: «Во всем мне хочется дойти до самой сути»? Или точнее: если есть еще одно «дитя Кремля» — узнать его судьбу для любознательного читателя.

Борис Васильевич снимает трубку.

Узнаю: у его отца в Москве был старший сын, тоже Борис Усов, 1931 года рождения, он умер в 1973 году, но жива Светлана Андреевна, жена Бориса, она может что-то знать.

* * *

Екатеринбургский Борис, долгие годы занимаясь изысканиями, предполагает, что фамилия Усов могла произойти от кличек «Усач» и «Усы». Как известно, Сталин носил усы в ссылке и всю жизнь.

Имя Василий (от греческого — царь) имеет еще и старинную редкую форму Василион (от греческого — «царская власть»; отчество Василионович), а это близко к грузинскому имени Виссарион, отчеству — Виссарионович.

Имя Афанасий, возникшее в отчестве предполагаемого сына Сталина (от греческого — «бессмертие»), по некоторым данным восходит к древнееврейскому имени Иосиф, что означает: «бог приумножает».

Для тех, кто знаком с ономастикой (раздел языкознания, исследующий собственные имена. — *Л.В.*), «раскопки» Бориса Васильевича Гуляева не только понятны, но и несомненны, а кто этого не знает, может обратиться к словарям личных имен и легко обнаружить то, о чем говорилось выше, а именно: «Василий Афанасьевич в переводе с ономастического языка означает также и «Виссарион Иосифович». Если так, то мать Василия Усова была женщина образованная и сметливая, сумела зашифровать в имени и отчестве сына имя и отчество его отца.

Борис Гуляев утверждает, что его отец рожден в Томске в 1907 году, и его предполагаемая бабушка, родившая от Сталина, жила не в Зимовейке Туруханского края, а в Томске. Она, впрочем, могла в разное время жить и там, и там.

* * *

Вижу смысл проследить этапы сталинских сибирских и северных ссылок.

Осень 1903 года — Сталин в Восточной Сибири, в селе Новая Уда Иркутской губернии.

5 января 1904 года — бежит из ссылки.

С июля 1907 года — бакинский период. В 1907 году рождается его сын Яков, умирает жена Екатерина, Сталин хоронит ее. Это общеизвестно.

Октябрь 1908 года — Сольвычегодск Вологодской губернии.

24 июня 1909-го — побег в Баку.

Константин Степанович Кузаков, по документам, появился на свет в 1908 году, что, если следить за датами сольвычегодской ссылки Сталина, может быть опровержением его отцовства. Однако Мария Прокопиевна Кузакова, желая скрыть происхождение своего сына, могла записать неверный год, или, как я уже предполагала, — ошибка.

23 марта 1910 года — арест Сталина в Баку. Полгода тюрьмы.

Июль 1910 года — опять Сольвычегодск.

Не странно ли, что его опять ссылают в то же место, откуда он бежал? Не странно. Вспомним Крупскую, которая бросилась в ссылку туда, где был Ленин. Да и Зинаида Невзорова просилась в ссылку, чтобы воссоединиться с Глебом Кржижановским. Власти удовлетворяли просьбы революционеров, если они выдвигали личный довод. Возможно, вдовец Сталин просился в Сольвычегодск, мотивируя тем, что там у него сын. Или невеста, не из революционерок, что для власти — хороший знак.

Вторая половина 1911 года — Сталин в Петербурге.

9 сентября 1911 года — арест и ссылка снова в Вологодскую губернию. Побег в феврале 1912 года.

22 апреля 1912 года — арест Сталина в Петербурге и ссылка в Нарымский край.

1 сентября 1912 года — побег в Питер.

23 февраля 1913 года — арест. Ссылка на 4 года в Туруханский край в село Костино.

Начало 1914 года — перевод Сталина из Костина в Курейку Туруханского края поближе к Полярному кругу, где он живет с 1914 по 1916 год. Здесь могла возникнуть учительница из Туруханска. В конце 20-х ее сыну могло быть 10—12 лет, это еще ребенок, нуждающийся в пособии.

Декабрь 1916 года. Сталина по этапу отправляют в Красноярск, затем в Ачинск, там его застает весть о февральской революции.

Вернусь к началу: Василий Афанасьевич Усов по документам родился в 1907 году. Но с 1905 по 1908 год — Сталин на свободе: в Финляндии (декабрь 1905-го), в Швеции (апрель 1906-го), в Закавказье (май 1906-го — март 1907-го), в Лондоне (апрель—май 1907-го), опять в Закавказье (июль 1907-го — март 1908-го).

Никак не мог Василий Усов родиться от него в Сибири... в 1907 году.

Но почему же? Что мы знаем о женщине, так хорошо владевшей ономастикой? Она могла быть революционеркой-сибирячкой, побывавшей в одно время со Сталиным или в Стокгольме в 1906 году, или в Тифлисе в начале 1907 года, но вернувшейся беременной в Сибирь. Впрочем, почему она непременно должна быть сибирячкой по рождению и постоянному месту жительства? Она в 1907 году могла быть ссыльной, а «Сибирячка» — партийная кличка.

Нетрудно предположить — чего не случается в жизни, — что «Сибирячка» известная, очень известная революционерка, оставившая родившегося в Сибири ребенка на воспитание у чужих или близких людей. Но тогда, если она была жива после революции и не проштрафилась политически перед большевиками, почему не взяла к себе подросшего Василия Усова? Может быть, все же «проштрафилась»? Ах, эти «но», «если», «возможно»! Они зыбки, требуют точных дат и фактов, а где их взять?

Кто сегодня способен прояснить хоть как-то ту далекую ситуацию? Светлана, жена Василия Афанасьевича Усова, которой он кое-что рассказывал? А что он сам знал? Светлана Андреевна, по утверждению Бориса Гуляева, живет в городе Королеве Московской области. Ей можно позвонить, договориться о встрече. Но я медлю... Почему?

* * *

Женщина из Зимовейки. Женщина из Туруханска, из Томска. Есть у Сталина еще и Курейка, и Нарым, и Новая Уда. И там были женщины?

Жизнь есть жизнь, нравственным осуждениям тут не место — разве один Сталин в молодые и зрелые годы был подвластен законам физиологии?

Сделав свое вечное дело, мужчина уходит, а женщина остается с ребенком — и далее — по обстоятельствам: то ли требует пособия, как та учительница, то ли молчит, как Мария Прокопиевна Кузакова. Кстати, по годам получается, что Яков Джугашвили, Константин Кузаков и Василий Усов родились в отрезке 1907—1908 годов.

Дети, а то и внуки, вырастают и, получив возможность открытого поиска, хотят знать, кому обязаны своим появлением на свет.

Как тут снова не вспомнить вещих слов царя Соломона: «Птица в небе, змея на камне, мужчина в женщине оставляют невидимые следы».

Внешнее сходство выглядит как след, впрочем, весьма относительный: похожих на вождя людей можно найти немало, это еще ни о чем не говорит.

И все-таки, жена предполагаемого сталинского сына Василия Усова жива. Хоть что-то узнать у нее.

* * *

Но прежде следует подробнее расспросить Бориса Васильевича Гуляева, а он рассказывает вот что: «Когда я навещал отца в 1960 году, мы с ним ходили к одной его знакомой, она жила на Нижней Масловке и работала заведующей производством в кафе «Кавказ» на ВДНХ. Его сын Борис говорил мне, что отец хочет разойтись с его матерью. Я воспринял эту женщину как будущую жену отца.

В 1975 году я опять был в Москве. Пришел к отцу по старому адресу — он жил с семьей в Гагаринском переулке прямо в помещении церкви Святого Власия, в первый свой приезд я ночевал у него, но в 1975-м семьи уже там не было. Мне дали адрес той женщины на Нижней Масловке, я узнал также, что мой отец лежит в госпитале, тяжело болен. Однако эта женщина, когда я пришел к ней, сказала мне, что сейчас он должен прийти. На тумбочке стояло его фото.

Пришел человек, очень похожий на отца, но не он. Намного выше ростом. Взглянув на него, я сразу понял, что этот человек сидел в тюрьме. Разговор у нас не получился. Отца я так больше не увидел.

Позднее я узнал, что тот человек под именем моего отца Василия Усова получил трехкомнатную квартиру, но в то время мой отец был жив и жил еще долго.

Когда я приехал в Москву в 1991 году, этот двойник отца уже умер. И женщина та умерла. Оба они, как я думаю, имели уголовное прошлое: у него не было трех пальцев на руке, у нее — мизинца.

У моего отца оставалось много родственников в Томске — он говорил мне об этом. Усовы вообще известная в Томске фамилия. Ученые. Есть улица Усова. Помню, отец рассказывал мне, что он с 18 по 23 июля 1912 года жил в Томске в какой-то семье.

У меня, у моего отца, а также у Сталина были на левой ноге сросшиеся пальцы».

Рассказ Бориса Гуляева выглядит, мягко говоря, странным. Двойник отца. Эти пальцы, отсутствующие на руках двух подозрительных и необъяснимых людей, сросшиеся пальцы у Сталина, Усова и Гуляева на ногах — некий генетический знак... Не знаешь, что и думать обо всей этой фантасмагории.

Гуляев сказал, что отец его был производителем работ в спецстройтресте управления высотных домов и гостиниц. Это учреждение было подведомственно КГБ, он был членом КПСС с 1927 года, с 1941 по 1946 год — в армии.

Нет, определенно мне необходимо найти Светлану, здравствующую ныне невестку Василия Усова...

* * *

Стоп. Ведь есть еще Елизавета Андреевна, мать Бориса Гуляева, она живет с сыном в Екатеринбурге. Говорит мне по телефону:

— У нас под Пермью стояла бригада зенитчиков и особая часть НКВД, в которой Василий Усов был политруком. Испытывали секретное оружие — «катюшу». Когда мы с Василием встретились, я работала в медсанбате, собиралась на фронт. Василий не скрывал от меня, что у него в Москве семья. Расставаясь, дал мне московский адрес. Я осталась беременной.

— Он что-нибудь говорил вам о своем происхождении от Сталина? — замираю я от собственного вопроса.

— Нет, не говорил...

Остается одна-единственная ниточка — Светлана, жена Бориса Усова. У меня есть, от Гуляева, номер телефона Ольги, дочери Светланы и Бориса Усовых. Ольга, если версия Бориса Гуляева верна, приходится правнучкой Иосифа Сталина. Кроме телефона, есть у меня и предупреждение Гуляева: «Ольга скорей всего не захочет говорить на эту тему».

При традиционном советском равнодушии к предкам женщине, которой сейчас за тридцать, может быть не слишком приятно обнаружить в предках такого прадедушку. Да и Светлане Усовой Сталин, как дед мужа, вполне возможно, неприятен. Но свернуть со своей тропы поиска я уже не могу.

В первые дни нового 1998 года звоню Ольге. Мне нужна ее мама. Мне нужно выяснить, что знает она о происхождении своего мужа и его отца от... Сталина.

Ольга, как я и ожидала, не в восторге от моего звонка, но не в ужасе. Ей эта вся история, которую она получила от Бориса Гуляева, как-то неинтересна, но она спросит свою маму о том, что интересует меня, и даже готова, если мама что-то знает, поговорить с ней о возможности нашей встречи.

— Вообще-то, — неуверенно говорит Ольга, к концу разговора как будто даже заинтересовавшись возможностью своего происхождения, — когда я была в Грузии, меня принимали за грузинку. Говорят, я армянка, цыганка, хотя по маме да и по папе — русская. Но откуда-то черноглазая, черноволосая...

Она назначила мне день следующего звонка и, когда я позвонила, сказала:

— Мама ответила: «Я, ничего не знаю и не хочу на эту тему разговаривать».

Стараясь понимать всех, я поняла и неизвестную мне Светлану Андреевну.

Вопрос пока остался открытым.

СОМНИТЕЛЬНЫЙ СЫНОК

И нашелся еще один. Нет, нет, пока не туруханский сын учительницы, совсем иной. Нашелся, как четвертый угол черного квадрата, где центром — вождь, а по краям:

сын-трагедия, Яков;

сын-трагикомедия, Василий;

сыновья-драма, Константин, Василий и другие;

сын-фарс, Закир.

Какой такой Закир? И где доказательства, что он — сын Сталина?

Доказательства не налицо — на лице.

Если Яков похож на мать, Екатерину Сванидзе,

если Василий похож на Сталина и на Надежду Аллилуеву,

если Константин похож на Сталина, со смягченными, русскими чертами мещанки Кузаковой, если Василий Усов и его сын Борис Гуляев тоже похожи, то Закир имеет одно лицо со Сталиным.

У него более сталинская походка, чем у Кузакова — отработана годами, хотя ничего не известно о сросшихся пальцах ног.

Повороты тела и головы точь-в-точь, как у вождя.

Голос — тоже точь-в-точь.

У Закира усы сталинские.

У Закира волосы стоят надо лбом по-сталински.

Закир курит трубку, как его родной отец, батя, папочка Иосиф Виссарионович.

Закир разделяет все до единого взгляды и позиции вождя, неся на себе бремя советской государственности, несмотря на перестройку, развал СССР, приватизацию и институт президентства, которые сами по себе не что иное, как конечный результат сталинской эпохи.

Когда по Кавказу разнеслась весть об азербайджанце, рожденном от грузина Сталина, — неизвестно.

Интересно то, что появился он на свет не в ссыльные годы Сталина, а при его неограниченной власти.

Говорят, он смолоду напоминал вождя, но, старея, становился все более и более похожим, пока не сравнялся с ним во внешности — один к одному. И тогда к нему понаехали мелкие дельцы теневой экономики. Они запечатлевали на фото его неотразимый лик и распространяли фотографии повсюду, где только находились желающие иметь у себя незабытые черты. Нельзя сказать, что ловкие мошенники не желали делиться доходами с оригиналом фотографий — он сам не желал зарабатывать за счет образа отца, считая такое дело неприличным. При этом Закир никогда и нигде не работал, смолоду жил на доходы с приусадебного участка.

Его всегда охотно приглашали на те свадьбы, где не хватало свадебных генералов, но со временем такие приглашения становились редкостью: невесты новых поколений боялись грозного лика давно умершего вождя — как будто покойник на свадьбе.

Тогда некоторые верноподданные жители города Гори, родины Сталина, скинувшись, подарили Закиру белый «Форд», будто бы купленный когда-то у Юрия Гагарина. Появление «Форда» вернуло Закиру место свадебного генерала: женихам и невестам понравилось кататься на белой заграничной машине в обществе человека с лицом Сталина.

Если предположить, что отцом Закира действительно был Иосиф Виссарионович, то небезынтересно узнать о его матушке и при каких обстоятельствах произошла встреча, от которой произошел Закир.

Легенда говорит: «Девушка-азербайджанка была стройна и прекрасна. Но еще прекраснее оказались ее трудовые успехи в области виноградарства или хлопкоробства. Именно успехи привели ее в Кремль на получение награды из рук самого вождя».

Далее все просто, как правда, даже если это сущая

выдумка: вождь воспламенился, девушка — тоже, и через девять месяцев в Азербайджане раздался первый крик новорожденного Закира Исмаил-оглы Мамедова.

Дети Сталина множатся подобно носителям бревна вместе с Лениным на субботнике, хотя теперь, в силу новой политической конъюнктуры, число бревноносцев сокращается, а число женщин, родивших от Сталина, растет.

Работая над книгой «Кремлевские жены» в 80-х годах, я долго не решалась вставлять в книгу легенду об инцесте — рождении жены Сталина Надежды Аллилуевой от него самого. Мешал советский пуританизм. Исторические аналогии с Лотом и его дочерьми, с римским папой Александром VI и его дочерью Лукрецией Борджиа — не помогали. То, что произошло очень давно, как бы законсервированная легенда, а недавнее — ударяет по нервам. Сегодня же время раскованное, того глядишь, инцест объявят нормой жизни: сегодня это предположение не кажется мне странным, страшным. Со Сталиным могло быть и это. И не с ним одним. Но Закир?

Двойник Сталина в образе его сына?

Сын Сталина в образе двойника?

Смешное и убогое повторение?

Спекуляция на сходстве?

Последнее действие пьесы двадцатого века, где главный герой появляется, уже как маска самого себя, не в своем времени и не совсем в своем уме?

Сомнительный сынок несомненного отца народов?

В этом, последнем смысле, Сталин действительно отец Закира, а родила его народная молва, испокон веков охочая до всяческих чудес, которых так не хватает народу в реальной жизни, где все мы, в той или иной степени, дети Сталина, порождения его тридцатилетней политики — одни любящие, другие ненавидящие, но все до единого похожие на него множеством разных черт и неспособные, при всем желании, стать другими, ибо другое время на этой планете принадлежит не нам.

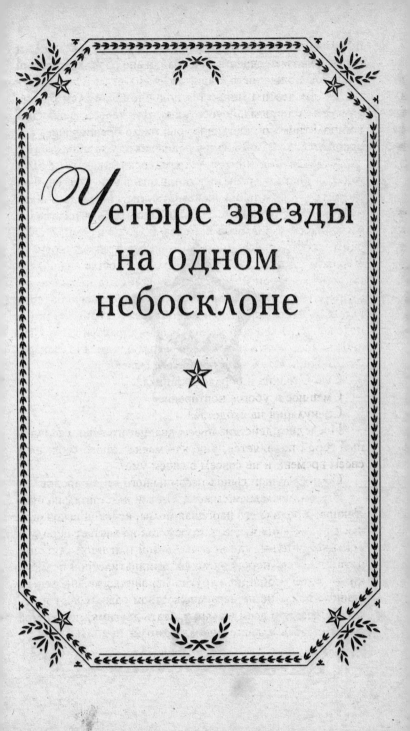

Четыре звезды на одном небосклоне

ЦАРЕВНА СВЕТЛАНА,
ИЛИ БЕГУЩАЯ ПО ЗЕМЛЕ

В конце апреля 1962 года пришла я в кремлевскую поликлинику к врачу обмерить живот. Со дня на день ждала ребенка. Перед кабинетом врача, на светло-желтой деревянной скамье у радиатора, прикрытого такой же светло-желтой деревянной панелью, сидела всего одна пациентка — как мне показалось, маленькая, не худая и не толстая женщина в застиранном коричневом свитере. Обычно дамы кремлевского контингента, отправляясь в поликлинику на Сивцевом Вражке, одевались в новое и нарядное, желая показаться друг другу. У них всегда было много нарядов и мало мест, куда можно нарядиться: государственные приемы на Первое мая и Седьмое ноября — и то не всех туда звали.

Женщина перед кабинетом врача показалась немолодой, хотя теперь тот ее возраст кажется мне едва ли не юным: года тридцать три—тридцать четыре. У нее были темно-рыжие волосы и кожа в веснушках. Даже, кажется, на руках веснушки. Как у ирландки. Сидя рядом, мы заговорили о чем-то веселом. В те дни перед родами я чувствовала себя, как перед гигантским стартом, была воодушевлена и даже — остроумна. Вот и обрушила на незнакомую женщину поток юмора. Мы смеялись, а когда из кабинета врача вышла пациентка и моей соседке нужно было идти туда в порядке очереди, эта женщина сказала мне:

— Идите первой. Вам только живот обмерить, а у меня дело долгое.

Я поблагодарила.

— О чем вы смеялись со Светланой Иосифовной? — спросила меня врач. — Вы разве не знаете? Это дочь Сталина.

Я не упала в обморок, не пришла в восторг, меня интересовал только мой будущий ребенок.

Через неделю оказалась я в кремлевском родильном доме на улице Веснина. Он был снабжен лучшей, по тому времени, аппаратурой, лучшим медперсоналом — не хватало лишь пациентов. Кремлевский контингент был так стар, что о родах кремлевских жен и разного рода руководителей, прикрепленных к поликлинике Кремля, не могло быть и речи: жены соответствовали мужьям по возрасту. Речь могла идти о детях, а их было не так уж и много. Я тоже была из детей.

К вечеру 6 мая начались схватки, и меня повезли рожать. Рожала я легко, весело, смешила сестер и врачей, во множестве окруживших меня, наверно, на радостях, что появилась роженица. Даже пела, а мне слон на ухо наступил. Пушкина читала. Когда сын родился и закричал, я не увидела его; близорукость у меня большая — не разглядела свое дитя. Его тут же унесли. К ночи началось осложнение. Меня вернули в палату лишь в шесть часов утра, почти без сознания. Очнувшись, никак не могла понять, почему мои близкие не идут поздравлять, нет цветов, и стало горько, и я собралась плакать от сознания своей заброшенности, но охватила тревога о ребенке: где он, как он и все ли с ним в порядке? А вдруг у него что-то с ручками или ножками? Видят ли глаза? Сколько времени я лежала в этой бессловесной панике — не знаю, но еще до прихода врачей и сестер ко мне в палату заглянула темно-рыжая голова.

— Я так и знала, что это вы. Нянечка сказала — ночью рожала веселая девица. Шутила, пела, стихи читала.

— Пожалуйста, — взмолилась я, не помня о том, кто эта женщина, чья она дочь, лишь счастливая от возможности избавить себя от кошмара, — пожалуйста, возьмите пятерку, пойдите туда... ну где дети лежат, пусть вам откроют моего сына, посмотрите, все ли на месте.

Не помню, что я еще говорила ей. Она взяла деньги, исчезла. Отсутствовала, как мне показалось, долго. Наконец явилась.

— Все в порядке. Ручки, ножки, глазки — на месте. Чудный парень. Все остальное тоже в порядке. Счастливо!

Больше я ее никогда не видела. Но своему сыну, когда он вырос, рассказала тот случай:

— Первой женщиной, кроме врачей и сестер, которая видела тебя голым, даже прежде меня, была дочка Сталина.

— Ну и что? — спросил он, человек другого времени.

В самом деле — ну и что?

* * *

Много ли мы знаем о жизни царевен? Они сказочно прекрасны. Их обожают, им поклоняются. В свой день приходят царевичи и, совершив в честь прекрасных царевен беспримерные подвиги, ведут к венцу. Далее наступает такое счастье, о котором и знать нельзя. Поэтому все сказки о царевнах обрываются свадьбами.

Советская царевна Светлана родилась в 1926 году, спустя восемь лет после того, как четыре русские царевны Ольга, Татьяна, Мария, Анастасия исчезли в черном зеве подвала истории. Их трагическая судьба никак не была связана с ее светлым будущим.

Девочку окружало всеобщее внимание. Она стояла под трибуной Мавзолея в дни торжественных парадов, и проходящие по Красной площади ликующие толпы восторженно смотрели на нее:

— Там! Там! Она, Светлана!

Ее качали на руках и подбрасывали к потолку знаменитые люди страны. Чаще всех брал девочку на руки великий Сталин, ее отец. Царевна купалась в нежности и ласке своих воспитательниц, не зная, что они платные, принимая их, как должное, утопала в заботе и внимании тетушек и дядюшек, не зная, что это — обязанность, долг, необходимость, заинтересованность, жалость. Особое место в ее жизни занимала няня, о которой сама царевна написала: «Если бы эта огромная добрая печь не грела меня своим ровным постоянным теплом, — может быть, давно бы я уже сошла с ума».

Отец царевны был самый главный в огромной стране, но девочка привыкла думать, что она — еще главнее: любящий и нежный с нею, он позволял ей писать ему шутливые приказы и распоряжения, с удовольствием выполняя их.

Девочке хватало необходимого ребенку, но без роскоши — отец был вождь страны рабочих и крестьян, где роскошь и богатство считались чуждыми духу народа.

У всех детей вокруг мамы. У девочки мамы не было. Значит, и тут она особенная. Со временем — нет, не привыкла, привыкнуть невозможно — как будто смирилась.

«Впервые я увидела Светлану в 1934 году на дедушкиной даче в Горках. Ее привез туда Сталин. Мы были ровесницы, и взрослые хотели нас подружить, — рассказывает внучка Максима Горького Марфа Максимовна Пешкова. — Вскоре меня отвезли к ней в гости на сталинскую дачу в Зубалово. Первое впечатление: встречает меня няня Светланы, ведет наверх, в комнате девочка сидит и ножницами режет что-то черное.

— Что это? — спрашиваю.

— Мамино платье. С бисером. Кукле перешиваю.

У нее не было матери, у меня недавно умер отец.

Мы заплакали».

* * *

Царевне было шесть лет, когда в 1932 году не стало ее мамы.

Она вспоминает:

«Я запомнила ее очень красивой. Она, наверно, не только мне казалась такой. Я не помню точно лица, но общее впечатление чего-то красивого, изящного. Это было неосознанное впечатление детства, просто так чувствовалась ее атмосфера легко двигающегося, хорошо пахнущего, ее натура».

Так, наверно, ощущали своих рано ушедших из жизни матерей дворянские и царские дети.

Похоже представлял свою мать рано лишившийся ее Лев Толстой:

«Когда я стараюсь вспомнить матушку... мне представляются только карие ее глаза, выражающие всегда одинаковую доброту и любовь, родинка на шее, немного ниже того места, где вьются маленькие волосики, шитый белый воротничок, нежная сухая рука, которая так часто меня ласкала и которую я так часто целовал; но общее выражение ускользает от меня».

В воспоминаниях Светланы о матери преобладала одна нота:

«Мама была строга с нами, неумолима, недоступна. Это было не по сухости души, а от внутренней требовательности к нам, к себе...

Она редко ласкала меня, а отец меня вечно носил на руках, любил громко и сочно целовать, называть ласковыми словами — «воробушка», «мушка». Однажды я прорезала новую скатерть ножницами. Боже мой, как больно отшлепала меня мама по рукам! Я так ревела, что пришел отец, взял меня на руки, утешал, целовал и кое-как успокоил... Несколько раз он также спасал меня от банок и горчичников — он не переносил детского плача и крика. Мама же была неумолима и сердилась на него за «баловство».

У советской царевны осталось на память от матери всего одно письмо, адресованное ей. Оно частично уже появлялось в этой книге, в главе о Василии Сталине, теперь привожу его полностью:

«Здравствуй, Светланочка!

Вася мне написал, что девочка что-то пошаливает усердно. Ужасно скучно получать такие письма про девочку. Я думала, что оставила девочку большую и рассудительную, а она, оказывается, совсем маленькая и, главное, не умеет жить по-взрослому. Я тебя прошу, Светланочка, поговори с Н.К., как бы так наладить все дела твои, чтобы я больше таких писем не получала. Поговори обязательно и напиши мне, вместе с Васей и Н.К. письмо о том, как вы договорились обо всем. Когда мама уезжала, девочка обещала очень, очень много, а оказывается, делает мало.

Так ты обязательно мне ответь, как ты решила жить дальше, по-серьезному или как-либо иначе. Подумай как следует, девочка уже большая и умеет думать. Читаешь ли ты что-нибудь на русском языке? Жду ответ.

Твоя мама».

Даже дежурного поцелуя нет в конце письма. Что это? Душевная глухота? Черствость? Сама царевна, став взрослой, говорит об этом письме: «Ни слова ласки. Проступки «большой девочки», которой было тогда лет пять с половиной или шесть, наверно, невелики; я была спокойным, послушным ребенком. Но спрашивалось с меня строго».

Отец в те же годы посылал дочери короткие, ласковые записки.

«Здравствуй, Светланка! Спасибо за подарки. Спасибо также за приказ. Видно, что не забыла папу. Если Вася и учитель уедут в Москву, ты оставайся в Сочи и дожидайся меня. Ладно? Ну, целую. Твой папа».

Но сердце ребенка необъяснимо и непознаваемо. Светлана обожала свою строгую и неприступную мать. Она теребила няню:

«А почему это так? Из бабушки и дедушки я люблю больше дедушку, а из мамы и папы — больше люблю маму».

Кира Павловна Аллилуева, двоюродная сестра Светланы Сталиной и племянница Надежды Сергеевны, была на несколько лет старше Светланы. Она вспоминает:

«Когда меня спрашивают, боялась ли я Сталина, то я всегда отвечаю — нет! Его я не боялась. Я боялась Надежды Сергеевны. Она замораживала, казалась строгой, скрытной. Лицо неприветливое, настороженное. Внешне она была мадонной — миндалевидные глаза, ровный нос, гладкие волосы. Я не видела ее улыбающейся. И лишь однажды... Светлане исполнилось четыре месяца. Надежда Сергеевна позвала меня. Светлана была чудесная, рыженькая толстушка с зелеными глазами. Вот тогда я увидела улыбку на лице Надежды Сергеевны и нежность к ребенку».

* * *

Дети воспринимают смерть близких со страхом и непониманием. Их, как правило, стараются оградить, увести, спрятать.

Светлану и Василия неожиданно утром, во внеурочное время отправили гулять. Гуляли долго. Осталось в памяти Светланы, как воспитательница утирала платочком глаза.

Потом являлись люди, с их подчеркнутым вниманием.

Потом официальное здание, большой зал, гроб в цветах.

Девочку берут на руки и подносят к лицу лежащей среди цветов матери — попрощаться. Она не понимает, что это такое. Но ей становится страшно, потому что чувствует смерть, и кричит, и отпрядывает от материнского застывшего лица, и ее быстро уносят из зала в какую-то комнату, где снова внимательные и добрые люди начинают играть с нею, и смазывается, стирается из памяти первое впечатление смерти.

Много их было, есть и, думаю, всегда будет — охотников пообсуждать и припечатать словом жестокую Светлану Сталину, которая в 1967 году бросила «на произвол судьбы» двоих достаточно взрослых детей: сын был уже студент, а дочь жила в крепкой семье своей бабушки по отцу. Но думая об этом ее весьма уязвимом, с точки зрения нравственности, поступке, я вспоминаю детство царевны: выросла без матери, знает, что и без матери можно выжить. Ее дочернее чувство в детстве имело изъян сиротства — в ее материнском чувстве этот изъян проявился по-своему. Чем виновата? «Не судите — не судимы будете».

Какова была жизнь царевны с тех пор, как она потеряла мать, до того совершеннолетнего дня, когда почувствовала себя влюбленной?

Через полгода после смерти Надежды Сергеевны девочка приехала летом на дачу и не нашла там своей любимой детской площадки с качелями, кольцами, с «Робинзоновским домиком». Не стало в доме воспитательницы Наталии Константиновны, которая учила Светлану и Василия чтению, рисованию, немецкому языку. Через некоторое время исчез и учитель Василия Александр Иванович, он иногда заставлял лентяя учить уроки.

После смерти жены Сталин сменил квартиру, не хотел оставаться там, где прозвучал роковой выстрел. Новая квартира была там же, в Кремле, в бельэтаже здания сената. Для жилья она оказалась неудобной — Сталин выстроил себе отдельную ото всех дачу в Кунцеве и переехал туда. Дети, челядь, родители покойной Аллилуевой жили в подмосковном Зубалове.

Незаметно весь осиротевший дом с двумя подрастающими детьми взял в свои руки тупой солдафон, чекист Власик. Он населил дом чекистами и чекистками: поварами, подавальщицами, сестрой-хозяйкой в чине лейтенанта госбезопасности.

Нависла угроза и над любимой няней Светланы: чекисты раскопали, что ее бывший муж — она рассталась с ним еще в годы Первой мировой войны — служил писарем в полиции. До революции!

Сталину доложили: «Бычкова ненадежный элемент».

Говорит Светлана:

«Я, услышав, что няню собираются выгонять, заревела. Отец не переносил слез — и, может быть, шевельнулся в нем какой-то здравый протест против бессмыслицы, — он вдруг рассердился и потребовал, чтобы няню мою оставили в покое».

Что бы ни говорили о тяжелом, холодном или неприветливом характере Надежды Сергеевны, люди, которых она брала в дом, одним фактом своего существования рисуют ее образ лучше, чем сплетни и слухи.

Та же няня, отчасти заменившая детям мать.

Экономка Каролина Васильевна, на которой при Аллилуевой лежало хозяйство, умная и деликатная. Она была, как говорится, «из немок» — Надежде Сергеевне это не мешало, а Власик убрал ее именно «по национальному вопросу».

Старая повариха Елизавета Леонидовна была заменена на двух безликих поваров с воинскими званиями, которые через день сменяли друг друга. Сменились официантки, бывшие при Аллилуевой, — появилась курносая, смешливая Валечка Истомина. Ей предстояло провести рядом со Сталиным долгие годы — до самой его смерти.

Весь стиль жизни из домашнего превратился в казённый, официальный, чекистский.

Сталин — грозный и великий вождь, перетерший зубами своих врагов и друзей, оказался одинок и беспомощен в быту, откуда так страшно ушла его женщина. Место ее заняла военизированная структура, еще глубже заводившая Сталина в ледяное холостяцкое одиночество. Он мог наслаждаться своими победами над врагами, своей властью над народом, мог наслаждаться до бесконечности любимой оперой «Иван Сусанин», балетами и пьесами в тех театрах, где была правительственная ложа — туда, где ее не было, Сталин не ходил; его могли время от времени радовать успехи детей, особенно отличницы Светланы, а также успехи народа в первых пятилетках, но наступал час, когда он оставался один на один со своими воспоминаниями, со своей совестью...

Нет!

Сталин не мог давать себе расслабиться, на его плечах страна.

Говорит Светлана:

«Для меня, девочки-школьницы, эти годы, вплоть до самой войны, были годы неуклонного искоренения и уничтожения всего, созданного мамой, какого-то настойчивого истребления самого ее духа, чтобы ничто не следовало установленным ею порядкам, чтобы все было наоборот...

И даже гибель таких близких друзей мамы, какими были Бухарин, Киров, Орджоникидзе, близкими и домашними воспринималась тогда, как истребление всего, что было связано с ней».

В жестоком единоборстве женщины и мужчины победил он.

Но разве каждая победа не есть победа Пирра?

Я уже писала об одной черте характера Сталина: он любил маленьких детей, забавлялся ими, а когда они вырастали и выходили из повиновения, отец терял к ним интерес и нежную любовь.

Пока девочка росла, между ней и отцом все было прекрасно.

Говорит Светлана:

«До начала войны в Европе отец бывал дома почти каждый день, приходил обедать, обычно со своими товарищами, летом мы вместе ездили в Сочи. Тогда виделись часто... именно эти годы оставили мне память о его любви ко мне, о его старании быть отцом, воспитателем...

Отец приходил обедать и, проходя мимо моей комнаты по коридору, еще в пальто обычно громко звал: «Хозяйка!» Я бросала уроки и неслась к нему в столовую, где все стены были заставлены книжными шкафами и стояли резной буфет с мамиными чашками, а над столиком со свежими журналами и газетами висел ее большой портрет».

В те годы отец водил царевну в театры и кино. В ложе ее сажали в первый ряд, а отец оставался в глубине ложи.

Она росла, у нее появлялись свои интересы, ее тянуло от него к сверстникам. Ей становилось с ним скучно.

До войны отец проявлял по отношению к дочери, как она сама говорит, «самодурские причуды». Когда ей было десять лет, в Сочи, на отдыхе он возмутился тем, что на ней короткое, по его мнению, платье.

— Ты что это, голая ходишь?

Ее детские трусики злили его:

— Безобразие, физкультурницы! Ходят все голые!

«Он вынес из своей комнаты две своих нижних рубашки из батиста и дал няне:

— Вот, сшейте ей сами шаровары, чтобы закрывали колени; а платье должно быть ниже колен!

— Папа, — взмолилась я, — да ведь так сейчас никто не носит!

Но это был для него совсем не резон. И мне сшили дурацкие длинные шаровары и длинное платье, закрывавшее коленки, — и все это я надевала, только идя к отцу. Потом я постепенно укорачивала платье — он не замечал, потому что ему было уже совсем не до того. И вскоре я вернулась к обычной одежде».

Сталин придирался к тому, что она носит летом носки, а не чулки: «Ходишь опять с голыми коленками». Он требовал, чтобы платья были не в талию, а широким балдахином. Алексей Аджубей, зять Хрущева и сын знаменитой московской портнихи Нины Матвеевны Гупало, вспоминал, как Сталин, недовольный туалетами дочери, кажущимися ему нескромными, сказал ей:

— Сними это. Носи то, что шьет Гупало.

Сталин сдирал с дочери берет:

— Что это за блин? Не можешь завести себе шляпы получше?

Светлану удивляло такое отношение к себе отца. Она пыталась объяснить это тем, что его раздражает ее непохожесть на маму, спортивность типа. Она считала — ему чего-то не хватало в ее внешности.

Думаю, с ним как раз тогда и происходил перелом отношения от дочери-ребенка к дочери-девушке. Его раздражала, бесила ее самость, ее самостоятельность, ее все возрастающее чувство свободы от него.

«Еще немного, и она влюбится в какого-нибудь негодяя, вроде меня, или еще хуже и вся будет принадлежать ему — мне места в ее жизни не останется». — Так он мог думать, так думают многие отцы...

В мае 1941 года, накануне войны, она написала ему очередное шуточное послание, какими они перебрасывались не один год:

«Мой дорогой секретаришка. Спешу Вас уведомить, что Ваша хозяйка написала сочинение на «отлично». Таким образом, первое испытание сдано, завтра сдаю второе. Кушайте и пейте на здоровье. Целую крепко папочку 1000 раз. Секретарям привет. Хозяйка». На этом письме Сталин оставил резолюцию: «Приветствуем нашу хозяйку. За секретаришек — папка И. Сталин».

Трогательные отношения в канцелярском стиле.

В детстве она была светла и открыта. Ее подружка Марфа, хорошенькая и добрая девочка, почти ровесница

Светланы, сидела с нею за одной партой в привилегированной школе:

«Светлана училась прекрасно, а я плохо, она помогала мне. Летом как-то вместе отдыхали в Крыму и на сталинской даче. Обе были сорвиголовы. По крышам лазили. На велосипедах гоняли. Решили в шторм искупаться в море. Вернулись побитые камнями, все в синяках. Прятались от охранников».

Пришла война, и изменилось все.

* * *

Говорит Марфа:

«Когда Вася Сталин взял меня в свой самолет, чтобы привезти к Светлане в Куйбышев во время войны, и я наконец-то добралась до Куйбышева, а Вася потом явился со своим самолетом, мы на этом самолете вместе летали над городом, пикировали. Светлана садилась за штурвал.

Там, в Куйбышеве, она рассказала мне, что случайно нашла американский журнал со статьей о ее матери и теперь знает правду: мама умерла не от аппендицита — она застрелилась. И тогда она написала стихотворение о том, как пришла на кладбище и увидела идущую ей навстречу ожившую скульптуру матери.

Эти стихи произвели на меня очень сильное впечатление. Тогда же Светлана читала мне свой, как мне показалось, замечательный рассказ «Перегонки», о лихом водителе, который хотел обогнать поезд — обогнал, но погиб.

Пока мы учились в школе, Светлана была нормальная симпатичная девчонка, все ее любили.

Мы дружили так, что иногда угадывали мысли и однажды даже видели одинаковый сон: вместе в вагоне ехали на юг, я просыпаюсь и говорю Светлане:

— Мне снился странный сон, будто я должна тебе что-то сказать, но не могу, немая.

Она то же самое видела во сне.

У нее было сильно развито предчувствие. Видит сон: большое гнездо, в нем орел с птенцами, и орел выбрасывает птенцов из гнезда.

— Это о Яше. Что-то случилось с ним, — говорит мне Светлана.

Вскоре стало известно, что Яша попал в плен.

Наша дружба изменилась, когда начались первые влюбленности: Светлана замкнулась и перестала со мной делиться. Одно время мне казалось, что она влюблена в Серго Берия и выйдет за него замуж».

Это казалось не только Марфе Максимовне. Кира Павловна Аллилуева рассказывает:

«В сорок втором году в Свердловск, куда была эвакуирована наша семья, вдруг прилетела Светлана. Она привела нас в семью Берия. Они тоже жили в Свердловске. Я в первый и последний раз видела Нину Теймуразовну — милая, гостеприимная женщина, рыжеволосая мингрелка. Сын ее Серго — красавец мальчик. Светлана улетела. Мы в семье пообсуждали и пришли к выводу, что она прилетала повидаться с Серго».

* * *

Идет война, а девочка свободно перелетает из Куйбышева в Москву, из Куйбышева в Свердловск — навещает друзей и родственников. Ничего удивительного — царевна.

Ей можно то, чего нельзя никому.

Ей нельзя того, что можно всем: ходить по улицам без охраны. И еще многого.

Думаю, вероятность брака Серго — Светлана прокручивалась не только в головах родственников и знакомых, но и в государственном мозгу Берия, а также в красивой головке его жены Нины Теймуразовны, матери Серго.

Берия с женой могли хотеть: такой брак — явное укрепление позиций Лаврентия Павловича, но с другой стороны, близость к вождю опасна — Сталин непредсказуем.

Сталин, похоже, вообще не думал ни о чем подобном.

Но человек предполагает, а бог располагает, к тому же и сердцу не прикажешь: судьбы кремлевских детей часто поворачивались вопреки воле родителей.

* * *

О, воздух времени, где царевна ощутила себя готовой к любви и счастью!

Сороковые! Война в эпицентре, но близится поражение захватчиков!

Москва, не сдавшаяся врагу, живет в предчувствиях. Все чего-то ждут.

Голос Левитана торжественно-бархатен: «Наши войска освободили город...»

С афиш кинотеатров улыбаются Людмила Целиковская и Валентина Серова — звезды советского кино. Во всех домах, на всех устах стихи — любовные заклинания поэта Симонова, посвященные Серовой:

> *Жди меня, и я вернусь,*
> *всем смертям назло,*
> *кто не ждал меня, тот пусть*
> *скажет — «Повезло!»*
> *Не понять не ждавшим им,*
> *что среди огня,*
> *ожиданием своим*
> *ты спасла меня.*

А рядом другое... Разорванность сознания кремлевских детей между их спецжизнью и обычной жизнью усугубляется появлением отблесков третьей жизни — куда более шикарной и свободной, чем спецжизнь, — загнивающей, капиталистической, возникшей вместе с появлением союзников на арене войны. Спецжизнь меркнет и тускнеет перед нею. Тем более обычная жизнь.

Москва радуется американским подаркам — продуктам, пластинкам, кинофильмам, фотографиям звезд Голливуда. Воображение переносит новые идеалы на тех, кто рядом или близко.

Кремлевские девушки поголовно влюбляются в Серго Берия. Марфе, внучке Горького, кажется, что «он, как две капли воды, похож на американского артиста Роберта Тейлора» — фильмы с его участием сначала привозят на правительственные дачи, а потом уже пускают в прокат.

Поэт Константин Симонов, киносценарист Алексей Каплер увлекают женское воображение свободой поведения.

Любовь Орлова, еще в конце тридцатых создавшая себя на экране по образу и подобию американских кинозвезд, теперь отступает перед явлением голливудской звезды Дины Дурбин, поющей на ломаном русском языке, сидя в освещенном круге. Фильм с участием Дины «Сестра его дворецкого» — странное, манящее название!.. Забытое, царских времен слово: «дворецкий». Это не фамилия, это должность при знатном господине...

«Серенада солнечной долины»... Виртуозная конькобежка Соня Хенни.

Мужские свитера и галстуки с оленями...

Во всех углах и уголках звучит под сурдинку Гленн Миллер. Хриплый голос Луи Армстронга чудится голосом свободы.

Замочная скважина на Запад полуоткрыта — заглянувшие в нее не могут оторваться. Она грозит разрастись, стать окном на «железном занавесе», окном в Европу, в Америку, окном в запрет...

Затем ли Сталин в тридцатых изживал всю эту нечисть, чтобы в сороковых она возникла с еще большей силой?!

Царевна Светлана на то и царевна. Она не падка на западные приманки. Она готовится в университет. Она будет историком.

В то время все вокруг учили немецкий *германский*, некоторые французский, но вот появился английский язык. Сталин захотел, чтобы дочь изучала английский. Именно этот язык пригодился ей в той жизни, которую Сталин для нее и представить не мог.

* * *

Осень сорок второго.

«Василия втянули в создание какого-то фильма о летчиках, который он должен был консультировать. Так Василий познакомился с Каплером, а через него со многими деятелями литературы и искусства. В Зубалове начались гульбища и застолья, в них принимали участие А. Каплер, Р. Кармен со своей красавицей женой Ниной, К. Симонов, М. Слуцкий, В. Войтехов, А. Мессерер и его сестра Суламифь, В. Серова, Л.Целиковская и многие другие, всех не упомнишь, — пишет живший на сталинской даче в Зубалове племянник покойной Надежды Сергеевны Владимир Аллилуев. — Василий сошелся с женой Кармена, а у Светланы начался роман с Каплером».

Вот как видится этот роман Марфе Максимовне: «Первая ее серьезная влюбленность была связана с Каплером. Он вскружил ей голову. Во время уроков она показывала мне газету со статьей «Письма с фронта», которая несомненно была адресована ей. Я ее читала, держа газету под партой.

В день своего рождения она в классе показала мне его подарок — замечательный старинный эмалевый кулон: зеленый лист с жучком.

Это было первое внимание к ней взрослого мужчины. Они встречались, гуляли по улицам Москвы, и, конечно, ей было с ним очень интересно, он массу рассказывал, вводя ее в окружающий мир. Я думаю, что эта несостоявшаяся любовь во многом сломала ее и предопределила будущее».

А вот что говорит сама Светлана: «После шумного

застолья начались танцы. Люся — так все его звали — спросил меня неуверенно: «Вы танцуете фокстрот?»

Мне сшили тогда мое первое хорошее платье у хорошей портнихи. Я приколола к нему старую мамину гранатовую брошь, а на ногах были полуботинки без каблуков. Должно быть, я была смешным цыпленком, но Люся заверил меня, что я танцую очень легко, и мне стало так хорошо, так тепло и спокойно рядом с ним!

Я чувствовала какое-то необычное доверие к этому толстому дружелюбному человеку, мне захотелось вдруг положить голову к нему на грудь и закрыть глаза...

«Что вы невеселая сегодня?» — спросил он, не задумываясь о том, что услышит в ответ. И тут я стала, продолжая переступать ногами, говорить обо всем — как мне скучно дома, как неинтересно с братом и с родственниками; о том, что сегодня десять лет со дня смерти мамы, а никто не помнит об этом и говорить об этом не с кем. Все полилось вдруг из сердца, а мы все танцевали...

Нас потянуло друг к другу неудержимо...

Люся приходил к моей школе и стоял в подъезде соседнего дома, наблюдая за мной. А у меня радостно сжималось сердце, так как я знала, что он там.

Люся приносил мне книги: «Иметь и не иметь», «По ком звонит колокол» Хемингуэя, «Все люди — враги» Олдингтона.

Он давал мне «взрослые» книги о любви, совершенно уверенный, что я все пойму. Не знаю, все ли я поняла в них тогда, но я помню эти книги, как будто прочла их вчера...

Огромная «Антология Русской поэзии от символизма до наших дней», которую Люся подарил мне, вся была испещрена галочками и крестиками около его любимых стихов. И я с тех пор знаю наизусть Ахматову, Гумилева, Ходасевича... О, что это была за антология, — она долго хранилась у меня дома, и в какие только минуты я не заглядывала в нее!»

Странное сочетание: школьница и сорокалетний московский бонвиван, вдруг воспламенившийся от... чего? От юности прелестной Светланы?

Она была хороша тогда по признаниям внучек Горького Марфы и Дарьи: «Зеленоглазая, живая, с копной рыжих волос — чудо! И умница».

Мать горьковских внучек Надежда Алексеевна писала портрет Светланы и наслаждалась ее красотой.

Но мало ли юных красоток в Москве? Ах, не прочувствовал ли отзывчивый Каплер одиночество царевны и не решил ли душевно помочь ей? Или просто захотел в зятья к самому Сталину, не слишком представляя себе последствия такого смелого желания?

Они ходили по улицам Москвы, никак не могли наговориться, а за ними поодаль брел постоянный сопровождающий царевны, охранник, чекист Климов.

Иногда смелый Каплер давал ему прикурить и всегда любезно здоровался с ним.

Сталин уже знал все. Дочь сама рассказала ему о Каплере, показала его пьесу — отец хохотал, читая ее, но потом нахмурился и сказал, что она ведет себя недопустимо.

Вскоре Каплер уехал в Сталинград — это был канун Сталинградской битвы, а в конце ноября 1942 года, развернув «Правду», Светлана прочла статью спецкора А. Каплера под названием «Письмо лейтенанта Л. из Сталинграда». Статья в форме письма к любимой. С намеками на Светлану.

Было затишье, как перед бурей.

Накануне нового 1943 года Каплер вернулся из Сталинграда. Они встретились со Светланой — она умоляла его больше не видеться и не звонить друг другу. Он оправдывался, говоря, что статью он посылал не для «Правды», что его «подвели друзья».

Трудно в это поверить. Думаю, Алексей Яковлевич, и в самом деле влюбленный в девушку, подогревающий себя тем, что она — дочь Сталина, — а это для него, писателя, целая историческая коллизия, потерял, если вообще имел тогда, чувство реальности. Ему, несомненно, хотелось, чтобы весь мир знал, какая у него любимая, какая прекрасная, завидная любимая, из окна которой «видна зубчатая стена Кремля».

Январь 1943 года, Светлана и Каплер не звонят друг другу. Она не сводит глаз с телефона. Он — тоже. Наконец она не выдерживает, звонит первая. И все начинается сначала.

Февраль. Они ходят в кино, театры, гуляют. Каплера пытаются образумить. Ему звонит полковник Румянцев, помощник всемогущего чекиста Власика. Предлагает уехать из Москвы. Куда-нибудь в командировку. Подальше.

Каплер посылает его к черту.

Последний день февраля — день рождения Светланы. Они вдвоем идут в пустую квартиру около Курского вокзала, где иногда собирались летчики Василия. С ними вместе неотлучный от Светланы сопровождающий Климов. Он сидит в смежной комнате и делает вид, что читает газету, а сам прислушивается.

Светлана и Каплер, стоя рядом, молча целуются. Они видятся в последний раз. Он уезжает в Ташкент, где снимается по его сценарию фильм «Она защищает родину». Они целуются, они счастливы, у обоих на глазах слезы.

Первого марта Каплер собирается в Ташкент. Настроение подавленное.

Второго марта являются двое и уводят на Лубянку. Там его встречает Власик. Его обыскивают, объявляют, что арестован. Мотивы — связи с иностранцами. Каплер действительно бывал за границей и знает едва ли не всех иностранных корреспондентов, аккредитованных в Москве. О Светлане — ни слова.

Третьего марта, утром Светлана собирается в школу. Неожиданно входит отец и, задыхаясь от гнева, спрашивает:

— Где, где все это? Где твои эти письма твоего писателя? Мне все известно! Все твои телефонные разговоры — вот они здесь! Ну, давай сюда! Твой Каплер — английский шпион, он арестован!

Светлана, словно во сне, достает из стола каплеровские записи и фотографии из Сталинграда, записные книжки, наброски рассказов, сценарий о Шостаковиче. Длинное прощальное письмо Каплера к ней.

— А я люблю его! — восстает Светлана.

— Любишь? — отец дает ей две пощечины. Впервые в жизни. — Подумай, няня, до чего она дошла! Идет такая война, а она занята...

«И он произнес грубые мужские слова, — других слов он не находил», — вспоминает Светлана.

О, если бы кто в тот миг напомнил Сталину, чем занимался он в то время, когда шла такая революция в 1917 году! Да и не тем ли самым?

Он, сорокалетний, как Алексей Каплер, соблазнял тогда шестнадцатилетнюю, как Светлана, девочку Надю Аллилуеву.

Почему же его дочери нельзя того, что можно было дочери его друга Аллилуева?

Почему старик Аллилуев, здравствовавший в сорок третьем, не напомнил Сталину о тех далеких днях? Почему никто не защитил влюбленную школьницу?

Почему Сталину в семнадцатом можно было то, чего нельзя было Каплеру в сорок втором? Не потому ли, что тогда была революция, а теперь — царство. Еврей позарился на сталинскую царевну...

* * *

Ничто, казалось, не могло очернить Каплера в глазах Светланы. Никакое надуманное английское шпионство. Но отец совершил самое страшное:

— Ты бы посмотрела на себя, кому ты нужна?! У него кругом бабы, дура!

Нет ничего сильнее слова!

Никакая пощечина не смогла бы разрушить душу девушки так, как разрушили ее эти слова.

Вызвать острый комплекс неполноценности теми словами, которые услышала от отца Светлана, ничего не стоило.

В самом деле, она дурнушка.

В самом деле, она никому не нужна.

В самом деле, такой знаменитый человек из мира кино, как он мог полюбить школьницу?

Значит, это был расчет? Он хотел не ее, а дочь Сталина, какая бы уродина она ни была!

Зачем ему дочь Сталина? Отец сказал... английский шпион...

Когда она в тот день вернулась из школы, отец сидел в столовой, рвал ее письма и фотографии.

— Писатель! Не умеет толком писать по-русски. Уж не могла себе русского найти!

Через год она вышла замуж за студента, приятеля ее брата Василия. Григорий Морозов так же, как и Каплер, был еврей, но Сталин уже истратил пыл на одного еврея. Зять ему не нравился, однако он как бы смирился и дал согласие на брак.

Говорит Светлана: «Был май, все цвело кругом у него на даче — кипела черемуха, было тихо, пчелы жужжали...

— Значит, замуж хочешь? — сказал он. Потом долго молчал, смотрел на деревья. — Да, весна, — сказал он вдруг. И добавил: — Черт с тобой, делай, что хочешь...

На одном отец настоял — чтобы мой муж не появлялся у него дома.

Нам дали квартиру в городе — да мы были довольны этим... Он ни разу не встретился с моим первым мужем и твердо сказал, что этого не будет.

— Слишком он расчетлив, твой молодой человек.

Смотри-ка, на фронте ведь страшно, там стреляют, а он, видишь, в тылу окопался».

Возможно, Сталин отчасти жалел, что разрушил Светланины отношения с Каплером. Хоть и тоже еврей, да был все же знаменитый человек. А может, привыкнув ни о чем не жалеть, он старался не вспоминать о Каплере?

* * *

Возле кремлевских дочерей и сыновей всегда было много желающих ухватить от благополучия, всегда вертелись охотники и охотницы за своеобразной добычей — за папочкой.

Муж Маи Каганович расстался с нею сразу после того, как Лазарь Моисеевич попал в опалу. Многие поступали также.

Династические браки настоящих царевен с настоящими царевичами и наследными принцами всегда предполагали равные возможности.

Царевна Светлана явилась на свет в другие времена. О браке с наследным принцем она при отце не могла даже помыслить. Династический брак внутри Кремля, например с Серго Берия, грозил последствиями: а что как папаши поссорятся?

И царевна «смотрела на улицу».

Отцы Кремля, впрочем, не слишком хотели видеть чужаков с улицы своими зятьями и снохами. Но где тогда искать???

Кремлевские жены лучше мужей знали пути и дороги в хорошие браки для своих детей. Солидные круги были у них наперечет.

— Жемчужина звонила моей маме, говорила, что Светлана, ее дочь, влюблена в Володю Илюшина, сына знаменитого авиаконструктора, а Володя ухаживает за моей сестрой Дарьей, так нельзя ли прекратить его ухаживания?

Дарья не была увлечена Володей, он благополучно

женился на Светлане Молотовой, но они потом разошлись, — говорит внучка Горького, Марфа.

У царевны Светланы не было мамы, способной позвонить и организовать, она плыла по волнам жизни сама.

Спустя три года, после замужества, Светлана рассталась с Григорием Морозовым. Остался сын — Иосиф. Отец никогда не вмешивался в этот брак, но разводом остался доволен.

* * *

Скучно и одиноко жила Светлана с 1947 по 1949 год. Мальчик рос. Она заканчивала университет. После смерти отцова соратника Андрея Жданова стала часто бывать в его семье: там молодежь, разговоры, споры.

Говорит Светлана: «Отец мой очень любил А.А. Жданова, уважал и его сына и всегда желал, чтоб семьи «породнились». Это вскоре и произошло, весной 1949 года, без особой любви, без особой привязанности, а так, по здравому размышлению...

В доме, куда я попала, я столкнулась с сочетанием показной, формальной, ханжеской партийности с самым махровым бабским мещанством. Сам Юрий Андреевич, питомец университета, бывший там всегда любимцем молодежи, страдал от своей работы в ЦК — он не знал, куда попал... У него были свои заботы и дела, и при врожденной сухости натуры он вообще не обращал внимания на мое состояние духа и печали... Мне с моим вольным воспитанием очень скоро стало нечем дышать».

* * *

Смерть Сталина разделила жизнь Светланы надвое: позади оставался, пусть подчас и суровый, но мир сказки, впереди — действительность. Сразу же обозначились все лица, лики, личины.

Двадцатисемилетняя царевна, мать двоих детей от

разных мужей лоб в лоб встретила начавшееся с первых же дней после смерти отца его развенчание: медленное, осторожное, неотвратимое. И если ее старший брат топил горечь предательств в водке, то ей, трезвой, было куда тяжелее смотреть, видеть и понимать.

Падение Берия.

Потом Маленкова, Молотова.

Воцарение Хрущева — приятеля ее покойной матери.

Двадцатый съезд нарастал не только в жизни, но и в душе царевны.

По положению Светланы в советском обществе, где наследнице правителя-отца, тем более женщине, невозможно было войти в долю власти, новые правители откупались все теми же кремлевскими благами: столовка в Доме на Набережной, поликлиника на Сивцевом Вражке, больница на Грановского и в Кунцеве, ателье в Малом Черкасском, машина к подъезду по требованию — чего еще желать? Пусть дочка проклятого Иосифа не смеет сказать, что люди, всем обязанные ее отцу, плохо обходятся с его потомством.

Светлана не бедокурила, как ее брат, с нею было легче.

Оказалось — труднее.

* * *

Шестидесятые.

Разрывом бомбы пронеслась по кремлевским кругам весть: Светлана опять выходит замуж!

Дочь Сталина — за иностранца?! Правда, он коммунист, но и аристократ.

Многие до сих пор не могут понять природы этого романа с пожилым, больным индийцем.

Могу понять более, чем любой ее другой роман.

В лице индийского аристократа с царевной встретилась незнакомая и высокая цивилизация, которой она могла бы соответствовать. Царевна увидела настоящего принца, приняла его благородное отношение к себе. Оно так не походило на советское обращение с нею.

Само место зарождения чувств — кремлевская больница — располагало к романтике. Щадящие и бодрящие процедуры, неспешные прогулки, оторванность от мира суеты, ожидание завтрашнего дня, такого же, каким был сегодняшний, то есть предсказуемого и защищенного врачами — ах, какие прекрасные романы возникали за больничными стенами улицы Грановского или в лесу Кунцева!!

Помню в пятидесятых свои прогулки с мечтательным, смуглым ливанцем, поэтом и философом, таким обаятельным человеком, что лишь быстрая выписка и слова мамы: «при папиной засекреченности иностранцам к нам ходить нельзя», — уберегли меня от решительных перемен в жизни.

«У Светланы разные образы. Когда она была замужем за Ждановым, следила за собой: норковые шубы, драгоценности, а когда была за индийцем — просто ужас в каком виде ходила», — вспоминает Марфа Максимовна.

Царевна умела ассимилироваться.

Неизведанный, таинственный заграничный мир вошел в жизнь царевны в образе Сингха с тем тонким отсветом долин Шамбалы, которым пропитан каждый интеллигентный индиец.

Они оказались нужны друг другу: нестарая еще, сильная царевна и угасающий индийский принц, одинокий в чужой стране. Кажется, впервые появился равный...

Они поженились.

Он вскоре умер.

* * *

Прах умершего принца оказался волшебным клубком, который вывел царевну из советского заточения. Сначала она боролась за право вывезти его прах для захоронения в Индию, потом боролась за возможность продлить свое пребывание в Индии и не выдержала, сорвалась с цепи, побежала, побежала, побежала по земле навстречу своей ушедшей молодости, навстречу миру Дины Дурбин, Роберта Тейлора и оленей на свитерах, навстречу тому, чего уже не было в западной жизни, да и сама царевна давно забыла о них, но дух молодости неистребим, и всегда одинаково сильно чувство советского человека, вдохнувшего первый глоток свободы. Пусть оно обманчиво, пусть потом непременно наступает жестокое отрезвление — этот глоток незабываем.

Сколько грязи было вылито на ее голову!

«Предательница памяти отца».

«Вырожденка».

«Кукушка — детей бросила».

И даже снисходительные понимали царевну со своих узких позиций: мол, как не убежать из тирании, созданной ее отцом, — она перечеркнула жизнь отца своими поступками и правильно сделала.

А была она суперфигура из супержизни, спецявление из спецмира.

Светлане Сталиной нет судьи в нашем веке и нет писателя-портретиста. Лишь одна черта высвечена ярко: царевна и теперь продолжает вести себя по-царски — в наши дни, когда в расползающуюся страну является невесть кто с требованиями вернуть земли и поместья, Светлана не предъявляет прав ни на подарки великому Сталину, ни на его дачи.

Ах, не имеет прав!

А кто имеет?

* * *

На западе Светлана попала в мир парадоксов.

Входным билетом в свободу стала ее собственная несвободная жизнь.

Искала свободу забыть прошлое — получила свободу вспоминать прошлое.

Ей предстояло раскрыться перед миллионами незнакомых во всем мире, дабы позабавить их чтением своих болей и печалей. Но сделать это следовало в их стиле: коротко, информативно. Советчиков нашлось много.

Светлана подряд выпустила на западе книги «Двадцать писем к другу» и «Только один год» — драгоценные по фактам, но, перечитывая их сегодня и зная, под какие диктовки они были написаны тогда, я думаю — стоило бы переписать их, переступив через все свои свободы и несвободы. Лишь она может сказать то, чего никто не посмеет.

И вот еще парадокс: Сталин своей историей жизни продолжал содержать любимую дочь на Западе. Не теми миллионами, якобы хранившимися в швейцарском банке — их не было, — а ее книгами о нем и его времени.

* * *

Мужья и возлюбленные Светланы Сталиной — словно вехи ее фантасмагорической жизни: невысокий, полнотелый московский ловелас Алексей Каплер; первый муж — красивый, умный и серьезный Григорий Морозов, школьный приятель Светланиного брата Василия; кремлевский сын Юрий Жданов, ученый — кто говорит блестящий, кто — скучный человек; троюродный брат Светланы Джоник Сванидзе, человек с феноменальной памятью, о котором его мать в детстве неосторожно сказала: «Ты такой умный, что, когда вырастешь, будешь у нас вместо Сталина»; диссидент Андрей Синявский, известный как писатель Абрам Терц, чьи «Прогулки с Пушкиным» стали интересной попыткой восхищения гением через отрицание; знаменитый врач Вишневский; математик, сын художника Томского; галантный Дмитрий Писаревский, редактор журнала «Искусство кино»;

некто Феликс Широков; знаменитый поэт Давид Самойлов; индийский аристократ и коммунист Радж Бридж Сингх; американский архитектор, статный красавец Питерс...

Кого искала Светлана во всех этих и других приписываемых мужчинах? Сказочного царевича? Не задумываясь, почему сказки о царевнах всегда заканчиваются свадьбой, но никогда свадьбой не начинаются?

Неужели прав был жестокий поэт?

> *Женский поиск подобен бреду,*
> *день короток, а ночь долга,*
> *женский поиск подобен рейду*
> *по глубоким тылам врага.*

Неужели до тех пор, пока мужчины и женщины не перестанут ощущать врагов друг в друге, даже царевны будут несчастны? Или тем более — царевны?

* * *

Светлана поселилась в Америке.

В начале семидесятых вдова американского архитектора Тейта, женщина со славянскими корнями, похоронившая дочь по имени Светлана, проявила интерес к советской беглянке с таким же именем.

Царевна усмотрела голый материальный интерес к себе в поведении вдовы Тейта и ее ближайшего помощника, архитектора Питерса, и этим объяснила свое замужество с Питерсом, и этим же объясняет развод с ним.

Думаю, она сгустила краски, приученная отцом к мысли, что ею непременно хотят воспользоваться, и отвыкшая от этой мысли после смерти отца, а особенно в период индийского замужества. Светлана в Америке вновь, в какой-то степени, оказалась «на коне», а значит — приспособленцы тут как тут.

Американский архитектор оставил Светлане поистине царский подарок — дочь Ольгу.

И царевна опять побежала по земле, но уже с маленькой девочкой, искать не царство божие внутри себя, хотя давно была крещена в Православии, а простое человеческое счастье.

Западный мир, разочаровавший собой Светлану, в свою очередь разочаровался в ней и закрыл кредиты, исчерпав для себя ее воспоминания.

Царевна растила девочку, билась об углы, сначала американской, потом английской жизни, погружаясь в сомнамбулическое состояние духа, всегда свойственное людям континентального климата, поселившимся на британском острове. Ее все больше и больше тянуло к себе прошлое.

Англия, как никакая другая страна в мире дает почувствовать иностранцу отстраненность от нее и принадлежность к жизни, откуда пришел. Знаю это по себе и отлично представляю, что происходило со Светланой перед тем, как она захотела побежать обратно на родину.

...Казалось, я нахожусь на некоей чужой сцене с незнакомыми мне участниками, выступаю в чужой пьесе, а моя собственная идет далеко, далеко, не слишком ощущая отсутствие персонажа...

Восьмидесятые годы.

Царевна побежала назад, домой, в прошлое, которого уже не было. Но оставалась еще форма, отлитая ее отцом: Советский Союз. Светлана была все та же: сильная, страстная, противоречивая, реликтовая. Она несла с собою правду об американской сказке, оказавшейся ложью, но там, куда она вернулась, этот опыт уже был не нужен — каждый искал своего опыта, желая преодолеть пошатнувшийся «железный занавес», а сказка, исчерпанная постаревшей царевной, осталась всего лишь сказкой для неисчерпавших ее. Но это был родной мир, а в нем люди — огромная семья: дети, внуки, сестры, братья, племянники, Москва, Тбилиси, Гори, опять Москва.

Реликтовая... Странным клубком противоречий, впитавшим в себя все ее опыты, предстал перед близкими характер царевны. Некоторые родственники сомневались в ее здравом уме, замечая:

манию величия: «сиди тихо в своем Урюпинске, не вылезай, иначе будешь иметь дело со мной. В Грузию ездить не смей!» — приказывала она своему племяннику Евгению Джугашвили;

манию преследования: «за мной везде следят чекисты проклятые», — жаловалась она близким;

манию доносительства: Светлана после своего возвращения в СССР из Англии писала доносы на старшего сына по месту его работы.

* * *

Что ж, все в рамках ее прошлого.

Родственники говорят — она могла ударить по лицу официантку санатория за нерасторопность, устроить любую публичную сцену, ласкаться к человеку и тут же отматерить его: такие поступки роднят ее с братом Василием.

Она сумела возбудить против себя общественное мнение разных стран и разных людей.

«Непонятны восторги нашей прессы перед этой особой, не выдержавшей скромного патриотического экзамена, какой выдерживают у нас для того, чтобы торговать котлетами в гарнизонной лавке», — писал возмущенный американский офицер.

«Правильно сделали ее дети, что не захотели видеть такую мать, как Светлана Иосифовна, которая бросает своих детей. Нет прощения такой матери. За ссору с сыном она требовала выслать его на Сахалин. Ее бы воля, и расправилась бы она с сыном, как ее отец-палач со всем народом», — писала возмущенная советская женщина.

И много подобного.

Могу ли я понять такую Светлану Сталину? А нужно ли? Думаю, ее характер был бы неподвластен даже перу Шекспира, для его пьес, где женщина всегда являлась лишь декоративным фоном, на котором разворачивались мужские страсти.

* * *

Светлана не ужилась с близкими, далекими, с каждым отдельным человеком и со всем советским народом. И она опять побежала за границу, теперь уже открыто, официально, при горбачевской перестройке.

Но куда убежишь от себя? Куда убежишь от незнания, что бег по земле не спасает бегущего, если он не знает, или не хочет знать, дороги к Небу.

Советская царевна сделала свой подарок английскому правительству: пошла в муниципальный дом престарелых, на полное социальное обеспечение этой страны. Мог ли Уинстон Черчилль, встававший с кресла при появлении Сталина в 1945 году во время Ялтинской конференции, когда делили Европу, предполагать, что его страна даст такой приют дочери советского диктатора?

Девяностые годы.

Царевна вновь возникает из небытия на экране, в телепередаче «Светлана — дочь Иосифа».

Смотрю и вижу, как она сильно больна, да не теми болезнями, что приписывают ей и какие записаны в ее английской медицинской карте, а той, единственной, простой, как правда, ностальгией по прошлому, настоящему, будущему, по всему, что случилось с ней, по всему, чего не случилось, по всему, что должно было случиться. И тогда кажется, что я совершенно понимаю ее, ибо точно такая же, хоть и не царевна. И множество таких.

А жизнь проста, заключена в границах между первым криком ребенка и последним выдохом усталого существа, внутри же — лишь иллюзии...

* * *

Но жизнь не кончается.

По всему миру разносится весть — Светлана постриглась в монахини и живет в католическом монастыре, в Италии. И тут же опровержение — ей не понравился строгий режим монастыря, и она покинула его. Оказывается, оба слуха — ложь.

Не удивлюсь, если завтра объявят, что она вышла замуж за какого-нибудь наследного принца и уехала с ним жить на остров. И это будет правдой. Могу предположить даже весьма молодого принца. Царевна не имеет возраста, ее постаревшее лицо и фигура лишь оболочка, а в сущности, она бессмертна, как всякая женщина, воплотившая себя в детях и книгах.

Бог ей судья.

ОКОПНАЯ ЗВЕЗДА

Что-то мешает мне поставить точку в главе о Светлане. Чего-то не хватает для завершения образа. Наплывают мои собственные встречи и ощущения, давно забытые.

Когда это было? Кажется, в 1969 году. Весной, кажется. В те дни по радиостанции «Свобода» читали «Двадцать писем к другу» Светланы Аллилуевой — сенсационную книгу о Сталине, о времени, о себе.

Я не слушала «Свободу» — уже привезли мне тайком эту книгу, и я прочитала ее.

Центральный Дом литераторов. Зашла выпить кофе, ко мне подсели Алексей Яковлевич Каплер с женой, поэтессой-фронтовичкой Юлией Друниной. Каплер, давно вернувшийся из тюрьмы, был знаменит еще более, чем во время войны. Он замечательно вел популярную в стране телевизионную передачу «Кинопанорама»: мудро, остроумно, весело.

Седой Каплер казался мне похожим на добродушную бабушку. Славу донжуана, пожирателя сердец, в прошлом возлюбленного дочери Сталина поддерживала лишь всегда находившаяся рядом с ним прекрасная Юлия.

Впервые я увидела Юлию Друнину в конце пятидесятых на кинопросмотре в «Литературной газете». Она была старше меня лет на десять-одиннадцать и показалась немолодой, неприметной, серенькой. Рядом с нею был ее муж, поэт Николай Старшинов, худенький, невысокий, с огромными глазами, и тоже, как будто, не очень приметный. Но не могла я их не приметить, слишком волновали меня слова: «поэт», «стихи», «поэтесса». Друнина и Старшинов — люди моей мечты, явления из мира поэтической жизни.

Через несколько лет, когда в этом мире я стала своим человеком, Юлия Друнина и Николай Старшинов были в разводе. Один знакомый, живший в дачном поселке в Пахре, сказал вскользь: «Мой сосед Каплер. Много дам перебывало у него на даче, но в последнее время вижу одну. Она прикрывает лицо шарфом, но я узнаю ее — это Юлия Друнина».

Каплер и Друнина поженились.

Так получилось, что мы с Юлией нередко оказывались вместе в чисательских поездках по стране. Дружбы между нами не было, но и вражды тоже. Она очень изменилась с тех пор, как я впервые увидела ее. Откуда-то возникла яркость красок. Отрастила волосы — их копна очень украшала новую Юлию. Хорошая, стройная, безвозрастная фигура.

Мне нравилось ее внешнее спокойствие, уверенность не то чтобы в себе, а вообще, в жизни. Несколько раздражала монотонная тематика ее стихотворений — война, окопы, опять война, окопы. Один из ее сборников на-

зывался «Окопная звезда». Эта ухоженная красавица и
окопы не совпадали. Всюду в газетах и журналах крити-
ки часто цитировали ее стихи:

> Я только раз видала рукопашный,
> Раз наяву и тысячи во сне,
> Кто говорит, что на войне не страшно,
> Тот ничего не знает о войне.

Мне казались фальшивыми эти, всех восхищавшие,
строки.

Да кто же говорит, что на войне не страшно? Однажды я сказала об этом Юлии, и она ответила:

— Верно. Но ведь это стихи, в них все можно.

— Не пойму, что в Каплере особенного. Умеет он
увлечь женщину. Вон как Юленька расцвела с ним. А посмотреть — доброго слова не стоит этот Каплер, — про-
ворчал Павел Филиппович Нилин на литературном вечере во время выступления Друниной. Я восхищалась
этим суровым, резким, вредным, неосторожным на слово
писателем, и его общество предпочитала многим, —
Тартюф!

Бабушка, донжуан, Тартюф, возлюбленный сталинской дочери, Юлин муж — Каплер казался мне совершенно неинтересным. И даже его трогательно-подобо-
страстное поведение с Юлией, при ближайшем рассмотрении, охлаждало первые восторги: старый муж — она
была моложе его на двадцать лет. Юлия — 1924-го, Каплер — 1904 года.

Последняя любовь.

Чувство Каплера к Друниной было известно всем.
И всем видно.

В составе делегации Юлия едет в какой-то город.
Каплер провожает ее с цветами, в дороге в вагон без конца несут телеграммы от него к ней, а на конечной станции
он встречает ее с цветами. Однажды Нилин, увидев Каплера с букетом в окне вагона, завистливо сказал:

— Каплер не оригинален. Так поступал летчик Серов,
когда добивался любви своей будущей жены Валентины.

— Пусть не оригинален, — возникла я, — приятно видеть, как любят женщину.

Вечером этого дня Павел Филиппович купил мне букетик цветов.

— Я не Каплер, — сказал он, заметно стесняясь, — не умею ухаживать.

— У вас и результаты другие, — жестоко ответила я.

Каплер и Друнина много путешествовали вдвоем Любили весной уезжать в Коктебель, на сезон цветения степных маков и ходили пешком по Карадагу многие десятки километров.

— Она загонит в гроб бедняжку Каплера, — судачили пляжные кумушки. — Не может быть, чтобы ему, старику, нравились эти походы.

— Движение — жизнь, — возражали им другие пляжные кумушки. — Каплер продлил себе молодость, женившись на Юле. Уж он-то знает толк в женщинах. Сама Светлана была у него...

Разговор угасал, возможно, за отсутствием конкретного материала.

Но вернусь к началу.

* * *

Каплер и Друнина подсели ко мне, а к ним подсела их знакомая, неизвестная мне прежде женщина, ярковосточного типа, полуседая, с летящей прической.

— Ты слушаешь «Свободу»? — спросила она Каплера и улыбнулась, покачивая в руке небольшие часики на длинной цепочке. — Тебя не забыла.

— Ах, она подонок! Мещанка! Не хочу я слушать! Все, что услышу, — ложь! — он волновался, был красен, щеки тряслись.

Юлия молчала так, словно ее это не касалось, но какая-то тень была на ее лице.

Каплеры быстро допили кофе и ушли. А я подумала:

«Зачем он так? Даже если Светлана в чем-то перед ним виновата, зачем? И почему волнуется?»

Но я не имела права судить. Каплер был человеком сталинского времени. Он отстрадал свое и, возможно, опасался, что вражеские голоса снова треплют его имя, и неизвестно еще как и чем аукнутся ему воспоминания Светланы.

Через несколько лет, гуляя после поэтического вечера в тихом парке города Пскова, Юля сказала мне:

— Я хочу прочитать тебе стихотворение, оно называется «Царевна»:

> Какая грусть в кремлевском парке
> Октябрьским ознобным днем!..
> Здесь девочка еще за партой
> Счастливо думала о Нем.
>
> Не просто девочка — царевна
> В кремлевском тереме жила.
> Там с нею сладко и напевно
> Аукались колокола.

(«Какие колокола, — думала я, — Кремлевские колокола мертвы. Но «это стихи, а в них все можно».)

> Ах, как глаза ее мерцали,
> Когда ждала свою мечту!..
> Но самый грозный меж отцами
> Сослал безумца в Воркуту.
>
> Ушел в безмолвие. С концами...
> Что передумала она?..
> Ей в сердце врезалась зубцами
> Навек кремлевская стена.

Я молчала.

— Ничего не говори, — сказала Юлия, — я просто хотела прочесть это тебе.

В стихотворении Юлия как бы становилась Светланой, переживая ее поруганную любовь. И она читала его мне, помня ту встречу за столиком, как бы извиняясь за слова Алексея Яковлевича, не мне даже сказанные, но вынужденные в конце шестидесятых, когда еще боялись теней, которых уже не было.

И я подумала: если бы Сталин понял чувства дочери, поверил Каплеру и поженил их — что было бы?

Трудно предсказать. Возможно, тюрьма уберегла Алексея Яковлевича от чего-то не менее страшного, если не физически, то духовно.

От разложения кремлевским бытом?

Или от бессмысленного сопротивления этому быту?

От всех иллюзий, связанных с разоблачением культа личности?

От непредсказуемости характера самой Светланы?

* * *

Мы с Каплерами жили на одной улице. Однажды я встретила Алексея Яковлевича на рынке. Мы пошли вместе между рядами, он говорил исключительно о Юлии, покупая ей лучший творожок, любимые яблоки, полезную морковку, говоря, что она плохо себя чувствует, а он беспокоится.

Это было скучно.

Оказавшись с Юлией в одном купе поезда, несшего нас на литературные торжества, я узнала ее беду — бессонницу. Проснулась — в купе, кроме нас двоих, никого не было, — она сидит на противоположном месте и вправо-влево раскачивает головой.

— Что с тобой?

— Ничего. Спи. Все в порядке.

Опять просыпаюсь среди ночи. Она все в том же состоянии. Сажусь на постели.

— Юленька, объясни.

— Ах, это у меня со времен войны. Ночью, как в окопе.

— В поезде вообще трудно уснуть.

— Не только в поезде. Я совсем не сплю.

— И дома? С Каплером?

Она смеется:

— И с Каплером.

Несколько раз мы оказывались в одном номере гостиницы. Я никогда не видела Друнину спящей.

«Плохо себя чувствует», — сказал тогда на рынке Каплер.

А как можно себя чувствовать, если никогда не спишь?

Зная эту особенность Юлии, я почему-то стала внимательнее относиться к ее стихам и разглядела в них цельную, последовательную, бескомпромиссную натуру, уверенную в своей правоте — типичный характер эпохи.

Окопная звезда... Отражение звезды в лужице фронтового окопа?

В нашем литературном мире, разделенном на правых-славянофилов и левых-западников, лакмусовой бумажкой для определения принадлежности писателя к тому или иному лагерю был еврейский вопрос.

Если ты еврей, значит, западник, прогрессивный человек. Если наполовину — тоже. Если ни того, ни другого, то муж или жена евреи дают тебе право на вход в левый фланг. Если ни того, ни другого, ни третьего, должен в творчестве проявить лояльность в еврейском вопросе. Точно так же по еврейскому признаку не слишком принимали в свои ряды группы правого, славянофильского фланга. Помню, ко мне в дом напросились два поэта, а уходя, один из них, сильно подвыпивший, сказал:

— Мы приходили проверять твою мать, не еврейка ли она.

— Ну и как, проверили?

— Вроде бы не похожа. Все равно, хоть у тебя и русские стихи, ты по духу — не наша. Но и им не подойдешь. Скорей всего — не пробьешься.

Западники, в свою очередь, советовали мне расстаться с подчеркнутой русскостью в стихах и написать что-то проеврейское, а я думала, что оскорблю евреев нарочитым подлаживанием к ним. И вообще вся эта возня была для меня ниже уровня культуры.

Я рассказала это о себе, думая о Друниной. Она была еврейкой по матери. А также — по Каплеру. Но левый фланг не слишком жаловал ее прямолинейные патриотические стихи. Правому флангу она не подходила наверно, из-за матери и Каплера.

Юлию всегда избирали членом правления Союза писателей СССР, награждали орденами, государственными премиями. Книги ее выходили в свет одна за другой.

Друнина вписалась бы в небольшой ряд официальных литераторов, которые могли себе позволить не быть справа или слева, но ей для этого явно не хватало общественного темперамента: она сторонилась собраний, совещаний, пленумов и съездов.

Остается признать, что Друнина позволила себе определиться в литературном мире вполне самостоятельно не связанном с группами. Это роднило нас, и мы, случайно оказавшись в купе или в номере гостиницы, иногда жаловались друг другу на трудности быть вне группы или гордились своей кажущейся независимостью.

«Я сама по себе».

«И я сама по себе».

Я говорила ей, что, если бы мы не были женщинами, нам труднее было бы определяться в литературном мире. Она не соглашалась со мной и высмеивала мое деление людей только на мужчин и женщин.

— Пойми, — убеждала я, — почему мы с тобой незаменимы в поездках? Бедные люди, уставшие от идеологии, видят тебя с твоими волосами. И ты начинаешь:

По улице Горького, что за походка,
девчонка плывет, как под парусом лодка.

У них вздох облегчения — пошел человеческий язык. Юлия не спорила.

* * *

Каплер умер. Юлия втянула голову в плечи. Люди говорили:

— Перед Друниной три дороги. Вдоветь. Организовать быт, беречь здоровье, писать, радоваться жизни.

Все для этого есть. Второе — жить с молодым мужчиной. После Каплера — в самый раз. Полезно для здоровья, хотя и шатко — молодой скоро будет смотреть в сторону. Друнина не потерпит и разойдутся. А третий путь — искать замену Каплеру. Но второго Каплера не будет.

Она пошла по третьему пути. Борис Пидемский, директор ленинградского издательства «Аврора», даже внешне чем-то напоминал Алексея Яковлевича.

— Вот идет Друнина с новым Каплером, — злословили прилитературные языки.

В дни Пидемского Друнина как-то сказала мне:

— Ведь я увела Бориса из семьи. Жена прокляла меня. Сказала: «Чтоб ей больше ни одного стихотворения не написать!» Вообще, это плохо. Я уже второй раз увожу. Счастья не построишь на чужой беде.

— А кого ты уводила в первый раз? — спросила я.

— Каплера.

— Так ты же с ним была счастлива.

— Была-то была, да вот его нет. Какое это счастье? Наказание.

Я не спросила тогда у Юлии, от кого она увела Каплера. Мне было неинтересно.

Юлия и Пидемский вместе ездили на могилу к Алексею Яковлевичу — Юлия похоронила его в Старом Крыму, там, где они вдвоем бродили по степям и горам. Потом, вернувшись, она читала мне строки: «Твои тюльпаны на его могиле» и говорила: «Вот не знаю, как лучше сказать, может быть: «его тюльпаны на твоей могиле»?

Второго Каплера из Пидемского не получилось. И Юлия свернула на вдовью дорогу, возможно, все еще надеясь на чудо новой встречи.

* * *

В середине ноября 1991 года мы встретились с Юлией в Союзе писателей. Она пожаловалась, что ей вернули стихи из нескольких журналов, мол, такие сочинения теперь никому не нужны. Она была депутатом Верховного Совета СССР последнего созыва, сильно переживала происходящее в обществе, воспринимая обвал негативных тенденций как надругательство над святынями.

— Не знаю, что делать, — сказала она растерянно.

— Ты женщина, у тебя есть возможность уйти в женское движение, только там можно возрождать нравственные идеалы. Мужской мир себя исчерпал, — твердила я Друниной, но она морщилась.

— Ах, ты все о своем. Мне это чуждо.

— Как может быть чуждо то, чего ты не знаешь, о чем не задумываешься?

Несмотря на переживания, Юлия середины ноября — выглядела превосходно: светлые, пышные волосы нарядно контрастировали с бархатным черным костюмчиком в стиле «Шанель».

Видя ее нарядной и бодрой, я всегда говорила: «Горжусь знакомством», и Юлия радостно улыбалась комплименту.

Через несколько дней — я запомнила число — это был мой день рождения, 23 ноября, вечером раздался звонок. Юлия. Мы никогда не звонили друг другу — поэтому я удивилась.

— Лариса, я хотела спросить. У тебя в книге «Облако огня» есть очерк об Александре Яшине. Задолго до смерти он попросил прийти на его похороны и принести три желтых розы. Почему три? Покойнику нужно четное число цветов.

— Не знаю, Юля. Почему-то три. У него теперь не спросишь.

Она засмеялась.

— Вы не были друзьями с Яшиным?

— Я вообще мало его знала. Как говорится, слегка ухаживал.

— Скажи, у нас с тобой все в порядке?

Я не поняла вопроса.

— Ну, мы ведь никогда не ссорились? Я тебя никогда не обижала?

— Никогда. Да и я тебя, по-моему, тоже.

В это время раздался звонок в дверь. Муж пошел открывать. В комнату с букетом гвоздик вошла гостья. Она не забывает напомнить, сколько мне лет.

Юлия продолжала что-то говорить, я уже отвлеклась, но в памяти задержалась фраза, сказанная то ли Юлей, то ли пришедшей Олей: «Нужно шесть красных гвоздик».

Через несколько дней Юлия Друнина, войдя в гараж, сев в машину, включила зажигание и так покончила с собой. Я положила ей в гроб шесть красных гвоздик — как она и сказала мне по телефону.

Почему она это сделала?

Спустя некоторое время я вела вечер памяти Друниной в Центральном Доме литераторов. Зал был полон. Вечер вышел трогательный, цельный, как и его героиня. Но всех интересовал один вопрос: почему?

Думаю, на такие вопросы не бывает окончательных ответов. В данном случае собралось многое: слом времени и нежелание видеть не свои времена. Бесперспективная новая любовь. В третий раз уводить человека из семьи — ничего хорошего, а это как раз надвигалось в жизни Юлии. Оскорбительные отказы из редакций.

И... Каплер.

Да, она не пережила его, не перенесла потери его любви к себе, хотя физически продолжала жить. Он заполнял ее память, выигрывал в каждом сравнении и, мертвый, давал понять, что с его уходом кончилось ее счастье.

Узнавший счастье — забыть не может...

Каплер, дав Друниной время прочувствовать, какова жизнь без него, увел ее с земли. Но не в могилу.

Недавно астрономы открыли в небе новую звезду и назвали ее: «Юлия Друнина».

Она действительно была звездой. Неяркой, мерцающей, принесшей счастье одному, несчастье другим, оставленным ради ее любви, доставившей радость тем читателям, которые любили ее немудреные, но искренние и чистые стихи.

Она светит оттуда, и некоторым здесь, на земле, кажется, что случайно, по прихоти звездочета-читателя попала так высоко.

А я думаю, Юлия, звезда современной любви, окопная звезда — как раз на месте.

СОПЕРНИЦА ТОКАРСКАЯ

Моя Кремлениада пишется по неким, не всегда понятным мне законам. Не успела я поставить точку в главе о Юлии Друниной, как возникла новая беспокойная мысль: не сходятся концы с концами. Юлия, окопная звезда — все так, но какая связь со Светланой? Возможно, разлука с Каплером изменила характер царевны более, чем все вместе удары судьбы? Возможно, но это еще нужно доказать, а мне пока что даже неясно, почему Каплер так резко отозвался о Светлане в застольном разговоре в Доме литераторов: сама ведь слышала.

Что все-таки случилось между Светланой и Каплером после его возвращения из мест не столь отдаленных? Не мог он примитивно трусить перед ее воспоминаниями. И кто был в его жизни между Светланой и Юлией — какая женщина? Эти мысли не давали мне покоя еще и потому, что помнилось, когда-то я читала о ней в ксерокопии страниц, не вошедших в первое издание книги «Двадцать писем другу».

Где они?

Нашлись.

Светлана рассказывала в них о встрече с Люсей после его возвращения, о его жизни в Воркуте, где он сошелся с актрисой Валентиной Токарской, а когда они с Токарской вернулись в Москву и у него со Светланой опять начались встречи, подобные тем, далеким, наказанным ее отцом, то Каплер опомнился первый. Он сказал Светлане, что «обязан посвятить Токарской остаток своей жизни».

Она не спорила, но...

«Светлана влюблялась бешено. Скандалила, приходила к женам, разбивала окна, при разлуке отнимала подарки», — это из журнала «Times».

«Когда мы с Серго уже были женаты, она звонила ему, назначала свидания», — вспоминала Марфа Пешкова.

Говорит Светлана: «Я позвонила Токарской и пошла в театр, чтобы увидеть ее. Не знаю — зачем. У меня было смутное чувство, что мне надо это сделать. Она была очень мила со мной — немолодая, умная, изящная женщина, актриса до мозга костей. Она хотела быть доброжелательной и великодушной. И, увидев, я поняла, что все на своих местах, и мне остается только уйти и как можно скорее...

Я все-таки произнесла: «Я люблю Люсю», на что она, усмехнувшись, великодушно сказала: «Пусть он делает, что хочет, только чтоб я об этом не знала». И еще она сказала, зная силу своих слов: «Да, я всегда знала, что Люся очень неверный человек. Не обольщайтесь. Он любил в своей жизни одну лишь Тасю Златогорову, но даже и ей он не был верен. Это такая натура».

Мне нечего было больше говорить. Я получила все те удары, которых искала получить... Я знала — это конец всему.

Люся ополчился теперь против меня, его негодованию не было границ. Его не стало больше.

— Зачем ты это сделала? Зачем? Ты можешь объяснить мне?

Нет, я не могла объяснить. Что-то двигало мной помимо моей воли».

Ситуация проясняется. Оказывается, царевна способна вести себя, как обыкновенная женщина. Слово «мещанка», сказанное Каплером, становится понятным. И понятным становится их разрыв, на котором и следует поставить точку.

Не успела я поставить эту точку, как позвонила актриса. Вера Кузьминична Васильева пригласила на свой бенефис в Театр сатиры. Спектакль по пьесе Жака Кокто «Священные чудовища».

Я пришла рано, сдала пальто, обернулась к зеркалу поправить волосы и среди фотографий актеров сразу увидела немолодое женское лицо с какой-то вымученной улыбкой: Валентина Токарская.

Купила программку. Среди действующих лиц читаю: «Старая дама — народная артистка России Валентина Токарская».

Сегодня увижу!

В спектакле одна из героинь настойчиво говорит о своей маме, которая ничего не видит и почти ничего не слышит. Она так часто повторяет эти слова, что зритель все время ждет появления мамы.

Старая дама появляется, как чеховское ружье, которое весь спектакль висит на стене и лишь в последнюю минуту выстреливает. Впиваюсь глазами. Токарская очень старенькая, маленькая, согбенная. Она приплясывает, улыбается и, кажется, вот-вот упадет. Зал хохочет, аплодирует. Занавес закрывается. Я иду за кулисы к Вере Кузьминичне, сказать ей слова восхищения. Перед лифтом стоит Токарская. Вблизи она кажется совсем ветхой. Еду с нею в лифте и хочу спросить... О чем? О Светлане, о Каплере? В лифте?

Захожу к Вере Кузьминичне — она возбуждена, как это бывает у актеров, когда они знают, что сегодня были на высоте. Говорю слова, в таких случаях всегда неадекватные чувствам, а потом решаюсь:

— Мне нужно увидеть Токарскую.

— Это не сложно. На днях будет юбилей нашего Токарика. Ей исполняется девяносто. Хотите пойти со мной?

* * *

Четвертого апреля 1996 года мы с Верой Кузьминичной на юбилее. Зал переполнен. Восемь телекамер. Думаю: весь вечер очень старая дама будет молча выслушивать скучные приветствия.

На сцену выходят — все в черном — молодые актеры и актрисы Театра сатиры. Рассаживаются полукругом перед старинным креслом — в него сядет юбилярша. Я не представляю, как справится с юбилеем та, почти отключенная от жизни старушка, с которой я поднималась в лифте.

Не верю глазам: в роскошном палевом платье до полу, с такого же цвета длинным шарфом, который через минуту превратится в чалму — наряд сделан самим Славой Зайцевым, — на сцене появляется героиня вечера — стройная, фигуристая, с горящими глазами. Девяносто? Не может быть!

Легко садится в кресло:

— Я благодарна всем, кто пришел сегодня посмотреть на уцененный товар, сделанный в 1906 году.

«Каплер родился в 1904-м, Светлана Сталина родилась в 1926-м, — высчитываю я, — Валентина Токарская старше Светланы ровно на двадцать лет».

— Папа мой был артист, а мама — немка (смех в зале). Однажды папа заехал в маленький городок с деревянными мостовыми. Царицын на Волге. Там жили немцы. Увидел маму, попросил ее руки. Родители мамы были кузнецы, для них артист — это прощелыга. Не согласились. Папа поехал в Петербург. Он играл вторые роли. Мама потихоньку убежала из дому и приехала к нему. Они пошли в церковь, венчаться. Пешком — не было денег нанять извозчика. Но был шафер, знаменитый артист Монахов. Крестной моей стала примадонна оперетты. Она сказала маме: «Придешь утром, я что-нибудь подарю крестнице».

Утром моя крестная выпила шампанского и подарила маме шкатулку, а в ней двадцать пять рублей. Тогда это было — ого! Мы жили при царе. Какое было время!

Я болела в петербургском климате, и папа увез нас в Киев. Я училась в Фундуклеевской гимназии. Ее основала императрица Мария Федоровна, мать Николая Второго. Я царя видела. Я вообще все видела. Царица приезжала на большие праздники — у нее было эмалевое лицо.

Я терпеть не могла учиться. Но выступала в концертах. Читала монолог Чацкого из «Горя от ума». Успех — бешеный. С этим «Горем от ума» первый приз мне всегда был обеспечен.

Танцам училась я в школе Чистякова. И тут началась война. В четырнадцатом году. Папа выступал перед ранеными, и царь подарил ему булавку для галстука. С бриллиантом.

Потом началась революция, и все пошло прахом. Папа нас оставил, пошел к другой женщине. Мы жили очень трудно, меняли вещи на продукты. Я устроилась танцевать восточный танец «Айше».

На следующий день в газете появилась статья. Там было сказано: «Темным пятном вечера явилась балерина Токарская с ее шантанным стилем».

Я разучила другой танец, он назывался «Еврейская вакханалия».

В Киеве ежедневно менялась власть. Красные, белые, деникинцы, немцы... Подруга мамы писала из Ташкента, что там очень хорошо живется, все есть, не надо доставать...

В Ташкенте я устроилась в балет. Придумала себе танцы, сомнительные. Имела успех. Это не понравилось главной балетмейстерше, жене главного режиссера.

Была статья: «Распоясавшаяся хозяйка увольняет талантливую балерину».

Я вышла замуж в шестнадцать лет. Он был тенор. Безработный. В Москве пошел на биржу, и мы с ним уехали в Новониколаевск, теперь Новосибирск.

Все было хорошо. Но кончилось и это. Ездили бог знает по каким городам. В Москве кто-то кому-то сказал, мол, она поет из «Баядерки». Но самый любимый мой номер, за него меня взяли в Мюзик-холл, был танец с веером из оперетты «Роз-Мари».

В Мюзик-холле я танцевала с большим успехом. Уйма поклонников. Писали мне изысканные письма: «Моя прекрасная Валентина Георгиевна, неужели вы по-прежнему будете так жестоки и не подарите мне свою фотографию? Ваш до гроба А.А.», «Валя, разденься голой, я буду тебя лепить, лепить, лепить...» Без подписи.

А потом какое-то очень высокое лицо придумало, что Мюзик-холл не наш жанр. Народу это не нужно. И открыли вместо него театр народного творчества. Раньше в Мюзик-холле бывало полно народу, а когда стало народное творчество, народу не стало — в зале пять человек.

Меня взяли в Театр сатиры. Я играла Беатриче, девушку, которая переодевается в мужское платье.

Начался сорок первый год. Актерская группа поехала на фронт и попала в плен. Мой партнер Рафаил Холодов был еврей. Мы разорвали его паспорт и сказали, что он — донской казак.

Были мы в Вязьме. Есть нечего. Пошли в городскую управу, сказали, что артисты, будем играть, пусть платят. Явился немец: «Докажите, что вы артисты».

Мы запели: «Волга, Волга, мать родная, Волга русская река». Нас отправили в городской театр. Там был знаменитый конферансье Вернер. Из берлинского кабаре. Мы его полюбили. С нами в плен попали и артисты цирка. Вернер поехал в Берлин, привез музыкальные инструменты. Но однажды отправился в командировку и не вернулся. Ходили слухи, что его расстреляли.

Нас отдали очень плохому немцу-руководителю. Он возил нас по Белоруссии, довез до Берлина. Шло наступление наших. На Холодова кто-то донес. Его взяли. Я сказалась его женой, искала его. Холодова в тюрьме били. Мне все же позволили с ним встретиться. У немцев было правило: евреи не имели права работать в помещении, а только на улице. Но встретилась русская женщина, устроила его гладить брюки. По ночам, чтобы не на улице. Он спасся, потому что был уже конец войны и немцы не могли его отправить в концентрационный лагерь.

Пришли наши. Домой стали возвращаться те, кого угнали в Германию. Нас с Холодовым оставили давать им концерты. Было это в городе Загань.

В ноябре сорок пятого нас наконец отправили домой. Премировали трофейным пианино.

Доехали мы до Бреста. От Бреста в Москву добраться казалось невозможно: поезда переполнены, люди ехали на крышах, на подножках вагонов. Холодов отдал начальнику станции пианино за два билета до Москвы.

В столице нас тепло встретили, сказали, что отправят на курорт. Как только я отдала паспорт на прописку, за мной пришли. Холодова тоже взяли. Обоих на Лубянку. Без суда приговорили к заключению в разные места. Попала я в Вологду. Я все выискивала Холодова. Работала на общих работах — деревья из воды тащила. Тяжело, не привыкла. Докторша взяла меня к себе в санчасть, научила делать уколы. Потом я все же встретила Холодова и на нас прислали требование из Воркуты, чтобы нас отправили туда «для прохождения наказания в областном театре». На спектакли ходили под конвоем.

Играли дивные пьесы. Никогда бы я здесь в Москве не получила таких ролей...

Мы отсидели свой срок и остались в Воркуте.

Поехали на фронт на месяц, а задержались на двенадцать лет.

Когда умер вождь и учитель, мы вернулись в Московский театр сатиры. Холодов умер в семьдесят пятом году, в своей постели, а не в яме.

* * *

Зал, замерев, слушал Валентину Токарскую. Изредка она прерывала свой рассказ, удалялась за кулисы, и тогда актерская молодежь плясала ее давние танцы и пела ее старые песни: «Шумит ночной Марсель», «А я хочу, чтоб ты меня взял в Парагвай».

Токарская опять появлялась, уже в черном платье с перьями над головой или в черной шляпе, танцевала с молодыми актерами и актрисами. И все это был смех сквозь слезы и слезы сквозь смех, хотя никто не плакал, ни она, ни актеры, ни зрители.

Потом, когда я в холле ждала, пока схлынет очередь в раздевалку, рядом со мной села пожилая женщина и спросила:

— Вы не знаете, за Валентиной Георгиевной есть уход дома?

— Не знаю. А вы с ней знакомы?

— Это была моя любимая артистка. Дуэт «Холодов и Токарская» славился. Я не пропускала их выступлений.

Лишь выйдя на улицу под вечерние огни Старого Арбата, я вдруг поняла, что своим юбилейным монологом, удивительным по емкости и многозначности всего пережитого, Токарская не ответила ни на один мой вопрос. Ни слова не было о романе с Каплером. Ни слова о разговоре со Светланой. Вся та история была либо неприятна Токарской, либо незначительна с высоты девяностолетия?

Спустя несколько дней я попросила Веру Кузьми-

ничну Васильеву позвонить Токарской, попросить при
нять меня.

— Она, наверно, хочет расспросить меня про Капле
ра? — проницательно предположила старая дама.

* * *

Нирензее — имя архитектора. Дом Нирензее извес
тен в Москве и как ее геометрический центр, и как мес
то, где до революции жили одни холостяки и незамужни
девицы, а после революции в его квартирах поселилис
писатели, актеры, художники. На первом этаже был те
атр Никиты Балиева, ставилась нашумевшая «Летуча
мышь». На последнем позднее расположилось издатель
ство «Советский писатель», где можно было встретит
всех творцов советской литературы, начиная с Максим
Горького.

14 апреля 1996 года я вошла в первый подъезд дом
Нирензее и позвонила в квартиру № 245. Дверь откры
ла сама Валентина Георгиевна Токарская.

Удивительно.

В течение одной недели я видела трех Токарских: си
нильную старушку в спектакле и у лифта, блистательну
юбиляршу и, наконец, опрятную, подвижную пожилу
женщину, одетую в уютную домашнюю пижамку. Пос
ледняя и поставила точку в истории первой любви Свет
ланы Сталиной.

— Мы с Каплером встретились в Воркуте, где я иг
рала в местном драматическом театре, а он был заведую
щим фотографией, ездил по всему городу с пропуском и
вообще «сидел» комфортно. Я же по-настоящему, в ба
раке, с крысами. Потом мне в этом же бараке отделили
угол, занавеску повесили, вроде комнатки получилось
кровать и стул.

— Почему вас выделили?

— Я стала очень нужным человеком в городском те
атре. Играла главные роли. В театр меня водили под

онвоем. В местных газетах писали: «Актриса, играю-
щая роль Софьи Ковалевской, или Дианы, или Джесси,
правилась с ролью неплохо». Без имени, без фамилии.

— Но народ-то все равно знал?

— Народ все знает. Жена начальника лагеря была у
нас в труппе, она нас поддерживала, всегда что-нибудь
приносила...

Каплера освободили раньше меня. Без права жить и
появляться в столице, но он, первое что сделал, поехал в
Москву. Там оставалась вся его жизнь. Думаю, он хотел
также повидаться со своей главной любовью, Тасей Зла-
тогоровой, хотя в Москве жила его официальная жена,
актриса Сергеева, она известна по фильму «Пышка», но
они уже не жили вместе, когда Каплер встречался со Светланой.

— Кто такая Тася Златогорова?

— Была гимназисточка в Киеве. Каплер ведь из
Киева родом. Папа его был знаменитый портной, очень
богатый, четырех дочерей и сына отправлял за границу.
Люся хорошо знал французский язык. Тася тоже попала
в тюрьму и, как мне было известно, там повесилась. Но
Каплер, когда ехал в Москву, этого не знал. В дороге
его опять взяли и посадили уже всерьез, в Инте, оттуда
он написал мне, и мы переписывались до конца нашего
сидения. В письмах из Инты он писал, что до конца моей
жизни будет носить меня на руках...

Когда мы освободились, то поженились, после его
развода с Сергеевой. Вообще мы с ним жили хорошо.

— А когда Светлана Сталина пришла к вам объяс-
няться... — начинаю я. Валентина Георгиевна удивленно
смотрит на меня:

— Откуда вы знаете?

Заинтересованность такая, словно встреча со Светланой была вчера.

И я рассказываю ей то, о чем прочитала в Светлани-
ном неопубликованном рассказе: о ее «походе» к Токарской.

— Я очень хорошо все помню. Она позвонила, попросила о встрече. Я сказала о звонке Каплеру. Он заволновался.

Днем, после репетиции, мне негде было ее принять, я повела ее в ложу. Она мне доводы какие-то приводила, что имеет на него права.

Была вежлива, интеллигентна, но я бы на такое никогда в жизни не пошла. Видимо, она привыкла, что любое ее желание выполняется и может делать все, что хочет.

Я спокойно выслушала, сказала: меня удивляет, что она просит вернуть его. Как предмет. Если он захочет, он сам уйдет. Держать я его не намерена. А он уже раньше остыл к ней.

— Почему она настаивала?

— Мужчины, окружавшие ее, сыновья наших бонз, были на редкость неинтересными людьми, поэтому, естественно, она влюбилась. Каплер — море обаяния.

Когда я вернулась домой, после встречи с ней, Каплер метался по квартире, как тигр по клетке. Не мог понять, чем все это кончится. И злился на нее.

Так Валентина Георгиевна, сама не подозревая, подтвердила мое предположение: он не боялся быть вновь обвиненным в связи с дочерью Сталина — Светлана посягнула на мужское достоинство.

* * *

Что в этом слове — «мужское достоинство»? Честь, гордость, самоуважение, верность принципам? Но каким принципам верность? Мужчины и женщины, изначально живя рядом, так мало знают друг о друге, так плохо друг друга понимают.

— Люся Каплер умел окружать женщину таким вниманием, что та, на которую оно было направлено, не могла устоять. И вообще — он самый интересный чело-

зек из всех, кого я в жизни встречала, — говорит Валентина Георгиевна.

— А мне он казался скучным, — говорю я.

— Что вы! — возмущается Токарская. — Вы первая, от кого я слышу такое. Впрочем, возможно, с воз-
растом он сильно изменился.

— Почему вы разошлись?

— Он встретил Друнину и уже не собирался до конца своей жизни носить меня на руках. Хотя когда влюбился в нее, то очень страдал, лежал у меня на диване и
обвинял во всем нас обеих — женщин, поставивших его
в сложное положение. Вообще-то вначале вел себя благородно, предложил мне самой подать на развод, чтобы не ущемлять мое достоинство, но я не захотела не-
правды.

В суд я не пошла, ждала своего адвоката в машине.
Адвокат от моего имени должен был сказать в суде, что
я отказываюсь ото всего нашего общего имущества.

Он рассказал мне, что Каплер все время молчал и,
лишь услышав о моем отказе от имущества, произнес:
«Она правильно поступает, зная, что получит гораздо
больше, не взыскивая с меня».

Ничего я не получила. Друзья ругали меня, а я не
жалею.

— Вы встречались с ним после развода?

— Никогда. Я продолжала любить его, и мне было
очень больно.

* * *

Недавно увидели свет две совершенно разные книги:
«Театр ГУЛАГа», где среди других материалов есть статья о Валентине Токарской, и «Судный час» — собранные вместе стихи Юлии Друниной разных лет впере-
межку с письмами и телеграммами к ней Алексея Каплера.

Вот строки из письма Каплера к Токарской в начале
пятидесятых:

«Родная, бесконечно дорогая моя!

...тоненькая ниточка твоего звездного света мне абсолютно необходима. Хоть она и призрачная, хоть к ней нельзя даже прикоснуться, но это мой единственный ориентир. Удивительно точное оказывается определение «чем ночь темней» — как ярко светит твоя звезда на совершенно черном небе...

Мне представляется, что, если б я мог хоть минуту побыть с тобой — я нахватал бы сил на любые испытания. Как хорошо было, если бы положение «все течет, все изменяется» применительно к нашим отношениям перестало быть аксиомой. На душе у меня по этому поводу отчаянная раскачка — то я уверен, что никакие события и времена ничего не могут изменить в твоем отношении ко мне, то вдруг мне представится во всей реальности этот огромнейший срок, на протяжении которого мы уже не виделись, и будущие два бесконечных года — тогда все мои бесконечные надежды кажутся абсурдом и думается, что с тем же успехом я мог бы пытаться удержать хорошую погоду».

А вот строки из его же письма к Друниной, уже в другие годы:

«Прошло еще 6 лет, я и люблю тебя еще сильнее, еще вернее. Давно уже мы стали с тобой одним человеком, который может даже повздорить с самим собой по глупости, но разделиться, стать снова двумя, не может. Ты обрати внимание, как я обнаглел, — раньше писал только о своих чувствах, а теперь расписываюсь за обоих и не боюсь, что ты опровергнешь. Спасибо тебе за все, жизнь моя».

Иная читательница способна возмутиться: «Вот и верь после этого мужчинам!» И, по-своему, будет права.

Но, если внимательно вчитаться в оба письма, можно заметить их несомненную разницу. В письме к Токарской заключенный в тюрьму Каплер, словно за соломинку, держится за ее чувство к нему. Это помогает выжить.

В письме к Друниной он дарит себя.

Разные состояния души.

Невольно приходит мысль: в мужском отношении, если это любовь, всегда есть элементы то ли сыновней, то ли отеческой любви. Как, впрочем, и у женщины: материнское и дочернее легко прослеживаются.

К Токарской у Каплера было нечто сыновнее, к Друниной — совсем отеческое.

> *О как на склоне наших лет*
> *нежней мы любим и суеверней, —*

писал Тютчев.

Я ухожу от Валентины Георгиевны, а в голове неверная строчка из Бунина: «Для женщины прошлого нет».

Что ж, великие тоже ошибаются, жаль только — их ошибку обыкновенные люди часто готовы принимать за правило, за истину, за аксиому.

В этой длинной истории — Светлана, Каплер, Токарская, Друнина — нет ни правых, ни виноватых. Есть жизнь, которая, по определению Пастернака, «вела нарезом» по сердцам этих людей.

Валентина Георгиевна умерла через несколько месяцев после нашей встречи.

* * *

А вот последние штрихи давней драмы.

Майским вечером 1996 года в уютном ресторанчике Софии «Белая кошка» знаменитая болгарская поэтесса Лиляна Стефанова, бывшая студентка Литературного института, подруга Юлии Друниной, вспоминала:

— На моих глазах все разворачивалось. Ох, как это было тяжело. Каплер не решался оставить жену, которая столько страдала в тюрьме. Все определила болезнь Юлии. У нее была тяжелая операция, она вызвала Каплера проститься. Он стоял на коленях перед ее кроватью, плакал и говорил, что останется с нею навсегда...

За два года до смерти Каплера в их с Юлией квартире раздался звонок. Юлия открыла. На пороге стояла

Светлана Сталина, она только что вернулась из-за границы, надеясь жить на родине.

— Можно мне видеть Алексея Яковлевича?

— Конечно, конечно, проходите.

Юлия оставила их вдвоем. Два часа проговорили они. Юлия никогда не спрашивала Каплера — о чем...

СУДЬБА ПЛЕМЯННИЦЫ КИРЫ

После самоубийства Надежды Аллилуевой в 1932 году овдовевший Сталин оказался в окружении родственников обеих своих жен.

Это были — брат первой его жены, Екатерины, Александр Семенович Сванидзе, более известный в большевистских кругах под своим партийным прозвищем «Алеша», его жена, дородная красавица Мария Анисимовна — автор дневников, упоминаемых в этой книге, ее сын от первого мужа Анатолий и их общий сын Джон.

Это были — родной брат Надежды Аллилуевой Павел, он привез ей злополучный пистолет, из которого она застрелилась, его жена Евгения, их дети: Кира, Сергей, Александр.

Это была родная сестра Надежды, Анна Сергеевна, с мужем-чекистом Станиславом Реденсом и детьми Леонидом и Владимиром.

Это был младший брат Надежды, Федор, человек странный, считавшийся немного ненормальным, не оставивший потомства.

Кроме них, Сталина окружали соратники: Киров, Орджоникидзе, Енукидзе, Калинин, Молотов, Ворошилов, Каганович и другие.

Сначала все гляделись как бы единым дружным миром, но вскоре сталинская метла пошла мести.

При загадочных обстоятельствах был застрелен Киров.

Официально покончил с собой, а по слухам, был убит Орджоникидзе.

Сын Сталина Яков Иосифович Джугашвили с дочерью Галиной.

Иосиф Виссарионович с законными детьми,
Василием и Светланой.

Галина Бурдонская, первая жена Василия Сталина.

На параде.
Центральная фигура снимка: Василий Сталин в силе.

Загадочный сын Сталина Константин Степанович Кузаков
с сыном и матерью.

Курсант Константин Кузаков.

Константин Степанович Кузаков.

В телестудии: на переднем плане в центре — писатель Леонид Максимович Леонов, справа — Константин Степанович Кузаков.

Сталин? Нет.
Его сомнительный
сынок Закир Мамедов.

Предположительно
внук Сталина.

Светлана Аллилуева — дочь Сталина.
Портрет работы Надежды Пешковой, невестки Максима Горького.

Светлана с мамой —
Надеждой Аллилуевой.

Счастливое детство: Марфа Пешкова (с л е в а)
и Светлана Сталина на юге.

Светлана в Америке.

Светлана вернулась в СССР.

Светлана в Англии.

Вулканолог Екатерина, дочь Светланы и Юрия Жданова.

Светлана Сталина с дочерью
Ольгой в день свадьбы Ольги.

Алексей Каплер в годы ссылки.

Актриса Валентина Токарская.

Рафаил Холодов и Валентина Токарская в спектакле «Русский вопрос».

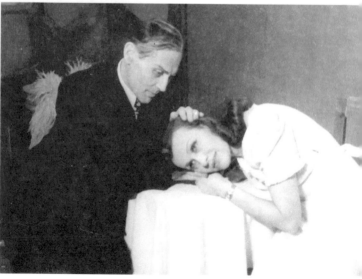

Алексей Каплер и Валентина Токарская.

Юлия Друнина
и Алексей Каплер.

«Испанский танец». Валентина Токарская.
Художник Петр Бендель.

Енукидзе достались тюрьма и расстрел.

Ушла в тюрьму жена Калинина, обвиненная в троцкизме.

Родной брат Кагановича покончил с собой.

У Ворошилова в семье оказалась своя червоточина: сел в тюрьму отец жены ворошиловского приемного сына.

С родственниками Сталин не слишком торопился, хотя очевидно, что к 1937 году они стали раздражать его своим присутствием, обычными домашними интригами, а некоторые и природной независимостью.

Первыми попали в тюрьму Алеша Сванидзе и его жена Мария Анисимовна. Потом — Станислав Реденс. Мужчин расстреляли, а Мария Анисимовна умерла от разрыва сердца, узнав об участи мужа.

В 1938 году неожиданно умер только что вернувшийся с курорта Павел Аллилуев.

Пришла война — Сталин сделал перерыв. После войны он вернулся к идее истребления оставшейся родни.

Пошли по тюрьмам Евгения, жена странно умершего Павла Аллилуева, ее дочь Кира, Анна Аллилуева, сестра покойной Надежды, вдова Реденса, сын Алеши Сванидзе Джон. Анатолий, сын Марии Анисимовны, погиб на фронте.

Остальные дети аллилуевского рода были еще малы для тюремной жизни.

Единственными, кого не коснулась рука могущественного родственника, были отец и мать Надежды Аллилуевой и ее младший брат, странный Федор Сергеевич.

Сегодня самой старшей из детей Аллилуевых остается Кира Павловна Политковская, актриса, растворившая свою одиозную фамилию в фамилии первого мужа. В ее судьбе, как в зеркале, возникает судьба всех Сванидзе и Аллилуевых и, может быть, отчасти приоткрывается завеса над тайной истребления этого рода.

* * *

Маленькую, приветливую девчушку в Кремле двадцатых годов любили все.

— Кирка! — Сталин выходил во двор с трубкой, желая вдохнуть свежего воздуха.

— Что? — племянница подбегала к дяде.

— В голове дырка!

— Да ну вас! — девочка надувала губки и отворачивалась.

— Ладно, не буду, — великодушно обещал дядюшка, и племянница продолжала свои игры. А через пять минут снова:

— Кирка!

— Что?

— В голове дырка!

«И все-таки Сталин умел расположить к себе детей, — вспоминает Кира Павловна, — я была уверена, что он меня любит. Помню, папанинцы подарили ему огромную рыбу, которую нужно есть сырой. Я скривилась: не хочу.

— Не кривись, она вкусная.

— Не буду!

— Ешь, — говорит он и отрезает тонкий ломтик, кладет мне в рот.

Глотаю.

— Правда, вкусная!

— То-то!

* * *

1996 год. Сижу с Кирой Павловной в ее однокомнатной квартирке у Речного вокзала в Москве. Время то останавливается, то течет вспять, то убегает вперед. Огромный материал об огромной семье заключен в ее памяти, и сразу не знаешь, с чего начать. Договариваемся: я задаю вопросы и останавливаю ее, если она невольно меняет тему.

— Расскажите о вашей семье, об отце, о маме.

— Когда меня привезли из Новгорода в Кремль, мне было годика четыре. Мы жили тогда в Кремле вместе со всеми, там Ленин жил, он уже умер, Сталин, Орджоникидзе. Жили все в одном корпусе.

Сталин и мой отец дружили. Сталин удивлялся, что отец женился на моей маме, Евгении Александровне Земляницыной, дочери священника, иронизировал: «Поповская дочка».

Он послал отца с семьей в Германию, работать в Торгпредстве, и мы жили в Дюссельдорфе, потом несколько лет в Берлине. В Берлин приезжала жена Сталина Надежда Сергеевна на консультации к немецким врачам. У нее были сильные головные боли. Врачи отказались оперировать ее серьезное заболевание: сращение черепных швов.

В 1938 году отец, вернувшийся с курорта, первый день пошел на работу, а через некоторое время маме позвонили с работы:

— Чем вы его накормили? Ему плохо. Рвота.

Она сказала:

— Дала яичко и кофе. Может быть, мне приехать?

— Не нужно, мы вам еще позвоним.

Второй звонок был уже из больницы и опять, как будто ничего страшного, не нужно торопиться.

Когда она все-таки приехала, врач сказал:

— Что ж вы так долго ехали? Он вас очень ждал. Что-то хотел сказать. Поздно...

* * *

В дневнике Марии Анисимовны Сванидзе есть строки: «Иосиф шутил с Женей, что она опять пополнела. Теперь, когда я все знаю, я их наблюдала».

Можно ли не обратить внимание на эти слова?

— Правда ли, что у вашей мамы был роман со Сталиным?

Кира Павловна загадочно улыбается:

— Мама нравилась всем, кто хоть раз ее видел. Крупная, яркая, сильная женщина. Правдивая. Справедливая.

Однажды Сталин делал доклад, папа пошел, а мама опаздывала, портниха ей новую кофточку подшивала. Пришла в зал, чуть пригнувшись, села на место, а Сталин после доклада говорит ей: «Что ж вы, Женя, опоздали?» Она спрашивает: «А как вы заметили, что я опоздала?» Он отвечает: «Я далеко вижу. А потом, кто же, кроме вас, посмел бы опоздать на мой доклад?»

Мама не переносила лжи и притворства. Сталин разговаривает с Жемчужиной, женой Молотова, которая всегда заигрывала с ним. Она заведовала всей парфюмерией страны, и ей хотелось похвалиться новыми советскими духами.

— То-то от вас так хорошо пахнет, — говорит Сталин.

— Да, — вмешивается мама, — а пахнет-то «Шанелью № 5».

После папиной смерти Берия предложил маме стать экономкой Иосифа Виссарионовича. У Сталина работала очень несимпатичная грузинка-экономка. Берия был уверен, если мама возьмет в руки хозяйство Сталина, все станет на свои места.

Мама испугалась.

— Ни за что! — говорила она много лет спустя. — Берия был на все способен: отравит Сталина, а скажет, что это дело моих рук.

И она заторопилась замуж за Николая Владимировича Молочникова, с которым была знакома много лет, со времен Германии. Жену его арестовали, потому что она была полька. Вскоре после своего второго замужества мама попала в больницу. Как раз в эти дни Сталин несколько раз звонил нам, спрашивал маму.

— Мария Сванидзе писала в дневнике об отношениях Иосифа и Евгении в 1935 году. Не продолжались ли они до 1938 года и после? — возвращаюсь я к неотвеченному вопросу.

— Мама вышла замуж за Молочникова. Он был изобретатель и работал в Нижнем Тагиле. А когда началась война и нужно было эвакуироваться, Сталин хотел, чтобы мама ехала в эвакуацию со Светланой и другими родственниками. Она отговорилась тем, что у нее большая семья: свои дети и двое детей мужа, ей нужно ехать к мужу. Она и замуж вышла, чтобы защититься...

— От Берия или от притязаний Сталина?

Кира Павловна не отвечает.

Владимир Аллилуев, сын Анны Сергеевны, сестры Надежды, в своей книге «Хроника одной семьи» пишет: «Раскол в нашу семью внесла и Евгения Александровна, вступившая после смерти Павла в брак с Молочниковым. Он был вдовцом и имел двоих взрослых детей — Льва и Ксению. Мои дед и бабушка считали этот брак неприлично быстрым после смерти сына».

Сложный клубок семейных противоречий. В подобных и еще более сложных ситуациях люди выясняют отношения, но — это сталинская семья, а Сталин может все. В государственном масштабе может объявить родственников шпионами и врагами.

* * *

Послевоенная атака Сталина на родственников была спровоцирована книгой воспоминаний Анны Сергеевны Аллилуевой. Кира Павловна и сегодня не может понять, что так возмутило Сталина в этой книге.

Беру ее, читаю по строкам и сквозь строки. Как будто не к чему придраться. И все-таки...

Анна Сергеевна пишет:

«Для армии Сталина забраковали в 1916 году.

— Сочли, я буду там нежелательным элементом, — говорил он нам, — а потом придрались к руке.

Левая рука Сталина плохо сгибалась в локте. Он повредил ее в детстве. От ушиба на руке началось нагноение, а так как лечить мальчика было некому, то оно перешло в заражение крови. Сталин был при смерти.

— Не знаю, что меня спасло тогда, здоровый организм или мазь деревенской знахарки, но я выздоровел, — вспоминал он.

Но след от ушиба на руке остался на всю жизнь».

Легко представить, насколько Сталину, отцу народов, победителю, генералиссимусу в полном расцвете славы, неприятно было в 1946 году читать эти строки, напоминавшие также о том, что рука уже почти не действует.

Ну, не действует, ладно, можно скрыть, но зачем многомиллионному народу, восхваляющему вождя, знать о нем такие малоприятные унизительные подробности?! Подлый бабий язык! Нарочно?

А вот другие страницы из воспоминаний Анны Сергеевны.

«В Петербурге мы объяснили Сталину, что переезжаем на новую квартиру.

— Вот и хорошо, — довольно замечает Иосиф, — оставьте комнату для меня. — И, кивая на прощание, повторяет: — Для меня комнату не забудьте!

В другом месте опять:

— А комната ваша ждет вас, комната, о которой вы просили.

Лицо Сталина проясняется от улыбки:

— Оставьте, обязательно оставьте... комнату считайте моей».

Почему-то при чтении этого отрывка из воспоминаний Анны Сергеевны мне вспомнились Савельич и Пугачев в пушкинской «Капитанской дочке»: слуга Савельич упрямо напоминает Пугачеву о тулупчике, подаренном ему в те времена, когда Пугачев был еще бродягой, а новый Пугачев, в роли царя Петра Третьего, злится, не желая вспомнить тулупчик, как свое унизительное прошлое.

Анна Сергеевна была обречена.

Но сначала взяли мать Киры, Евгению Александровну. Через девять лет после смерти мужа в конце 1947 года ее обвинили в его отравлении. Была эксгумация, ничего не доказала, но мать Киры продолжали держать в заключении.

Кира Павловна так описывает арест матери: «Мы дома репетировали «Предложение» Чехова. Звонок в дверь. Я открыла. Стоят двое мужчин. Спрашивают маму. Я впустила, покричала маму и опять пошла репетировать. Слышу голос мамы: «От тюрьмы и от сумы не отказываются». Выбегаю, бросаюсь к маме, она на ходу прощается со мной, быстро выходит. Много лет спустя она мне рассказала, что хотела выброситься с восьмого этажа. Почти через месяц, в два часа ночи, взяли меня. Потом взяли Анну Сергеевну.

— Кира Павловна, — возвращаюсь я к запретной теме, — может быть, Сталин посадил вашу маму в отместку за то, что она предпочла ему Молочникова? Он любил ее?

— Знаете, — отвечает мне племянница Сталина, — лучше я расскажу вам, как сидела в тюрьме и жила в ссылке. Вы ведь хотите знать, какая я была — кремлевская счастливица?

* * *

— Под следствием сидела в Лефортове. Камера — семь метров. Я совершенно не могу жить без ощущения времени, не знать, что на дворе, какой день, — рассказывает Кира Павловна. — Я стала делать из черного хлеба гнездо и маленькие яички: пять маленьких, тогда была пятидневка, и одно большое — праздник. Я это гнездо так заслонила разными предметами, что его никто не мог заметить. И знала, какой когда день.

Меня посадили в январе. 23 февраля в День Красной Армии всех заключенных охранники оставили без обеда, как врагов народа. А сами ушли праздновать. Восьмого марта было то же.

Но как бы мне ни хотелось есть, я не съедала гнезда — это был календарь. Двадцать пять рублей было у меня с собой. Попросила охранников купить мне в тюремном ларьке луку, чтобы избежать цинги, шоколаду и, по-моему, печенья. Пять месяцев там просидела.

По ночам свет не выключали... днем разрешалось лежать только с открытыми глазами. Не поворачиваться спиной — а вдруг я, отвернувшись, себя душу, давлю, раба из себя выдавливаю. Только закроешь глаза — окрик: «Встать!» Встаешь.

Утром давали полбуханки черного на целый день. Непонятную жидкость: то ли кофе, то ли чай. В шесть утра завтрак. В шесть вечера — обед. Все.

В обед — рыбная похлебка и, как солдатам, каша-шрапнель, перловка. Жевать ее было невозможно. Овсянку давали. Я все ела.

Пожаловалась следователю:

— У меня желудок больной, не могу черный хлеб.

Он мне говорит:

— А я тебе сухарики.

Я осмелела, говорю:

— Два куска сахару мало!

Он отвечает:

— А я тебе четыре.

Видимо, они опасались, что Сталин кого-нибудь вызовет, спросит:

— Чем племянницу кормите?

Вот такие были у меня поблажки. Иногда мне разрешали, после допроса, не в шесть, а в восемь утра вставать.

Слушаю Киру Павловну — веселую, ловкую, артистичную и думаю, в чем же обвинял Сталин свою племянницу, знакомую ему с пеленок?

— Практически ни в чем. На следствии говорили, без всяких примеров, что я враг народа, что против Сталина. А маме говорили, что она отравила папу нарочно, желая выйти замуж за Молочникова, которого тоже по-

адили. Его в тюрьме сильно били, на голове остались
црамы.

Когда маму брали и впервые привели на допрос, один
сидел перед ней с палкой, другой кричал на нее матом.

Она и говорит:

— Я в гестапо попала, что ли?

Они ее опять густым матом покрывают, а она стала
перед ними:

— Ах, вы дети, вы не были на флоте! Вот я вас на-
учу настоящему мату.

Пятиэтажным покрыла, они онемели и больше при
ней не матерились.

* * *

Следствие окончено. Киру Политковскую вызывает
тройка.

— Зал с низким потолком. Сидят. У всех троих огромные носы — я всегда обращаю внимание на внешность, такая у меня мания. Говорят:

— Гражданка Политковская, мы вам сейчас прочи-
таем приговор.

Душа моя куда-то убежала, и я еле слышу: «пять лет
ссылки в Ивановскую область».

Один из них говорит:

— Вы хотите что-то спросить?

Я отвечаю:

— Да. А яблоки в Ивановской области есть?

— Есть, есть!

Выдали мне паек, кусок черного хлеба и селедку.
Я думаю — сколько же дней туда ехать? Говорят —
полдня. Меня с собаками под конвоем — в поезд. Там
решетка, солдатик смотрит на меня и говорит:

— Зоя Федорова, а Зоя Федорова, и чего тебе не
хватало?

— Да я не Зоя Федорова.

— Ах, Зоя Федорова...

В это время знаменитая Зоя Федорова в тюрьме сидела.

Приезжаю в Ивановскую тюрьму, начальник, похожий на Фернанделя, говорит:

— Ну ясно, вы там в семье поругались, он вас и посадил, ничего, время пройдет, помиритесь. Мы, — говорит, — тебя в розовую камеру посадим. Баньку тебе затопим.

И правда, помещает в розовую камеру, говорит:

— Ты тут свободненькая, можешь ходить куда хочешь.

— У меня денег нет, некуда идти.

— Пиши родным, братьям, — советует он.

Я написала и все горевала, что не сообразила позвонить им.

Фернандель учит:

— Ходи по Иванову, где хочешь, но на ночь возвращайся сюда.

Я слышу вдали, вроде музыка.

— Откуда? — спрашиваю.

— Тут близко парк культуры, а в нем театр. Можешь туда сходить.

Иду в парк. Смотрю — гастроли Камерного театра. А у меня там подружка, Марианна Подгурская, красотка, племянница Ромена Роллана. Вижу, она идет, вся в голубом, кричу ей:

— Марьяшечка!

Она ко мне:

— Ты что, из тюрьмы убежала?

— Разве оттуда убежишь?

Я хотела остаться у Марианны в гостинице, но у них был строгий паспортный режим, и она меня не пустила.

Из трех предложенных мне городов: Иваново, Кинешма, Шуя я выбрала последний, потому что там в театре не было людей, знавших меня, НКВД хотело, чтобы Аллилуевы были инкогнито — нашу фамилию скрывали ото всех.

Пошла на вокзал ехать в Шую, а там неразбериха,

как во время войны, все лезут, с мешками, не протолкнешься. Я обратно в Ивановскую тюрьму, а меня не пускают:

— Пишите заявление, что хотите переночевать в тюрьме.

Написала, и начальник с мордой Фернанделя опять отвел меня в розовую камеру. Утром он сам отвез меня на вокзал и усадил в поезд. Симпатичный человек. Вообще — Иваново не Лефортово: домашняя тюрьма, половички, не пытают, все какое-то детское...

* * *

Легкость, с которой Кира Павловна рассказывает свою жизнь, — не легкость ли это артистического характера, умеющего видеть прекрасное в луже грязи? Она любит людей и легко прощает даже подлости. Но не прощает огульных обвинений в свой адрес.

— Как так, — горячится Кира, — Володя Аллилуев (ее двоюродный брат. — Л.В.) в своей книге говорит, что мы с мамой писали на его маму, Анну Сергеевну, и ее посадили. Ему в сорок восьмом было двенадцать лет, что он мог тогда понимать? Ведь следователи сами писали за заключенных протоколы и могли наворотить, что угодно.

Вполне согласна с Кирой Павловной.

Проведя не один час над «делами» Калининой, Жемчужиной, Руслановой, Окуневской, Егоровой, Буденной и других, могу не только подтвердить слова Киры Павловны, но и кое-что добавить.

Прежде всего «дела» тридцатых годов и «дела» конца сороковых — это разные «дела». Первые меньше, проще. Много в папках тридцатых собственноручных показаний, как правило, написанных так, что даже почерк кажется испуганным. В собственноручных показаниях видна личность, характер, состояние духа на тот час, когда они писались. Эффект присутствия персонажа.

В сороковых распухшие папки «дел» полнились показаниями, напечатанными на машинке, далеко не всегда подписанными допрашиваемым, и тон, и стиль разных показаний выглядели как бы на одно лицо. Словно один и тот же человек снимал их с одного человека и сам же записывал.

Стиль тюремных держиморд целиком поглощал индивидуальность той или иной личности, сидевшей перед ним. Следователей сороковых всегда интересовала одна и та же тема — интимная жизнь допрашиваемых, ее подробности, не имеющие никакого отношения к «делам шпионок». Что это было? Почему? Извращенность следователей или, наоборот, скованность их? Они определенно фантазировали на страницах «дел», безнаказанно изливая свои тайные неудовлетворенности и комплексы.

Думаю, зря Владимир Аллилуев обвиняет Киру Павловну: ее показания наверняка были сочинены следователем, а она ничего не подписывала и даже не знала, что его мать, Анна Сергеевна, тоже в тюрьме.

* * *

— Что случилось, когда вы в Шую приехали? — спрашиваю я Киру Павловну.

— Приехала я в Шую, — подхватывает Кира, — там, конечно, улица Ленина, самая главная. На ней КГБ. Сидит такой опрятный, вроде интеллигентный, хорошенький, а я ему говорю:

— Мне надо работать в театре, у меня никакой другой специальности нет.

Он снимает трубку:

— Театр Горького? Это оттуда-то. Тут приехала ссыльная, она должна работать в театре.

Ему отвечают, и он мне передает, что «местов нет», но можно там работать на разных работах.

А мне что? Я там стала и актрисой, и аккомпаниатором, и реквизитором. Парень этот послал меня в гостиницу, устроиться на несколько дней. Прихожу. Сидит в палатке, ну, баба-яга. Даю ей бумагу: «Аллилуева, выслана на 5 лет в Ивановскую область».

Она молчит, смотрит и вдруг как заревет в три ручья:

— Миленькая ты моя, у меня муж тоже сидит, я тебе лучший номер дам!

Молчу, не могу понять, на каком я свете.

Стала играть в театре. Паспорт мне выдали на фамилию мужа. Я всего-то два года была замужем, когда меня забрали. Муж приехал ко мне, ну что ему было делать в Шуе? Он в Малом театре работал помрежем, когда мы познакомились, а перед тем, как мне сесть, поступил в дипломатическую школу.

Побыл у меня, посмотрел: играю я спектакль — в зале восемь человек. Мы играем, наслаждаемся, можно сказать, для себя, а потом нам по рублю дают зарплаты. Паек получаю: черный хлеб.

Уехал. Родители его прислали мне письмо: «Спасите нашего сына, если вы не дадите ему развод, он погибнет». Я на него нисколько не в обиде — раз партийный, значит, все будет делать, как им надо. Любовь кончилась — вот что было обидно.

* * *

— Потом театр прогорел, а я пошла работать хоровиком в школу умственно отсталых детей. И должна сказать, эти умственно отсталые бывали часто умнее умных. Я подружилась с ними, они меня провожали до дома, другие учителя взревновали, стали говорить: «Вот вы их любите, а они вам прозвище дали Гиря Павловна Поллитровская-Полбутылкина», а я отвечаю: «Какие же они умственно отсталые — очень остро умные».

Ссылка моя кончилась в январе 1953 года. Я поехала в Москву, но, как выяснилось, у меня не было права проживания во всех столицах. Вахтер Дома на Набережной, когда я вошла в подъезд, желая повидать братьев, сказал:

— Пропущу, но после 23 часов я вас выведу. Не права оставаться в доме.

Я поехала к маминой сестре, тете Кате, побыла у нее и вернулась в Шую.

После смерти Сталина мой брат Сережа вызвал меня в Москву. Встретил на вокзале, везет. Проезжаем Лубянку, я отвернулась, а он говорит:

— Ты разве не знаешь? Берия арестовали и расстреляли.

Второго апреля 1954 года мне позвонили с Лубянки:

— Здравствуйте, мы вам сейчас пришлем машину, вы можете забирать маму и тетю.

Я в шоке. Спрашиваю:

— А это не первоапрельская шутка?

Приехала за мамой. Она сильно изменилась, румянец на лице лиловый. Мы обнялись, мама немного отстранилась, оглядела меня и говорит:

— А более безвкусно ты не могла одеться?

Ну, думаю, все в порядке, моя мать не переменилась. И когда, спускаясь по лестнице, я ей сказала:

— Берия посадили, — она закричала на всю лестницу, чтобы ее могла услышать Анна Сергеевна, моя тетя:

— Нюрочка, ты слышишь, Берия-то посадили!

* * *

Четыре года после возвращения в Москву сталинская племянница искала работу — не брали. Михаил Иванович Царев не имел права не восстановить ее в театре, но нашел повод:

— Вы в Шуе работали, у вас другой почерк.

И отказал.

Ссылаясь на «почерк», великолепный Михаил Иванович показал свой «почерк»: за его отказом скорее всего скрывалась осторожность руководителя, предпочитавшего в годы разоблачения Сталина не подводить родной театр присутствием в нем сталинской племянницы: так пострадавшая от дяди, «враг народа» Кира Павловна Политковская получила новое невидимое клеймо: «родственницы тирана».

Но свет не без добрых людей. В 1957 году она устроилась работать на телевидение, где и прослужила до 1980 года, откуда ушла на пенсию. Была помощником режиссера и режиссером музыкальной редакции.

* * *

— Расскажите, пожалуйста... — начинаю я.

— О сексуальном характере Сталина? — хитро щурится озорная Кира Павловна. — Это я открою только за доллары.

Обалдело смотрю на нее. Неужели она серьезно? Или я ничего не понимаю в людях, ничего не поняла в ней? А может, она, как все наше общество девяностых годов, сошла с ума на зеленых бумажках?

— Пожалуйста, называйте сумму, — говорю и думаю: «Какую бы сумму она ни назвала, даже для меня удобоваримую, я не воспользуюсь этой тайной. Зачем мне знать такое? Я ведь не порнокнигу пишу. Какое право я имею знать интимные подробности жизни человека, сегодня беззащитного перед временем, каким бы ни был этот человек?»

— Неужели вы поверили, что я способна торговать его интимной жизнью? — говорит Кира Павловна. — Какой-никакой — он мой дядя. И ему я простила то, что касалось меня...

О, лукавая, кокетливая, искрометная Кира Павловна! Что она могла бы рассказать мне необыкновешного о своем дяде, который, по мнению многих, живших в те времена и живущих сегодня, на долгие годы лишил всю страну сексуального воспитания? Случалось, говоря с кремлевскими женами и детьми, я осторожно касалась интимной темы, и не было случая, чтобы мое любопытство как-то удовлетворялось.

— О чем говорить! Какой секс? — воскликнула Серафима, невестка Кагановича. — Это были замордованные работой и Сталиным мужики. Они боялись взглянуть в сторону от жены. А если что-то где-то с кем-то было, то уж, конечно, так неинтересно, с оглядкой, кое-как. Секс стерегли сексоты! (Сексот — секретный сотрудник КГБ. — Л.В.)

Думаю, она недалека от истины. Однако дети Кремля 40-х — 50-х годов были уже иными. Западное влияние и определенная защищенность давали свои плоды, но тоже все творилось исподтишка. Как бы папа не узнал и мама не переживала.

Интимная жизнь каждого человека — это шахматная доска со множеством вариантов, и чем больше запрещений и преград, тем желаннее и острее тайное самовыражение плоти. Не удивилась бы, узнав, что в жизни каждой кремлевской семьи случалось такое, что могло бы стать предметом внимания не только сексота, но и сексолога, сексопатолога или современного сексописателя. Но эта тема — не моя.

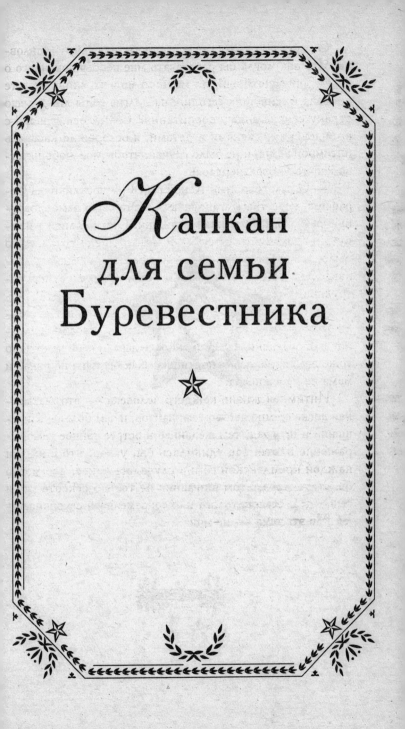

Капкан
для семьи
Буревестника

В 1933 году в Москве появилась живописная группа — великий пролетарский писатель Максим Горький, прозванный «буревестником революции», с семьей: сын, невестка и две прелестные внучки — Марфа и Дарья. Они приехали из Италии. Горького встречали торжественно. Толпы народу теснились на улицах, махая красными флажками. Радовались его приезду и советские писатели, знаменитые актеры, режиссеры, художники — весь цвет интеллигенции, а также все вожди, руководители партии, еще не успевшие таинственно погибнуть или исчезнуть в черном зеве Лубянки.

Писатель возвращался на родину после более чем десятилетнего отсутствия. В 1922 году он покинул ленинскую Россию, по существу, не согласный с Владимиром Ильичем по многим вопросам политики и культуры. Всегда любивший людей, Алексей Максимович в эмиграции создал вокруг себя целый мир разнородных личностей, где был особый стиль отношений: веселый, насмешливо-шутливый, с кличками, прозвищами, переодеваниями — этакий домашний то ли карнавал, то ли маскарад. Некоторые из этих людей вернулись в 1933 году вместе с ним.

Личная жизнь Алексея Максимовича была непростой — в Москве жила первая жена, Екатерина Павловна Пешкова, подарившая ему когда-то сына Максима, которого писатель в 1922 году забрал с собой за границу. Вторая, гражданская жена, актриса Мария Федоровна Андреева время от времени появлялась на горизонтах горьковской жизни, но между ними все было кончено со времени ее отъезда с Капри в 1913 году.

Изредка в Москву 20-х — начала 30-х годов просачивались известия о жизни Горького в Италии, о рождении внучек, о некоей баронессе, захватившей власть в до—ме Горького и главное место в его сердце.

Вырастая над собой, Сталин все чаще обращался к мысли вернуть Горького в Советскую Россию и сделать его маяком в писательском мире, где шли распри и борьба умов. Неоднократно посылал он к Горькому своих эмиссаров, в том числе и Леонида Леонова, с целью уговорить его вернуться. Эти уговоры обычно оставались в тайне от советских людей, но ходили слухи о поистине сказочных посулах Сталина, о богатых возможностях, ожидающих Горького, если он вернется в Россию.

Вернувшись, Горький стал официальным кремлевским человеком, единственным в своем роде писателем, получившим огромные привилегии. Даже большие, чем имели вожди. По приказу Сталина ему выделили особняк в центре Москвы, красивое здание архитектора Шехтеля, работавшего в стиле «модерн». Горький получил также правительственную дачу в «Горках X», живописном месте Подмосковья.

После первого съезда писателей, инициатором которого был вернувшийся Горький, он возглавил вновь образованный Союз писателей и стал официальным вождем нашей литературы.

Приятное, интеллигентное, окологорьковское общество внесло оживление в кремлевскую жизнь. Мягкий, симпатичный его сын, Максим Алексеевич, любитель выпить и лихой автомобилист, сразу оброс друзьями.

Красивая жена Максима Алексеевича, Надежда Алексеевна, по прозвищу Тимоша, стала предметом всеобщего восхищения. В нее влюбился главный чекист страны Генрих Ягода.

Две прехорошенькие девчушки школьного возраста, внучки Горького, Марфа и Дарья, отлично воспитанные, интеллигентные, годились в подружки дочкам высокопоставленных вождей.

Сам Сталин часто общался с великим писателем и приближал членов его семьи к своим детям. Все складывалось как нельзя лучше.

За границей осталась лишь таинственная баронесса, которая, впрочем, получила возможность приезжать к Горькому в Москву.

ВОСПОМИНАНИЯ ОБ ИТАЛИИ

Январь 1996 года. Сижу с Марфой Максимовной, внучкой Горького, в большой комнате деревянного дома подмосковной Барвихи. Комната в цветах и книгах. Этот дом купил ее дед в 1922 году, перед отъездом за границу для своей первой жены Екатерины Павловны. Здесь в тридцатых и сороковых проводили лето у бабушки обе внучки, Марфа и Дарья. Эти стены защитили Марфу в трудную минуту.

Марфа Максимовна вспоминает:

«Моя мама — Надежда Алексеевна Введенская, родилась в 1901 году, в Томске, в семье врача-уролога. Их было восемь детей — мама предпоследняя. Когда ей исполнилось двенадцать лет, семья переехала в Москву, поселилась на Патриарших прудах в двухэтажном доме — теперь на его месте стоит знаменитый дом со львами. На втором этаже тогда была квартира, на первом — отец лечил больных, а позднее и раненых, когда началась Первая мировая война. Трое из восьми детей тоже стали врачами и помогали отцу.

Надежда училась во французской гимназии на Суворовском бульваре. Ее мать умерла в 1918 году от «испанки» — отец остался с детьми. Моя мама тогда была на выданье. Отец заболел, считал, что у него рак, и спешил устроить свою красивую девочку. Был у него ординатор, влюбленный в Надежду, дарил цветы, конфеты. Отец настоял на замужестве. Венчались они в церкви в Брюсовском переулке. После свадьбы жених напился, невеста так испугалась, что выскочила из окна и убежала. На этом все кончилось. Она сказала, что не может находиться с ним в одной комнате.

С Максимом Пешковым она встретилась еще школьницей на катке, который был рядом с ее домом. Когда Максим узнал, что она состоит в браке, но никогда не жила со своим мужем, то начал ухаживать за ней. Они встречались, но она отказывалась выходить замуж. Максим познакомил ее с дедушкой, она понравилась.

В 1922 году он уговорил ее съездить вместе с ним и Алексеем Максимовичем за границу. Они оказались в Берлине. Окружение дедушки — Лида Шаляпина, Валентина Ходасевич уговаривали ее выйти замуж за Максима. Уговорили. Они расписались в 1922 году в Берлине. Потом переехали в Чехословакию, в Марианские Лазни, где ждали визы в Италию, а когда получили ее, поселились около Неаполя, потом переехали в Иль Сорито, на виллу герцога ди Сэрра Каприоло, у которого мать была наполовину русская. Он имел двоих дочерей, но был холост. Очень экстравагантный человек, не принимавший герцогских условий. Однажды, получив приглашение на юбилей их герцогской семьи в Санта-Лючия, он договорился со слугой, заплатив ему, что тот привяжет ниточку к люстре, висевшей над столом, и, когда объявят приход герцога, слуга дернет за нитку, и люстра разлетится. Так и случилось. При общем переполохе герцог сел в машину и уехал.

Горького в Иль Сорито окружало русское эмигрантское общество. Максим выпускал газету «Соррентийская правда», где писали все, друзья и гости, Борис Шаляпин, брат и сестра Ходасевичи. Мария Игнатьевна, баронесса Будберг, писала «Мемуары собачки». Дедушку звали «дука», по-итальянски значит герцог.

Особенно оживленно становилось летом: приезжал Александр Бенуа, бывали другие художники. Все вместе они ходили на этюды, потом показывали рисунки дедушке, он даже повесил у себя одну картинку Бенуа — «Камни».

Художники стали учить рисовать мою маму, находя у нее несомненный талант. Отец мой, Максим Алексеевич, оказался хорошим карикатуристом. Он много помогал дедушке, и дом в Иль Сорито нашел для дедушки он.

Особенно запомнился мне один из частых гостей дедушки, Иван Николаевич Ракицкий. Он попал к нам через художницу Валентину Михайловну Ходасевич. Участник Первой мировой войны, претерпевший ипритную атаку. Стал инвалидом, у него сгорел желудок, он ел помалу, а потом лежал после еды.

Ракицкий обладал даром ясновидения. По почерку мог определить характер человека, многое предсказывал. Дедушка буквально не отпускал его от себя. Бывало, придет Ракицкий утром к завтраку и говорит: «Сегодня там-то и там-то будет землетрясение или наводнение».

Максим записывал предвидения Ракицкого. Сообщения о событиях приходили к нам с опозданием на день-два, и все, что было записано Максимом со слов Ракицкого, прочитывали в газетах: точь-в-точь.

Ракицкий не любил гадать по руке близким людям. Одна из дочерей герцога Сэрра ди Каприоло, Елена, никак не решалась выйти замуж за своего поклонника, богатого итальянца из Америки. Молодежь наседала на нее, и она согласилась: «Ладно, выйду, ради вас». Жениху сообщили, что невеста согласна. Он торжественно приплыл на яхте. Моя мама вместе с Марией Игнатьевной подготовили невесту, заказали в Риме вышивки на белье гербов герцога Сэрра ди Каприоло. Счастливый жених пригласил всех на яхту, и компания поплыла к острову Иске.

Во время плавания Ракицкий посмотрел ладонь жениха, сказал ему приятные вещи.

Американец жил в отеле «Минерва», напротив нашего дома, там обычно останавливались гости дедушки: Марина Цветаева, Валентина Ходасевич.

Утром следующего дня вся компания, в хорошем настроении, отправилась на прогулку. Невеста с женихом отстали. Когда их подозвали, то моя мама первой увидела, что они ссорятся. Ракицкий тогда сказал Максиму: «Не к добру эта ссора. У жениха на руке — смерть».

На следующее утро его нашли в номере застрелившимся — не вынес очередного отказа невесты.

Атмосфера влюбленности и драмы окружала дом. Наша баронесса, Мария Игнатьевна, влюбилась в какого-то итальянца — Алексей Максимович узнал, хотел покончить с собой, но молодежь, почувствовав неладное, обнаружив в его кармане пистолет, не оставляла его одного. Берберова тут же стала кокетничать с дедушкой, Мария Игнатьевна заметила и постаралась, чтобы Берберова уехала. Все вообще уладила сама Мария Игнатьевна. Прошло много лет, прежде чем Мария Игнатьевна призналась моей матери, что каждый год ездит в Италию — положить цветы на могилу того итальянца.

Моя бабушка Екатерина Павловна ненавидела Марию Федоровну Андрееву, которая разрушила ее семью, а к Марии Игнатьевне относилась хорошо — когда дедушка сделал Марии Игнатьевне предложение, она отказала ему, сказав: «Только Екатерина Павловна может носить вашу фамилию».

Так рассказывает Марфа Максимовна.

«Ах, хитроумная баронесса! — думаю я. — Сразу двух зайцев убила она этим отказом: завоевала сердце Екатерины Павловны и осталась при своем интересе: на западе быть баронессой много выгоднее, чем женой писателя, тем более русского полуэмигранта, пусть даже и знаменитого Горького. На западе носители баронских, графских и герцогских титулов имеют массу привилегий, в том числе право бесплатного полета в самолете или проезда в поезде в первом классе, со всеми почестями. Недаром позднее Мария Игнатьевна не пошла в законные жены к такой знаменитости, как Герберт Уэллс — он не имел баронских возможностей».

Марфа Максимовна рассказала мне, что после смерти Горького все иностранные гонорары получала Мария Игнатьевна, которая хранила у себя часть архива Горького, и время от времени, приезжая в СССР после его смерти, привозила какую-нибудь вещицу, вроде вазочки, которую он ей якобы подарил.

При моих встречах с Марией Игнатьевной, о чем речь впереди, часто заходил разговор об архиве.

Она сказала:

— Из Эстонии пишет моя старая служанка о том, что в кладовке нашего дома в эстонском поместье Бенкендорфов до сих пор лежит неразобранный архив, который я оставила, спасаясь от немцев. Там множество бумаг Алексея Максимовича. Как бы они не пропали.

Через несколько дней, возможно, заметив мой неподдельный интерес к этому архиву, Мария Игнатьевна вскользь произнесла:

— Между прочим, наше эстонское поместье на прошлой неделе сгорело дотла. Вместе с архивом Горького.

И посмотрела на меня непроницаемым взглядом.

Этот архив сгорал в ее рассказах много раз: то в революцию, то при переходе Эстонии в СССР, то просто «третьего дня». Возможно, на разных людях она проверяла интерес к архиву и делала свои выводы.

— Там, в Италии, — продолжает Марфа Максимовна, — у каждого было свое занятие. Мария Игнатьевна занималась делами дедушки, писала письма вместе с моим отцом, который знал французский и итальянский. Отец также делал выжимки из книг и газет и давал их дедушке, чтобы тот не читал лишнего. Моя мама, Тимоша, была хозяйкой в доме...

— Почему вашу маму прозвали Тимошей? — спрашиваю я.

— Когда мама попала в горьковскую семью, у нее были роскошные волосы. До полу. Она оказалась под большим влиянием Марии Игнатьевны и многое брала от нее: как одеваться, как держать сумку. С волосами мучилась — в моде была стрижка, и ей тоже хотелось постричься. Никому не сказав, пошла в парикмахерскую. Косу отрезали, волосы уложили, а наутро вся ее прическа стала дыбом — ничего не могла с ней сделать. Дедушка посмотрел на маму и вспомнил, что на Руси когда-то были кучера, их прозвали Тимофеями — кудри торчали из-под шапок, как у мамы.

Тимофей, Тимоша... Так привилось.

В окружении дедушки всем давали прозвища: мой отец был Поющий Глист, художница Валентина Ходасевич — Купчиха, жена дедушкина секретаря Крючкова — Це-це.

* * *

С 1922 по 1933 год Горький дважды бывал в Советской России. Его торжественно возили, показывали плотины, заводы, колхозы, устраивали роскошные потемкинские деревни. Он долго отказывался возвращаться, вернувшись, не хотел жить в шехтелевском доме, жаловался в письмах: «Мне организовали дворец».

Его раздражала кремлевская казенщина, бирки на всех предметах в доме, он не любил стиля «модерн», поэтому сразу же поселился в «Горках X», где моментально брос народом: Максим, Тимоша, внучки Марфа и Дарья, Всеволод Иванов, Бабель, историк Минц, родственники Николаева, близкого друга Екатерины Павловны, личный секретарь деда Крючков.

— Особым человеком в окружении деда стала медсестра Липочка. Она была уборщицей, когда дедушка жил в Ленинграде на Кронверском вместе с Марией Федоровной Андреевой. Липочку вызывали даже в Италию, и всегда на ней держался дом. Была она одинока, муж и сын умерли, — говорит Марфа Максимовна.

Но вместе со всеми этими людьми в жизнь Горького и его семьи вошли другие, официальные люди — они внесли атмосферу кремлевского круга: дух подозрительности, ощущение тревоги, безотчетной и необъяснимой, не поддающейся никакой логике, но несомненной.

Откуда шла она? От Сталина? От его людей, так или иначе являвшихся к Горькому и его семье? После легкой, прозрачной Италии Россия оказалась тяжелой, сумрачной, и трудно было предположить, что ждет завтра.

МАКСИМ И ТИМОША

Марфа Максимовна подходит к печальным воспоминаниям:

— Дедушка неважно себя чувствовал и не мог ездить по колхозам. За него ездил мой отец, он оказался единственным в семье, кто первым понял обстановку в стране. Начались неприятности у отца его друга, Кости Блеклова. Начались аресты бабушкиных друзей-эсеров.

Сын Горького был вовлечен в круг празднеств: готовились к торжественной встрече Горького, приехал сын — упоили его. Пикники. Застолья. Крики: «Пей, не уважаешь!»

Стал приезжать домой в подпитии. Жене это не могло нравиться. Между ними начались трения.

Вокруг Тимоши стал увиваться главный чекист страны Генрих Ягода: приглашал к себе на дачу, дарил виски «Белая лошадь», засыпал орхидеями.

Ягода, как и многие, был влюблен в маму. Она — мягкий человек, почти бесхарактерный, очень женственна, позднее она стала мудрой, к ней многие приезжали советоваться, но тогда она не умела сопротивляться сплетням, а люди, которые имели отношение к органам безопасности и бывали в нашем доме, все время поднимали тему Ягоды и мамы, — говорит Марфа Максимовна.

О Максиме Алексеевиче в то же время пошли свои сплетни: якобы он увлекается балериной Большого театра, некоей Лялей. Тимоша даже хотела разойтись с ним — но Горький воспротивился.

Позднее один старик, бывший сотрудник органов, рассказывал Марфе Максимовне, что эту балерину он сам возил к Ягоде, чтобы отвлечь главного чекиста от Тимоши.

Максима Алексеевича повсюду сопровождал Петр Крючков, приставленный к Горькому личный секретарь, сексот и алкоголик. Однажды, весной 1934 года Максим и Крючков возвращались с дачи Ягоды. Как рассказывал позднее Марфе Максимовне сын шофера, который вел машину, ее отец плохо себя чувствовал. Обычно он сам любил сидеть за рулем — вообще бредил автомобилями, продал коллекцию марок, купил машину, всю ее разобрал и собрал. А тут не мог вести, сидел сзади, говорил: «В чертову компанию попал, никак не могу вылезти».

Но пьян не был.

Сказал: «Плохо себя чувствую».

Шофер спросил: «Дозу принял?»

Максим Алексеевич ответил: «Нет, даже пить не мог».

Попросил остановить машину, вышел, покачиваясь. Крючков, который с ним ехал, все говорил: «Ничего, обойдется».

Приехали на дачу в «Горки X». Крючков пошел к

себе в отдельный домик, уходя, сказал: «Тебе нужно лечь».

Максим ответил: «Посижу на улице».

Он сел на скамейку. Были первые дни мая. Посидел и уснул. В одной рубашке. А было еще холодно, кое-где снег лежал. И он разболелся.

— Лечили странно: дали касторку, когда у него была температура под сорок, — говорит Марфа Максимовна, — его все время подташнивало. Отравили ли его у Ягоды? Могло быть, могло не быть. Недоказуемо. Человек он был крепкий: теннисист, мотоциклист. По секрету от отца в Италии участвовал в гонках.

— Почему по секрету? — спрашиваю я.

— В детстве он был слабый. У Екатерины Павловны и Алексея Максимовича первый ребенок, девочка, умерла — над Максимом всегда дышали.

Горький не пережил смерти сына. Так думает Марфа Максимовна, так чувствовала я, когда говорила с нею, и неуместен был вопрос: «Не Сталин ли отравил великого пролетарского писателя, поняв, что не союзника себе пригласил он вернуться на родину из солнечной Италии?»

Горький просил у Сталина разрешения на зиму уезжать в Италию, где застарелый туберкулез отступал от него, но Сталин, видимо, опасаясь, что писатель не вернется, отвечал ему:

— У нас есть Крым.

И семья ездила в Форос, в знакомое место, на бывшую дачу Ушкова, в чью дочку Маргит когда-то, в юности, был влюблен Максим Алексеевич.

Сын Горького умер в 1934 году.

Алексей Максимович — в 1936 году. В школе моей юности задавали писать сочинение: «За что враги убили Горького?» Нужно было рассказать о произведениях «буревестника революции», ненавистных троцкистам и бухаринцам, и доказать, что именно за прекрасные произведения враги уничтожили автора. Меня тогда удивляло: ведь Горький уже давно написал свои главные произведения, почему троцкисто-бухаринцы спохватились убивать его в середине тридцатых?

Несвоевременные мысли Алексея Максимовича создавали нежелательное для Сталина общественное мнение.

Зачем Сталин завлек Горького с семьей в свой капкан? Надеялся приручить его? Надеялся. Особенно могли подогревать его желание видеть Горького в СССР давние расхождения писателя с Лениным. «С Ильичем разошелся — со мной сойдется», — мог думать Сталин, и эта мысль могла тешить его самолюбие. В общем-то он, судя по всему, брезгливо относился ко многим людям, считая, что они подкупны. Даже Коллонтай он купил. А с Горьким ошибся.

* * *

Тимоша осталась без мужа и без Горького.

Говорит Марфа Максимовна:

— У мамы страшная судьба. После смерти дедушки она стала собирать материалы и организовывать музей. Во главе музея стал Иван Капитонович Луппол, замечательный человек. Сначала он приходил на обед. Мы с Дарьей ревновали маму к нему. Липочка его обихаживала, хотела, чтобы мама не осталась одна. Тогда открыто говорили, что и Максима, и Горького убили враги. Люди перестали ходить в дом, но близкие остались: Всеволод Иванов, Валентина Ходасевич. И все же мама была оторвана от жизни. В дни памяти дедушки она приглашала в шехтелевский особняк на Никитской официальных лиц и всех, кто знал дедушку.

Иван Капитонович ухаживал за мамой два года. Они вместе готовили музей, он стал его директором. В конце второго года они вместе уехали на торжества Руставели — в семье все уже понимали, что они будут мужем и женой.

Мама вернулась одна — Ивана Капитоновича арестовали. Он сидел в Смоленске в одной камере с Николаем Вавиловым. Умер от голода или расстреляли...»

В сорок третьем году Тимоша встречает архитектора Мирона Ивановича Мержанова, известного своими проектами правительственных дач. Он входит в дом, становится близким человеком. По его совету Марфа решает поступить в архитектурный институт. Через полгода, после того, как Мержанов поселился у Тимоши, за ним приходят. Ночью. Марфа слышит ночные шаги, видит в щелку четырех посторонних людей. Они проходят в спальню к Тимоше, выводят Мирона Ивановича. Марфа слышит его слова:

— Надя, умоляю, ни во что плохое не верь. Я всегда был честен.

Тимоша плачет: «Я всем приношу несчастья. Мне нельзя никого в дом приводить. Я — роковая женщина».

В начале пятидесятых в семью вошел Владимир Федорович Попов. Еще одна попытка счастья для Тимоши. Он был инженер-строитель, во время войны служил в танковых войсках. Моложе ее на десять лет. Первой женой его была одна из дочерей Михаила Ивановича Калинина, кремлевская дочка. Еще будучи мужем дочери Калинина, он ухаживал за Тимошей.

— Очень своеобразный человек, — говорит Марфа Максимовна. — С одной стороны — всеобщий любимец, устроитель костров, пикников, любитель больших компаний, поездок на юг. Мама с ним в себя пришла. Но, въехав в дом, он стал разгонять друзей и знакомых, говоря, что они — приживалы. Поссорился с самыми старыми друзьями мамы. При этом он старался соблюдать все ее общественные интересы: добился, чтобы ей дали повышенную пенсию, дачу, вел все переговоры с Союзом писателей. Дарья воспринимала его очень негативно — в общем, маме опять досталось, но она его любила, как никого прежде. Лишь его отношение к женщинам, бесконечные увлечения доставляли ей много горечи. Его арестовали за год до падения Берия...

Милая, мягкая, нежная Тимоша стала постоянной жертвой чуждой ей политики. Ее использовали, как используют приманку, чтобы уничтожить очередное сильное существо, способное близко подойти к капкану, в котором находилась семья великого писателя.

У Марфы Пешковой есть одно воспоминание: ее свекровь, жена Берия, даже в лучшие времена иногда говорила одну и ту же фразу: «Это проклятие, что мы уехали в Москву из Тбилиси!» Словно предчувствовала будущее.

Тимоша тоже могла бы сказать: «Это проклятие, что мы уехали в Москву из Иль Сорито».

* * *

Значит, Горький сделал ошибку, вернувшись в объятия сталинского времени? Разумеется, сделал, за что и поплатился жизнью и судьбами детей и внуков. Однако в каждом поражении есть отзвук победы, как в каждой победе отзвук поражения.

Своим опрометчивым поступком он дал огромный материал для исследования будущим историкам литературы и историкам вообще. Из другого времени его трагическое возвращение будет выглядеть куда более полнокровно и драматично, чем выглядела бы размеренная жизнь усталого эмигранта.

Но капкан есть капкан, и люди есть люди. Им было очень больно.

МАРФА, ИЛИ «ДЕВУШКА И СМЕРТЬ»

Более ста лет назад молодой Максим Горький написал романтическую сказку о влюбленной девушке, не испугавшейся смерти.

— Что ж, — сказала Смерть,—
— Пусть будет чудо!
Разрешаю я тебе — живи!
Только я с тобою рядом буду,
Вечно буду около Любви!

Каким-то удивительным образом, через много лет эти строки спроецировались на судьбе внучки Горького, Марфы, когда она попала в семью Берия, став женой его сына.

* * *

Не люблю, хотя и приходится пользоваться, слово «красавица». Оно нивелирует личность, никак не характеризует ее и даже может иметь отрицательный результат: скажешь о женщине такое, подготовишь к восприятию, взглянет подготовленный — и ничего особенного.

Пословица «Не родись красивой, родись счастливой» тоже верна лишь в сочетании с пословицей «На вкус, на цвет товарища нет». И как тут не вспомнить еще одно выражение, уже чисто литературно-кинематографическое: «Красота — это страшная сила». Последнее вроде бы неприменимо к Марфе Пешковой: ее внешность законченно-утонченная, мягкая, изящная, вызывающая скорее эстетические, чем плотские эмоции. Она в молодости была не столько предметом вожделений разгульных кремлевских сынков типа Василия Сталина, сколько предметом их воздыханий: «Девушка моей мечты!» Но именно ее красота привлекла внимание воспитанного в строгости сына Берия.

Когда мы с Марфой Максимовной пытались разобраться в том, почему ее дружба со Светланой Сталиной дала трещину, едва в их девичьей жизни начались мальчики и влюбленности, я предположила:

— Потому что вы были красавицей, а она — нет?

— У Светланы были очень красивые, вьющиеся, червонного золота волосы и большие зеленые глаза. А я никогда себя не считала красавицей, — возразила Марфа.

Рожденная в Италии, воспитанная под сенью могучей фигуры Максима Горького, с детства окруженная няньками и гувернантками, а также друзьями отца и деда, Марфа могла бы всю жизнь прожить в Сорренто, Неаполе, Милане или Риме, стать женой какого-нибудь графа или герцога и являться в Россию гостьей в седых букольках и глубоких морщинах, вызванных не жизнью под вулканами, а злоупотреблениями косметикой, посещать в Москве или Нижнем Новгороде все убывающие торжества в честь дедушки Алексея Максимовича и рассказывать нам, жалким, претенциозным провинциалам Европы, как нынче дорога итальянская жизнь.

Вместо этого живет в России мать троих взрослых детей, стройная женщина без возраста и без особых морщин, с лицом скорее усталым, чем пожилым, а усталость придает женским лицам обаяние таинственности. Что же касается ее судьбы, то вернее самой Марфы Максимовны о ней никто ничего не расскажет.

«Когда мы вернулись в Россию, я попала в 25-ю образцовую привилегированную школу, где учились многие дети кремлевских руководителей. В Италии мне очень понравилась школа, в которую я должна была поступить, я болтала по-итальянски, там было весело, свободно, на перемене бегали, прыгали, играли, смеялись.

Московскую школу я невзлюбила — дети ходят по струнке, женщины-учительницы снуют, подслушивают, кто что говорит. Есть в классе мальчик-наушник.

Учились там также иностранцы — дети Поля Робсона, дети руководителей иностранных компартий, под чужими именами.

Помню, приехали в школу двое иностранцев, их должна была встречать отличница Светлана Молотова. Остальных детей выстроили на лестнице. Гости поднимались — Светлана спускалась, наряженная, как принцесса, и куда-то повела их. Все это казалось странным, неестественным.

В Москве я сразу заболела скарлатиной — пропустила год. А дома было хорошо — мы с сестрой Дарьей росли свободно, весело, играли в индейцев, казаков-разбойников, лазали по деревьям. На даче всегда собирались люди — гости дедушки со своими детьми. У нас была замечательная воспитательница, немка Магда — она ничего нам не запрещала».

Переезд из одной жизни в другую — дело тонкое и трудное. Считается, что детям он дается легче, чем взрослым, но кто когда интересовался состоянием детей в новых условиях, кроме их родителей, которые тоже в это время страдали от множества несоответствий. А ведь Марфа Пешкова попала из своего итальянского Сада Детства не в детский сад, а в кремлевский Сад Детства, но чутким сердцем поняла свою неорганичность главному отличию нового быта: его спецусловиям, его ненатуральности, его недетскости.

Судьба и время уводили Марфу все глубже в спецжизнь, можно сказать, в самый кратер кремлевского вулкана, так непохожего на Везувий, видный ей из окон горьковского дома в Иль Сорито.

* * *

Говорит Марфа Максимовна:

— Серго Берия я встретила у Светланы Сталиной на даче. Он тогда, казалось, не обратил на меня внимания. Общался только с ней. Потом в Москве мы иногда случайно встречались с ним, и оба смущались при виде друг друга. Как-то он с моими друзьями приехал к нам на дачу. С тех пор мы стали встречаться вдвоем. После школы Серго поступил учиться в Ленинградскую военную академию связи имени Буденного. Я ездила навестить его. Никогда не забуду тех дней — походы в Эрмитаж, поездки по окрестностям Ленинграда — все впервые! Я поступила учиться в архитектурный институт, потом испугалась математики и перешла в институт иностранных языков.

Мы с Серго переписывались. В переписку вмешался

полковник Саркисов, сказал, зачем посылаете письма простой почтой, у нас прямая, быстрая связь. Я, дурочка, стала отдавать ему письма. Потом, когда мы с Серго уже были женаты, свекровь, Нина Теймуразовна, рассказывала, как она, вместе с Лаврентием Павловичем, распечатывала наши письма, и оба бывали разочарованы, не имея возможности прочесть — мы с Серго, изучая английский, для практики решили писать друг другу по-английски. Когда она мне это рассказала, я как будто щелчок получила.

Перед нашей женитьбой началась суматоха. Светлана Сталина, узнав, что Серго собрался жениться на мне, прибежала к Нине Теймуразовне:

— У Марфы туберкулез! Она больной человек! Наследственная болезнь от деда!

Никакого туберкулеза не было, просто я в детстве много болела.

Светлана явилась и к моей бабушке, Екатерине Павловне:

— Что Марфа делает, она выходит за Серго!

— Они любят друг друга, — говорит бабушка.

— Она попадет в такую ужасную семью!

А ведь Светлана дружила с Ниной Теймуразовной. Я тогда не понимала, зачем Светлана так поступает, она была уже замужем.

— А теперь понимаете? — спрашиваю я.

— Да.

— Зачем же?

Марфа Максимовна молчит.

— Может быть, Светлана продолжала любить Серго?

— Думаю, да. Она никогда не говорила со мной о Серго, но одно время я думала, что она выйдет за него замуж. Нина Теймуразовна по просьбе Сталина опекала Светлану, принимала у себя на даче. Светлана приезжала к Нине Теймуразовне за советом, иногда они подолгу беседовали, и Светлана неизменно уезжала в приподнятом настроении. Нина Теймуразовна ее жалела, старалась сделать ей что-то приятное: послать первые цветы с юга, которые сама получала, или вышитую грузинскими мастерицами кофточку или платочек. Светлана очень любила ее, и долю материнской любви, которой ей так не хватало, она получала от Нины Теймуразовны.

Серго выгодно отличался от многих — умный, красивый, очень хорошо воспитанный: помогал надевать пальто, пропускал вперед, что в наше время нечасто встречалось. Мне казалось, что он похож на знаменитого киноактера Роберта Тейлора, которого все мы бегали смотреть в американских фильмах. Когда в семье Берия поняли, что мы с Серго готовы пожениться, Нина Теймуразовна стала приглашать меня к себе на дачу с ночевкой. Приглядывалась. Бывало, устраивались проверки: на улице подсылали машину с иностранцем, смотрели, как я на иностранцев реагирую.

Мама говорила мне: «Будь осторожней. Подумай, в какую семью ты идешь». Но мы с Серго любили друг друга. И надо сказать — все, кто с ним знакомился, попадали под его обаяние. Мои родные, друзья — все его очень любили.

Я слушаю Марфу Максимовну, и приходят в голову строки из сказки ее дедушки:

> *Любишь, так уж тут не до царей, —*
> *Некогда беседовать с царями!*
> *Иногда любовь горит скорей*
> *Тонкой свечки в жарком божьем храме.*

Марфа Пешкова со своей любовью не в божий храм вошла — в советское кремлевское царство.

Говорит Марфа Максимовна:

— Я всматривалась в будущего свекра — у него был пронзительный взгляд, я сначала сникала под его взглядом — все его боялись, кроме моей бабушки, Екатерины Павловны. Когда мы с Серго были уже женаты, она приезжала к воротам бериевской дачи без всякого предупреждения, хотя полагалось заранее предупреждать комендатуру, выходила из машины, стучала в ворота, объявляла: «Откройте, я бабушка Марфы». Однажды явилась на дачу к Лаврентию Павловичу хлопотать за арестованных. Берия как раз был там, его предупредили о ее приезде, он спрятался и весь день просидел в своей комнате, ждал, чтобы ушла. Бабушка заступалась за всех. До тридцать седьмого года она имела пропуск во все тюрьмы. Кто-то сказал ей про любовницу Колчака Анну Тимиреву, сидевшую в тюрьме, бабушка выхлопотала ей свободу. Многих вызволила.

Поженившись, мы поселились в особняке вместе с родителями Серго.

Я привыкла к тому, что в нашем доме всегда было много народу: приходили на обед, на чай. Интересные люди, разговоры. То же было и у моей бабушки, Екатерины Павловны, в квартире на улице Чаплыгина периодически кто-то жил, люди останавливались у нее, приезжая в Москву на лечение. В воскресные дни с поезда к ее даче в Барвихе всегда шла толпа.

Ничего подобного не было в семье Берия.

Нина Теймуразовна удивлялась, почему я никогда не была в комсомоле: «Это большой минус в биографии».

Я объясняла свой пробел эвакуацией, тем, что в Ташкенте как-то не получилось вступить, пока была война. Тогда она крепко взялась за мое политическое воспитание.

Каждое утро, после отъезда Серго на работу, Нина Теймуразовна уводила меня на балкончик и заставляла зубрить историю партии. Я должна была знать ее назубок, с тем чтобы затем вступить в партию. Но я так и осталась беспартийной, хотя и благодарна свекрови за то, что она привила мне интерес к общественной жизни.

Наша жизнь с Серго в доме Берия всегда была под надзором. Сначала я терпела, но с годами все это стало раздражать. Я не чувствовала себя хозяйкой в этом доме и решила поднять вопрос. Посоветовалась с Серго. Он пошел к матери, сказав, что мы бы хотели жить как все, в отдельной квартире, и тогда Марфа почувствует себя хозяйкой.

Нина Теймуразовна искренне удивилась: «А что ей мешает здесь быть хозяйкой?»

Мне мешало все — весь стиль жизни. Ко мне никто не мог прийти без моего звонка в комендатуру, даже мать и сестра.

Свекровь вызвала меня: «Если ты еще раз поднимешь этот вопрос, повторения не будет. Учти, вы всегда будете рядом со мной, я не расстанусь с Серго, а ты и детей своих не увидишь, и уйдешь отсюда без них и без мужа».

Очень напугала мою маму: «Ваша дочь хочет уйти из нашего дома и забрать с собой моего сына. Учтите, если вы на нее не повлияете, то ни вы, ни она никогда не увидите детей».

Мама сказала мне: «Умоляю, больше ни слова об этом!»

И тут вдруг забеспокоилась Светлана Сталина, откуда-то узнав о моих намерениях. Она явилась к Нине Теймуразовне: «Почему вы не хотите, чтобы я вошла в дом? Детей мы разделим».

Серго сам рассказывал мне о ее приходе к свекрови, заметив, что «Светлана очень опасная женщина».

«Чем опасная?» — хочу я спросить Марфу Максимовну, но вспоминаю слова Сталина, начертанные на сказке Горького «Девушка и Смерть» — их в моей юности обязан был знать каждый школьник: «Эта штука сильнее, чем Фауст Гёте: любовь побеждает смерть». Всесильный вождь, желавший похвалить хорошее произведение, убил его, дав предпочтение непроверенному временем произведению перед абсолютной литературной величиной.

Любое слово Светланы, сказанное отцу, могло вызвать любую его реакцию, и тогда его ответные слова породили бы непредсказуемое действие для тех, на кого они были бы направлены.

* * *

Мы с Марфой Максимовной закуриваем. Она вспоминает, как Нина Теймуразовна впервые предложила ей покурить во время беременности, с тех пор она и пристрастилась. Я испытываю нетерпение и неловкость, подходя к неприятной теме пятьдесят третьего года, падения Берия и переворота в жизни моей героини. Но она, словно почувствовав мои переживания, сама говорит:

— А теперь я расскажу конец этой истории.

Лето 1953 года. Мы — Серго, дети и Нина Теймуразовна были на даче. Ночью приехали люди, подняли с постели, сказали: «Быстро соберите кое-что, мы вас отвезем на несколько дней в другое место...

Все тот же старый большевистский, дзержинско-ежовско-бериевский почерк: ночью, без объяснений. Так уводили на расстрел семью Николая Второго в Ипатьевском доме, хотя с семьей Берия обошлись много мягче.

Марфа была беременна третьим ребенком.

Взволнованное семейство стало собирать, завязывая в узлы, постельное белье и детские вещи. Позднее Нина Теймуразовна вспоминала, как Марфа спросила ее: «А теннисную ракетку брать?»

— ...Привезли нас на какую-то дачу — потом, как мне сказали, в ней жил Брежнев.

Дом был отключен от мира: все шнуры повыдернуты, телефоны болтаются. Тут мы поняли, что дело серьезное. Однако наутро, как ни в чем не бывало, нам принесли меню: «Заказывайте, что хотите».

Серго сказал: «Переворот».

Разрешили гулять по дорожкам вокруг дома. Обстановка была гнетущей — полная неизвестность. Ниночка побежала за бабочкой, ее вернули — нельзя. Младшая Надя, ей было 3 года, запустила камнем в часового.

Когда солдаты менялись, мне казалось, что поведут на расстрел. Все время за территорией дачи играло рацио. Особенно часто звучала любимая песня Берия «Голубка».

Серго говорил: «Все очень странно».

Мы терялись в догадках. Не помню, сколько дней мы провели на этой даче. Потом нас перебросили на другую, там было посвободней — за каждым кустом не стояли часовые. Однажды ночью забрали Серго. Утром появилась женщина, молчаливая, мрачная. Она сопровождала меня на прогулках. На вопросы, что с моим мужем, я, конечно, ответа не получала. Через день приехала машина, и меня с детьми и моими вещами отвезли на дачу к бабушке, в Барвиху. Нас ждали на крыльце. Ко мне кинулась плачущая мама. Бабушка стояла молча. Первый мой вопрос: что случилось? Они показали газету.

* * *

Началась новая жизнь. Ко мне на бабушкину дачу приезжали какие-то люди, спрашивали, не нужно ли чего. Когда родился маленький Серго, я попросила их передать мужу фотографию ребенка. Передали. Потом я добилась свидания с мужем в Бутырской тюрьме. Водил меня туда генерал Китаев. Я шла по тюремному коридору, навстречу вели человека и повернули его лицом к стене, чтобы я не увидела его. Кто это был?

Серго вывели ко мне. Брюки на нем веревочкой подвязаны, худой. О чем говорить при генерале? Только о детях, мол, все у них в порядке. Я слезы не проронила, генерал Китаев похвалил: «Сильный у вас характер».

Потом Серго с матерью пульмановским вагоном отправили в Свердловск. Было это осенью пятьдесят четвертого года, а в январе пятьдесят пятого поездом «Москва—Пекин» я поехала к нему. Мы встретились, обнялись. Удивительно, как малыш сразу потянулся к отцу. Я расплакалась.

В Свердловске Серго организовали работу по специальности. Жили мы сначала в центре города, в гостинице «Уральская». Ему поменяли фамилию и отчество. Денег было мало. Мы нечаянно разбили вазу в нашем гостиничном номере, пытались склеить, но каждый раз она разваливалась.

Серго сказал: «Брось, заплатим, когда деньги будут».

Нина Теймуразовна каким-то образом повлияла на наш развод, убедив меня, что Ниночка должна учиться в Москве, что у меня главными должны быть дети, а она тут за Серго присмотрит. И я ездила туда-сюда на каникулы, вместе с детьми. Девять лет, а это немалый срок, такая жизнь в конечном счете привела к разводу.

Решили остаться в хороших отношениях. Потом Семичастный перевел его в Киев. Предлагал Москву, но Серго сказал, что в Москве слишком много людей, которые его оклеветали.

* * *

Марфа Максимовна заканчивает рассказ о себе, сидя в большой комнате деревянного барвихинского дома, того самого, который купил в 1922 году ее дедушка Алексей Максимович Горький для ее бабушки Екатерины Павловны Пешковой. Они тоже когда-то разошлись, оставшись друзьями. То были другие времена, другие обстоятельства.

Я смотрю на неизменную красавицу Марфу и думаю о том, что стены этого дома, приютившие ее во дни бериевской трагедии и, может быть, спасшие, согревают и теперь. Марфа Максимовна сдала в наши новые времена московскую квартиру, живет на природе. Дети выросли, внуки растут, радуют. И мне кажется, что-то прекрасное еще впереди у этой интеллигентной русской женщины с невероятной судьбой: внучка Горького — невестка Берия.

«Песня о Буревестнике», написанная дедушкой Марфы, захлебнулась в крови, пущенной ее свекром и отцом ее подруги детства Светланы. Но при чем тут она?

Да при том, что сумела пройти сквозь мертвящую атмосферу времени и остаться живым человеком, той самой вечной девушкой, победившей смерть, которая подстерегала душу Марфы во всех проявлениях кремлевского быта, в лицах всех его представителей и представительниц.

P.S. Глава о Марфе Максимовне пострадала от современной журналистики еще до выхода в свет этой книги. Я виновата — уступила просьбам сотрудников нового журнала «Профиль» — дала им для нулевого номера главу, предупредив, что обо всех изменениях и сокращениях они должны договариваться со мной.

Молодые журналисты ничего не изменили и не сократили — они просто дали очерку свое название: «Марфа Берия: Светлана Сталина хотела отбить у меня мужа».

Достаточно вернуться к страницам этой главы, чтобы увидеть: ничего подобного нет в тексте.

— Какой ужас! — немедленно позвонила мне Марфа Максимовна, как только журнал вышел. — Я никогда не меняла фамилию, никогда не была Марфой Берия, всегда оставалась Марфой Пешковой. Но главное — разве я говорила вам слова: «Светлана хотела отбить у меня мужа»? Этого не было. Все гораздо сложнее и тоньше.

После Марфы Максимовны позвонила мне Кира Павловна Аллилуева-Политковская.

— Мой брат сказал, что вышел ваш очерк, где Марфа Пешкова «поливает» Светлану Сталину, говоря, что та хотела отбить Серго.

Пределов моему возмущению не было. Я послала опровергающее письмо в редакцию «Профиля». И задумалась: что хуже — старые тиски и запреты советской цензуры или новые беззакония бесцензурного времени? Сцилла или Харибда?

Теперь, когда я знаю новое зло, мне остается одно: пережить и его, тем более что сюжеты, которые я выбираю не из любопытства, а из желания понять, «что случилось на моем веку», своеобразно мстят мне своим вырождением — то в многочисленных пиратских изданиях книги «Кремлевские жены», то быстро испеченными, пока я не успела, книжками «Кремлевские дети», где авторы действуют или посредством ножниц и клея, или, следуя формуле «Я Пастернака никогда не читал, но осуждаю», пишут: «Я пытался отыскать Татьяну Михайловну и не нашел», но тут же делает реальную Татьяну Михайловну вымышленной героиней рассказа. Люди не дают себе труда встретиться с героями, которые живут по соседству.

Но нет худа без добра: меня в сюжете с изувеченным названием очерка взволновала жгучая, заинтересованная реакция моих героинь, для кого сталинские времена не далекая история, а огромная часть еще текущей жизни. Как живо прошлое! Как неизгладимо оно! Как неоднозначна память о нем!

Светлана и Марфа — две подруги детства и юности, две лучшие кремлевские девочки находятся сегодня друг от друга на расстоянии трех с половиной часов лету из аэропорта Шереметьево-2 до аэропорта Хитроу. От Москвы до Лондона, если захотеть, рукой подать.

— Я всегда хотела увидеться со Светланой и вместе вспомнить детство, — не раз говорила мне Марфа Максимовна...

БАРОНЕССА

Имя Марии Игнатьевны манит, как магнит.

«Железная женщина» Берберовой лишь раздражала воображение, оказавшись книгой, где образ героини, которую явно недолюбливает автор, скорее ускользает от Берберовой, чем появляется перед читателем.

Порой мне кажется, что со временем эта ничем не замечательная женщина станет в ряд замечательных женщин XX века.

Что значит ничем не замечательная?

Она не писала книг, подобно Ахматовой.

Не творила революцию, подобно Крупской.

Не открывала радий, подобно Кюри.

Не взлетела в космос, подобно Терешковой.

Она была возлюбленной или гражданской женой нескольких знаменитых мужчин XX века. И это все?

* * *

Осенью 1973 года праздновался день Октябрьской революции. Мы с мужем, корреспондентом «Известий», аккредитованным в Англии, тогда только начинали свою лондонскую жизнь, и прием в честь Седьмого ноября в советском посольстве был для меня первым. Я ходила с рюмкой по переполненному залу, разглядывая незнакомые лица. Подошел Владимир Семенов, советник посла:

— Лариса, с тобой хочет познакомиться жена Горького.

— Какого Горького?

— Писателя. Буревестника революции.

Семенов явно что-то путал. Я знала о Екатерине Павловне, у которой даже была однажды в московской квартире на улице Чаплыгина с журналистской целью: расспросить ее о том, как писалась картина «Горький и Ленин слушают сонату Бетховена «Аппассионата».

Вторая жена писателя — Мария Федоровна Андреева, помнилось, давно умерла.

— Возможно ли? Одна жена в Москве, другая мертва, — неуверенно сказала я.

— Нет, третья. Жена Герберта Уэллса. То есть... совсем запутался... Баронесса...

Сердце мое замерло. Неужели он говорит о той легендарной красавице-аристократке, которой посвящен роман Горького «Жизнь Клима Самгина»? Что я знаю о ней? Вдова молодого графа Бенкендорфа, убитого крестьянами в собственном эстонском поместье, она, оставаясь в Москве после Октября, была взята чекистами под стражу вместе с английским дипломатом Брюсом Локкартом. Позднее, когда их обоих выпустили и Локкарт вернулся в Англию, она вошла в дом Максима Горького и стала незаменимой для писателя. В целях самозащиты вступила в брак с бароном Будбергом, которого тут же отправила навсегда жить в Южную Африку. Еще знаю я, что у баронессы было двое детей от Бенкендорфа. И это все.

В отличие от многих своих литературных сверстников, и тем более писателей младшего поколения, я всегда искренне считала Максима Горького величайшим писателем. Снобизм в отношении к нему многих интеллектуалов — кстати, некоторые из них обязаны Горькому: те жизнью, те благополучием, но люди не любят вспоминать чужие благодеяния, — объясняется оскоминой поколений на большевиков, тоже многим обязанных Горькому и отчасти своей победой. Надеюсь, когда история поставит на места все события и определит все политические и культурные акценты XX века, Горький станет во весь рост, и люди заново прочитают его книги. Без предвзятости.

Владимир Семенов подвел меня к толстому, большеротому монстру, некогда бывшему женщиной. Вуалетка опускалась с маленькой черной шляпки, которая сидела набекрень на взлохмаченной голове. Вся вуалетка была усыпана подрагивающими черными мушками.

— О-о, я мечтала с вами познакомиться, — сказало существо сильным басом, — обожаю ваши стихи.

— Полно, откуда вам знать мои стихи, я не так знаменита, — ответила я невежливо, сразу разочаровавшись в этой особе и не желая притворяться.

— «А жизнь то клюква, то малина, то волчья ягода одна», — процитировало странное создание мои строчки. И я — тщеславная — зарделась, открыла рот для благодарных слов, но «оно» пробасило: — Ну как? Хо-

ошо я подготовилась к встрече? Все просто: у нас
общие знакомые, я взяла у них сборник ваших стихотворений.

* * *

Мария Игнатьевна, законная жена барона Будберга,
вдова графа Бенкендорфа, дочь украинского помещика
Закревского, возлюбленная английского дипломата и
шпиона Локкарта, сожительница Максима Горького,
гражданская жена писателя Герберта Уэллса, вошла в
мою жизнь.

Мы были знакомы недолго. С семьдесят третьего по
семьдесят пятый — год ее смерти. А если учесть, что в
конце семьдесят четвертого она навсегда уехала из Лондона к сыну в Италию, то и совсем мало. Встречи считаю по пальцам — не более двадцати. Но каждая встреча с нею — спектакль.

Она — самая не аристократическая аристократка из
тех, кого я встречала или представляла себе. Несмотря
на акцентированный, в сторону английского, ее особый
русский язык, несмотря на экзотичность и неряшливость
в одежде, несмотря на умопомрачительные легенды, которых я наслушалась о ней, она казалась мне совершенно
своей, российской, домашней, даже советской, или, как
теперь бы сказали, совковой. У меня не было к ней никакого особого почтения — она его не вызывала, даже литературное любопытство к историям, которые она могла
бы поведать, у меня куда-то пропадало, когда мы начинали говорить. Уходило ощущение разницы в наших возрастах, и эти разговоры можно было назвать просто бол-
товней.

Мы встречались на приемах в разных посольствах —
она ходила везде, — в доме ее подруги Саломеи Николаевны Андронниковой, в доме переводчицы Сюзанны
Лепсиус и искусствоведа Ефима Шапиро — прелестном
круглом домике возле Ноттинг Хилл-гейт, и, конечно, у

нас, в Шеринхэм. К себе Мария Игнатьевна не пригла
шала, говоря:

— У меня грязь, беспорядок. В последнее время, п
старости, я не люблю принимать гостей — хлопотно. И до
рого. Иногда собираю вместе несколько человек, тольк
выпить.

Она сразу стала со мной на «ты». Мне это не понра
вилось. Однажды, у Саломеи, решив защитить револю
цию от нападок трех старых эмигранток, я сказала:

— Если бы не революция, я мыла бы полы в дом
Марии Игнатьевны. Она мне «ты» говорит, хотя мы н
брудершафт не пили. Как прислуге.

Мура внимательно посмотрела на меня. Подняла пе
ред своим носом указательный палец, повела им вправо
влево и медленно пробасила:

— Ты бы не мыла. Не тот характер. В город пода
лась бы и там наблядовала себе какой-нибудь титул.

Заметив, что я вспыхнула, она добавила:

— Как я. Уехала из Лозовой, маленький городок...

— Лозовой?! — почти закричала я. — Мой отец
родом из Лозовой.

— Что ты говоришь? Как интересно. Почти земляч
ки. У нас там был прекрасный дом. На горке. Когда я
приехала в Вашингтон и меня везли из аэропорта через
центр, я увидела точь-в-точь домик, как наш, и закрича
ла: «Вот, вот в таком, в Лозовой мы жили». А мне гово
рят: «Это Белый дом». Но родилась я в Березовой Рут
ке, в именье...

Несколько позже, приехав в Москву, рассказала я
отцу о Марии Игнатьевне. Он, 1907 года рождения, был
много моложе ее. Не рискую назвать год рождения Ма
рии Игнатьевны, помню, как Ефим Шапиро сказал уже
после ее смерти: «Насколько мне известно, Мура спря
тала в карман лет шесть, а то и десять».

— Закревская? — задумался отец. — Вообще-то я
учился в гимназии с одной Закревской, она, кстати, моя
четвероюродная сестра по маме. Красивая была девочка.

В Лондоне я не преминула сообщить Марии Игнатьевне, что сказал мне отец.

— Вот видишь, — ухмыльнулась Мария Игнатьевна, — мы родственницы, а ты полы у меня собиралась мыть. Впрочем, все наши аристократы — плебеи. Мой предок, Григорий Осипович Закревский, тайный сын императрицы Елизаветы Петровны. Ну и что? Сама императрица по маме — бог знает кто! Лучше не вспоминать, а делать благородную физиономию. — И она скорчила надменную гримасу.

* * *

Как-то я спросила ее:

— Знаете ли вы, Нина Берберова собирается писать о вас книгу?

Нина Берберова была эмигрантская поэтесса и литературный критик, в первые годы эмиграции она вместе с поэтом Владиславом Ходасевичем жила в Италии рядом с Горьким.

— Ха-ха, — отозвалась Мария Игнатьевна. — Пусть пишет. Я сообщила ей массу дезинформации.

— Вы бы сами написали о себе книгу.

— Нет, если писать, то о Горьком. Ох, какую книгу я могла бы написать о нем! И о себе заодно. Он, кажется, любил меня больше, чем других женщин.

— Не он один, — говорю я, готовая перечислить всех известных мне знаменитых возлюбленных и мужей Марии Игнатьевны, чтобы, по возможности, узнать о неизвестных.

— Нет, — улавливает она мои мысли, — подлинная любовь ко мне была только у Алексея Максимовича.

— А вы его любили? — пристаю я.

— Слушай, — говорит баронесса, — налей мне еще водки.

И выпив, вздыхает:

— История горьковской семьи, история его сына,

Тимоши и внучки Марфы — потрясающий роман. Кто бы взялся писать? Я стара, а Берберова наврет, недорого возьмет. Напишет, что Горький спал со своей невесткой Тимошей, что Тимоша спала с Ягодой, что Ягода отправил на тот свет Максима, сына Алексея Максимовича, что Сталин отравил Горького, а внучка Марфа вышла замуж за сына Берия или сын Берия женился на ней по расчету.

— Это все сплетни? — спрашиваю я.

— Это все зубья капкана, в который попала семья, — отвечает она.

* * *

Мария Игнатьевна не выносила, когда при ней кого-нибудь хвалят — не ее. Однажды, когда она была у нас в гостях, я сказала:

— Ефим Шапиро — настоящий энциклопедист. Он знает все.

— Даже то, чего не знает, — ворчливо подхватила Мария Игнатьевна. — Тоже мне, Брокгауз, Эфрон энд Шапиро. Все знает, а денег нет. И это называется еврей. Я тоже много знаю. Такое, чего не знает никто. И ни в каком Брокгаузе-Эфроне не сыщешь. Тако-о-о-е знаю! Мир перевернется, если я открою рот.

У меня привычно мелькнула мысль об устойчивой сплетне про Марию Игнатьевну... будто бы смолоду она — шпионка...

— Как ты думаешь, на кого я работала? — спросила она, то ли угадав мою мысль, то ли продолжая свою. — В Лондоне многие считали, что я красная разведчица. В Москве меня припутывали то к Англии, то к Германии. Один очень осведомленный немец связывал меня с итальянской разведкой. Тут все на поверхности: работала на Локкарта, жила с ним — его шпионка. С Горьким жила — советская Мата Хари. С Будбергом связалась — на буржуазную Эстонию работала. А с Будбергом мы спасали друг друга. Он меня паспортом и своим титулом от многих неприятностей заслонил, а я ему репутацию спасла. Его в гомосексуализме обвиняли, а тогда с этим делом построже было, чем теперь...

Она уже была пьяна и не слегка. Муж мой поглядывал на нее с явным беспокойством: не первый раз приходится поднимать это грузное тело и с трудом усаживать в машину. Вдруг ей плохо станет — годы почтенные, а выпито, будто молодая.

— Скажу тебе вот что: ни на кого я не шпионила. А если не врать — на всех вместе: русским на англичан, англичанам на русских. Нет, не двойной агент, они меня не регистрировали в своих проклятых бумагах. Я была — вольный казак.

Я разведчиков ненавидела. Да, да, всю их тайную войну. Они мне жизнь сломали. Была бы я звезда, блистала при дворах, если бы не эти чертовы революции. Я на себя шпионила и никого не предавала, а они перебегали от идейки к идейке, революционеры! Говоришь, я не очень аристократка? Очень! Знаешь, что такое аристократизм? Это не манеры. Их можно, как кошке блох, набраться у любой дешевой гувернантки. За два дня.

Это свобода от предрассудков. Запомни: свобода от предрассудков. Никакая Берберова, тьфу на нее, никогда так про меня не напишет: Мура — аристократка, свободная от предрассудков!

— Умоляю, не поленись, запиши, пока помнишь, все, что она говорила. Когда-нибудь тебе пригодится, — сказал мой мудрый Олег, бережно выводя едва стоящую на ногах Марию Игнатьевну. Он повез ее на Кромвел-роуд, где она жила, а я пошла записывать бессвязные слова.

Вот и пригодились.

Вернувшись, Олег развел руками:

— Ну и женщина! С трудом поднял я ее в квартиру, а там человек десять сидят. Оказывается, она всем им назначила встречу в одно и то же время и каждого предупредила, что опоздает всего на пять минут. Они терпеливо ждали ее четыре часа, пока она с нами ужинала. Увидела всю эту толпу, обрадовалась, вытащила из сумки бутылку шампанского и кричит: «Все пьют! Русское шампанское, прямо из Москвы! — Плюхнулась в кресло и говорит мне на ухо: — Что-то я стала сильно дряхлеть».

Было это примерно за год до ее смерти.

* * *

Мария Игнатьевна умерла в 1975 году в Италии, куда уехала жить к сыну, но отпевали ее в Лондоне, в православном храме. Священник — отец Владимир Родзянко — сказал прочувствованную речь перед огромным гробом из желтого дуба с медными ручками. На похоронах мы с мужем были единственные советские среди людей, пришедших проводить баронессу в последний путь.

Какие лица собрались под сводами храма! Благородные тонкие черты, надменно сложенные губы, трагически глядящие глаза. Каждая фигура полна значительности, не всегда, правда, подтверждаемой при близком знакомстве.

У самого гроба на стуле, специально для нее поставленном, сидела девяностолетняя Саломея Николаевна Андронникова, близкая подруга покойной. Ее «дарьяльские глаза», так их когда-то называла Анна Ахматова, были сухи, а кисть руки, и в ветхости красивая, спокойно лежала на крышке гроба.

Мария Игнатьевна, встань она из-под крышки, выглядела бы среди пришедших проводить ее простовато и грубовато, но ее значительности никто из присутствовавших не подверг бы сомнению, несмотря на букет сомнительных репутаций: любовница, секретарша, гражданская жена, международная шпионка. Да к тому же еще и пьяница.

Свобода от предрассудков?..

Она говорила мне о Горьком.

— Почему он решил вернуться в Россию? Все просто. Деньги кончились. Он был очень добрый, кормил ораву прихлебателей, всех этих ходасевичей, берберовых... — она явно недолюбливала своего будущего биографа. — Они при этом еще смели иронизировать над ним и поглядывать на него свысока. Им казалось, что они талантливее его. Как же!

Сталин посулил Горькому все блага. И дал. Но захлопнул капкан.

«Опять она о капкане, — подумала я, — навязчивый образ». И задала вопрос:

— Верите ли вы в то, что Сталин прислал Горькому отравленные конфеты? Или это всего лишь сплетня?

Сплетня ранит надолго. Иногда разрушает отношения между людьми. Иногда убивает. На мой характер — я ничего бы не таила, отмахивала любую сплетню, чтобы она не обрастала новыми и не накапливала яда. Но люди, как правило, боятся сплетен, боятся правды в них, которая может опорочить близких людей. Понимаю. И все же легче однажды переступить через неловкость, чем долгими годами нести груз лжи, своей и чужой.

— Почему же. Я сама кормила его этими конфетами и наслаждалась предсмертными муками.

В этом ответе вся Мария Игнатьевна — мудрая, саркастическая, трагическая женщина своего времени, светлая личность и «темная лошадка» — одновременно. Ей ли было не знать, что отравленными конфетами, сводившими в могилу, могли оказаться дружеские слова и благодетельные поступки великих мастеров интриги, привыкших говорить одно, делать другое, думать о третьем и замышлять четвертое.

* * *

Книга Нины Берберовой «Железная женщина», посвященная жизни и личности Марии Игнатьевны, вышла в свет на западе в 1982 году — Муры давно уже не было на свете.

— При моей жизни Нина ничего не опубликует, — говорила баронесса, когда ей со всех сторон доносили о замысле Берберовой, — побоится. Я ее по судам затаскаю. Она ничего про меня не понимает. Не понима-а-а-ет. Знать — знает. Много. Насобирала мусору по углам. Но этого недостаточно. Все выбившиеся из темноты и неграмотности люди стремятся знать. Горький был помешан на знании. Уэллс, хоть и не из темноты, но тоже был темный — путался в политике, как муха в паутине. И тоже твердил: знание спасет мир. Чепуха. Кого спасло знание?

Я слушала ее и думала: почему к мудрости Муры не прислушивались умнейшие мужчины ее времени? И торопилась записать ее речи. Иногда, если она бывала у нас, выходила из комнаты, оставив ее с Олегом, записывала, а возвращаясь, по его взгляду видела, что пропустила нечто важное.

Мария Игнатьевна была сурова к Нине Берберовой. Знала бы она, что книга «Железная женщина» завоевала читательский мир, сделала «легенду о Муре» большой книгой, где хорошо видны все времена, в которых жила женщина, способная сказать о себе словами украинского философа, ее соотечественника, Григория Сковороды: «Мир ловил меня, но не поймал».

Ни мир, ни Берберова не поймали Марию Игнатьевну. Рассказанная на трехстах пятидесяти страницах «Железной женщины», она остается загадкой.

У меня нет специальной задачи улавливать неточности в книге Берберовой, но одно ее утверждение хотела бы оспорить для времени, в надежде, что имя и образ Марии Игнатьевны Закревской-Будберг-Борейшо-Бенкендорф еще будут волновать воображение потомков.

На первых же страницах своей книги Нина Берберова отказывает Марии Игнатьевне в происхождении от Арсения Андреевича Закревского (1783—1865), получившего графский титул в 1830 году и женатого на Аграфене, которую Пушкин называл «Медной Венерой» (по-моему, сомнительный комплимент), а также посвятил ей два стихотворения «Портрет» и «Наперсник».

На последней странице книги «Железная женщина» Нина Берберова насмешливо пишет: «Мура не ушла без того, чтобы дать своей легенде подобающую коду, которая, как и музыкальная кода, повторяла основную тему ее жизни: в конце некролога «Таймс» мы находим ее рассказ, до того неизвестный, о том, что она происходила по прямой линии от императрицы Елизаветы Петровны от ее морганатического брака с Алексеем Разумовским. В **1742 году** (выделено мной — *Л.В.*) у дочери Петра Первого родился сын, который положил начало роду графов Закревских.

Эту ее последнюю шутку оценил бы Уленшпигель, который с веревкой на шее так и не успел закончить своей. Она пятьдесят лет ждала, чтобы высказать ее, и уверила своего собеседника, что, если приглядеться, в ее лице есть несомненное сходство с Петром Великим».

Так язвительно кончается книга «Железная женщина». Но жизнь продолжается, уже без Марии Закревской, без Нины Берберовой. И преподносит сюрпризы.

* * *

Моя постоянная корреспондентка из Санкт-Петербурга Наталия Николаевна Матвеева, снабдившая меня сенсациями о семье Ульяновых, в телефонном разговоре однажды обмолвилась и о семье Закревских, сказав, что она — Закревская по одной из генеалогических линий, а следовательно, дальняя родственница Марии Игнатьевны.

В отличие от меня, которая по комсомольскому нелюбопытству всего-то и знает, что у матери моей прабабки по отцу бабка была Анна Павловна Закревская, Наталия Матвеева составила подробнейший генеалогический реестр, из которого действительно не следует, что Мура прямая то ли правнучка, то ли праправнучка Аграфены Федоровны Закревской, жены московского губернатора, которой Пушкин и Вяземский писали стихи. Но следует нечто иное.

«Императрица Елизавета Петровна, — утверждает Матвеева в своих записях, — которая, как все Нарышкины, страдала потомственным заболеванием эпилепсией... была вся «желание и страсть» — у нее было много любовников, около половины подарили ей детей, а некоторые и по два. Если отец не мог взять свое чадо себе, Елизавета отдавала их в хорошие руки: либо своим родственникам по отцу Нарышкиным, либо Разумовским.

У сестры Алексея Разумовского Анны, Закревской по мужу, было три царских подкидыша: Марина Осиповна Закревская, Андрей Осипович Закревский, **1742 года рождения** (выделено мной. — *Л.В.*) — первый ребенок после восшествия Елизаветы на престол и венчания с Разумовским — «законный наследник романовского престола», как писали на его портретах, и Григорий Осипович Закревский.

Марина и Андрей — от Алексея Разумовского, Григорий — от Михаила Воронцова».

Сенсации Наталии Николаевны обычно заставляют меня сильно волноваться и долго искать, а также бороться с собственной интуицией, чтобы предпочесть ей факты и только факты.

Но по странному стечению судьбы в моем доме живет старинная чернильница. Из тех, что писцы прикрепляли шнурками за «ушки», вешали на грудь, макали перья в чернила и писали. Бабушка по отцу, Анна Федоровна, подарила мне ее на восемнадцатилетие:

— Ты пишешь стихи, пусть она тебе помогает. Но никому не говори, откуда эта чернильница.

— А если спросят?

Она задумалась:

— Скажи, нашла во дворе. Или подарили.

— Почему не говорить?

— Так надо.

То были времена, когда родство, даже такое пра-прадальнее, могло не понравиться обществу. Конечно, бабушка перестраховалась, ни она, ни я никому нужны не были. Но отец мой был засекречен, а второй ее сын, мой дядя, трудился на ответственном административном посту. Мало ли что могло случиться?

Много лет спустя я спросила бабушку:

— Чья это чернильница?

— Ее подарил моей прабабушке Арсений Андреевич Закревский. Ее двоюродный дедушка. Он был московским губернатором. Про него ходил слух, что его отец, Андрей Осипович, незаконный сын царицы Елизаветы Петровны. Все это, может, и слухи. Кто теперь знает и кто докажет?

— Бабушка, значит, ты голубых кровей?

— Каких голубых. Отец мещанин, мать — мещанка. А дальше — не знаю. Теперь можно говорить, не так страшно, но после революции: социальное происхождение, социальное происхождение. Как будто люди виноваты в своем социальном происхождении.

* * *

Если предположить, что Закревские — Андрей Осипович, 1742 года рождения, и Григорий Осипович, 1744 года рождения, — братья по тайной матери, императрице Елизавете Петровне, и Андрей Осипович, отец Арсения Андреевича Закревского, московского генерал-губернатора, женатого на Аграфене, «Медной Венере» Пушкина, а Григорий Осипович, отец Алексея Григорьевича (1767—1834), а Алексей Григорьевич, отец Платона Алексеевича (1804—1882), а последний — отец

Игнатия Платоновича Закревского (1839—1906), а Мария Игнатьевна, родная дочь Игнатия, то выходит:

Мария Игнатьевна Закревская — праправнучка Григория, рожденного Елизаветой от Михаила Воронцова, двоюродная праправнучка Андрея, рожденного Елизаветой от Алексея Разумовского, двоюродная правнучка «Медной Венеры» Пушкина, родная прапраправнучка императрицы Елизаветы Петровны, родная прапрапраправнучка императрицы Екатерины Первой, и, наконец, родная прапрапрапраправнучка матери Петра Натальи Кирилловны Нарышкиной, которая одна могла знать, да и то без полной уверенности, кто был отцом ее сына, променявшего Кремль на невские болота. А если так, то значит, в какой-то степени, изначально, по родству Мария Игнатьевна — кремлевская дочка старинного времени.

При одном-единственном условии: что слухи о Елизаветиных детях достоверны. А это труднодоказуемо за дальностью лет и деликатностью темы.

Как тут не вспомнить слов самой Марии Игнатьевны, записанных мною сразу после нашего разговора об аристократизме: «Мой предок, Григорий Осипович Закревский, тайный сын Елизаветы Петровны. Ну и что? Сама императрица Елизавета по маме — бог знает кто. (Екатерина Первая, мать императрицы Елизаветы, была особой простого происхождения и до встречи с царем Петром — сомнительного поведения. Имя ее известно — Марта Скавронская. — *Л.В.*)

Начиная с Петра и его Екатерины — права Мария Игнатьевна — царская кровь плебейская.

А если вдуматься, что такое «голубая кровь»? И у царя, и у крестьянина она одинаково красная.

* * *

Дочь Марии Игнатьевны от первого мужа живет в Лондоне. Зовут ее Татьяна Ивановна Бенкендорф-Александер. Ребенком увезенная за границу, Танья — так ее называют в Англии — всю жизнь, так или иначе, связана с Россией: через мать с музеем Горького и семьей Пешковых, а также сама по себе — долго работала консультантом русской оперы и балета. Несколько лет назад Танья Александер издала в Англии книгу «Эстонское детство» — свой ответ Нине Берберовой и всему человечеству на мнение об ее матери.

Сравниваю книгу Берберовой и книгу Александер. Если бы я Муры не знала, то предпочла бы элегантные, умные, острые и порой захватывающие вымыслы Берберовой. Но предпочитаю книгу дочери, вижу в ней ту самую Марию Игнатьевну, которая восхищала и разочаровывала меня в семидесятых годах. Жаль, книга не издана в России.

В апреле 1996 года, оказавшись в Лондоне, я позвонила Татьяне Ивановне. Она назначила встречу: среда, четыре часа дня. Это время английского чаепития. Зная точность лондонцев, ровно в четыре я была у дверей ее домика. Улица, или как ее называют «мьюз», много лет назад составилась из бывших барских конюшен. Таких «мьюз» множество в Лондоне — это самые дорогие и элегантные адреса города.

Позвонила. Ответа не было. Подождала минут десять. Медленно пошла назад. Навстречу, уже у выхода из «мьюз», мне попалось такси. За стеклами виднелся суховатый женский профиль. Вернулась. Такси стало у домика Таньи. Пока немолодая женщина выходила, расплачивалась, помогала выйти маленькой девочке, я успела подойти.

— Не в среду, а в четверг, — сказала мне Татьяна Ивановна, — завтра в четыре. Сегодня у меня внучка.

Особой доброжелательности я в ней не заметила. Вернувшись к себе, посмотрела в дневник: записана среда. Ну, ладно.

На следующий день Танья Александер встретила меня у порога. Мы сели с нею в гостиной. Разговор не клеился. Я заговорила о книге Берберовой.

— Она злилась на маму, потому что у мамы была любовь Горького, а Берберова завидовала.

Молчание. Потом около получаса пустого разговора — ни о чем.

— Какую чушь передавали по вашему телевидению, будто мама отравила Горького, — вдруг сказала Татьяна Ивановна, и я поняла причину ее сухости и неразговорчивости. Но я была непричастна к этой передаче, а поддерживать льстивую беседу: «да, да, не ваша мама отравила великого писателя», было нелепо.

— Спасибо вам за то, что вы мне ничего не рассказали, — поднялась я, и в этот миг мне показалось, что Татьяна Ивановна почти готова сменить гнев на милость и продолжить разговор, почти...

Я ушла, унося с собой «хвост старой тайны».

* * *

— Да, Таня очень обиделась на телепередачу, — сказала мне в Москве Марфа Максимовна, — есть воспоминания Липочки, нашей домработницы. Они хранятся в музее Горького. Липочка пишет о странном поведении Муры у постели умирающего дедушки, она никого не пускала к дедушке, щипала и гнала из комнаты Липочку, командовала. Правда, это ни о чем не говорит...

Муре очень симпатизировал Сталин. При встречах он всегда расшаркивался перед ней. Однажды прислал огромный букет алых роз.

Еще история с черным чемоданом. Его дедушка оставил Муре, когда навсегда уезжал из Италии в Россию. Куда исчез чемодан? Мы спрашивали у Тани, она ничего не знает о нем. Там были дедушкины рукописи, которые он не хотел везти в Россию. Что в них?

Могла ли Мария Игнатьевна привезти чемодан в СССР и передать его в ЧК?

При этом вопросе моя героиня начинает двоиться, троиться...

Одна Мура вполне могла сдать чемодан на Лубянку после смерти Горького, чем подкрепить свои отношения с Советской властью, необходимые ей... Для чего? Ответ на этот вопрос знала лишь она. И в этом случае рукописи либо уничтожены, либо ждут своего часа в секретном архиве.

Вторая Мура не сдала чемодан, а тихо расторговала потаенные горьковские рукописи по редакциям и частным коллекциям Европы и Америки. Если так, то почему они до сих не всплыли? Потому ли, что живы прямые наследники Горького? Но Алексей Максимович сделал именно Муру наследницей всех его иностранных гонораров, оставив семье права на советские гонорары. В тридцатых годах Горького уже мало издавали на Западе.

Третья Мура... Впрочем, не были ли потаенные рукописи теми «Несвоевременными мыслями», которые мы открыто читаем теперь?

Вероятно также, что между Мурой и Горьким была своя тайна, которую оба не собирались открывать ни детям своим, ни внукам, а закрыли её в черном чемодане. Это слишком романтичная, туманная мысль, не вполне соответствующая открытому нраву Алексея Максимовича и хитроумному характеру Марии Игнатьевны, маловероятна.

Что же касается отравления, то не родился ли этот слух так же, как родился заголовок к статье о Марфе в журнале «Профиль» — ради сенсации до чего не додумаешься.

Будет о чем задуматься историку литературы XXI века, когда он, «пыль веков от хартий отряхнув», увидит Максима Горького, как говорится, в натуральную величину.

* * *

В чем секрет успеха Муры у знаменитых мужчин? — этот вопрос я слышала из разных уст — и от лондонских подруг Муры, старых русских эмигранток, и от московских читателей книги «Железная женщина», в которой Берберова слишком пространно отвечала на него, а так и не ответила.

Мой ответ не претендует на истину, но я дам его, дабы поставить точку в конце главы.

Дворянская барышня, став женой и матерью, вращаясь в кругах аристократов и дипломатов, внезапно попадает в кровавый водоворот революции. Она выживает в нем — для выживания все средства хороши. Она же выживает и в нелегкой эмигрантской жизни. Горький становится опорой ей, она отвечает тем, что становится опорой ему. Так было позднее и с Гербертом Уэллсом.

Мура обладала даром гармонизировать жизнь и отношения вокруг себя. Она умела создать атмосферу уюта с оттенком того самого аристократизма, которого не хватало Горькому, и его интеллигентному окружению, для них аристократы были существами только что исчезнувшей Атлантиды, они уже тосковали о ней.

Мура несла в себе черты прошлого и, раздавая их направо-налево, создавала иллюзию надежды на возврат, но в душе ее, возможно, были холод и мрак от сознания, что ничего не будет.

Этой обманкой, по-моему, она привлекала мужчин и женщин, знаменитых и никому не известных.

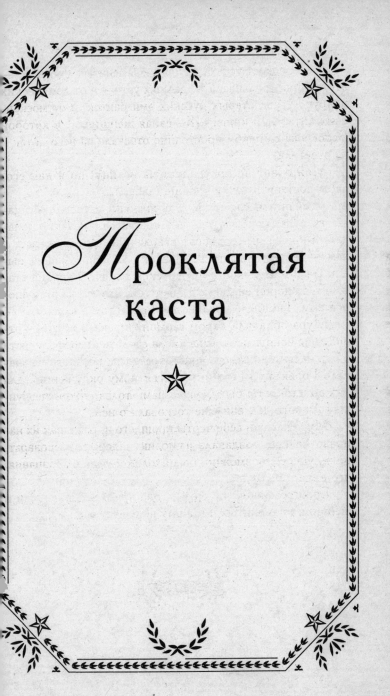

Проклятая каста

★

ВЕЛИКОЛЕПНАЯ ПЯТЕРНЯ

Персонажи одной из книг сатирика Фазиля Искандера разговаривают о том, почему Анастас Микоян в какой-то трудный момент не помог Армении.

— А он своими сыновьями занят.

Один из этих сыновей, ныне здравствующий Вано Анастасович, как прочел это — слышать не хочет про писателя Искандера, хотя прежде любил.

— Меня резануло! Что он знает о Микояне и его сыновьях?

В самом деле, что известно о пятерке кремлевских мальчиков, для которых Кремль то же самое, что для всех остальных детей мира двор дома, где они знают каждую выбоину под пятой? И почему я лишь теперь в новом издании заговорила о сыновьях Микояна? Да потому, что ожидала от троих здравствующих сегодня — Степана, Вано, Серго их собственных книг или хотя бы общей книги о себе и семье. Не дождавшись, пошла на поиски.

* * *

Явственно представляю себе картину: грузно-внушительный правительственный, черный автомобиль неуверенно и стеснительно тормозит за углом школьного здания и на его обычно самодостаточной «физиономии» страх — как бы кто не заметил, что он подвозит детей в школу. Дверь открывается и... «мы, вся пятерня микоянчиков, бежим на занятия», — вспоминает Вано Анастасович.

С сыновьями Микояна всегда была путаница. Никто из мало знающих эту семью, но что-то где-то слышавших, не мог точно сказать, сколько их у Анастаса Ивановича и кем кто из них стал. Чтобы прояснить путаницу, перечисляю по порядку.

Степан, 1922 года рождения. Летчик-испытатель. Ушел на фронт добровольцем, был сбит в бою, ранен. Заслуженный летчик Советского Союза, генерал-лейтенант. Живет в Москве. Работает в г. Жуковском.

Владимир, 1924 года рождения, летчик-истребитель. Ушел на фронт добровольцем. За три месяца до фронта работал в авиаинспекции, облетал самолеты и наши, и «мессершмитты». В 1942 году был сбит в бою и пропал без вести.

Алексей, 1926 года рождения, ушел добровольцем на фронт, летчик. Боевой генерал-лейтенант, командир полка, дивизии, корпуса, округа.

Вано, 1929 года рождения, авиаконструктор, сорок шесть лет работает в КБ имени Микояна, в последние годы — заместитель главного конструктора.

Серго, 1931 года рождения, окончил институт международных отношений, специалист по странам Латинской Америки.

Этот список требует некоторых подробностей. В кремлевских семьях, особенно кавказского происхождения, в 20-х годах с особым уважением относились к памяти двадцати шести бакинских комиссаров, расстрелянных англичанами в 1918 году в песчаной степи Туркменистана. В знаменитой «Балладе о двадцати шести» Сергея Есенина есть строки:

То не ветер шумит,
Не туман.
Слышишь, как говорит
Шаумян:

«Джапаридзе,
Илья ослеп,
Посмотри:
У рабочих хлеб.
Нефть — как черная
Кровь земли.
Паровозы кругом...
Корабли...
И во все корабли,
В поезда
Вбита красная наша
Звезда».

Имена бакинских комиссаров ожили в семье Анастаса Микояна в именах его троих сыновей.

Степан — назван в честь Степана Шаумяна.

Алексей — в честь Джапаридзе, которого все называли Алешей.

Вано — в честь Ивана Фиолетова, которого на Кавказе называли Вано.

Серго — назван в честь Серго Орджоникидзе, тоже одного из бакинских комиссаров, но не попавшего под выстрелы 1918 года, а пустившего себе пулю в лоб спустя почти двадцать лет.

Владимир Микоян был назван в честь Ленина.

Обращает на себя внимание одна деталь: Вано Микоян работает в КБ имени Микояна. Своего имени или отца? Ни то, ни другое.

— КБ было создано Артемом Ивановичем Микояном, родным братом нашего отца. Так как отец почти не бывал дома, нас воспитывали мама, дядя Артем и дядя Гайк Туманян, родной брат мамы, разведчик, работавший с Зорге и прошедший сталинские лагеря. Они втроем строили нашу семью. Я с детства что-то всегда изобретал, и меня тянуло к дяде, — говорит Вано Анастасович.

У брата Алеши были командирские навыки, он командовал мной, потому что больше было некем. Мы ссорились, я прятался от него в уборную, он быстро остывал, и ссора сходила на нет.

* * *

Братья Микояны Степан и Вано, вспоминая своего погибшего брата Владимира, рассказывают, что он готовился к отправке на передовую, а его все не отправляли. Поинтересовался — почему? Объяснили: не включили в список полка, потому что он — сын Микояна. Владимир пришел домой и сказал отцу:

— Я проклинаю свою фамилию!

Отец взглянул исподлобья:

— Иди, воюй!

После того, как Владимир пропал без вести и не осталось никакой надежды, на фронт добровольцем из девятого класса ушел еще один летчик — Алексей Микоян. На фюзеляже своего самолета он крупно вывел буквы: ВЛТ, что означало: Володя, Леня, Тима. Он мстил за брата Владимира и его погибших друзей — Леонида Хрущева и Тимура Фрунзе.

Пять пальцев разжатой руки. Пять жизней, рожденных одной семьей. Пятеро оперившихся птенцов вылетели из кремлевского гнезда в небо. И хоть младший Серго избрал себе другую профессию, но и он — в небо — Латинской Америки обычно достигают на самолете. Наверно, родись Серго чуть раньше, и он стал бы летчиком, но в конце сороковых, когда война исчерпала страсть молодежи летать, а явление союзников и заграничные фильмы поворотили взоры молодежи к Западу, возникла новая мода — институт международных отношений. С небольшими поправками — мода эта жива по сей день.

— Микояновская фамилия ничем себя не опозорила, — говорит Вано Анастасович, сердясь на фразу из произведения Искандера. Однако в сороковых случилось событие, которое дало право обществу считать, что именно Вано и Серго Микояны опозорили имя своего отца.

* * *

Рассказывая об Ашхен Микоян в книге «Кремлевские жены», я коснулась странной истории, которой дала бы название:

Драма на Каменном мосту

«В нашем классе, — вспоминает Вано Микоян, — учился Володя Шахурин, сын наркома авиационной промышленности. Он был, вообще, какой-то сдвинутый. В эвакуации, в Куйбышеве этот мальчик куда-то вдруг пропал, он увел с собой девочку, и их долго не могли найти. Потом, когда в нашем классе появилась Нина Уманская, Володя влюбился в нее. Он узнал, что она уезжает с родителями в Мексику, куда ее отец был назначен послом, и сказал: «Я ее туда не пущу».

Никто не обратил внимания на эти слова.

В 1943 году Москва была полна трофеями: немецкие кресты, ордена, пистолеты, погоны, у нас на даче хранился пулемет с «юнкерса». Никто за это не преследовал. У меня был свой трофейный пистолет — дали наши охранники.

Володя Шахурин, как и другие, обменивался разными трофеями. У него была книжка Гитлера «Моя борьба», и он писал программу захвата власти, распределив роли в своем правительстве: меня назначил министром авиации, моего младшего брата Серго — министром пропаганды. Ни я, ни Серго про это ничего не знали. Это была, конечно, игра Володи с самим собой, но на нее, при определенных условиях, можно было посмотреть серьезно.

Условия не заставили себя ждать. Володя зашел ко мне и взял мой пистолет: «Пусть он побудет у меня». Он, я и Нина Уманская шли по Александровскому саду. Я шел сзади. Володя с Ниной поднялись на Каменный мост. Я услышал выстрелы и убежал домой в Кремль. Володя застрелил Нину и убил себя. Разумеется, была найдена тетрадь с планом захвата власти, и мы с братом Серго оказались на Лубянке.

Сначала взяли меня. Охранник на даче в Зубалове позвал меня якобы ловить рыбу, но я вижу — везут в сторону Москвы. Спрашиваю: «Куда?», отвечает: «Нужно кое-что узнать по делу Шахурина». Через десять дней взяли Серго. Всего арестовали 26 человек. Вел следствие Лев Шейнин. Мне было 15 лет. Полгода сидели в Лубянской тюрьме парни из нашего класса: Хрулев, Хмельницкий, другие (в основном дети крупных начальников. — *Л.В.*). У меня был сокамерник — «подсадная утка». Как я это понял? Он все знал. 5 июля 1943 года наши войска взяли Белгород и Орел. По этому случаю в Москве был салют. Я услышал грохот, подумал — «Москву бомбят», а мой «утка» все объяснил.

Там, в камере, я много читал. Ни до, ни после тюрьмы не читал так много. На Лубянке была замечательная библиотека, наверное, реквизированная у буржуазии после революции. Книги развозили по камерам на тележках. Кормили нормально: так как дома у нас всегда была простая пища, я не почувствовал разницы.

Наконец мне дают бумагу: «Распишись, что ты активист фашистской молодежной организации». Отвечаю: «Я этого не подпишу».

Выводят из камеры, приводят в большое помещение. За столом сидит Кобулов, помощник Берия, я его знаю, другие. Тут же мой брат Серго, Хрулев, Хмельницкий — все двадцать шесть. Вижу маму с вещами. Слышу — приговаривают к году высылки. Опять требуют подписать обвинительное заключение. Опять отказываюсь.

— Пойдешь обратно в камеру. Сгниешь в лагерях, если не подпишешь.

Мама уговаривает подписать. Выходим. Я вижу, стоит отцовская машина. Говорю: «Прощай, тюрьма лубянская!» Мама в страхе: «Тсс!»

Нас с Серго привозят в Кремль к отцу. Я с порога говорю:

— Папа, я ни в чем не виноват.

— Был бы виноват, — отвечает он, — я тебя задушил бы собственными руками. Иди, отдыхай.

Нас с Серго отвезли в Зубалово, а потом отправили в ссылку в Сталинабад. С нами поехала туда наша домработница тетя Даша.

Когда я пришел в Сталинабаде в СМЕРШ, чтобы зарегистрироваться, начальник СМЕРШа сказал: «Иди и никому не говори, что ты высланный».

Мать навестила нас летом 1944 года. Она подружилась с женой таджикского Председателя Совета Министров. Их звали почти одинаково: маму — Ашхен, ту женщину — Ойшехон. Я в то время уже учился на механика. Кормили нас плохо. Мама привезла сапоги, мне разрешали надевать их только в увольнительную, чтобы не выделяться. В сорок пятом мы с Серго вернулись...»

* * *

Пятеро кремлевских сыновей Микояна — чем не предел мечтаний для кремлевских дочек? Однако ни один из них не вступил в «династический брак».

Владимир погиб, не успев жениться.

Степан женился на падчерице полярника Шевелева, интеллигентной и умной девушке Элеоноре. Она лихо водила «Опель» отчима, была прекрасной музыкантшей, рисовала. У Степана и Элеоноры ныне трое взрослых детей. И внуки.

Алексей — любимец матери, самый шумный из сыновей, единственный, к радости отца, женился на армянке по имени Нами. У них родились сын Стас и дочка Нина. Позднее Алексей и Нами разошлись к большому неудовольствию родителей, которые взяли сторону невестки. Нами осталась в семье, ее дети воспитывались у Анастаса Ивановича и Ашхен Лазаревны.

Вано Микоян, как и его старший брат, полюбил русскую девушку, Зинаиду Никитину, балерину из ансамбля Игоря Моисеева. Пришел к отцу:

— Папа, я хочу жениться.

— Подожди неделю, я дам ответ.

Через неделю радостная Ашхен Лазаревна вызвала к себе Зинаиду:

— Все в порядке. Можете жениться.

Оказывается, Зинаиду проверяла Лубянка. Девушка входила в кремлевскую семью, где были секретные бумаги и мало ли что...

Зинаида Никитина не могла похвалиться кремлевской знатностью — она происходила из рабочей семьи, из барака, но Микоянов-старших это не смущало. Она, единственная из невесток, прожила в кремлевской квартире вместе со свекровью не один год и вспоминает:

— Ашхен Лазаревна встретила меня очень хорошо, но, видя, как много я бываю на гастролях, стала переживать и беспокоиться. А бабушка, мама Ашхен Лазаревны, сначала говорила: «Пусть уйдет из ансамбля». Но Вано сводил ее на наш концерт, и она сказала мне: «Я горжусь тобой». Анастас Иванович тоже гордился, всем говорил: «Вот она, моя невестка». Правда, ему не нравилось, что я уезжаю на гастроли, мало бываю дома:

«Дети твои — не проблема, дети вырастут. А вот если ты однажды вернешься с гастролей и увидишь, что твой муж ушел к другой? Увольняйся с работы, я буду платить тебе за твоих детей».

* * *

Самый младший из сыновей Микояна Серго в 1950 году собрался жениться на Алле, дочери Александра Кузнецова, первого секретаря обкома КПСС Ленинграда. Вот была бы возможность появиться в семье Микояна династическому кремлевскому браку, если бы именно в это время не началась кампания против Кузнецова.

«У Сталина было два пугала: украинский национализм и ленинградская оппозиция, — говорит Степан Микоян, — Кузнецова сняли с работы, отправили в Перхушково под Москвой на учебу — это было, по тем временам, грозным знаком. Каганович звонил отцу: «Ты сошел с ума! Как ты допускаешь эту свадьбу?» Отец ответил: «Пусть дети сами решают».

Свадьба состоялась на даче в Зубалове. Отец Аллы по настоянию нашего отца приехал из Перхушкова всего на час, боясь навлечь беду на Микояна. Когда Кузнецова расстреляли, наши отец и мать стали заботиться о его детях.

Алла умерла 6 ноября 1957 года после тяжелой болезни. Отец наш на похоронах плакал. Мама была в депрессии, и это спасло ее от активного горя».

* * *

В любой такой большой семье, как семья Микоянов, много всегда бывает разного, сложного и тревожного, однако Анастас и Ашхен вдвоем создали целый большой род и позаботились о том, чтобы в одном их потомки были уверены: «Микоян — фамилия, которая ничем себя не опозорила».

Разумеется, найдутся историки, способные доказывать обратное, исходя из документов, которыми я не располагаю, и оценивая создателя пищевой промышленности СССР по законам совсем не его времени, и они, по-своему, будут правы, как правы, по-своему, сыновья Анастаса Микояна, сердясь на писателя Искандера, сказавшего, мол, их отец не помог Армении, потому что своими сыновьями занят.

Что ж тут было бы плохого, будь он в самом деле занят? К сожалению, Анастасу Микояну не хватало времени на свою великолепную пятерню. А может, и не к сожалению: не всегда слишком пристальное отцовское внимание полезно детям. Вернее, сказать — не всем полезно оно. Как и материнская ласка — должна непременно быть к месту. Ни школы, ни университеты не учат людей правилам материнства и отцовства, и мы, не всегда удачно, действуем по наитию.

А если бы учили?!

* * *

Их было слишком много, чтобы казаться незаметными. Кремль был их домом. Вано Анастасович помнит, как в Тайницком саду Кремля жила лиса. Он, мальчик, видел ее, боялся, а Бухарин уговаривал его не трусить.

Микоянчики были в прямом смысле детьми Кремля, просыпались под натуральный бой курантов и, поди, Сталин, гладил их по головкам.

— С рождения живя в Кремле, я никогда не видел Сталина. Несколько раз мог бы увидеть. Иду домой, поворачиваю к зданию, где мы жили, и вдруг охранник загоняет меня в подъезд, — рассказывает Вано Анастасович. — В подъезде стоит офицер. Молчит. Я, конечно, понимаю, что сейчас через двор пойдет Сталин. Проходит, и последний из его охранников выпускает меня.

Чего только не случалось в треугольнике московского Кремля за все века его существования! Если бы камни могли говорить, а пятеро микоянчиков могли услышать, то они узнали бы о детстве Дмитрия Донского, об играх Ивана III, о тайнах Ивана IV, о подлинном происхождении Лжедмитрия и о страхах мальчика, когда, стоя на Красном крыльце, он видел, как стрельцы убивают его родственников.

Да что там далекое прошлое, когда уже на памяти у мальчиков кроваво-расстрельные драмы родителей их друзей.

И они, все пятеро, искренние и чистые, готовые на подвиги во имя родины, каждую минуту должны чего-то бояться, с кем-то не общаться, должны верить, что вчерашние друзья их родителей на самом деле шпионы и враги народа.

А Кремль стоит невозмутимо-прекрасный, могучая крепость, не способная защитить своих случайных жителей ни от Лубянки, ни от ссылки, ни от какой другой беды. А в тридцати шагах от квартиры, где готовится еда и делаются уроки, с утра до глубокой ночи работает их отец, который может позволить лишь редкие минуты перерыва, зная, что всегда должен быть готов принести любого в жертву войне или сталинской кампании борьбы с «проклятой кастой».

СПЕЦПИТАНИЕ, СПЕЦЛЕЧЕНИЕ, СПЕЦДЫХАНИЕ И СПЕЦУЧЕНИЕ

В сентябре 1941 года девятиклассницу Светлану Сталину эвакуировали в Куйбышев. В конце октября отец захотел ее повидать. Она прилетела в Москву в тот день, когда бомбы попали в Большой театр, в Университет на Моховой и в здание ЦК на Старой площади. Сталин был занят, не замечал дочери, обложен картами. Со всех сторон ему докладывали обстановку на местах. Наконец он заметил Светлану.

— Ну, как, ты там подружилась с кем-нибудь из куйбышевцев?

— Нет, там организовали специальную школу из эвакуированных детей...

Сталин быстро взглянул на нее.

— Как? Специальную школу? Ах, вы, каста проклятая! Ишь, правительство, москвичи приехали, школу им отдельную подавай.

Говорит Светлана: «Он был прав, — приехала каста, приехала столичная верхушка в город, наполовину выселенный, чтобы разместить все эти семьи, привыкшие к комфортабельной жизни и «теснившиеся» здесь, в скромных провинциальных квартирках... Но поздно было говорить о касте, она уже успела возникнуть и теперь, конечно, жила по своим кастовым законам.

В Куйбышеве, где москвичи варились в собственном соку, это было особенно видно. В нашей «эмигрантской» школе все московские детки, собранные вместе, являли собой ужасающее зрелище — некоторые местные педагоги отказывались идти в классы вести урок».

У «проклятой», кстати сказать, сталинской касты, которая создавалась, формировалась и крепла в сталинские времена, может быть, вопреки его желанию, но в соответствии с духом его времени, когда, повторяю, провозглашалось одно, делалось другое, думалось о третьем и замышлялось четвертое, было предостаточно «идеологов»: кремлевская жена считала долгом ни в чем не отказывать своему ребенку: «сами недоедали, недопивали, пусть хоть дети поживут вволю». Но что значит «вволю»?

Можно много говорить о привилегиях кремлевских детей, решительно менявших их характеры. И о потере привилегий, тоже решительно менявших характеры. А можно ли перечислить привилегии касты? Из чего конкретно состояли они, и как «это» конкретно выглядело?

* * *

Таинственность рождает сплетни, слухи, фантазии. Чем больше секретности было в большевистских кругах, тем больше фантазировал народ о жизни наверху. Сегодня бывает трудно разбить эти фантастические стереотипы разговорами о том, что большевики жили или старались жить скромно, ибо народу доподлинно известно: «С первых дней своей власти они хватали и хапали».

Можно сколько угодно рассказывать о партмаксимуме, которым Ленин и Сталин обрезали аппетиты соратников, можно сколько угодно вспоминать действительную скромность многих вождей в быту и на работе, реально не сравнимую с царским и княжеским пышным поведением, выездами царской знати, обедами и ужинами коронованных особ — никто в мире в наше время большевиков с царями не сравнивает. Все сравнивают их с... собой. Именно потому, что большевики провозгласили себя народной властью.

С конца сороковых, живя в Москве, моя семья оказалась в сфере спецжизни. Вспоминается: было два главных спецузла — ЦК КПСС и Совет Министров.

Привилегии: конверты с деньгами — прибавкой к зарплате; спецпитание — кремлевский распределитель продуктов; поликлиника на улице Сивцев Вражек и больница на улице Грановского. Позднее открылись корпуса больницы в Кунцеве, расположенной в живописном лесу на окраине Москвы. Правительственные и околоправительственные дачи позволили кремлевским семьям по будням и праздникам дышать чистым воздухом. Спецателье Кремля было в Малом Черкасском переулке. В разных частях страны, в Подмосковье и на известных курортах строились и вводились в строй дачи, санатории и дома отдыха специального кремлевского назначения. Контингент спецлюдей увеличивался.

* * *

Спецпитание появлялось в нашей семье каждый месяц в виде маленького блокнотика, состоявшего из талонов на все дни этого месяца. Один талон соответствовал одному кремлевскому обеду — на него имел право мой отец. Мне запомнилась цифра — 8000 рублей, такова была месячная стоимость блокнотика. За обедом следовало ехать к знаменитому Дому на Набережной — распределитель располагался во дворе этого дома. Ехать, разумеется, предполагалось на служебной машине владельца блокнотика — и это поощрялось, потому что не бросались в глаза картонные коробки с продуктами или судки, но у моего отца машина всегда была занята, и он не видел никакой возможности выделять ее маме для поездок в «кремлевку».

— Как же я буду? — растерянно говорила мама.

— Будешь брать такси. Или договаривайся с кем-нибудь из жен ездить вместе.

Договориться мать не смогла — поблизости не жили кремлевские семьи. Иногда она пользовалась такси, иногда — городским транспортом, прихватывая на помощь кого-нибудь из друзей. Обычно она брала «сухие пайки». На неделю или на две, чтобы не ездить лишний раз. «Сухие» отличались от «мокрых». Последние выглядели настоящим обедом, примерно на троих человек: суп или борщ, котлеты, тушеное мясо или печенка и непременный компот. Удобнее всего было везти «мокрый паек» в судках, но, разумеется, лишь при условии машины — в городском транспорте суп и компот расплескивались.

Один «сухой паек» состоял из нескольких банок консервов хорошего качества, куска колбасы типа «сервелат», граммов четырехсот севрюги горячего копчения, коробки отличного печенья, коробки прекрасных конфет. Иногда вместо севрюги — баночка красной или черной икры. Все — отечественного производства.

Я сравнила этот обед конца сороковых, начала пятидесятых с обедом конца двадцатых, начала тридцатых годов, о котором рассказывала мне Галина Сергеевна Кравченко, сноха Каменева:

«Пятьсот рублей вносили в месяц за человека. Обеды были на двоих — на Льва Борисовича и Ольгу Давидовну, но девять человек бывали сыты этими обедами. Я ездила за ними на машине Льва Борисовича... К обедам всегда давалось полкило масла и полкило черной икры. Зернистой. Вместе с обедом или вместо него можно было взять так называемый «сухой паек» — гастрономию, сладости, спиртное. Вот такие рыбины. Чудные отбивные. Все, что хотите. Если нужно больше продуктов, всегда можно было заказать.

Готовые «мокрые обеды» очень вкусные — повара прекрасные. На масленицу давали горячие блины. Я везла их в судках, закрывала одеялом, чтобы не остыли. Мы жили близко от распределителя, да к тому же машине Льва Борисовича всегда был зеленый свет».

Очевидная разница. Возможно, в двадцатых-тридцатых с продуктами было полегче? Не в этом дело. Галина Сергеевна объяснила мне разницу так: «Распределитель продуктов делился на две части: одна для людей Кремля, высших чинов, другая для среднего состава. Для высших был даже отдельный цех, где пекли хлеб».

Моя семья принадлежала к средней категории, да к тому же отца из-за его прямого и резкого характера время от времени перемещали вниз по должности, и тогда кремлевские обеды исчезали. Накануне первого исчезновения мама загрустила: «жалко, удобно было». Но быстро привыкла — тогда в магазинах было много продуктов, и отпала необходимость каждый раз изобретать возможность для поездки в распределитель.

Кастовость внутри кремлевской и околокремлевской жизни, начавшись с первых дней советской власти, с годами разрасталась. Она особенно проявлялась в лечебной сфере. В поликлинике на Сивцевом Вражке ни я, ни мама ни разу не видели в очереди ни одного члена правительства — у них был отдельный отсек. В очередях перед кабинетами врачей сидели члены семей министров, замов, членов коллегий министерств и прочих из среднего состава. Правда, когда приходил средний кремлевский чин — владелец поликлинической карточки, женщины, члены семей должны были уступать ему очередь. Предполагалось, что он спешит на работу.

В больницах — на улице Грановского, что напротив Кремля, и позднее, в подмосковном Кунцеве, расслоение кремлевского и околокремлевского мира было особенно заметно.

Отдельные больничные отсеки для членов правительства — туда никому из «рядовых» больных ходу не было. Да никто и не ходил: дисциплина. Члены правительства никогда не ели в общей, для околокремлевских больных, столовой. Им приносили пищу в палаты. Еда у них оказывалась несколько более разнообразной, чем у людей попроще, хотя и последние не жаловались: можно было, изучив меню, выбрать блюдо по вкусу и по состоянию здоровья.

Палаты кремлевских больниц, как правило, бывали на двоих, но для начальников довольно высокого ранга — на одного. Им ставили телефон, чтобы могли руководить прямо из палаты.

О врачах кремлевской больницы ходили афоризмы: «Полы паркетные — врачи анкетные». После «дела врачей», несмотря на то что «врачи-убийцы» были оправданы, на работу в кремлевскую больницу и поликлинику неохотно брали евреев и евреек, предпочитая любые другие национальности, особенно русскую. Еще обязательным для анкетного врача было: членство в партии, отсутствие родственников за рубежом и, конечно, отсутствие судимости.

Обращение медицинского персонала в поликлинике и больнице было самое вежливое, даже ласковое. Врачи писали в историях болезни массу не всегда обязательных подробностей — не только с намерением наиболее полно отразить картину болезни, но и с подспудной целью: максимально обезопасить себя в случае какой-либо катастрофы с больным. Каждый врач отчетливо понимал общественное положение каждого больного и относился к каждому соответственно положению.

Помню, я лежала в палате со старушкой, персональной пенсионеркой, прежде работавшей в обслуживающих Кремль структурах. К нам обеим не было подчеркнутого внимания. Мне это нравилось, а старушка обижалась:

— Мы с тобой черная кость.

Однажды вечером, как это и полагалось, в палату

зашла дежурный врач, приятного вида молодая женщина.

Старушка весь день плохо себя чувствовала.

— Как состояние, все ли в порядке, — невопросительно сказала врач, ни к кому определенно не обращаясь.

— Очень плохо. Весь день болит голова. Кружится. Еле встаю к столу. И давление надо бы измерить, — говорила старушка, а я смотрела на врача и видела — всеми своими мыслями эта женщина где-то не здесь.

— Ну что ж, значит, все в порядке, — дежурно улыбнулась она, когда старушка завершила свои жалобы, — желаю вам спокойной ночи.

И вышла.

— Ты видела? — возмутилась старушка. — Она даже не слышала, что я ей говорю!

И все-таки поликлиника и больницы Кремля были на много порядков выше обычных поликлиник и больниц.

Владельцы кремлевских карточек часто, если не были слишком больны, просто отдыхали там, подлечивались, укрепляли здоровье, а иногда и пересиживали неприятности по работе.

Но если оказывалась нужна серьезная консультация лучшего специалиста, то его приглашали из обыкновенной больницы или научного института, где он работал и славился на всю Москву. Тут уж не имели значения ни национальность, ни партийность.

В кремлевской поликлинике и больницах было еще одно удобство: всегда в наличии любые лекарства, из любых стран мира. Бесплатные в больнице или дешевые в поликлинике. Их раздавали щедро. Моя мама, не любившая «эту лечебную химию», всегда говорила:

— Дают три таблетки, съешь одну и последи, не стало ли тебе после нее хуже.

Уходя из больницы, она оставляла медсестрам сэкономленные лекарства.

* * *

Спецдыхание... Что это такое? Возможность жить на правительственных и ведомственных дачах, то есть дышать свежим воздухом среди сосен и берез.

Самыми лучшими местами считались дачи по Рублево-Успенскому шоссе. Там, в загородных домах и даже дворцах бывшей московской знати и богатых купцов, а также в кремлевских новостройках, все было поделено согласно рангам и положениям. Само Рублево-Успенское шоссе всегда пестрело так называемыми «кирпичами» — запретными дорожными знаками для обыкновенных людей, вздумавших прокатиться по правительственной трассе. Черные автомобили, мчащиеся на самых больших скоростях, — непременные черты пейзажа этой дороги. И милиционеры на каждом шагу.

Дача точно соответствовала должности ее временного владельца: чем выше начальник, тем лучше месторасположение дачи, сам дом и участок. Убранство дач являло разностильную мебель, завезенную из особняков еще царского времени. Буфеты в столовых поражали пышностью стиля барокко или ампира. В кабинетах — письменные столы на лапах, чернильные приборы невиданной красоты, но без чернил — начальники на дачах, как правило, не работали. На всей мебели, на покрывалах и скатертях, на люстрах — латунные, серовато поблескивающие бирки с номерами — знаки казенного добра. Они, в общем-то, могли напоминать жильцам дачи о временности их проживания там. И, возможно, напоминали.

Опять же, если сравнивать с царями — ничего особенного. По наследству не передается. Отнимают в тот же день, когда летишь с высоты. Жалкие привилегии, но тайные. И в этом всегда была их уязвимость для будущего.

338

* * *

Кремлевские дети высшего ранга в начале пятидесятых разъезжали на государственных автомобилях, прикрепленных к их матерям. Любимым занятием сынков было катание по Рублево-Успенскому шоссе, непременно с шофером, который молча наблюдал жизнь высших слоев своего народного общества и наверняка имел на сей счет нелицеприятное мнение.

Они заезжали на дачи друг к другу, обсуждали, чей дом лучше, чей парк более живописный, у кого больше земли, у кого лучше покрытие на бильярдном столе. С собой всегда была водка. И непременно — девушки. Я иногда попадала в такие компании, но не могу сказать о них ничего плохого: никаких оргий не видела. Возможно, потому, что расставалась со своими кремлевскими знакомыми всегда засветло — мои строгие родители не одобряли этих поездок и требовали меня домой в точно назначенное время.

Кремлевские люди невысоких рангов имели соответственно невысокого ранга дачи для спецдыхания: деревянные финские домики, небольшие участки земли, часто неогороженные. Но и они расставались с этими привилегиями, едва покидали место работы.

Сегодня ничего не изменилось. Все также по Рублево-Успенскому шоссе со свистом проносятся черные кремлевские автомобили, все те же запретительные «кирпичи». Разве что появились огромные дворцы «новых русских», успешно соперничающие с правительственными дачами. Но и в этих, новых дворцах, лепящихся, как правило, на пустырях или при дороге, мне видится некая временность и обреченность: а что как завтра национализируют?

Не видела бы я в кремлевских и околокремлевских привилегиях ничего плохого, они, наверно, должны быть у властей предержащих, и они, при бирочной их жалкости и временности, выглядели бы честнее «новорусских» дворцов, выстроенных на нетрудовые доходы, если бы атмосфера закрытости, завеса тайны, условия секретности и запретности не придавали им особого значения, вызывая обостренное чувство несправедливости у того народа, которому эти люди как бы слуги.

* * *

Снобизм кремлевских детей, образовывавшийся сам собой от условий жизни, с потерей этих условий часто преображался в озлобленность, делая их несчастными людьми, и нужны были крепкие характеры, цельные натуры, чтобы выдержать и остаться собой. Но оказаться в условиях кремлевского быта и остаться нормальным, морально-здоровым человеком — было непросто. И все же их немало, выживших душою в кремлевском мире.

Знаю троих: Петра Ворошилова, Раду Хрущеву и Нину Буденную.

Приемный сын Ворошилова, замечательный инженер, конструктор танков всегда отличался скромностью и спокойным отношением ко всему, что составляло привилегии его приемных родителей.

Может быть, потому, что был приемный?

Но Рада Хрущева — подлинная дочь Никиты Сергеевича и Нины Петровны. Она сильная, умная и, насколько может быть кремлевская дочка, — скромная женщина, никак не выпячивавшая себя, не требовавшая к себе особых привилегий, ни при власти, ни после падения отца.

И Нина Буденная ничем себя не запятнала.

Может быть, потому что женщины? Может быть.

Впрочем, дочь Брежнева, Галина Леонидовна, тоже не мужчина, а ее похождения и разгульный образ жизни, ее ощущение безнаказанности при власти отца всегда были в народе притчей во языцех.

Приходится признать — все дело в человеке: каким задумала его природа, таким он будет, как бы благополучно или неблагополучно ни складывались условия его жизни.

Царские и боярские детки немало бедокурили в истории России. Много больше, чем советские. Но ведь их отцы и матери не провозглашали себя носителями народной власти. Привилегии считались нормой жизни.

Большевики объявили нормой равноправие, однако, не обойдясь без привилегий, таили шило в мешке. Пытались воспитывать в детях скромность, но не всегда удавалось: жизнь детей текла «в порядке особого исключения».

Академии, институты, университеты принимали кремлевских детей, как правило, безоговорочно.

Были в кругах Кремля модные профессии.

Летчики — самая романтическая и престижная для детей сталинской эпохи. Время героических перелетов. Летчики спасают челюскинцев. Чкалов совершает беспримерный перелет в Америку. Торжественные, грандиозные встречи на улицах Москвы.

Байдуков, Беляков, Ляпидевский, Леваневский, Громов. Все мальчики страны мечтают стать летчиками, как потом мечтали стать космонавтами, которые, изначально, тоже летчики.

Кремлевские сыновья вовлечены в эту кампанию. Добрых три десятилетия удерживается летная традиция в кремлевских семьях.

Василий Сталин, Леонид Хрущев, Степан, Владимир, Алексей, Вано Микояны, Юрий, первый сын Леонида Хрущева, Сергей, сын Буденного, Юрий, сын Кагановича, связали жизни с авиацией, летчики.

Характеры их, несмотря на разницу в возрастах, весьма похожи: лихие, неоглядные, не ведающие преград во вседозволенности, и некоторые — пьяницы.

В шестидесятых традиция гаснет. Не могу назвать, кроме Савицкой, ни одного космонавта из кремлевской семьи.

Зато появляется новая традиция — веяние времени: кремлевские дети устремляются в международные области — Московский институт международных отношений, Институт внешней торговли. Сын и дочь Брежнева, сын Андропова, другие — становятся сотрудниками Министерства иностранных дел, Внешторга, ООН, Юнеско. Этот престиж — следствие дыр в «железном занавесе».

Заграница! То, что Светлана Сталина после смерти отца совершает как побег, дети новых кремлевских вождей делают законно.

Другая кремлевская мода — уход в престижную науку, в НИИ. Сын Берия кладет этому начало, за ним идут Сергей Хрущев, Андрей Маленков, другие.

Такова трансформация модных профессий.

* * *

У девушек была своя мода — филологический, философский, исторический факультеты Московского университета. Журналистика. В первые послесталинские годы еще жила патриотическая тенденция: если филологический, то отделение русского языка или русской, а также советской литературы. Постепенно нарастала «заграничность»: интересы стали перемещаться сначала на славянские языки и литературу, потом на романо-германские. Позднее — не гнушались институтом иностранных языков.

Разумеется, это было не правило, а всего лишь тенденция. Но устойчивая.

В мое время в МГУ на филологическом учились дочки министров и замминистров, на журналистике — Нина, дочь маршала Буденного, Юлия, удочеренная внучка главного вождя Хрущева.

Разные были девушки. О моей сокурснице Светлане Михайловой долго не знали, что она дочь крупного хрущевского чиновника, министра культуры СССР.

Попасть на филологический факультет в 1953 году было очень непросто: конкурс — двадцать человек на место.

Участники войны, а также посланцы и посланницы союзных республик с комсомольскими путевками шли вне конкурса. Среди последних — дочери и сыновья республиканских вождей.

Филфак был моей мечтой, но отец, всего-навсего член коллегии Министерства тяжелого машиностроения, сугубо засекреченный человек, не выдерживал конкурса родителей. Он даже не мог себе представить, как отправится на филфак к декану просить за меня. Вообще филология казалась ему чем-то несерьезным, легковесным. Говорил матери, пытавшейся подвигнуть его на этот поступок:

— Пустое. Там отцы с орденами до колен сидят в очереди к декану, а он не может принять всех деток. Пойдет Лариса работать, если не поступит сама.

Но мама считала: «В наше время без высшего образования невозможно. А главное, у девочки — мечта».

Отец никуда не пошел и был прав: конкурса папаш к декану он бы не выдержал.

Дети кремлевских вождей шли в университет по звонкам, оттого и назывались «позвоночниками»: звонили, конечно, не сами вожди или министры, а их референты и помощники.

Лишь став студенткой, узнала я, кто поступил по звонку, кто по блату, кто сам по себе. Но что значит «по блату»? Что значит — «сам по себе»?

У членов приемной комиссии, преподавателей и других сотрудников факультета были свои интересы. Они также принципиально считали, что абитуриенты, на «отлично» написавшие сочинение, не должны быть провалены на устных экзаменах. Среди последних оказалась и я.

В первые дни сентября меня, только что принятую на первый курс филологического факультета, вызвал к себе заместитель декана Михаил Никитович Зозуля. Перед ним на столе лежало мое сочинение.

— Хочу посмотреть на вас, — сказал он. — Вы написали неординарное сочинение. Смело. И запятые на месте. Не к чему придраться. Кто-нибудь помогал вам на устных экзаменах?

— Никто, — солгала я.

— Ну, ну, — усмехнулся Зозуля, — так я вам и поверил. Идите.

Все-таки филология — любовь к слову, а не к начальству.

Я была не одна такая.

СПЕЦГОСПОДА И СПЕЦСЛУГИ

Новации всех послереволюционных времен всегда связаны с переменой в отношениях рабов и господ. Когда Карла Маркса спросили, что было бы, если бы Спартак победил Красса, он ответил:

«Поменялись бы местами».

Большевики, если следовать Марксу, поменялись местами с царями, дворянами, с бывшими господами. Но в действительности было совсем не так. Время царей и дворян ушло безвозвратно, растворившись в безразмерных пределах миниатюрной Европы, пытаясь удержать себя в воспоминаниях и амбициях эмигрантов первой волны. Большевики, заступившие на их место, принесли новые принципы жизни, отчасти почерпнутые в западных цивилизациях — недаром они десятилетиями жили там, в эмиграции, — отчасти взятые из традиций народной жизни России. А народ, именем которого они не столько прикрывали, сколько афишировали все свои действия, остался народом, получившим сознание свободного человека, хотя и крестьян прикрепили к колхозам, а рабочих, чья диктатура провозглашалась Кремлем, к заводам и фабрикам, украшаясь лозунгом: «Кто не работает, тот не ест». Но появился в основе Советского государства некий новейший знак: сознание, что все равны, только одни более удачливы, другие — менее успешны.

Интересно понять характер отношений, сложившийся в Кремле. Не между вождями — там постоянно шла жестокая, не всегда явная борьба. Не между женами, там было соперничество и конъюнктурное отношение друг к другу, в зависимости от отношения мужей: еще вчера были подруги, сегодня, если твой муж взят в тюрьму или снят с поста, — вся дружба врозь. Не между детьми, они были зеркалами, отражающими отношения взрослых. А между новыми господами и обслуживающим персоналом. И те, и другие в основном были людьми из народа.

* * *

Царские слуги: постельничьи, повара, лакеи, кучера получали вознаграждения если не из царских рук, то из царских карманов. И в их сознании жило понятие, что служат они самому господину, а посредники, из рук которых получали деньги, люди преходящие. Оттого и усердие было личностным. Слуга Александра I любил своего императора, как человека, обижался и сердился на него, как на человека, заботился, как о человеке. Императорство было лишь нимбом над головой.

Советская власть сильно сократила штат домашней обслуги, да и принципы стали другими: повара, домработницы, шоферы служили в спецотряде Кремля, подчинялись ЧК, позднее КГБ, получали зарплату от государства, и обслуживаемые ими люди были для них прежде всего фантомами власти, а потом уже личностями.

В сознании народа быстро укрепилась мысль, что в Стране Советов все равны. Ощущение равенства с вышестоящим давало слугам подсознательное и сознательное чувство презрения, превосходства, снисходительности — в зависимости от сочетания уровней внутренней культуры тех и других.

Особое место занимала охрана Кремля — те люди, которые отвечали за безопасность вождей, их жен и детей. Это был мир приказа и подчинения. Охрана знала о кремлевской жизни более, чем сама кремлевская жизнь знала о себе — и в том была особенность профессии. Охранники молчали, потому что болтливость опасна для них, но они точно и правильно оценивали все ситуации, имея возможность быть внутри их и как бы в стороне.

В своей недавно вышедшей книге «Москва. Кремль. Охрана» Михаил Докучаев, заместитель начальника 9-го управления КГБ СССР, то есть почти что глава знаменитой «девятки» — охраны Кремля, прошедший рядом с Брежневым долгие годы жизни, дает оценку службе кремлевской безопасности:

«Это весьма тонкое, можно сказать, ювелирное дело, успех которого зависит от того, насколько четко личный состав знает свои обязанности, насколько он сообразителен, находчив и вынослив...

В работе сотрудника безопасности не все идет гладко, а порой даже сложно и трагично. Его судьба может зависеть от неправильно истолкованного мимолетного взгляда на охраняемого или на кого-то из членов его семьи, а иногда и от неточного ответа на вопрос. Однако самое неприятное — это когда в дело охраны вмешиваются жены руководителей, их дети и даже зятья».

Докучаев приводит цитаты из негласного циркуляра для кремлевских служб:

«В работе сотрудников безопасности и обслуживающего персонала на дачах, в квартирах, во время отдыха не допускается излишнего предпочтения женской половине семьи охраняемого, чтобы не вызвать ревность и подозрения.

Со стороны официанток и сестер-хозяек не должно быть таких проявлений в отношении охраняемого лица и других родственников — мужчин.

В этой части имело место немало неприятных случаев, в результате чего сотрудники всегда оказывались виноватыми: их переводили на другие работы, а чаще увольняли со службы».

Привыкший никогда не выносить сор из «кремлевской избы» Докучаев не приводит ни одного примера, оставляя читателя облизываться сухими губами и вспоминать лишь далекие времена, когда император Павел I хотел официально объявить о незаконности своего сына Николая, ставшего позднее императором Николаем I, подозревая свою жену Марию Федоровну в интимной близости со слугой, гоффурьером Бабкиным.

Безымянные откровения Докучаева вызывают в памяти одно существенное нарушение, на которое служба охраны крепко закрывала глаза. Много лет Сталина обслуживала официантка Валечка Истомина. Ни для кого из окружения вождя не было секретом то обстоятельство, что Валечка и одинокий Иосиф Виссарионович находятся в долгой, стабильной, интимной связи. Она рыдала над его мертвым телом, так как только может рыдать жена или очень близкая женщина. Впрочем, разве в дни его похорон миллионы женщин не рыдали так, словно потеряли самого близкого человека?

* * *

«Особенно много хлопот, а порой и неприятностей, доставляли сотрудникам охраны «хозяйки» — как называют жен высоких руководителей. Дело в том, что многие из них не только переложили хозяйственные заботы на обслуживающий персонал, но и подчас предъявляли просто невыполнимые требования. Возражения в таких случаях считаются недопустимыми, а когда такое случается, то кончается неприятностями», — пишет Докучаев.

Могу его дополнить, не называя имен, «слуги» до сих пор боятся последствий.

Каких только «хозяек» не перевидали охранники, домработницы, шоферы, повара!

— Я тихо жил с хозяйкой. Она сама настояла, говорит: «Муж занят, ему не до меня, да и не может он ничего, а ты обязан соблюдать его интересы, чтобы я удовлетворена была и мужу не досаждала». Хорошо жили несколько лет, пока его не отправили за границу, — это признание охранника сталинского, послевоенного времени.

— Заботливая мамаша хотела подложить меня в кровать своему недорослю, а когда я сказала, что это не входит в мои обязанности, она потребовала, чтобы меня за грубость убрали из дому. И убрали, — говорит горничная одной из правительственных дач хрущевского периода.

— Хозяйка требует открыть рот, чтобы посмотреть, не съел ли я по дороге печенье из кулька, пока вез ей кремлевский обед, — говорит шофер о жене крупного деятеля брежневского времени, — так бы и задушил ее собственными руками!

«Спецгоспожи», встречаясь в столовой, в ателье, в больнице или в поликлинике, много говорили о своих квартирах, дачах, прислуге, охране, обсуждали их так досконально, словно и не о чем было больше говорить. Я изредка попадала в эпицентр таких разговоров, от них несло бессмыслицей и скукой. И думала: «Неужели они не понимают, что все это — не навсегда?»

«Как правило, жены высоких советских руководителей ко времени вступления своих мужей в должности в Кремле или на Старой площади были уже довольно пожилого возраста, и такие черты характера, как забывчивость, раздражительность и капризность, а у некоторых придирчивость и стяжательство, не являлись редкостью, — пишет Докучаев, — по этой причине они забывали, куда клали вещи, и обвиняли в воровстве сестер-хозяек. Позднее они их находили, но извиняться и не помышляли».

Могу и тут добавить.

Бывали другие ситуации. На правительственной даче моих знакомых на Николиной горе была очень суровая и жесткая горничная. Она никогда не улыбалась, не поддерживала никаких разговоров и уходила с работы ровно в шесть. Когда «хозяйка» однажды попросила ее задержаться, она ответила:

— Я вам не служанка, а вы мне не госпожа. Вы не имеете права требовать от меня остаться больше положенного срока.

«Хозяйка» боялась ее, но по неопытности своей в кремлевской атмосфере стеснялась попросить сменить горничную на более приветливую. Она избрала неверный тон: лебезила перед горничной, чувствовала себя как бы виноватой. Никакой реакции — само презрение. Лишь когда заболел «хозяин», очень сильно и безнадежно, и его жена, приехав на дачу из больницы, сказала той суровой женщине страшный диагноз и разрыдалась, горничная подошла к ней, обняла и сказала:

— Как несправедливо! Судьба карает хороших людей. А те, у кого я жила до вас, всю душу мне истрепали, во всех грехах обвиняли, им хоть бы что — здоровы. Он даже повышение получил.

И заплакали вместе.

* * *

Внешний облик кремлевских людей обретал черты стереотипов, диктуя «моду» в народ: средней упитанности сталинские вожди с усами или усиками, невысокие, как на подбор, во френчах и фуражках: а-ля Иосиф Виссарионович. Жены тоже — средней упитанности, скромно одетые — Сталин не любил легкомысленно наряженных женщин.

В хрущевские времена кремлевский тип расслабился, и в брежневские — расслабление продолжалось: тела взбухли, люди становились похожи на взбесившееся тесто. Пузатые начальники и жены: «там, где брошка, там перед», переваливаясь, бродили по кремлевской поликлинике и по аллеям загородной больницы с надеждой похудеть. Носили бриллианты. По два-три на каждом пальце.

* * *

Спецбыт Кремля, как, впрочем, и сами люди, которых становилось все больше, как говорилось, «у корыта», мельчал, дробился, вырождался. Любопытно: в конце 90-х пошли воспоминания тех, кто, по их собственному определению, «были двадцатыми» во властных списках. Читаю свидетельства Натальи, дочери прибрежневского идеолога, секретаря ЦК КПСС Михаила Зимянина в ее очерке об «острове коммунизма». Она сообщает много пикантных подробностей спецбыта конца семидесятых: жизнь на правительственной даче, чья тишина напоминала ей обиталище сомнамбул, спецбазы, спецателье, спецполиклиники, где мастерицы, заказчицы, медсестры и врачи, жены и дочери вождей совместно занимались натурообменом. В спецраспределителе продуктов подарит Зимянина продавщице красивую оправу для очков, купленную недорого в спецполиклинике, и та в ответ «живо подбирает джинсы точно по размеру и нужного оттенка, которые ты покупаешь с какой-нибудь французской заколкой на пружине или дезодорантом в придачу. Дезодорант даришь девушке в поликлинике, которая продала тебе оправу, заодно заходишь к кожнику — даришь французский крем из лавки, а кожник выписывает тебе шесть баночек какого хочешь крема местной ручной выделки — с лимонным маслом, бергамотовым, розовым, соком петрушки «Свежесть» и т.д. Везешь кремы в лавочку, присовокупляя что-нибудь из очаровательных деликатесов типа клюквы в сахаре... за это тебе выкладывают итальянские домашние тапочки...» и т.д.

Вот он бытовой результат лозунга: «Пролетарии всех стран, соединяйтесь!» Схема безжизненной идеи накрыла жизнь, но она изворачивалась, выкручивалась, вертелась всюду, сверху донизу. Во всех эшелонах.

Интересно в повествовании Зимяниной несомненное стремление сегодня, сейчас, сию минуту в атмосфере иных конъюнктур, дистанцироваться ото всего, что съела, выпила или попользовалась в спецжизни, которую описывает с видимым удовольствием. Желание прибедняться, свойственное кремлевским людям середины века, сменилось, когда система рухнула, у людей третьей четверти века желанием показать свое неприятие спецжизни, а себя на ее фоне почти в геройском виде: и в Елоховском храме Зимянину «однажды засекли на Пасху... устроили целый скандал», и в интерьер спецжизни она не вписывалась, чем вызвала резкое восклицание Галины Брежневой.

Все это я говорю не в укор Зимяниной, напротив, с благодарностью: она откровенно раскрыла себя на фоне уходящего времени и с наивностью, свойственной далеко не всем кремлевским детям, поведала всему миру, как в родильном доме, ожидая своего часа, получила известие о том, что отца назначили на высокую должность и как все изменилось: ее перевели в отдельную палату, поставили персональный телефон, «и вот уже я перестала думать о своем будущем любимом ребенке(?), а только и мечтала, какие куплю себе джинсы, «лапшу», косметику и сапоги на высоких каблуках. Как же легко человека сбить с толку, с высоких и чистых помыслов, запудрить мозги жратвой и шмотками».

Отлично выражена психология позднего поколения кремлевских детей, не с детства попавших «в князи». Радость от внезапно свалившейся исключительности затмила молодой женщине главное событие — роды. Да и кто там в роддоме сбивал ее с толку, запудривал мозги жратвой и шмотками? Кто, кроме нее самой? А и что плохого в том, если посмотреть глазами уже самого позднего поколения века, что молодая женщина отвлекает себя столь женскими мечтами от наступающих предродовых схваток?

* * *

Жизнь диктовала поведение. За стенами Кремля и далеко от Москвы условия дефицитов разрастались. Нельзя было существовать без необходимости лавировать, устраиваться, шуровать (глагол, глагол, глагол! — *Л.В.*). Пословица «Хочешь жить — умей вертеться» торжествовала сверху донизу. Формировался особый тип людей, во всех сферах деятельности, которые могли все «достать из-под прилавка».

Служебное положение использовалось «на всю катушку».

В 80-х ходили слухи, что жены начальников, так же, как «простые», спекулируют в зависимости от их возможностей. Одна интеллигентная женщина, переводчик с английского, зашла ко мне и шепотом рассказала, что ей предложили купить за взятку кооперативную квартиру.

— Вы не представляете, кому надо дать эту взятку!

И назвала имя жены одного из главных управителей Москвы.

— Она держит в руках все кооперативы.

Аскетизм сталинских времен растворился в соляной кислоте эпохи вырождения благородной идеи о свободном будущем для простого народа, который выживал, спивался, работал «до седьмого пота», но которому, несмотря ни на что и вопреки всему, есть что вспоминать с любовью и ностальгией сегодня, в той пересменке эпох, которая всегда по некоему закону космоса приходится на 90-е годы каждого века.

* * *

Аскетизм сталинских времен, впрочем, понятие весьма туманное. В нем было много от театральности самого Сталина, все двадцать четыре часа в сутки игравшего свою великую роль.

Держа на мушке «проклятую касту», он демонстративно подчеркивал свою скромность в быту, на которую по сей день ловятся (глагол! — *Л.В.*) историки сталинизма, по мужской своей принадлежности не умеющие в каждом историческом процессе учитывать физиологические особенности возраста того или иного исторического деятеля. Сталин в двадцатилетнем возрасте один человек, в тридцатилетнем — другой, в сорокалетнем — третий. И так далее.

Формируя свой скромный образ для народа, время от времени «прижимая к ногтю проклятую касту», он жил, как жили до него все неограниченные властители мира: мог позволить себе все, а позволял то, чего ему хотелось.

Человек из «проклятой касты», младший сын Микояна Серго вспоминает, основываясь на личных наблюдениях и рассказах отца: «Три дачи под Москвой... и на курортах. Причем не в качестве обезличенных «государственных», как стал складываться их статус после 1953 года, а именно «дач тов. Сталина», их адреса — в Сочи, Боржоми, Новом Афоне, Холодной Речке, на озере Рица, в Мюссерах...»

Опровергая расхожее мнение о том, что после смерти у вождя ничего не осталось, кроме подшитых валенок и залатанного крестьянского тулупа, Серго Микоян вспоминает до боли знакомые каждому советскому человеку «шинели и мундиры из первоклассной шерсти, расшитые настоящим золотом, в которых он появлялся повсюду, или сапоги из тончайшей кожи».

Я не вспомнила бы весь «иконостас» орденов на сталинской груди, но его окружение, если и отставало от вождя со своими «иконостасами», то лишь на дозволенное расстояние.

Думаю, все они были хороши, живя по пословице «рыба тухнет с головы» — от бриллиантовых звезд на груди Сталина до бриллиантовых брошей на груди дочери Брежнева — вот символический путь развития кремлевской нравственности в послесталинские времена.

* * *

Один сюжет, явно рассказанный Серго Микояну отцом — сам не мог видеть такого, — достоин того, чтобы его вспомнить — холостяцкий ужин у Сталина: «Иногда хозяин вдруг произносил по-грузински два слова, в переводе означавших «чистая скатерть» или «свежая скатерть». Немедленно появлялась «обслуга» (слово — неологизм советского времени, должный смягчать царистское слово — «слуги». — *Л.В.*), брала скатерть с четырех углов, поднимала ее. Все содержимое — икра вперемешку с чуть остывшими отбивными, капуста по-гурийски с жареными куропатками (а Сталин их особенно жаловал), притом вместе с посудой, приборами, бокалами — оказывалось как бы в кульке, где лишь звенели битые фарфор и хрусталь, и уносилось. На новую чистую скатерть приносились другие яства, любимые Сталиным, только что приготовленные».

Я попыталась представить себе Аллилуеву, которая дожила бы до такой сцены. Непредставимо. Женщина не может спокойно видеть, как плоды труда ни с какой стати уничтожаются по прихоти безумца, любым путем утверждающего себя, себя, себя. Даже в мелочах. Или, тем более — в них.

У жены Сталина не было никакой возможности дожить до подобного «ужина».

«ДИАМАРА»

У Сталина руки не доходили начать борьбу с особым «врагом» — укладом кремлевской жизни. Сначала борьба была с троцкистами и бухаринцами, потом была война, потом борьба с «врачами-убийцами» и с безродными космополитами. А когда «дошли руки», стало ясно, что необязательно начинать с кремлевской поросли. Есть и околокремлевская. Скажем, взрослые и взрослеющие детишки заместителей министров. Среди этих замов даже евреи попадаются. Хорошее сочетание: зам-министра, еврей и сын или дочь у него не соответствуют духу времени. Можно ударить.

Так в 1950 году в «Комсомольской правде» появился фельетон «Диамара». Его читала и перечитывала вся страна. И вся страна возмущенно клеймила безнравственную героиню фельетона, молодую женщину со странным именем — аббревиатурой диалектического материализма. Основанием для фельетона стало письмо студентов, соучеников Диамары в редакцию газеты. Иными словами — коллективный студенческий донос. По следам этого доноса пустился популярный в то время фельетонист Нариньяни.

Сорок шесть лет назад это было. Как воссоздать дух времени, в котором появился фельетон? Самое верное — найти его на газетных страницах тех лет[1].

«Чертеж был сделан безукоризненно. Точно, аккуратно. И тем не менее, профессор не поставил Диамаре зачета. Он недоверчиво посмотрел на студентку и спросил:

— Вам кто помогал, папа?

— Ни-ни. Я сама, — ответила Диамара.

— Сами? Вы же не умели и не любили чертить.

— Это было раньше, а сейчас, профессор, я из-за вашего предмета даже с подругами перессорилась. Они приглашают меня в гости на танцы, а я из дому ни шагу. Сижу целыми вечерами и черчу.

Профессор оказался не так прост. Он покраснел, но не сдался и предложил Диамаре сделать второй чертеж.

— Когда?

— Сегодня.

— Разве мне успеть! Пока я доеду до дому, да пока приеду обратно...

— Домой ездить не нужно. Вы будете чертить за моим столом.

— За вашим?

— Да, за моим столом и на моих глазах, — сказал профессор.

---

[1] Фельетоны «Диамара» и «Плесень» печатаются с небольшими купюрами.

Разоблачение было полным. Второй чертеж получился таким плохим, что его неловко было даже положить на стол рядом с первым. Кто же вычертил первый? Папа?

Нет, Диамарин папа на сей раз был ни при чем. Три последних дня папа сильно задерживался в министерстве, и дочке пришлось сдать свою зачетную работу для выполнения какому-то надомнику. И вот обман раскрылся...

А ведь это был не первый провал Диамары Севиной (фамилия слегка изменена. — *Л.В.*). Три года девушка училась в строительном институте имени В.В. Куйбышева. И за эти три года она добралась всего-навсего до второго курса. Трудно подсчитать, сколько раз имя Диамары фигурировало на доске неуспевающих. Пять, а может, и все десять.

Беда этой девушки была в ее беспечности. И здесь следовало винить не ее одну. Люди приучаются к труду с детских лет, а Диамара прожила жизнь на готовеньком. Рядом с ней все и всегда работали: папа, мама, няня. Другие дети убирали за собой постель, мыли чайную посуду, пришивали к пальто оторвавшуюся пуговицу. Диамара была освобождена даже от этих несложных обязанностей.

— Она у нас такая бледненькая, такая худенькая, — оправдывалась мама.

А худенькая девочка была совершенно здоровой. И все же она охотно пользовалась теми поблажками, которые ей давались. Утром она всегда залеживалась в постельке.

— Вставай, в школу опоздаешь.

— Неправда, не опоздаю, — отвечала девочка, глубже втягивая голову под одеяло.

Да и зачем, собственно, было Диамаре спешить, если она твердо знала, что в самую последнюю минуту мама позвонит в министерство, вызовет папину машину, которая быстренько доставит Диамару к школьному подъезду.

Школьные годы остались позади. Диамара выросла,

но это, однако, не мешает ей вести себя и в институте капризной, избалованной девочкой. Лекции у нее до сих пор подразделяются на «чудненькие» и «скучненькие». Первые она удостаивает своим посещением (теперь Диамара вызывает папину машину сама, без маминого содействия); вторые — пропускает. Она и за учебниками сидит так же. Те страницы, которые даются легко, она проглатывает залпом, а те, на которых попадется что-либо непонятное, она ни за что не прочтет вторично:

— Неинтересно!

Если только разрешить, Диамара с удовольствием стала бы приглашать надомников не только для изготовления чертежей, но и для сдачи всех прочих своих зачетов. Но, увы, к зачетам готовиться надо было самой, поэтому на первой же экзаменационной сессии Диамара Севина провалилась по всем предметам.

Беда усугубилась тем, что папа вырастил свою дочку не только беспечным, но и безвольным человеком. Вместо того, чтобы взяться за ум и поправить плохие отметки, Диамара капризно фыркнула и сказала:

— Я не хочу учиться в строительном, я хочу поступить на курсы иностранных языков.

— Тебе что, нравятся языки?

— Очень!

И так как дома никогда и ни в чем не отказывали Диамаре, то она сделала, как хотела. Она надеялась, что на курсах будет легче, что там не придется сидеть за учебниками. А там, оказывается, тоже было не так уж легко. Поэтому Диамара очень быстро разлюбила языки и бросила ходить на курсы.

Наступил новый учебный год, и снова в семье Севиных встал вопрос: что делать Диамаре?

— Я опять хочу поступить в строительный, — сказала она.

Родители переглянулись, и папа понял, что ему надо ехать в деканат. А там удивились:

— Позвольте, но ведь ваша дочка больше полугода не была в институте! Она что, болела?

— Да, — смущенно сказал папа. — Вы же знаете, она у нас такая бледненькая, такая худенькая.

Декан поморщился и тем не менее в нарушение всех правил снова принял Диамару Севину на первый курс. Принял, конечно, не ради ее самой, а ради ее папы, человека в строительном мире уважаемого и авторитетного.

Двадцать два года — это тот возраст, когда человеку уже неловко прятать свои грехи за широкую папину спину. Папа может выручить из беды раз, два, но папа не может передать своей дочери на веки-вечные уважение, которого она не заслужила и которое, кстати, не передается по наследству.

Папа легко и бесхлопотно помог дочери восстановиться в институте. И благодаря той легкости, которая всю жизнь сопровождала Диамару, она и на сей раз не сделала никаких полезных выводов для себя.

В прошлом году перед самыми каникулами в строительном институте была сыграна веселая комсомольская свадьба. Диамара вышла замуж за студента четвертого курса гидротехнического факультета Бориса Бензина. Молодые люди любили друг друга, и брак, по всем данным, должен был быть счастливым. Но счастья не было в доме молодых, несмотря на то что жили они в хорошей, уютной комнатке, которую папа устроил им, пользуясь своим высоким положением в министерстве. Молодой муж никак не мог привыкнуть к образу жизни своей супруги. Целыми днями Диамара ничего не делала. Не варила, не стирала, не подметала. Всем этим приходилось заниматься Борису. Он подметал и думал: еще день, ну еще неделю, а там жена, наверное, усовестится и возьмет на себя часть забот по дому. Но жена не спешила.

— Ты бы хоть чулок себе заштопала, — говорил в сердцах молодой муж, — пятка наружу.

Жена краснела, начинала искать иголку и, не найдя

ее, снова укладывалась на тахту. Муж терпел месяц, два, полгода, а потом разозлился и уехал на несколько дней из Москвы, к своим родителям.

— Борис хотел припугнуть Диамару, — сказал нам комсорг факультета. — Или берись за ум, или прощай. И она, конечно, образумилась бы, — добавил он, — потому что кому же охота расставаться с любимым человеком? Да вот горе, вмешался папа.

Это и в самом деле было большим горем для молодоженов. Представьте, муж возвращается в Москву, а у него ни жены, ни квартиры. И.А. Севин так разгневался на зятя, что не только перевез к себе дочь, но и выписал зятя из домовой книги.

«Сейчас Диамара Севина, — пишут нам студенты строительного института, — снова живет у папы. Как и прежде, она не варит, не стирает, не убирает за собой постель. Мамушки и нянюшки штопают пятки на ее чулках и делают за нее зачетные чертежи. Кого собирается вырастить из своей дочери И.А. Севин? — спрашивают студенты. — Неужели он не понимает, что дочь не может жить всю жизнь на всем готовом».

И.А. Севин был у нас в редакции и читал письмо студентов. Это письмо сильно разволновало его. Так, собственно, и должно было быть, ибо сам товарищ Севин не был ни барчуком, ни белоручкой. За его спиной жизнь человека, который начал работать с пятнадцати лет. Так же, как и дочь, он был в свое время и пионером, и комсомольцем. Но этому пионеру не подавали легковой машины, когда он собирался на сбор отряда. Днем комсомолец Севин работал у станка, а вечером учился в институте. И прежде чем стать заместителем министра строительства СССР, И.А. Севин побывал слесарем, бригадиром, сменным инженером, прорабом. Товарищ Севин вырос в труде, и жизни своих детей не мыслил вне труда. Ему хотелось, чтобы дочь его была достойным человеком нового, социалистического общества, и он даже не нашел ничего лучшего, как назвать ее Диамарой, что значило диалектический материализм.

Папа и мама думали о новом обществе, а дочь свою они воспитали по старым образцам, так, как это было заведено когда-то в мелкопоместных дворянских семьях.

Придумать ребенку звучное имя — это еще не все. Дочерей и сыновей нужно, кроме того, правильно растить и воспитывать».

* * *

После этого фельетона Диамара некоторое время была притчей во языцех всей страны. Отец получил строгое партийное взыскание и остался в своей высокой должности лишь потому, что был хорошим специалистом.

Я знала Диамару, вернее, часто видела ее — жили рядом на ведомственных дачах.

Худенькая до неправдоподобия. О ней говорили: «У Диамары не телосложение, а теловычитание». Ее красавец муж обсуждался всеми кумушками: «Приспособленец. Женился на такой мымре, чтобы устроиться в жизни».

Она нравилась мне острым умом и доброжелательностью к людям. И я ее жалела, думая, что она, должно быть, переживает свой всенародный позор, но она не могла знать о моей жалости: взрослая студентка не обращала внимания на соседку-семиклассницу.

Мне даже не казалось, что красивый Борис не подходит некрасивой Диамаре — они были контрастны, и это привлекало взгляд. Впрочем, Борис, кажется, вскоре оставил Диамару ради хорошенькой блондинки.

* * *

Спецжизнь кремлевских и околокремлевских детей портила тех, кто мог испортиться. Думаю, сама Диамара не была типичным явлением, но типичными были условия ее исключительного быта, и в этом смысле фельетон работал на психологию народа: великий, мудрый Сталин искореняет привилегии. И правильно делает.

«ПЛЕСЕНЬ»

Другой фельетон, отражавший то время, касался более глубоких явлений в жизни молодежи — преступности среди привилегированных детей. Он пришелся на время послесталинского треволнения, после падения Берия, когда дух преступности в обществе еще не вырвался из круга умолчания, если дело касалось детей начальников.

Фельетон «Плесень» Б. Протопопова и И. Шатуновского был опубликован тоже в газете «Комсомольская правда» 19 ноября 1953 года.

«В третьем часу ночи, когда начали тушить свет в ресторанах, Александр, как обычно, появился в коктейль-холле. (Это заведение в центре Москвы на улице Горького было главным злачным местом столицы. — Л.В.)

— Ребята здесь? — спросил он швейцара, кидая ему на руки макинтош.

— Здесь, здесь, — ответил тот, услужливо распахивая двери.

Молодой человек поправил перед зеркалом прическу и прошел в зал, раскланиваясь направо и налево. За стойкой на высоких вертящихся табуретах сидели его друзья. Альберт, худощавый юноша с бледным лицом, сосредоточенно тянул через соломинку ледяной коктейль «чери-бренди». Анатолий, подняв к хорам взлохмаченную голову, неистово аплодировал певице и под смех публики кричал дирижеру оркестра:

— Заказываю «Гоп со смыком», плачу за все!

Андрей, плечистый блондин, по-видимому, уже не слышал ни музыки, ни аплодисментов. Он положил голову на стойку, и галстук его купался в липкой винной смеси.

Из коктейль-холла молодые люди вышли последними. На улице уже светало, но дружки не думали прощаться.

— Захватим девчонок, и ко мне на дачу, — бормотал Андрей, подходя к своей машине.

Пьянка на даче продолжалась до утра.

День уже клонился к вечеру, когда дружки проснулись. Залитая вином скатерть валялась в углу, пол был усеян осколками битой посуды, стулья опрокинуты...

— Повеселились славно. Ну, а что дальше? — спросил Андрей, обводя компанию мутным взором.

Он вывернул свои карманы:

— Пусто. От сотни, которую позавчера дал отец, осталось пятнадцать центов.

Молодые люди задумались.

— На этот раз я, кажется, смогу вас выручить, — нарушил молчание Альберт. — Вчера днем заходил к одной знакомой. Взял кольцо «на память». Об этом она, разумеется, не знает.

Все повеселели. На «выручку» приятели отправились пить пиво.

Веселая, беззаботная жизнь продолжалась. Вскоре появился пятый собутыльник. Это был Николай — тоже молодой человек, внешне очень скромный и воспитанный.

— А ты не замечаешь, что все время пьешь на наши деньги? — спросил его однажды Андрей, расплачиваясь в ресторане.

— Я бы рад принять участие в общих расходах, но у меня нет денег. Мама дает мне только на обед.

— Нет денег! — захохотал Александр. — Пора называть вещи своими именами... Только что мы пропили деньги, которые Андрей вытащил из кошелька своего отца.

Николай на следующий день принес завернутый в бумагу маленький золотой крестик. И крест был пропит.

Разгульная жизнь требовала денег каждый день. Однажды, когда Анатолий занимался в лаборатории, подошел Александр.

— Нужны деньги, — шепнул он. — У Андрея снова брать неудобно: он и так уже распродал всю домашнюю библиотеку.

Анатолий посмотрел вокруг и, заметив, что лаборантка повернулась спиной, показал пальцем на микроскоп.

Александр мгновенно понял приятеля. И вдруг оба испугались. Одно дело — красть у родителей и знакомых, которые никуда не пойдут жаловаться, и совсем другое — стащить казенную вещь. Но выпить было не на что. Кому же брать? Они бросили жребий. Монета упала на «орла». Обливаясь холодным потом, Анатолий схватил микроскоп и положил в свой чемоданчик.

Одна кража влекла за собой другую. Дружки стали подумывать о более крупном «деле», которое дало бы им сразу много денег. Николаю, который был уже полностью в руках шайки, поручили достать оружие и найти квартиру, которую можно было бы ограбить. Выбор пал на два «объекта»: один из них квартира, другой — касса одного из институтов, расположенного в пригороде Москвы. Вот тогда особенно пригодилась машина влиятельного папаши Андрея.

Остановка была только за оружием. Без него грабить не решались. Но Николай, давший слово украсть пистолет, трусил. Он чувствовал себя между двух огней и не знал, что делать. Тогда «товарищи» завезли Николая в лес и, приставив нож к горлу, взяли обещание, что оружие будет доставлено.

Неизвестно, чем бы кончилось дело, если бы не помешало одно обстоятельство: о некоторых проделках компании узнал знакомый Андрея Эдуард В. А что, если

Эдуард расскажет о них кому-нибудь? Или, что еще хуже, сообщит куда следует? Не будет ли это той нитью, за которой потянется весь клубок?

Спустя два месяца, в пустынной местности, за несколько километров от Москвы, был обнаружен труп юноши. Это был Эдуард. А вскоре бандиты сели на скамью подсудимых. Андрей и Александр получили по двадцать лет исправительно-трудовых лагерей, Альберт — пятнадцать, Анатолий — десять. Николая сочли возможным к суду не привлекать.

Таков печальный финал этой истории.

Советский суд сурово, по заслугам наказал бандитов. На этом можно было бы поставить точку. Но нам кажется, что названы не все виновные.

В самом деле, почему могла возникнуть в здоровой среде советской молодежи такая гнилая плесень: люди без чести и совести, без цели в жизни, для которых деньги служили высшим мерилом счастья, а высокие человеческие идеалы — любовь, дружба, труд, честность — вызывали лишь улыбку? Откуда появились эти растленные типы, как будто сошедшие с экранов гангстерских американских фильмов? Что толкнуло молодых девятнадцатилетних людей, московских студентов, на преступный путь? Нищета, безработица, голод, дурной пример родителей? Ни то, ни другое, ни третье. Андрей — сын крупного ученого. Мать Александра — кандидат технических наук. Отец Альберта — полковник в отставке. Отец Анатолия — инженер.

В обвинительной речи на суде, прокурор, цитируя высказывания замечательного советского педагога А.С. Макаренко, говорил о том, что в отношении родителей к своим детям должно соблюдаться чувство меры. Дети страдают от недостатка любви родителей, но портиться могут и от избытка любви — этого великого чувства. Разум должен быть регулятором семейного воспитания, иначе

з лучших родительских побуждений получаются наи-
удшие результаты и аморальные последствия.

Разума, этого регулятора семейного воспитания, не
ыло в семьях осужденных.

Как гром среди ясного неба, обрушилось на эти семьи
звестие о том, что их выхоленные, «воспитанные» сын-
и на самом деле грабители и убийцы!

— Наш сын невиновен! Он не способен зарезать
аже курицу! Это ужасная ошибка! — таковы были пер-
ые слова, с которыми родители обратились к следо-
ателю.

Они наняли лучших адвокатов и стремились любыми
утями смягчить участь своих детей. А мать Александра
аже явилась к родителям убитого Эдуарда и предлагала
м деньги за то, чтобы они постарались выгородить на
уде ее сына.

Толстые папки следствия, многочисленные докумен-
ы, показания свидетелей обличают не только преступ-
иков. Атмосфера преклонения и угодничества, окру-
жавшая юношей в семье, исполнение любых желаний
риучили их к мысли, что им все дозволено. Известно,
то такими же убеждениями была проникнута дореволюционная так называемая «золотая молодежь»: сынки бо-
атых дворян, фабрикантов, купцов. Родители осужден-
ых не дворяне, не фабриканты и не купцы. Это люди
руда, которые не мыслят своей жизни без общественно-
олезной деятельности. Но уважение к труду и верность
тим принципам они не сумели воспитать в детях, считая,
то все это придет само собою, с годами, а пока, дескать,
усть погуляют и повеселятся. А ведь от праздности, от
аспущенности до преступления — один шаг...»

* * *

Фельетон потряс страну, хотя преступления, подоб-
ые описанным в нем, совершались ежедневно. Но о них
е писали, чтобы не волновать общественность: иллюзия

благополучия страны. А главное, чем взбудоражил фе
льетон, состояло в том, что его «героями» были детк
высокопоставленных родителей, имена которых тем н
менее не назывались.

Слово «плесень» долгое время было нарицательным

«ИСПАНЕЦ» ИЗ ДОМА КАГАНОВИЧА

Мая Каганович была уже взрослой, когда в ее семь
в конце тридцатых годов появился маленький мальчи
Юра.

В книге Феликса Чуева «Так говорил Каганович
история усыновления Юрия дается их уст самого Лазар
Моисеевича:

«— Мая, поезжай в детские дома, может, тебе по
нравится какой-нибудь мальчик, давай возьмем его, бу
дем воспитывать.

Мая поехала. В одном из детских домов ей пригля
нулся мальчик — беленький, голубоглазый. Он с первы
минут привязался к Мае.

Привезли его домой, в Кремль. Посмотрели: хоро
ший мальчик, но кто же скажет, что он наш сын? Вот ес
ли б черненький...

Пришлось Мае поехать еще раз. Выбрала черново
лосого мальчика. Его не привозили в Кремль, чтобы н
травмировать, а только сфотографировали. Родители по
смотрели карточку — понравился. Привезли. Было
нем что-то восточное. На вид — годика два с полови
ной. Больше о нем ничего не было известно — кто он, о
каких родителей... Но сам он себя называл Юрой Бара
новым».

* * *

Есть у меня два воспоминания.

Первое — перед новым 1944 годом я, девчонка
была в Кремле в квартире у Ворошиловых. Их вну

...лим повел меня в квартиру к другому мальчику, Юре. ...ам в большом холле стояла большая елка. Мы втроем ...ачали украшать ее. Мальчики притащили стремянку, и ...влезла на самый верх. Они подавали мне игрушки и го- ...орили, куда надо вешать. Юра показался мне очень ...расивым.

Второе воспоминание. 1953 год. Первокурсниц фил- ...ака МГУ пригласили на вечер танцев в свой клуб пер- ...окурсники академии имени Жуковского. Я ненавидела ...анцы, но девчонки уговорили — пошла. У входа в ...луб — он помещался в здании бывшего, знаменитого ...ри царе, ресторана «Эльдорадо», наша девичья стайка ...голкнулась с группой выходящих юношей в летней фор- ...е. Запомнился один: высокий, стройный, белолицый, ...еописуемый красавец. Он что-то громко кричал, разма- ...ивал руками, хохотал.

Я узнала его. С ним вместе вешала игрушки на елку ...его квартире в Кремле. Я его вспоминала. Довольно ...олго. Мне показалось, что, когда вырастет, он будет ...охож на мою романтическую любовь — полководца ...етра Багратиона.

— Это Юрка Каганович, между прочим, женат, — ...казала одна девушка из нашей группы.

Она «отслеживала» кремлевских парней.

* * *

Серафима Михайловна — первая жена Юрия Кага- ...овича рассказывает:

— Семья моя простая. Из Венева. Мама без образо- ...вания. Отец — десять классов окончил. Дед садовником ...ыл, табаки выращивал, а бабка их дегустировала. ...Помню бабушку Машу: в одной руке поварешка, в дру- ...ой — пахитоска.

С Юрой в компании познакомилась, он сначала учил- ...я в артиллерийском училище, потом в академии Жуков- ...ского. Сразу привязался.

Кагановичи жили в Кремле, как войдешь, от Спас ской башни направо, напротив сената, сбоку, где брилли антовые хранилища. Маленькие клетушки там были, потом стали строить для них особняки на Ленинских го рах, на помойке. Никто не хотел ехать. Дед (Серафим так называет Лазаря Кагановича. — *Л.В.*) сказал: «За ставляют нас жить отдельно». Это уже после Сталина и Берии было, в 1954 году. Въехали в особняк № 90, рас терялись — такая площадь — стали искать себе место и поселились старики Кагановичи в кинозале.

В подвале особняка — бомбоубежище, в комнатах стены промерзали. Оперативники из охраны на стены одеяла вешали.

Дача Кагановича? Напротив Серебряного Бора была в Троице-Лыкове. Наполовину деревянная, наполовину каменная. Наверху спальни — там три комнаты, внизу как водится, бильярдная.

Я ничем у них не пользовалась, у меня на даче было две своих подушки, и за них я потом заплатила комендан ту, когда он, после падения Кагановича, ходил и вымогал деньги, знал, что нам некому будет пожаловаться.

У меня, вообще, когда я жила с Юрой, одно-единст венное желание было: институт окончить, в нефтяном училась, чтоб кусок хлеба был.

Когда это с дедом случилось в 57-м, мы все на дачу приехали, сели на скамейку. Лазарь Моисеевич говорит:

— Ну, вот, у нас теперь ничего этого не будет, даже ложек, вилок, подушек у нас своих нет.

А я говорю:

— Ерунда, все можно в магазине купить.

Я не любила бывать на даче, за колючей проволокой сидеть. Потихоньку спущусь к реке, попрошу катер и на ту сторону, а там дом отдыха Морского флота.

— Как складывались отношения с Марией Мар ковной?

— Нормально. Хорошие отношения. Один раз из-за

Юры повздорили. Она говорит: «Ты резкая, невоспитанная».

А я ей: «Меня геологическая помойка воспитывала».

— Юра был хорошо воспитан?

— Он был шалавый. Отец с матерью работали, а его «оперсоски» — так мы оперативников звали — воспитывали. Они его и споили. Мы с ним до свадьбы шесть лет встречались. Я у него первая была, и он у меня — первый.

— А кто бывал у вас на даче?

— Хрущев притаскивался, всегда поддатый. Мая дружила с Радой Хрущевой. И Аджубей часто бывал.

— А Берия?

— Бериевские жили отдельно. Рядом дача стояла, но не общались. Я его видела в машине, а жену на дачном участке. Гуляла в шубе, всегда внакидку. Кинофильмами с нами менялись.

Кагановичи скромно жили. После смерти Сталина дед сказал: «Теперь мы себе зарплату урезали, на одну четверть. Будем получать 15 000». Они за все платили. Могли выписывать себе продукты на 2000 рублей в месяц, остальное докупали, что на улице можно было купить.

Когда они сами себя урезали, то Кагановичи стали на даче кроликов разводить, и повар делал из них разные блюда. Я этих кроликов ненавидела. И огород у них тогда на даче был, кукурузу сажали, овощи.

Когда все кремлевское кончилось, Мария Марковна очень переживала, а Лазарь сказал: «Раз родина посылает, надо ехать в чертов Асбест». Я предложила ехать с ним, помочь на первых порах, но он отправился один. Юра ездил к нему, рассказывал: «Ест на газетке, никто за ним не ходит, но рабочие любят его». Он был, по-моему, управляющим Асбест-треста.

Когда его скинули, он хотел уйти на пенсию, а Хрущев сказал ему: «У тебя нет трудовой книжки, ты не работал, какая пенсия?» А ведь в войну Сталин чуть Хрущева к расстрелу не приговорил, Каганович его вытащил.

— Вся семья переживала падение Лазаря Моисеевича?

— Да, по-разному. Юра ехал со мной в машине и стал отца ругать, он, мол, враг народа, а я говорю ему: он тебя воспитал, как бы его ни поливали, для тебя он — отец.

— Юрий, конечно, знал, что он приемный сын?

— В том-то и дело, что ничего не знал. Никогда не знал, до самой смерти.

* * *

Я спрашиваю Серафиму о сплетне, будто бы Юрий Каганович — сын Сталина и сестры Кагановича Розы, был усыновлен Лазарем Кагановичем.

Серафима отвечает:

— Чушь это. Розы никакой не было. А Юра... ведь он был совершенно не в сталинскую масть. Они все — и сам Сталин, и дети были рыжие, в бабку, эта рыжина сквозила у всех, а Юра — жгучий брюнет.

Я вообще думаю, — протяжно говорит Серафима, — не из испанских ли он детей был? И пропорции европейские — ноги длиннущие, таких ног у наших мужиков не бывает, и тип лица, тонкость черт, и посадка головы. А главное — характер. Я говорю «шалавый», а это, может, испанский темперамент. Пить, гулять. Поесть любил. Мне стыдно было с ним в рестораны ходить, такой аппетит. Мог съесть три вторых, три супа пити. И все острое, с перцем.

— Когда он начал спиваться?

— А вот, как с отцом случилось. И мне тогда от жизни досталось. Только институт окончила, а на работу не берут, «приходите, говорят, завтра». Как прокаженная.

Еле устроилась. Его отправили в Энгельс, на вертолетную базу, там он сошелся с певичкой, я его оттуда вытащила, с помощью Гризодубовой, он с певичкой приехал, я и говорю, живите тут, что ты будешь бегать. Так втроем в одной квартире восемь месяцев и жили.

Юра стал выносить и продавать вещи, делить их со мной: спальню, стол, одно пианино оставил. Я поменялась со своей мамой, она ко мне, а он в ее квартиру, но вскоре поменял квартиру на комнату — деньги нужны были, чтобы пить.

Когда расходились, я все ему отдала. У меня даже есть расписка, что по имущественному разделу он ко мне претензий не имеет. Смешно. Лазарь подарил мне вазу на день рождения, а Юра стал ее отнимать, я ее у него выкупила.

Еще когда Лазарь в силе был, я чернобурку в ломбард относила, Юре на выпивку, потом нужно было выкупить, а денег нет, я все Лазарю рассказала, он дал денег, а Юру в бильярдной кием огрел по башке.

Связался Юра с какой-то машиной, разбил ее, взял у матери деньги, просил отцу не говорить. Потом он завербовался в Иркутск, потом в Мирный, там пил.

Ребята геологи рассказывали, что вызвал его в Мирном секретарь горкома: «Я тебя посажу в любой самолет, только улетай».

Он попросился в Приангурск, в Чечню. Там сошелся с женщиной, воспитательницей детского сада. Был у них ребенок, но они не расписывались.

Там он и умер в 76-м году. Мая на похороны не поехала, но послала денег. От сердца умер, он всегда на сердце жаловался.

— А тебе не приходило в голову, что он неродной сын?

— Нет. Хотя было странно: Мая намного старше его, и Мария Марковна по возрасту не могла родить. Нет, не приходило.

— Когда ты узнала?

— Когда он умер, Мая сказала. Мы уже много лет не жили, у меня своя семья была. И дочь от другого мужа.

— Общих детей не было?

— Не было. У него дочь и сын от других, от разных жен.

— После падения Лазаря Моисеевича Хрущев, конечно, не бывал у вас.

— Конечно.

— А Рада Хрущева бывала?

— Ни в коем случае. Как отрезало.

— Еще хоть что-нибудь о Марии Марковне.

— Да ничего особенного. Каждый день уезжала в ВЦСПС. В шестьдесят первом, когда съезд был и Лазаря «поливали», очень на нее подействовало, стало плохо с сердцем, и она умерла...

* * *

Да, не Петр Багратион был Юрий Каганович. Я рассматривала его фотографии и все больше убеждалась в правоте Серафиминого предположения: «из испанских детей». Южный темперамент и природная страстность ударились о кремлевские стены, и сломался человек, задуманный природой ловить рыбу у берегов Барселоны или дразнить быков в Кордове...

Спрашиваю Серафиму о Мае.

— Мая — хороший человек, она, конечно, по жизни непрактичная, потому что росла на всем готовом, но человек замечательный. Многое делает для своей семьи. И с дедом была рядом до самой последней минуты. Без нее он бы пропал.

Вспомнилось мне, как позвонила я Мае Лазаревне выразить соболезнование по поводу кончины отца, и она сказала: «Как я теперь буду жить? С детства знала, что он все за меня решает, а теперь на старости лет все должна решать сама. Не привыкла. Придется».

Пытала я Серафиму и про Розу Каганович.

— Невенчанную жену Сталина только одну знаю. Валечку, его официантку. Она его любила. А Розы у нас никакой не было.

Все, однако, не так просто с этой Розой. В книге «Так говорил Каганович» Феликс Чуев тоже пытается найти следы загадочной Розы, младшей сестры Лазаря Моисеевича, по сплетням ставшей женой Сталина. Каганович возмущенно отрицает существование такой сестры. Была сестра, но не младшая, а старшая, не Роза, а Рахиль, умерла задолго до смерти жены Сталина, оставив пятерых детей.

— Но ходит такой разговор, что был «салон Розы Каганович», — настаивает Феликс Чуев. И Лазарь Моисеевич отвечает:

— Это глупость. Роза Каганович — племянница, дочь моего старшего брата.

— И чем она знаменита?

— Ничем. Жила в Ростове, а из Ростова после войны переехала в Москву с мужем и сыном и жили здесь всей семьей. Очень плохая двухкомнатная квартира в Доме Советов на Грановского».

Странно. В доме на Грановского, о котором идет речь, не могло быть очень плохих квартир — это знаменитый кремлевский дом из дореволюционных доходных домов, он строился с расчетом на богатых людей, и даже перестройки внутри квартир не могли изменить главных достоинств дома: высокие потолки, широкие окна, просторные места общего пользования.

И Роза, как выясняется, была, но какое нам, собственно, дело до того, была Роза Каганович или нет, даже была она «невенчанной женой Сталина» или не была? Не столь важно. Ясно одно: судя по тому, что приемный сын Кагановича так и умер, убежденный, что он родной сын, эта семья умела любить, как своего, чужого ребенка, а также до сих пор умеет хранить семейные тайны.

* * *

Осенью 1995 года я выступала в Варшаве на презентации «Кремлевских жен» (польское издание). Было много народу и много вопросов. В первом ряду сидела седая женщина с палочкой. Она подняла руку и сказала, что у нее есть материал о Юрии Кагановиче.

— Пожалуйста, задержитесь, — попросила я с ощущением, что эта женщина принесла мне нечто необходимое.

После выступления мы сели с нею рядом:

— Меня зовут Лора Силина. Это был, кажется, пятьдесят первый или пятьдесят второй год. Текстильный институт. Общежитие на Донском проезде. У нас училась на технологическом факультете девушка. Таисия. Фамилию забыла. Из Сочи. Отец ее, полковник, погиб на фронте. Мать работала в доме отдыха Совета Министров. Там Таисия и познакомилась с Юрием Кагановичем, в волейбол вместе играли. В Москве стали встречаться. Она говорила подругам, что он хочет жениться на ней, отец не против, а мать против, потому, что она не их круга. Юрий приходил в общежитие. Они оба были очень красивые. Таисия — русская красавица. Однажды он пришел, они вдвоем сидели в вестибюле, на первом этаже общежития. Разговаривали. Мимо ходили люди. Вообще, между ними ничего такого не было. Они сидели в вестибюле так долго, что он опоздал на метро и вернулся домой очень поздно, шел пешком. Дома — бум.

На следующий день к директору института явилось КГБ. Помню фамилию директора, Петров. Вызвали комендантшу общежития. Она ничего не могла сказать, потому что ничего предосудительного не видела. Потом было собрание на технологическом факультете, Таисию хотели исключить за аморальное поведение. Девчонки за нее заступились. Она звонила ему — не дозвонилась, надеялась, что он защитит ее.

Он пришел с Симой, сказал: «Ты — не мешай, вот моя девушка!»

Сима возмутилась: «Как ты смеешь с ней так говорить?»

Он повернулся к Симе: «Если хочешь, и ты получишь!»

Подруги боялись за Таисию, она хотела руки на себя наложить от стыда и обиды. А я, спустя некоторое время, встретила его в троллейбусе. Он был в шинели, в форме академии Жуковского. Подошел ко мне с симпатией, словно и не было того случая с Таисией. А я помнила все и была с ним очень холодна.

— Сима жива? — спрашивает Лора Силина.

— Жива, — отвечаю я, всего три дня назад говорившая с нею по телефону.

— Она тогда здорово защитила Таисию, хотя ей, наверно, неприятно было встречаться с ней.

* * *

Да, совсем не Петр Багратион был этот «испанец». Но какая судьба! Кагановичи взяли мальчика, желая осчастливить его, из детского дома в кремлевский Сад Детства, а сделали несчастным.

Они хотели как лучше. Но личное не имело общественного значения, поэтому изначально из всей истории с Юрием ничего хорошего выйти не могло: общественные «оперсоски» сделали свое дело. А может быть, Юрий с детства знал о своем сиротстве — пьяный «оперсоска» мог все выложить мальчику. По секрету. И раздвоенная психика кремлевского сынка повела его к катастрофе: невыгодно было показать, что он все знает, но невозможно спокойно пережить. Спасала водка — она уводила в небытие, в забытье.

НА СЛОМЕ ВРЕМЕНИ

Сталин умер в марте 1953 года, не успев расправиться с кремлевской «проклятой кастой». Но, проживи он подольше, наверно, захотел бы всерьез заняться детьми своих соратников, и круги разошлись бы, захватив все слои общества.

Все слои...

В середине февраля 1953 года, в разгар судов над «врачами-убийцами» на школьной перемене ко мне подошла любимая учительница и тихо спросила:

— Ты можешь заболеть недели на две?

Я так поразилась словам этой, казавшейся мне абсолютно правильной, женщины, что едва досидела до конца урока. Дома, разумеется, рассказала маме. Она взволновалась, пошла в школу, вернулась и вызвала врача, свою приятельницу. У меня «обнаружили» повышенное кровяное давление.

Моя мать все дни моей «болезни» сильно волновалась, не говоря мне о причинах волнения. Я умирала от любопытства, интуитивно чувствуя какую-то неясную опасность. Конечно, пропадала у лучшей подруги Люды Зобиной — она была моей соседкой по подъезду.

Другая моя подруга Ира Ширман, ничего не подозревая, навещала «больную», рассказывала: в каком-то классе кто-то написал на доске «Бей жидов», и девчонки стерли эти слова, а учительница долго допытывалась — кто стер.

Тут как раз смертельно заболел Сталин.

Мать Люды говорила странные слова: «Вот, тронул евреев и повалился. Скорее бы сдох».

Мне это казалось кощунственным.

Лишь спустя годы я связала все узлы: любимая учительница побаивалась за меня — в школе было известно, что я дружу с Зобиной, уже окончившей нашу школу, студенткой первого курса медицинского института, а она в институте дружит с Мариной Загорянской, внучкой профессора Фельдмана — одного из «врачей-убийц». Возможно, в учительской уже составлялись цепочки запятнанных девушек, готовящихся к поступлению в институт. А я тогда была особой, широко известной в узких кругах: мои стихи печатались в «Пионерской правде», и в школу мешками в мой адрес шли письма от читателей.

Надвигались тучи. Они сгустились в марте, когда в день смерти Сталина я написала о нем стишок-плач. Отец моей соседки по парте тут же отнес его в райком партии, как пример вредного сочинения: «В стихе написано, что флаг опущен, не может быть опущен флаг, даже в таком страшном горе».

Думаю, в райкоме не обратили внимания на эту чепуху, но обстоятельный отец девочки позвонил моей матери и сообщил ей о своем гражданском поступке. Мой отец в то время был в командировке на Урале — матери достались все переживания.

* * *

Путь к сталинскому гробу и давка на Трубной площади — отдельная тема. Я провела в том аду больше суток — мать искала меня по моргам.

На моих глазах умирали задавленные люди. Лошадь наступила на лицо лежащего человека, и разлетелись мозги. Это было описано многими — я видела своими глазами.

Осталась жива благодаря помощи какого-то мужчины, который сначала хотел оставить меня, теряющую сознание, в поликлинике, находившейся между Трубной

площадью и Петровкой, но ему ответили: «Живых н
берем, вон у нас сколько трупов».

Помню эти слова сквозь туман. Осталось в сознании: я еще жива.

Отчаявшись пристроить меня к трупам, этот челове
в какой-то момент сказал мне:

— Попробую забросить тебя на крышу троллейбуса
(Вся эта смертельная толкотня была между стенами
домов и троллейбусами, выстроенными в ряд.) Я договорился, с той стороны тебя подхватят.

Как попала я на крышу троллейбуса? Не помню.

Как перекатилась по крыше? Не помню.

С той стороны меня поймали чьи-то руки. И опустили на землю. Я увидела полупустую площадь. В полубеспамятстве села у колеса ждать того человека, хотя он не просил меня об этом.

Сколько ждала? Не помню.

Пошла домой. На меня оборачивались. Почему? Не
знаю.

Мама открыла дверь. Закричала.

Потом она рассказывала:

— У тебя было совершенно синее лицо. (Это линяли
варежки, которыми я утирала лицо.) Ты была без шапки
и без валенок — в одних носках, а вместо моей каракулевой шубы — одна вата. (Собираясь к гробу, я не хотела надевать свое светлое зимнее пальто, и мать, не без
колебаний, дала мне свой каракуль.)

Войдя в квартиру, я сказала:

— Я постарела на десять лет.

Почему на десять? Не знаю.

Ночью поднялся жар. Начался бред. А когда выздоровела, то была уже другим человеком. Кончилось детство.

С той поры знаю одно: все партии, все национальные
розни, все политические противостояния — накипь и
пыль, коррозия и короста. Тяжелые болезни человечест

...а. Подлинны лишь люди, их жизни и смерти, их отношения, их микромиры.

Конечно, я не попала к гробу вождя. И долго искала в лицах прохожих человека, спасшего меня, плохо представляя его себе.

Спустя полгода, на балюстраде Коммунистической аудитории МГУ ко мне подошел невысокий немолодой студент, явно из военных.

— Ты жива, — сказал он, — я видел, как тебя поймали, когда валилась с крыши троллейбуса. А меня унесла толпа.

Его имя Всеволод Рымов. Хотела подружиться с ним, но он не испытывал ответного желания:

— Не хочу, чтобы ты дружила со мной из благодарности. Я тебя спас? Это преувеличение.

* * *

Кончилось детство? Да, и не только для меня.

Оно завершилось для миллионов взрослых людей, приученных жить в тени одной фигуры. И кто верил, и кто как будто все понимал, кто на нарах клял «усатого деспота», надеясь на пришествие светлого дня, кто удержался на высотах и пользовался привилегиями — все жили по законам гигантского лагеря, где точно расписано: что можно, что нельзя, куда идти, кого любить, кого ненавидеть. Тот, кто шел наперекор расписанию, был «плохой мальчик», достойный сурового наказания. Или «плохая девочка».

Люди, после смерти вождя вышедшие из разных углов одного лагеря, разно прочувствовали новое время.

Многие из тех, кто искренне рыдал, причитая: «Умер! Что же теперь с нами будет?», скоро поняли — ничего страшного не случилось. Напротив... И ощутили освобождение.

Многие из тех, кто искренне радовался, восклицая: «Сдох, собака!», чувствовали себя счастливчиками, полными надежд, но скоро поняли, что разочарования, душевные боли и трудности жизни — не есть прерогатива существования под пятой. И ощутили печаль пустоты ибо свобода не проще, чем тюрьма. И кто-то пожалел прошлом.

Но колесо истории повернулось неотвратимо.

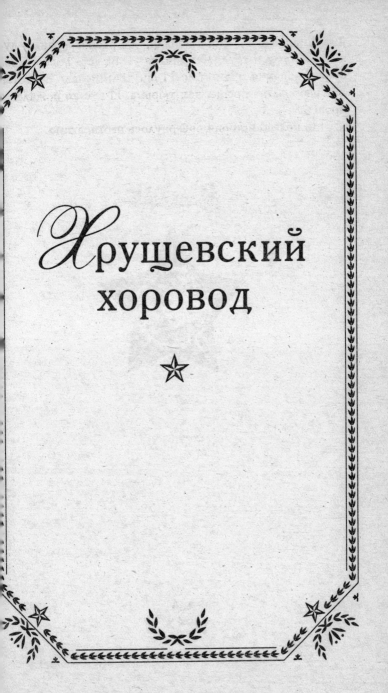

Хрущевский хоровод

...«И снится чудный сон»...

Чудной.

Брусчатка Кремлевской площади — не Красной, что за пределами стены, а внутри Кремля — поросла мелкой травой, пробившей камни. Или это стриженная трава, как в Англии, где стада овец выстригают зеленые побеги своими острыми зубами? Или синтетический ковер, сделанный «под траву»?

В тумане угадываются светлые стены прославленных соборов и темные царь-колокол, царь-пушка.

Стою у края площади. От Дворца Съездов — его прозвали «стилягой среди бояр» — идет невысокий, лысый толстяк. Играет на дудочке. К нему со всех сторон бегут люди и выстраиваются цепью, держа друг друга за руки. Слышу слова:

> В страшные, темные годы царизма
> жил наш народ в кабале,
> вдруг приплыла к нам огромная клизма
> и поселилась в Кремле.

Знакомая песня о Ленине, Сталине, партии. Шутники переделали несколько слов.

Вот толстый человек уже близко — это Хрущев. Он выводит из Кремля людей, разрушая многовековую традицию основателя Москвы Юрия Долгорукого: Кремль и центр власти, и семейный дом. Даже когда начиная с Петра Первого, Москва на два века стала опальной, здесь находились и учреждения, и квартиры, где жил чиновный люд...

...Хрущев выводит последние кремлевские семьи. Многие давно уехали в город, из города, умерли. Но и они здесь. Светлана Сталина, ее братья, племянница Сталина Кира, Серго Берия, Андрей и Воля Маленковы, Нина Буденная с братьями, дети Кагановича, дочь Молотова, дети Хрущева — Рада, Елена, знаменитый зять Никиты Сергеевича, Алексей Аджубей.

Мельканье лиц — едва успеваю разглядеть.

Понимаю — новый вождь ведет деток Кремля в новую жизнь. Среди них молодые актеры театра «Современник»: многозначительный Олег Ефремов, мальчишистый Олег Табаков, обильная Галина Волчек, стеснительно-смелый художник Борис Жутовский — он держит за руку внучку Хрущева Юлию, рядом с ним скульптор, всемирно известный Эрнст Неизвестный, непобедимый художник Илья Глазунов, озабоченно-стремительный, с преданной женой Ниной. Группа поэтов: проказливый Андрей Вознесенский, вертлявый... гений Евтушенко, добродушно-ироничный губошлеп Роберт Рождественский, фаянсовая статуэтка Белла Ахмадулина, массивный творец изящных скульптур Олег Комов, уютная Майя Кристалинская, знойная Галина Брежнева, ее пошатывающийся брат Юрий Леонидович с миловидной женой Людмилой, высокий, низколобый зять Брежнева Юрий Чурбанов, невысокий Высоцкий...

Явно нехотя идут в хороводе правдолюбец Александр Солженицын, презрительный Юрий Трифонов, уязвленный Юрий Любимов, спокойно мятущийся Виктор Астафьев, освобожденная тень Бориса Пастернака, русак Валентин Распутин, глазами и спокойствием похожий на бурята...

Другие, другие, другие, другие...

Хрущевский хоровод. Дети оттепели. Бывалый сталинский Никита ведет молодых из старого времени в новые времена.

Браво! Виват! Ура! Да здравствует!

Присоединяйтесь, кто хочет, кто может, кто должен, кому не страшно, кому не противно, кому интересно найти дорогу к простору.

Последняя фигура хоровода исчезает в Спасских воротах.

Евгения
Александровна
Аллилуева-
Земляницына,
мать Киры,
с маленьким
сыном.

Германия.
Семья Павла
Аллилуева. Павел
Сергеевич
и Евгения
Александровна
с детьми.
На переднем
плане Кира
не слишком
хорошо
получилась.

Юная Кира (крайняя справа) с подружками на курорте.

дита Пьеха поет для Киры Павловны.

Кира Павловна
в Лондоне.

Марфа Пешкова и Серго Берия.

Марфа Пешкова
с сыном.

Счастливая семья. Сидят: Марфа Пешкова, Нина Теймуразовна Берия
с внучкой, Екатерина Павловна Пешкова (бабушка Марфы).
Над ними склонился Серго Берия.

Слева направо: Нина Теймуразовна Берия, Серго Берия, Марфа Пешкова на даче.

Дачная волейбольная команда. Сидит в центре, окруженная охранниками, Нина Теймуразовна Берия. Стоят: крайняя слева — Марфа Пешкова, четвертый слева (смотрит на Марфу) — ее муж, Серго Берия.

Марфа Пешкова, 1996 год.

Портрет Марии Игнатьевны Закревской-Бенкендорф-Будберг. Художник А. Билиньская-Богданович.

Слева направо: Герберт Уэллс, Максим Горький, Мария Будберг.

Мария Игнатьевна в своем лондонском доме. 60-е годы.

Пейзаж в Зубалове. Рисунок Элеоноры Микоян.

Ашхен Лазаревна Микоян с сыновьями.

Микояны с внуками.

Юный Юрий Каганович.

Юрий Каганович в испанском костюме.

Юрий Каганович с женой Серафимой на курорте.

Семья Хрущевых в лучшие времена.
Слева направо: Елена Никитична, Никита Сергеевич,
Сергей Никитович, его жена Галина, Рада Никитична, Нина Петровна
и Алексей Иванович Аджубей.

Редкий снимок. Второй слева — Леонид Хрущев.

Рада Хрущева.

Алексей Аджубей.

...цы и дети. Встреча на даче членов Правительства СССР
...членами правительств социалистических стран — здесь же их жены,
...ти и внуки.

Нина Буденная
в молодые годы.

Семейная конница Буденного. Слева направо: сын Миша,
дочь Нина и сам Семен Михайлович.

Мгновение абсолютной тишины.

Медленно нарождается звук. Что это?

... — Готов подняться на колокольню Ивана Велико-
о и броситься вниз, если в этот момент зазвонят все ко-
окола Кремля, — басит Владимир Солоухин. Мы едем
с ним в такси в сторону метро «Аэропорт»...

Все смешалось.

Нет, я по-прежнему на углу Кремлевской площади.
Здали, ближе к Троицким воротам, два танка «Т-34».
В толпе людей, окруживших танки, вижу своего отца, он
самый высокий. Внутри одного из танков сидит Сталин.
Почему мне видно, как, не запуская мотора, он переклю-
ает скорости? Переключает на новые времена?

Звук приближается. Но это не звонницы Кремля.

Небо черно от ворон. Но это не их крылья шелестят
над опустевшей крепостью. Они парят беззвучно, не
каркая.

Звуки из-под земли? Нарастающий шорох от движения множества лап. По кремлевской траве-ковру бегут в
мою сторону стаи крыс, мышей, огромных черных тара-
канов. Веками живут они среди людей, прячась от них, и
не хотят остаться одни в опустевшей крепости.

Чем ближе они, тем яснее вижу — это люди, новые
люди, новых времен. Поднимаются с четверенек, сбра-
сывают шкуры, хвосты, усы. Переталкиваются. Спешат
занять опустевшие кремлевские места. Им не нужен простор. Им нужно освободившееся пространство.

Свято место пусто не бывает. Чертово тоже. Кремль,
кажется, и то, и другое.

МЕСТЬ ЗА СЫНА, ИЛИ ТАЙНА ГИБЕЛИ ЛЕОНИДА ХРУЩЕВА

Одна мысль беспокоит меня: что двигало Никитой Хрущевым, когда он выводил детей из Кремля?

Чадолюбивый к своим детям, внукам, племянникам, за что и был обвинен в кумовстве, добродушный, насколько может быть таким человек, подписывавший расстрельные приказы, но не желавший видеть, как их приводят в исполнение: «чего я не вижу, того как бы нет»; по-большевистски прямолинейный, насколько может быть таким человек, вынужденный большую часть жизни идти извилисто, коварный, ибо, как выяснилось, все годы верной службы Сталину таил мечту разоблачить его, — Никита Хрущев, по складу характера, поднял бы руку и голос на мертвую силу, если бы нечто жестокое, ранящее не коснулось его самого? Или близкого ему человека? Вопрос риторический.

Легенды хороши тем, что, словно зажигательное стекло, фокусируют события, привлекая к ним внимание.

Легенды плохи тем, что уводят от истины своими увлекательными сюжетами.

Легенда о старшем сыне Хрущева Леониде сфокусировалась и дала объяснение досужей молве для всей послесталинской деятельности Никиты Сергеевича: оказывается, Хрущев, разоблачая культ личности, делал это не из высоких идейных соображений, а исключительно из семейных: «Ленин мстил царской семье за брата, а я за сына и мертвому Сталину не прощу!»

И выступил против сталинизма на XX съезде КПСС.

Мне хотелось, чтобы это вправду было так. Тогда моя мысль о том, что человек изначально все всегда делает для семьи, ради семьи, во имя семьи получила бы подтверждение. Но мало ли чего хочется, когда нет фактов. И пустилась я на поиски таинственной драмы, происшедшей с Леонидом Хрущевым во время войны.

* * *

Сводная сестра Леонида Хрущева Рада Никитична рассказала мне, не вдаваясь в подробности:

«У мамы с папой было трое общих детей: я, Сережа и Леночка. Двое у отца от первой жены, Юлия и Леонид.

Леонид жил в Киеве, работал в школе пилотов. Во время войны участвовал в массированных налетах на Германию. Налеты без сопровождения. Получил тяжелое ранение, лежал в госпитале, в Куйбышеве — мы тогда всей семьей были в Куйбышеве в эвакуации, а отец — на фронте. Леонид долго лежал в госпитале, в одной палате с Рубеном Ибаррури. Они дружили. Брат долго выздоравливал. Пили в госпитале, и брат, пьяный, застрелил человека, попал под трибунал. Его послали на передовую...»

В книге генерала Докучаева «Москва. Кремль. Охрана» эта история выглядит так: «После Сталинградской битвы, примерно в начале марта 1943 года, Сталину позвонил Хрущев. В то время он был членом Военного совета Юго-Западного фронта... В эту горячую пору Хрущев настоятельно просил Сталина принять его в любое время. Сразу же после звонка Хрущев вылетел в Москву.

Сталин предполагал, что Хрущев обратится к нему по личному вопросу. Дело в том, что незадолго до этого ему доложили, что сын Хрущева Леонид, военный летчик в звании старшего лейтенанта, в состоянии сильного опьянения застрелил майора Советской Армии. Подробности инцидента не интересовали Сталина. Он твердо был уверен, что виноват в свершившемся сын Хрущева. Это не первый случай (запомним слова «не первый случай». — *Л.В.*), когда в порыве алкогольного угара он выхватывал пистолет и налетал на кого-то.

В начале 1941 года (значит, до войны) с ним уже произошло подобное, он должен был предстать перед судом, но благодаря отцу избежал не только наказания, но и суда. Хрущев со слезами на глазах просил тогда Сталина простить сына и сделать так, чтобы он не был сурово наказан.

Однако на сей раз, как считал Сталин, разговор предстоял тяжелый. Он знал, что Хрущев будет просить, добиваться и умолять о снисхождении к сыну. Сталин понимал Хрущева, как отца, но партийная и гражданская совесть не давали ему права пользоваться своим положением в угоду убийце...

У убитого майора тоже есть родители, родственники, дети, которым он дорог не меньше, чем Хрущеву его сын».

Далее на нескольких страницах генерал-майор Докучаев пристрастно говорит о плачущем, ползающем на коленях Хрущеве и о мужественном Сталине, чей сын Яков в это время находится в плену.

Генерал Докучаев считается достоверным источником — пятнадцать лет в брежневские годы был одним из руководителей «девятки». Кремленологи, цитируя его, утверждают: «Уж он-то все знал!»

По-моему — глубокая ошибка определять человеку меру осведомленности по одной только его высокой должности.

Во-первых, Докучаев появился на службе в Кремле, когда все сталинские и хрущевские поезда ушли. Остались хвосты легенд и обрывки слухов. Докучаев вряд ли имел большие возможности поднимать архивы Кремля и искать в них правду о детях тех, кого уже нет во властных структурах. Его обязанностью было — охранять личность и сберегать покой Леонида Ильича Брежнева и его семьи. Далекий от него по времени Леонид Хрущев мог возникать лишь в застольных беседах отдыхающей от тяжелого дня и тоже не видавшей прошлого охраны.

Во-вторых, сущность любой тайны, на мой взгляд, такова: она находится за семью печатями, невидимая и недостижимая, но все время пульсирует, как сердце, привлекая к себе внимание жаждущих ее открыть. Когда же в нее пытаются проникнуть, она ускользает, оставляя за собой неверные следы, по которым устремляются ищущие.

Наблюдая государственные конструкции со стороны, поняла я одну особенность общественного устройства: в громадном «здании власти» разные его «кабинеты» не разговаривают друг с другом — и по обязанности, и по профессиональному нелюбопытству. В одной «комнате» не знают, что в соседней было то, за чем пришлось ехать на Камчатку.

* * *

Старая кремлевская легенда о мести Хрущева мертвому Сталину за сына кочует из уст в уста. Ее рассказывал писателю Чуеву и опальный Молотов: «Хрущев в душе был противником Сталина... Озлобление на Сталина за то, что его сын попал в такое положение, что его расстреляли... Сталин сына его не хотел помиловать... после такого озлобления он на все идет, только бы запачкать имя Сталина».

Молотов стоял очень близко к Сталину. Знал ли он все? Или у него все же была «другая комната», если он целых четыре года ничего не мог знать о судьбе собственной сосланной жены?

* * *

Своя версия у сына Берия, Серго Лаврентьевича:

«Как это, к сожалению, нередко бывает в среде «золотой молодежи» — детей высокопоставленных чиновников, сын Хрущева оказался в сомнительной компании. Позднее выяснилось, его друзьями оказались преступники, промышлявшие грабежами и убийствами. Когда Серову (глава КГБ на Украине. — *Л.В.*) доложили о случившемся, он тут же связался с моим отцом.

— Сообщи обо всем Хрущеву, — распорядился отец, — и посмотрим, как он будет реагировать. Это вопиющее нарушение закона, и вытаскивать пусть даже сына первого секретаря ЦК из этого дела, сам понимаешь, нельзя, но как-то смягчить его участь — можно.

Реакция Хрущева поразила Серова:

— Закрой это дело!

— Как же так можно, Никита Сергеевич, — возразил Серов. — Дело получило огласку. (Обратим внимание на последнее слово. — *Л.В.*) Совершены тягчайшие преступления, о которых уже знают тысячи людей. Вывести вашего сына из этого дела просто невозможно.

И хотя Хрущев настаивал на своем, следствие было доведено до конца. Состоялся суд. Большинство участников преступной группы, а попросту говоря, банды уголовников, приговорили к высшей мере наказания и расстреляли. Сын Никиты Сергеевича отделался десятью годами лишения свободы.

Когда началась война (значит, дело было до войны! — *Л.В.*), Леониду подсказали, чтобы попросился на фронт. Он так и поступил. Просьбу сына Хрущева удовлетворили, но направили не на фронт, рядовым бойцом, а в авиационное училище. Став летчиком, Леонид мужественно сражался с врагом и погиб в бою. Насколько знаю, произошло это весной сорок третьего года».

Не знаю, хотя искала по прессе, документам и по слухам, ни одной шумной бандитской истории, где в довоенное время было бы замешано имя Леонида Хрущева.

Это, однако, не значит, что ее не было, о ней говорят два ничем не связанные между собой человека: генерал Докучаев и Серго Берия, а дыма без огня, как известно, не бывает.

* * *

Вот свидетельство о Леониде Хрущеве еще одного кремлевского сына, Степана Микояна:

«Мы с ним провели, встречаясь почти ежедневно, более двух месяцев. К сожалению, он привык выпивать. В Куйбышеве, в гостинице жил в то время командированный на какое-то предприятие его товарищ, имевший блат на ликеро-водочном заводе. Они получали там напитки в расчете на неделю и распивали почти каждый вечер в гостиничном номере. Я, хотя почти не пил, часто бывал там.

Приходили и другие гости, в том числе и девушки. Мы с ним познакомились и подружились тогда с двумя молодыми танцовщицами из Большого театра, который был там в эвакуации. Леонид, даже изрядно выпив, оставался добродушным и скоро засыпал.

Когда я уехал в Москву, произошла трагедия, о которой я узнал позже от одного приятеля Леонида. Однажды в компании оказался какой-то моряк с фронта. Когда все были сильно «под градусом», в разговоре кто-то сказал, что Леонид — очень меткий стрелок. На спор моряк предложил Леониду сбить выстрелом из пистолета бутылку с его головы. Леонид, как рассказывал этот приятель, долго отказывался, но потом все-таки выстрелил и отбил у бутылки горлышко. Моряк счел это недостаточным, сказал, что надо попасть в саму бутылку. Леонид снова выстрелил и попал моряку в лоб...»

* * *

Это легенды, воспоминания. А документы? К примеру, личное дело Леонида Хрущева?

Оно хранится в архиве Министерства обороны. Вот

подлинник автобиографии, собственноручно написанной Леонидом Хрущевым 22 мая 1940 года:

«Родился в Донбассе (г. Сталино) 10 ноября 1917 года в семье рабочего. До революции отец работал слесарем на шахтах и заводе Боссе. В настоящее время член Политбюро ЦК ВКП(б), секретарь ЦК КП(б) Украины. Родственников за границей нет. Женат. Жена работает штурманом-летчиком эскадрильи аэроклуба в г. Москве. Отец жены — рабочий. Брат — военнослужащий ВВС, г. Одесса. Сестра — домохозяйка.

Общее и специальное образование получил, учась в семилетке, ФЗУ, школе пилотов ГВФ, на подготовительном курсе академии. Школу ГВФ окончил в 1937 году.

В РККА добровольно с февраля 1939 года, слушатель подготовительного курса ВВА им. Жуковского. С февраля 1940 г. — ЭВАШ (Энгельская военно-авиационная школа. — *Л.В.*). За границей не был, под судом не был».

В этой автобиографии обращают на себя внимание два обстоятельства: первое — странный переход из Военно-воздушной академии им. Жуковского, очень престижного учреждения, после года учебы, в военную авиационную школу провинциального города Энгельса, и второе — неполнота фразы «под судом не был». Обычно в таких биографиях пишется: «под судом и следствием не был». Не значит ли это, что под судом Леонид Хрущев действительно не был, а под следствием был? Намеренная забывчивость? Случайная недописка? Или между февралем 1939-го и февралем 1940-го случилась та бандитская история, о которой говорят Докучаев и Серго Берия?

* * *

В личном деле Леонида Хрущева нет никаких документов о бандитской истории и о десяти годах лишения свободы. В его личном деле ни слова нет и о том, что он убил в госпитале нечаянно человека, а это было в его жизни.

Ни слова о том, что Леонида Хрущева расстреляли по приказу Сталина или по приказу Сталина не расстреляли. Зато говорится об отличном окончании авиашколы в городе Энгельсе. О присвоении воинского звания лейтенанта РККА. О целесообразности использовать Леонида Хрущева в скоростной бомбардировочной авиации.

Есть в личном деле Леонида Хрущева боевое донесение командира 46-й авиадивизии, полковника Писарского от 16 июля 1941 года. Он докладывает, что «командир экипажа, Леонид Никитович Хрущев — в скобках указано, чтобы тот, кому нужно, не сомневался, не однофамилец: «сын Никиты Сергеевича», — член ВЛКСМ, имеет 12 боевых вылетов. Все боевые задания выполняет отлично. Мужественный, бесстрашный летчик. В воздушном бою 6 июля храбро дрался с истребителями противника, вплоть до отражения их атаки».

Донесение завершается ходатайством о награждении Леонида Хрущева орденом Красного Знамени.

Тут же письмо комиссара 46-й авиадивизии от 5 ноября 1941 года с просьбой «представить к ордену Красного Знамени лейтенанта Леонида Хрущева», который в числе других был представлен к награждению в период с 14 по 17 июля, но до сих пор не отмечен, вследствие того, что наградной материал застрял в 22-й армии.

В это время Леонид Хрущев по свидетельству документов личного дела уже несколько месяцев лежит в госпитале; 26 июля 1941 года во время воздушного боя «мессершмитты» сбили четыре наших самолета, среди них был самолет Леонида. Он посадил поврежденную машину, сломал ногу и был отправлен в госпиталь в Куйбышев, туда, где в эвакуации жила вся семья Хрущевых, где находились и другие кремлевские семьи.

Рада Никитична говорит, что «Леонид долго лежал в госпитале», и ее слова подтверждаются датами: на излечении он пробыл до марта 1942 года (а не по Докучаеву до марта 1943-го. — Л.В.) — девять месяцев. Какой же невероятный был перелом ноги! Или его специально держали подальше от фронта?

В боевой характеристике, где ни слова нет об убийстве моряка, относящейся к периоду выхода Леонида из госпиталя, сказано: «По выздоровлении *желательно* (выделено мной. — *Л.В.*) отправить в 134-й полк». Боевые летчики, как правило, после госпиталей просились в свои родные полки.

Леонид Хрущев, по документам, не стал заключенным, но, опять же по документам, вопреки *желанию* (выделено мной. — *Л.В.*) оказался он в истребительной авиации.

Рада Никитична называет это: «Его послали на передовую». В личном деле есть документ от начала апреля 1942 года о присвоении ему звания старшего лейтенанта, то есть всего через месяц после выхода из госпиталя, где был им застрелен человек. Приказ подписан самим наркомом обороны, хотя хватило бы командующего фронтом. Возможно, к этому времени относится встреча Хрущева со Сталиным? Какая, первая или вторая? Если верить Серго Берия, то Леонид избежал одного наказания до войны. Теперь, после убийства в госпитале, избежал второго? В таком случае Хрущеву не за что мстить Сталину, а нужно быть благодарным ему.

Леонид, по документам личного дела, служит в 18-м гвардейском истребительном полку, неподалеку от Козельска Калужской области.

11 марта 1943 года, по документам, его последний вылет. Командиры Леонида, Голубев и Вышинский, оставили подробное описание этого воздушного боя: «Два наших самолета (ведущий, гвардии старший лейтенант Заморин и ведомый, гвардии старший лейтенант Хрущев) были атакованы двумя «Фокке-Вульфами-190». Завязался воздушный бой на высоте 2500 метров — пара на пару.

Заморин — лучший боевой летчик полка, имевший на своем счету 18 лично им сбитых самолетов противника, атаковал «Фокке-Вульфа». С дистанции 50—70 метров открыл огонь и сбил самолет противника. Хрущев шел с правой стороны, с хвоста прикрывая ведущего.

Заморин увидел, что к хвосту машины Хрущева пристроился «Фокке-Вульф» и ведет по нему огонь. Заморин застрочил из пулемета под углом. Немец, увидев свое невыгодное положение, отвалил от Хрущева и, атакуемый Замориным, пошел на юг.

В момент, когда истребитель противника отвалил от Хрущева, последний внезапно с переворотом под углом 65—70 градусов пошел к земле. Когда Заморин вернулся, он не обнаружил Хрущева. Вдали шли наши самолеты, Заморин решил, что Хрущев среди них, и присоединился к общему строю».

Леонид Хрущев из боя не вернулся. По мнению Заморина, его не могли сбить, так как снаряды рвались далеко позади. Он мог, считает Заморин, сорвать ручку и сорваться в штопор. Но тогда останки самолета и летчика нужно было бы искать в Мужитенском районе, в шести километрах восточнее реки Жиздры.

Командующий 1-й воздушной армией генерал-лейтенант авиации Худяков в течение месяца ждал результатов поисков Леонида. То место, где он, по предположениям, мог упасть, было занято немцами. Пришлось пользоваться партизанскими сведениями: Худяков не мог исключить возможности пленения Леонида Хрущева. С воздуха тоже искали. Все тщетно. Леонид как сквозь землю провалился.

И Худяков направил бумагу Никите Сергеевичу:

«В течение месяца мы не теряли надежды на возвращение Вашего сына, но обстоятельства, при которых он не возвратился, и прошедший с того времени срок заставляют нас сделать скорбный вывод: что Ваш сын — гвардии старший лейтенант Хрущев Леонид Никитич пал смертью храбрых в воздушном бою против немецких захватчиков».

Эта бумага, отрывок из которой приведен здесь, изобилует нетипичными для похоронки биографическими подробностями из фронтовой жизни Леонида. В ней есть детальное изложение его фронтового пути с точными датами, вплоть до дней, когда у него проверяли технику пилотирования.

Существуют два мнения о характере письма. Первое: Худяков хотел оградить себя от возможных претензий высокопоставленного отца, способного возмутиться тем, что не уберегли его сына. Второе: письмо, как и ряд других документов, было подправлено в годы власти Хрущева. Известно, хотя и никем не доказано, что Никита Сергеевич наводил свои порядки со множеством бумаг исторического характера, способных со временем неблаговидно высветить его фигуру.

* * *

Таинственное исчезновение Леонида Хрущева породило еще одну легенду. Бывший заместитель начальника Главного управления кадров Министерства обороны СССР, генерал-полковник И.А. Кузовлев, якобы рассказывал, что Леонид в 1943 году, после воздушного боя, попал в плен к немцам. Вот тут-то Хрущев и обратился к Сталину с просьбой обменять его на немецкого военнопленного, и Сталин дал согласие...

В это же время Сталин не согласился обменять родного сына, почему бы ему давать согласие на обмен сына Хрущева? Нелогично. Но какую логику можно найти в поведении человека, дозволившего себе быть великим вождем народов? Скорее всего железную: «Солдата на маршала не меняю». Но разве лейтенанта на лейтенанта нельзя? Он мог поступить, как угодно.

Мог отказать Хрущеву, сказав, что его собственный сын в таком же положении, и он не видит выхода. Кстати, и Яков, и Леонид были, в каком-то смысле, людьми схожей судьбы: оба — сыновья от первого брака, у обоих матери умерли, когда они были еще маленькими, оба не слишком-то счастливы во второй семье отца — известно, мачеха — не мать. У Нины Петровны своих трое, да больные родители, да работа, да сам Никита Сергеевич, много ли можно уделить внимания детям от первой кены? Оба, Яков и Леонид, стали летчиками. Вот и легенда о немецком плене у Леонида, почти как у Якова.

Мог Сталин и не отказать Никите Сергеевичу, дабы и окружающие увидели, как он относится к людям: своему сыну не помог, а чужого вызволил. И еще с десяток предположений поведения Сталина в такой ситуации можно сделать, не зная точно, что и как было.

Легенда И.А. Кузовлева продолжает: «Леонида Хрущева обменяли, но пока он находился в фильтрационном лагере для бывших военнопленных, то выяснилось, что в плену он вел себя отвратительно, готов был служить немцам: тут вспомнили все его преступления и, по совокупности их, Леонида Хрущева осудили военным трибуналом к высшей мере наказания — расстрелу».

Когда же, в таком случае, Хрущев просил помилования сыну у Сталина? До войны? После убийства в госпитале? После измены и плена? Трижды?! Могло ли быть?

* * *

Итак, несколько версий.

Версия Рады Хрущевой: брат воевал, был ранен. В госпитале, пьяный, застрелил человека, его послали на передовую, там погиб.

Версия Серго Берия: Леонид Хрущев еще до войны, год неизвестен, попал в дурную компанию, был замешан в преступлении, отделался, благодаря отцу, десятью годами тюрьмы, но с началом войны попросился на фронт и там пал смертью храбрых. О госпитале и убийстве человека Серго не говорит. Не знает?

Версия генерала Докучаева: у Леонида Хрущева дважды были серьезные неприятности. Избежать наказания в первый раз помог Сталин. Что за преступление тогда совершил Леонид, Докучаев не рассказывает. Вторичное обращение Хрущева к Сталину по поводу вторичного преступления Леонида, убийства в госпитале, не увенчалось успехом. Сталин резко отказал, и Леонид был расстрелян, чего Хрущев не простил Сталину.

Версия личного дела Леонида Хрущева: «Под судом не был», переведен (по неизвестной причине. — *Л.В.*) из элитной академии Жуковского в провинциальную авиашколу города Энгельса. Отлично воевал, был ранен, девять месяцев находился на излечении в госпитале, после госпиталя храбро воевал, но во время боя исчез вместе с самолетом.

Версия генерала Кузовлева: во время боя исчез вместе с самолетом, попал в плен к немцам, отец вызволил его через Сталина, но Леонида пришлось расстрелять, как предателя, прислуживавшего врагам.

Где правда? Где ложь? И почему такая путаница? Кто поможет? Нет ли какого-нибудь еще нестандартного пути к тайне?

* * *

Профессор истории Эльвира Борисовна Ершова записала воспоминания своего родственника, в годы войны работавшего в СМЕРШе (так называлась чекистская организация «Смерть шпионам». — *Л.В.*).

«Леонид Хрущев с начала войны служил в штабе генерала Андрея Власова и вместе со штабом ушел к немцам. Пока власовскую армию не вывезли в Германию, она находилась на Калининском фронте. В одну из вылазок наши разведчики взяли Леонида в плен, и отдел СМЕРШа, находившийся в тех краях, провел расследование. Оказалось, что Леонид Хрущев принимал участие в расстрелах красноармейцев, которые отказывались сотрудничать с гитлеровцами, а также в расстреле местных жителей, подозревавшихся в связях с партизанами.

Ввиду важности этих документов, касающихся сына партийного деятеля и члена Высшего военного совета, они были переданы в Москву и поступили в приемную Сталина.

Сталин вызвал Хрущева и во время беседы незаметно нажал кнопочку вызова помощника. Вошел Поскребышев. Сталин спросил, что ему надо. Поскребышев со-

...бщил, что к нему поступило дело, и он не знает, как решить вопрос.

Сталин раскрыл поданную Поскребышевым папку, долго изучал внутренности, пожал плечами и сказал, что тоже в затруднении.

— В чем дело? — спросил Хрущев. — Не могу ли я чем-то помочь?

— Сын одного нашего сотрудника оказался во власовских войсках.

— Расстрелять! — сказал Хрущев.

Сталина захлопнул папку:

— Привести в исполнение.

И лишь через некоторое время Никита Сергеевич узнал, что вынес смертный приговор собственному сыну».

Этот эпизод рассказан не только родственником профессора Ершовой, но и самим Поскребышевым в книге «Двадцать лет со Сталиным», изданной Политиздатом в 1979 году. Знал, по утверждению Ершовой, эту историю и генерал Пономаренко Пантелеймон Кондратович, бывший начальником центрального штаба партизанского движения.

Итак, еще одна версия, самая зловещая.

* * *

О том, что Никита Хрущев и Андрей Власов с начала войны были связаны между собой, пишет сам Никита Сергеевич: «Нам с Киропоносом (в дни подготовки Киева к обороне. — *Л.В.*) предложили целый ряд генералов. Которые в первые недели боев потеряли свои войска и были в нашем распоряжении. Среди генералов очень хорошее впечатление произвел генерал Власов. И мы с командующим решили назначить его».

Киевская операция терпит провал. Власов — в числе немногих вырвавшихся из окружения. В ноябре 1941 года Власов уже на Западном фронте. Во время Московской битвы его 20-я армия вместе с 16-й армией Рокоссовского наступает на Волоколамском направлении.

13 декабря 1941 года во всех центральных газетах появляется сообщение о разгроме врага под Москвой и тут же портреты военачальников, среди них — Власов.

Все это время Леонид Хрущев находился в госпитале в Куйбышеве.

Весной 1942 года Власова отправляют на Волховский фронт, а Леонида Хрущева, по рассказу Рады, на передовую.

12 июля 1942 года Власов окружен. Его выдает немцам деревенский староста.

Леонид Хрущев, если верить его личному делу, геройски погибает 11 марта 1943 года в бою с врагом.

При чем тут Власов?

Но если личное дело подправлено, если не верить документам личного дела Леонида Хрущева, а верить сотруднику СМЕРШа и воспоминаниям Поскребышева, то с марта 1942 года, со дня выписки из госпиталя, до июля 1942 года сын Хрущева, застреливший человека, находился во власовской армии и вместе с генералом перешел к немцам.

Почему нужно верить этому слуху? А я не верю ему, хотя то обстоятельство, что слух повторяется в якобы изданной по спецзаказу и тут же изъятой книге Поскребышева, наводит на грустные размышления. Не верю, ибо нет доказательств. Книга Александра Поскребышева «Двадцать лет со Сталиным» для меня — загадка. Мне не удалось отыскать ее ни в библиотеках, ни в архивах, но профессор Ершова видела ее собственными глазами.

Даже если бы были у Поскребышева документы, им не следовало бы доверять. Они, как мы уже видели, легко подправляемы.

* * *

Слово «власовец» долго было нарицательным в СССР. Оно страшнее слов «предатель», «изменник», потому что несет в себе конкретное имя Андрея Власова, этого советского Андрея Курбского (тоже Андрей), чье предательство нашло объяснение в строчках поэта Олега Чухонцева, посвященных Курбскому и Ивану Грозному:

> чем же, как не изменой,
> платить за тиранство?

Объяснить-то можно — оправдать нельзя. И если на невидимые чаши воображаемых весов положить, с одной стороны, пьяное, случайное убийство человека, а с другой — это слово-действие: «власовец», то последнее резко потянет вниз. Даже если положить на весы версию генерала Кузовлева: «попал в плен, служил немцам» и версию «власовец» — последняя опять п е р е т я н е т.

Есть ли отец, способный понять Никиту Сергеевича, подправляющего документы сына? Думаю, таких немало. А других сколько?

Да, Никита Хрущев не Тарас Бульба, своей рукой застреливший сына-изменника. (Боже, зачем и этого, литературного, тоже звали Андреем?!)

Но знаю одно: каждая нормальная мать поняла бы Хрущева в его положении и даже не слишком осудила бы, думая о потомках, которым жить, и лоном чувствуя, что правды нет в любой войне — этом массовом убийстве сыновей, рожденных ею не для бойни.

Но кто спрашивает мать?

* * *

Я рассказала Вано Анастасовичу Микояну власовскую версию гибели Леонида Хрущева.

— Нет, — резко сказал он, — не может быть!

И после паузы:

— Не хочется в это верить.

Не хочется.

* * *

У Леонида Хрущева остались от разных жен сын Юрий и дочь Юлия. Никита Сергеевич и Нина Петровна удочерили девочку во время войны. Она жила в семье, как родная дочь, была любима всей семьей, от нее никогда не скрывали, что на самом деле она — внучка. Дед, ставший отцом внучке, однако оставил ей отцовское отчество — Леонидовна.

Зачем Никита Сергеевич удочерил внучку? Почему не усыновил внука?

Мало ли почему. Он и Нина Петровна, возможно, были в разных отношениях с двумя невестками. Больше любили Юлию — сердцу не прикажешь. Мало ли... Зачем оставил ей отчество отца? Чтобы не путать со своей же старшей дочерью, тоже Юлией, а также в память о нем, погибшем.

Возможно. Но вероятна и другая мысль: удочеряя внучку, интуитивно или сознательно, Хрущев как бы заслонял, защищал ее от чего-то. От чего?

Многие растили и растят внуков, не прибегая к акту усыновления или удочерения их.

Дочь Якова Джугашвили Галина не была защищена Сталиным от памяти своего отца, она всегда жила с сознанием своей дочерней принадлежности человеку, которому приписывали измену родине, и лишь недавно получила отцовскую награду. Хрущев — не Сталин. Насмотрелся в своей жизни на детей, обремененных «родительской виной», и не хотел этого для внучки. Но почему, почему все же он тогда не усыновил и старшего внука от Леонида, Юрия, который жил в Москве со своей матерью, первой женой Леонида Хрущева, и навсегда остался сыном своего отца?

Многое, конечно, решала Нина Петровна, жена Хрущева. Она по крови не приходилась родственницей внуку Юрию и внучке Юлии, но ее слово было главным.

Если есть слово «мачеха», то почему не быть слову «бабчеха»? Так вот, Нина Петровна не стала «бабчехой» Юлии, а стала матерью. Не зря, видно, дочь Юлии названа Ниной.

Семья, возможно, знает все. И вряд ли хочет раскрываться. А зря — это семья Никиты Хрущева, которому сплетни приписывают разоблачение культа Сталина только как месть за сына. Раскрытие той или иной правды развеет все наши бестактные поиски и стремления преодолеть путаницу в истории. Какой бы смертью ни умер Леонид Хрущев, правда о нем достойнее умолчания. Но семья, возможно, ничего не знает — лучше ей было не знать...

Возможно также, кое-что или даже все знал мой дедушка Василий Саввич, личный повар Хрущева, прошедший с ним сквозь все годы войны, — обслуга часто знает больше, чем ей это положено. Но даже если бы я была смолоду любопытна к прошлому отцов, чего в действительности не было, никогда бы Василий Саввич, привыкший молчать обо всем, касавшемся его начальства, не выдал бы мне тайну гибели Леонида Хрущева. Дед любил Никиту и почему-то жалел его. Почему?

* * *

Путаница... Есть забавный рассказ о путанице. Юлия Хрущева, дочь Леонида, удочеренная Никитой Сергеевичем, взрослая дама, приятная во всех отношениях, мчалась на дачу по Рублево-Успенскому шоссе на своем автомобиле и, сидя за рулем, нарушила правила движения, за что была остановлена грозным милиционером, заведомо настроенным против нее: женщина за рулем — уже плохо, к тому же неправительственная машина (это было уже время правления Леонида Ильича Брежнева. — *Л.В.*) нарушает на правительственной трассе.

Юлия виновато смотрела на милиционера, он смотрел в ее водительские права, где было написано, что она — Юлия Леонидовна Хрущева (выходя несколько раз замуж, внучка неизменно оставляла себе фамилию деда. — *Л.В.*), и пытался осмыслить прочитанное. Но работа не стояла, мимо по шоссе пролетали правительственные лимузины, и нужно было следить за порядком, отпустив эту особу, которая непонятно кем кому приходится.

Он вернул Юлии права со словами: «Счастливого пути! Привет Леониду Ильичу!»

Юлия долго хохотала. Все смешалось в бедной милицейской голове.

Все смешалось в документах Юлии, в истории жизни и смерти ее отца, кремлевского сынка, которому было дозволено, как и Василию Сталину, много больше, чем другим. И старались в дозволенности не отцы, а окружение, готовое стоять навытяжку перед одними только фамилией и отчеством. Имя к тому прилагалось, не будучи главным, как это должно быть в нормальной человеческой жизни.

* * *

Я начала эту главу с желания подтвердить легенду: Никита мстил Иосифу за сына. Вынуждена признать — не вышло.

Если и была месть в разоблачениях Хрущева, то касалась она прежде всего самого Никиты Сергеевича. Он мстил за свою распластанность, за свои страхи, за все, в чем был не согласен со Сталиным и не мог при жизни произнести вслух, за народное горе, которое видел своими глазами и к которому приложил руку. Раб мстил господину, не понимая, что господин — сам раб обстоятельств.

Старая, как мир, история. Вполне вероятно, в ней есть и уголок для мстительных отцовских чувств.

РАДА И СЕРГЕЙ — ДВА ПОЛЮСА

При Сталине семьи «врагов народа» разбивались безжалостно: жен расстрелянных либо расстреливали, либо гнали по этапу, детей разбрасывали по детприемникам.

При Хрущеве их лишали привилегий, отправляли на работу в провинцию. О семье Берия даже особо позаботились: вдове и сыну сменили фамилию, выслав в Свердловск.

Если судить по бережному обращению Никиты Сергеевича со сталинскими детьми Василием, Светланой и Константином Степановичем, то особого, мстительного, лично-семейного зла Хрущев на Сталина за сына Леонида не держал.

Эта хрущевская традиция сохранилась и при Брежневе, и так далее.

Но один принцип действовал безотказно: семьи удержавшихся наверху резко и бесповоротно прекращали общение с семьями упавших сверху.

* * *

В детстве я не любила Раду Хрущеву, хотя никогда ее не видела. Она была старше меня лет на семь-восемь и жила в другом городе, но мой дедушка, как я уже говорила, прошедший с Хрущевым всю войну, а потом работавший правительственным поваром в Киеве, обслуживал приемы Хрущева и бывал в его доме.

— Радочка — хорошая девочка. Она никогда не поступила бы так, как ты, — иногда говорил он мне, если я баловалась.

Эта идеальная Рада все делала правильно.

— Радочка такая умница, — восторгался дедушка даже безотносительно ко мне. И это тоже не нравилось.

Впервые я увидела Раду в 1963 году, когда она пришла к моим родственникам выразить соболезнование по поводу кончины моего дяди, Владимира Кучеренко, одного из ближайших помощников Хрущева в области строительства.

Невысокая, бледная женщина с серыми волосами. Она мне понравилась. Лицо тонкое, интеллигентное. Умный взгляд светлых глаз. И вела себя без всякой похоронной экзальтации, не выражала сочувствия, молча сидела, а уходя, сказала вдове:

— Если что нужно, можете рассчитывать на меня.

Ровно через год ее отца сместили со всех должностей, и мне тогда захотелось пойти к ней, сказать: «Если что нужно, можете рассчитывать на меня», но такого рода благими намерениями путь в рай вымощен.

Поразмыслила: мы практически незнакомы, у нее, кроме родителей, муж, дети, брат, сестры, племянница, много друзей и знакомых. А кто я ей — внучка умершего повара?..

* * *

Рада Хрущева когда-то окончила журналистику и позднее — биологический факультет университета. Встречаясь с нею в период работы над «Кремлевскими женами», расспрашивая о матери, я нутром чувствовала — передо мной женщина чрезвычайно интересная, сложная, справедливая, способная многое понять в этой жизни, много перестрадавшая и совершенно не готовая рассказывать о своем внутреннем мире.

После падения Хрущева со всех кремлевских высот она оказалась между трех огней: с одной стороны, ее собственная семья — трое детей, которым нужно было помогать расти, а мужу Алексею Аджубею подниматься из-под обломков, где он оказался, вместе с тестем упав с высот. С другой — мать и отец, требующие к себе внимания. С третьей — брат Сергей и племянница Юлия, побуждавшие отца писать воспоминания, привозившие к отцу на дачу людей, которые, так или иначе, тоже побуждали его к написанию мемуаров.

Говорит Сергей Хрущев:

«Рада в мемуарные дела не вмешивалась. Делала вид, что их просто не существует — ни магнитофона, ни распечаток. Она всецело была занята журналом. (Рада Никитична работала в журнале «Наука и жизнь» заместителем главного редактора, осталась в нем, когда пал Хрущев, еще на долгие годы.) В свои не слишком частые наезды в Петрово-Дальнее (дача, где Никита Сергеевич прожил последние годы жизни. — *Л.В.*) она уютно устраивалась на диване под картиной, изображающей разлив весеннего Днепра. Там она вычитывала гранки, правила статьи для «Науки и жизни». Рядом с ней блаженствовала кошка. Отец обижался за такое невнимание к его деятельности».

Смею не согласиться с братом Рады Никитичны: это не было невнимание. Я усматриваю в ее поведении несомненное, уверенное осуждение этих мемуаров, которые, по ее мнению, укорачивали жизнь отца — вокруг него началась суета и происки КГБ. Она — женщина, дочь своего времени, кому как не ей было знать, чем кончались любые противостояния партийной дисциплине, которую нарушал ее отец, работая над мемуарами. Тщеславное желание брата не могло быть ей близким.

Кроме того, она не могла не волноваться за мужа, который на первых порах готов был подключить к мемуарам тестя свои недюжинные журналистские способности.

Говорит Сергей Хрущев: «Со временем его (мужа Рады. — Л.В.) отношение стало меняться. Упоминать о мемуарах он перестал, разговоров о них с отцом стал избегать. Видимо, он решил проявить осторожность, поскольку развитое политическое чутье подсказывало ему опасность такого сотрудничества. В те годы, в середине 60-х, Алексей Иванович еще не потерял надежд на возобновление политической карьеры. Он несколько отошел от шока после Ноябрьского пленума ЦК (1964 г.) и искал путей возвращения к активной деятельности. Все свои надежды он связывал с Шелепиным. (Шелепин в то время — глава КГБ. — Л.В.) Еще недавно совсем было поникший Алексей Иванович снова расправил плечи. Приезжая в Петрово-Дальнее, он вызывал то одного, то другого на улицу и таинственно сообщал:

— Скоро все переменится. Леня долго не усидит, придет Шелепин. Шурик меня не забудет, ему без меня не обойтись. Надо только немного подождать...

Я и верил и не верил этим словам, — замечает Сергей Хрущев. — В одном не сомневался — без Хрущева Аджубей Шелепину просто не нужен».

Но откуда такая уверенность Аджубея? Да, от иллюзии, основанной на хрупкой партийной дружбе: общие застолья, банька, может быть, общие незначительные похождения. А за ними — многосерийные закулисные разговоры, в которых словоохотливый Алексей Иванович всегда держал первую скрипку. Опасная кремлевская дружба при Сталине нередко кончалась расстрелом обоих друзей, а в новые времена попроще: «без Хрущева не нужен».

Эти откровения члена семьи Хрущевых характеризует его самого. Желая выглядеть едва ли не героем, сначала пытавшимся упредить отставку отца, потом помогавшим ему писать книгу, которая разрывала и без того разорванное сознание пожилого человека, познавшего власть сталинской пяты, вырвавшегося из-под нее настолько, насколько позволяла ему партийная дисциплина и собственная натура, Хрущев, работая над мемуарами, находился в состоянии большой раздвоенности: прошлое тянуло назад, настоящее жгло желанием доказать тем, сбросившим его с высоты, что он еще может, он еще способен «показать им кузькину мать». Работа над книгой, как утверждают родственники, и сам Сергей Хрущев, укоротила жизнь Никиты Сергеевича.

Сергей Никитович предпочел держать в руках книгу, которую отец так и не увидел, стоя перед его могилой, но я уверена, что Рада Никитична предпочла бы всем книгам на свете подольше видеть живым своего отца.

* * *

Для меня «лакмусовой бумажкой», определившей разность характеров сестры и брата, стало отношение к истории их старшего, сводного брата Леонида.

Рада Никитична с болью говорила мне, что брат Леонид, находясь в госпитале, случайно, пьяный, застрелил человека, после чего попал на передовую.

Сергей Никитович пишет в лучшем советском стиле: «Подлинная история моего брата проста и трагична, как и судьба миллионов подобных ему людей, начавших войну в июне 1941 года.

В свои двадцать три года Леня — летчик-бомбардировщик — с первых дней войны был на фронте. В конце 1941 года его ранило. Вскоре нам сообщили, что он награжден орденом Красного Знамени. После госпиталя всеми правдами и неправдами Леонид перевелся из бомбардировочной авиации в истребительную. Бомбардировщики казались ему слишком медлительными. Печальный финал его жизни слишком трагичен: в одном из первых же боевых вылетов на истребителе его сбили. Внизу были болота: ни от самолета, ни от летчика не осталось и следа. Только посмертный орден Отечественной войны... Мы пытались потом найти место гибели Леонида — так и не удалось».

Задумаемся. Рада родилась в 1929 году, ей в 1941-м — двенадцать лет. Сергей родился в 1935 году, ему в 1941-м — не больше шести.

Скорее всего от него, ребенка, скрыли историю с убийством в госпитале. Неужели скрыли на всю жизнь? Эта история, при всей случайности и непреднамеренности, не могла стать предметом семейной гордости. Однако шила в мешке не утаишь. Рада не хочет его утаивать — драма Леонида Хрущева, по ее словам, как раз в том и состоит, что он не хотел убивать, а убил.

Допустим, Сергей Хрущев и сегодня не знает правды об убийстве в госпитале, но его желание приравнять Леонида Хрущева к миллионам «подобных ему людей» явно находится в противоречии с его же словами о переводе Леонида из бомбардировочной авиации в истребительную: миллионы подобных людей разве имели возможность по желанию переводиться из одной авиации в другую, только потому, что бомбардировщики «казались слишком медленными»?

Сознание Рады — это сознание женщины, знающей, что такое чувство вины.

Сознание Сергея — это сознание безнаказанного, привилегированного кремлевского юноши, которому было можно все.

Рассказывая о времени после свержения отца, Рада вспоминает, как разлетелись все кремлевские знакомые. Ничего удивительного. Так бывало со всеми людьми сталинской закалки. Но если в тридцатых такое поведение можно было объяснить страхом за собственную жизнь, то в 60-х это была устойчивая инерция старого страха. Но и в 30-х, и в 60-х интеллигенция — актеры, художники, некоторые писатели поддерживали, звонили, встречались. Галина Кравченко-Каменева благодарно вспоминает Ольгу Жизневу и Михаила Ромма, Рада Хрущева вспоминает Галину Волчек, Олега Ефремова, Юрия Любимова, Татьяну Тэсс.

Она спокойна, она как бы смиряется с положением и разве что мысль: не было бы хуже, одна эта мысль может волновать ее.

Сергей более раскрыт навстречу опасности, как истинный представитель сильного пола, даже в слабости. Но он нервен, неуверен.

«Я почувствовал себя участником детективной истории — слежка, подслушивание телефонов, заговоры. Все это было непривычно, жутковато и нереально. До сего времени я жил в убеждении, что КГБ и другие службы находятся в лагере союзников. Им можно доверять, на них можно опереться. Сколько я себя помню, вокруг дома стояла охрана из людей в синих фуражках. Я всегда видел в них своих друзей, собеседников и даже участников детских игр.

И вдруг эта организация повернулась другой стороной. Она уже не защищала, она выслеживала, знала каждый шаг. От таких мыслей по спине начинали бегать мурашки.

В глубине души я надеялся, ублажал себя, что этот дурной сон пройдет, все выяснится, и жизнь покатится дальше по привычной колее. И все же что-то говорило: нет, это очень серьезно, и, как бы ни сложилась жизнь, ни сложились дальнейшие события, по-прежнему уже ничего не будет».

За такое искреннее признание кремлевского дитяти можно простить ему и непонимание Рады, и желание представить привилегированного брата одним из миллионов советских людей, ибо это признание с точностью рисует природу характера еще вчера защищенного человека, а сегодня — беззащитного. Удел почти всех кремлевских детей.

Любопытная деталь: и Светлана Сталина, и Сергей Хрущев, как только каждому из них представилась возможность, в разное время, в разных ситуациях стали американскими гражданами. Но мысль о Светлане — печальная, мысль о Сергее — неловкая.

* * *

Вот отрывок из книги первого заместителя Председателя КГБ Филиппа Бобкова «КГБ и власть» (это было во время правления Хрущева. — *Л.В.*):

«Как-то раз Шелепин вызвал меня и сказал:

— Есть тут один физик, который решил поделить лавры с сыном Хрущева Сергеем. Они что-то там разработали. Надо, чтобы он не претендовал на эту работу, так как она сделана Сергеем Хрущевым.

И Шелепин попросил меня встретиться с этим ученым. «Не очень-то все это прилично!» — подумал я и прямо сказал об этом.

— Ваше мнение меня не интересует! — оборвал он меня».

Характерная сцена: Председатель КГБ не разбирается в материале, о котором говорит: «что-то там разрабатывают», но решение его безапелляционно: «работа сделана Сергеем Хрущевым». На более низких уровнях советской жизни мы знали множество примеров, когда к исследовательским работам одного талантливого человека присасывались стаи научных руководителей, когда к соисканию на Сталинскую или Ленинскую премии, вместе с самим изобретателем, шла толпа примазавшихся начальников и секретарей парторганизаций.

Бобкову пришлось подчиниться требованию своего начальства, но у него появилось сильное желание разобраться в сути вопроса, прежде чем предлагать ученому отказаться от авторства в пользу сына Хрущева.

«Оказалось, ученый был болен, — пишет Бобков, — и я не стал его беспокоить. Дня через два Шелепин позвонил и спросил, почему я не докладываю о выполнении приказа. Мои объяснения его явно не удовлетворили.

Я выяснил, что физик был болен несерьезно, и, получив приглашение, поехал к нему. За столом мы заговорили об их совместной с Сергеем Хрущевым работе, ученый подробно рассказал обо всем, и мне стало ясно: его вклад в разработку *значительно больше, чем Хрущева* (выделено мной. — *Л.В.*). Судя по всему, хозяин дома уже догадался о цели моего визита и заявил, что данная работа не имеет для него существенного значения, так как он занят другими, более интересными проблемами, а для Сергея Хрущева она очень важна.

Словом, он готов отказаться от авторства в пользу Сергея. Расстались мы дружелюбно, но на душе у меня было скверно. Утром я позвонил Шелепину и доложил о выполнении поручения.

— Зайдите!

Чувствую, он весь в напряжении, ждет моих разъяснений.

— Ну что?

— Ваше распоряжение выполнил.

— Но ведь он был болен!

— Пришлось воспользоваться его приглашением. Вы же приказали.

— Вы представились?

— Конечно. Показал ему удостоверение и все объяснил.

— Что именно?

— Сказал, что интересуюсь степенью участия Сергея Хрущева в их совместной работе. Расстались по-доброму, он обещал больше не претендовать на авторство и предоставить эту честь Сергею Хрущеву. Хотя, если откровенно вам сказать, Александр Николаевич, Хрущев безусловно замахнулся не на свое.

Шелепин улыбнулся, и мне показалось, у него отлегло от сердца. Видимо, он и сам боялся за исход моих переговоров. (Вот какие времена тогда наступили: шеф КГБ уже боялся неуступчивости какого-то ученого! — *Л.В.*) Уверен, все это не он придумал, просьба скорее всего исходила от Сергея, а возможно, от самого Никиты Сергеевича».

Этот эпизод, в подлинности которого трудно усомниться, всего лишь штрих в высоких прическах Никиты Сергеевича и его сына Сергея.

ЗЯТЬ ЛЮБИТ ВЗЯТЬ

Году этак в семьдесят девятом — Никиты Хрущева уже не было на свете, — сидя на даче с подругой по имени Светлана, решили мы уговорить моего мужа прокатить нас по окрестностям, тем более что мне давно хотелось побывать в одном дачном месте, которое я знала под именем «Пчелка». В начале шестидесятых бывала я там у Лили Зыковой-Русаковой, сотрудницы журнала «Молодая гвардия», и поразило меня красотой это место на берегу водохранилища.

«Еще до войны брат, пролетая над Подмосковьем, приметил «Пчелку», показал ее друзьям-летчикам, и они вместе организовали дачный кооператив «Летчик-испытатель», — рассказывала Лиля. Семья Лили и Сергея выстроила дом. Во время войны Герой Советского Союза Сергей Зыков пал смертью храбрых. После войны на даче осталась Лиля со своей семьей.

Несколько раз я приезжала туда, мы гуляли по окрестностям. Однажды она сказала:

— Мы решили продать дачу. С тех пор, как мама

попала под поезд по дороге со станции, ни у меня, ни у отца душа к этому месту не лежит. И деньги нужны.

— У тебя уже есть покупатель?

— Есть. Рада Хрущева с Аджубеем. У них ведь никогда не было своей дачи — всегда правительственные. Дача стоит семь тысяч. Аджубей готов — он продал энциклопедию «Британика» и может платить».

Вот вам и кремлевские привилегии. Вот вам и «несметные богатства нахапавших коммунистов». Хорошо еще, что в лучшие времена Рада с мужем могли позволить себе иметь «Британику», чтобы в худшие расплатиться ею за дачу.

Мы с мужем и с подругой сели в машину — через полчаса были в поселке «Летчик-испытатель».

— Давай поищем бывшую Лилину дачу, — сказала подруга.

— Ты хочешь видеть кого-нибудь из Хрущевых? — спросила я.

Она хотела, потому что дружила с хрущевской внучкой Юлией.

Мы нашли улицу, подъехали к месту, где, мне помнилось, стоял Лилин дом. Он теперь выглядел иначе, перестроенный, как мне показалось, под мексиканский стиль.

У калитки стоял Алексей Иванович Аджубей в шортах.

Мы вышли из машины. Муж и я были знакомы с ним, как говорится, «шапочно». Олег Васильев пришел работать в «Известия», когда Аджубея там уже не было. Разумеется, он знал его в лицо. Многие знали. Корреспонденции моего мужа из Лондона Аджубей читал в «Известиях», потому что не переставал следить за газетой, откуда его так грубо убрали после падения Хрущева.

Меня Аджубей мог видеть по телевизору — я часто выступала на поэтических вечерах. Была у меня с ним и нелепая встреча. Рада с Аджубеем при Хрущеве жили в одном подъезде с моими родственниками Кучеренко. Однажды я ехала с ним вдвоем в лифте. Он был заметно пьян, но успел сказать: «Я вас знаю. Вы поэтесса Лариса. Ваши стихи мне не нравятся. В них мало актуальности. Такое можно было писать и в прошлом веке. Извините».

Когда лифт уже закрывался, но Аджубей еще видел меня, я показала ему язык. Все.

Аджубей в шортах, толстый, с лицом широким, добродушным, картофельным расцеловался со Светланой, потом отступил к калитке и спросил:

— Вы не побоитесь зайти в мой дом? Я опальный.

Мы долго сидели с ним и с Радой Никитичной. Говорил в основном он. Рассказывал случаи из той жизни, с которой, видимо, не хотел расставаться в мыслях и чувствах. Вспоминал курьезы из журналистской жизни своего времени. Заговорил о Лондоне, где мой Олег тогда был собственным корреспондентом «Известий», вспомнили бедный лондонский район Уайтчепель, откуда родом Чарли Чаплин. Аджубей рассказал известинскую историю, связанную с великим актером. Однажды он позвонил Чаплину в Лондон, попросил дать для «Известий» главы из его «Автобиографии».

— Дам, — сказал Чаплин, — если вы мне пришлете много черной икры. Через неделю отрывки из «Автобиографии» должны выйти в воскресном номере газеты «Таймс». Потом будет прием.

Чаплин пошутил, конечно. Но знаменитый журналист Мэлор Стуруа получил задание: купить четыре килограмма черной икры и любыми путями доставить их Чаплину. Мэлор, талантливый не только в журналистике, кинулся в Елисеевский гастроном. Взял икру, поехал в Шереметьево, уговорил летчиков компании «Бритиш Эйрвейс» взять посылку и передать ее по адресу. Летчики, узнав, кому предназначается посылка, сказали, что сами отнесут ее — им хотелось посмотреть на живую легенду.

— Нет, — возразил Мэлор, — за посылкой придет наш собственный корреспондент Владимир Осипов.

Летчики чуть было не отказались.

Осипов отвез икру по назначению.

— Можно сойти с ума, — говорил ему Чарли Чаплин, разрывая сверток, в котором оказалась огромная кастрюля из известинской столовой, набитая льдом: Мэлор выпросил лед у уличной мороженщицы, — а кто-то говорит, что у вас «железный занавес». Я только вчера разговаривал по телефону с вашим главным редактором. Вчера вечером, а сегодня днем икра здесь.

И отдал главы из книги, и «Известия» вышли с этими главами прежде, чем воскресная «Таймс».

— У меня тут были особые амбиции, — сказал Аджубей, — мы воткнули перо главному редактору «Таймс», он только что был в «Известиях» и с чисто западным апломбом уверял, что наши газеты неоперативны. Так вот ему!

— Жалко, — сказал Олег, когда мы отъехали, — такой мощный человек — весь в прошлом. Травмирован. А сколько мог бы сделать!

Алексей Иванович Аджубей был сыном знаменитой московской портнихи, Нины Матвеевны Гупало. Уроженка Владикавказа, она в детстве, в 1906 году, была выслана вместе со всей семьей в Самарканд за то, что ее отец сочувствовал социал-демократам. Отец его, Иван Аджубей, был певцом и учителем пения, он расстался с матерью, когда мальчику было два года.

Знаменитую портниху навещали все московские модницы. Актрисы. Жены знаменитых писателей, среди них Елена Сергеевна Булгакова, прообраз героини «Мастера и Маргариты». И, конечно, кремлевские жены: Полина Жемчужина, Екатерина Ворошилова, Нина Берия.

Юноша Алексей встречал в доме матери не только кремлевских жен, но и кремлевских дочек: Светлану Молотову, Светлану Сталину, Раду Хрущеву. Но познакомился он с Радой в университете, где с разницей в пять курсов они учились на факультете журналистики.

Есть одна из университетских легенд: «На историческом факультете училась «небесная красавица» Ирина Скобцева. У нее был роман с Алешей Аджубеем. Па-

а — глаз не оторвать. А потом Аджубей встретил дочку Хрущева и пошел в зятья, но Ирина Скобцева не рас-
строилась — вышла замуж за Сергея Бондарчука и сня-
лась с ним в фильме «Отелло». Стала актрисой».

Говорит Алексей Аджубей: «Я вошел в семью Хрущевых в 1949 году, женившись на его дочери Раде. Ей
было двадцать два, мне — двадцать пять. Мы учились в
Московском университете, готовились стать журналис-
тами. По молодости не заглядывали далеко вперед. Мог
ли я предположить, что из молодежной «Комсомольской
правды» перейду в солидную официальную газету «Известия», на должность главного редактора?! И уж совсем нелепой показалась бы мне мысль о возможной работе вблизи Никиты Сергеевича».

Так-то оно так, да вот досужая молва зла и беспо-
щадна. Будь Рада Хрущева «небесной красавицей»,
молва и тут не пожалела бы Алексея Аджубея: народ
привык думать, что зятья в кремлевские семьи идут не
по любви, а за благами жизни. Не переубедишь. Тем более что Аджубей сам печатно признался в том, что в Москве они с матерью жили в тяжких коммунальных условиях, и Нина Теймуразовна Берия, узнав об этом, ужаса-
лась, но ничем не помогла им.

Где граница чувства и расчета? И можно ли усматри-
вать расчет в поведении молодого Аджубея, если он стал
мужем Рады в сталинское время, а в этом был немалый
риск. В любую минуту Сталин мог усмотреть в Никите
Хрущеве очередного врага народа и расправиться с его
семьей, включая Аджубея.

Расчеты царей и князей, когда они выходили за царевен и княжон, были достаточно циничны. София Палеолог, строительница Кремля, явилась замуж за Ивана
Третьего, не видя и не зная его. Иван видел лишь ее портрет, но ему льстило, что дочь изгнанника, Фомы Па-
леолога, византийского деспота, будет его женой. Ей,
эмигрантке, льстило стать московской царицей.

Они полюбили друг друга.

А вот песня из прошлого столетия:

Он был титулярный советник,
Она генеральская дочь,
Он робко в любви ей признался —
Она прогнала его прочь.

Рада не прогнала Аджубея. Умная женщина двадцатого века, она знала: быть кремлевской дочерью не великое счастье.

Мысль о расчете преследовала многие кремлевские семьи, старавшиеся оградить своих детей от «проходимцев, которые хотят устроиться». Вспомним историю Светланы и Каплера, реакцию Сталина на рискованные ухаживания кинодраматурга. Вспомним историю Юры Кагановича и девушки Таисии, которую не захотела пускать в семью жена Кагановича. И послушаем Алексея Аджубея: «Когда мы с Радой решили пожениться, Нина Петровна согласилась последней. И по отношению ко мне лишь через несколько лет сменила сдержанность на симпатию. В конце своей жизни, уже пройдя через все трудности, она меня уважала».

Значит, и мать Рады тоже могла предполагать расчет? Все они предполагали, чем нередко портили жизни своим детям, а если не портили, то омрачали их суровой сдержанностью, основанной на дурной кремлевской традиции: «нечего пускать всяких, не наших».

* * *

Как бы то ни было, именно при власти Хрущева его зять, Алексей Аджубей, прожил свои звездные десять лет.

Его слово стало законом для всего журналистского мира.

На него смотрели, как на полубога, от которого зависит все и, конечно, были не правы, но иллюзии неразрушимы: если он — зять Хрущева, то что ему стоит...

Алексей Иванович находился на самом верху правительственной пирамиды, защищенный именем тестя, и многое сделал для развития отечественной журналистики, переходя недозволенные границы, пользуясь своим неординарным положением.

Он увидел Лондон, Париж, Рим, Пекин, Калькутту, Нью-Йорк, Вашингтон и сам Голливуд. Ирина Скобцева «ушла в подсознание», но появилась иная возможность: повстречаться с другими.

Говорит Аджубей:

«Грейс Келли, Мэрилин Монро, Ким Новак — знаменитые американские актрисы, женщины грез, символы жизненного успеха, чьи туалеты, косметика, прическа, поведение, походка тиражировались в тысячах копий фильмов, в сотнях тысяч фотографий и рекламных проспектов, — в тот вечер, вблизи, отбросили заученные штампы, держались просто, расспрашивали о нашем театре, кинематографе. Только одной из них, Ким Новак (она внешне очень похожа на Скобцеву, — *Л.В.*), удалось в начале 60-х побывать в Москве. Навестила она и газету «Известия».

В «Известиях» была напечатана большая статья об актерской судьбе и смерти Мэрилин Монро. Ее написал Мэлор Стуруа. Тогда этот наш поступок шокировал ортодоксальную публику. Мне передали и резкое замечание Суслова — нечего лить слезы по миллионерше.

Тяжко дались миллионы Мэрилин Монро. (Эта фраза Аджубея смешна — Монро тяжко дались не миллионы, их она зарабатывала с легкостью, ее съемочный день оплачивался неслыханно — ей тяжко далась жизнь. — *Л.В.*) До сих пор Америка не знает, как и почему ушла из жизни эта блистательная женщина. Сама ли приняла смертельную дозу снотворного?

Погиб еще один человек, с которым я познакомился в тот вечер в «Беверли Хилл». Мы перекинулись с ним всего несколькими фразами. Он сам напомнит мне о первой встрече. Через несколько лет Джон Фицджеральд Кеннеди станет президентом Соединенных Штатов Америки, и мне придется брать у него интервью».

Сколько ностальгической амбиции в этом воспоминании!

Открытие Америки Аджубеем было скорее не открытием, а его продолжением. Юноша послевоенных лет не стал «стилягой», потому что был умен и дальновиден, но всегда в душе оставался приверженцем той жизни, которую удалось увидеть после войны через приоткрытый «железный занавес».

Хорошо знаю журналистов хрущевской эпохи, влюбленных в Америку, но пишущих против нее, чтобы иметь возможность быть или бывать там. Эта раздвоенность разъедала их души. Мэлор Стуруа теперь живет в Америке. Обрел ли он свою гармонию? Впрочем, Мэлор всю жизнь пишет стихи, а у поэта всегда есть возможность уйти в Небо от любой разочаровывающей его реалии, будь то Россия, будь то Америка.

* * *

Алексею Ивановичу Аджубею было всего сорок лет, когда рухнул мир Никиты Хрущева. Если судить по воспоминанию его шурина Сергея Хрущева — Аджубей долго надеялся, что «Брежнева скинут» и придет Шелепин. Но этого не случилось, а реальность оказалась унылой.

Говорит Алексей Иванович: «После нескольких недель неопределенности наконец-то нашелся редактор, который соглашался взять меня на работу. Под разными предлогами отказывались многие. Главный редактор журнала «Советский Союз» Николай Грибачев, побеседовав с членами редколлегии, сказал: «Пусть приходит». (Не парадокс ли? Сталинского, ортодоксального образца человек, который не мог быть приятным Аджубею в годы его могущества, не побоялся. Единственный! — *Л.В.*) Так я стал заведовать отделом публицистики данного издания, выходящего на 20 языках в ста странах мира. «Заведовать» — это, пожалуй, громко сказано. Весь штат отдела состоял... из меня одного. Впрочем, такой вариант в ту пору меня вполне устраивал. Очень скоро Грибачев предложил мне псевдоним. Так я стал А. Родионовым. (Не исключаю того, что Грибачев, прежде чем взять Аджубея на работу, «провентилировал» этот вопрос в ЦК партии. Думаю, так оно и было, если кто-то из бывших хрущевцев, скорее всего Анастас Микоян, сам не подготовил почву и, посоветовавшись с самим Брежневым, подсказал Грибачеву, словно приказал. В псевдониме Родионов я слышу отголосок имени Рады. Назваться Радионовым было опасно. Буква А намекала на нее. — *Л.В.*) Однако, распознали и Родионова. Пришлось уйти в «подполье». Договоры на те или иные журналистские работы заключали мои друзья, я выполнял заказ, они получали деньги и отдавали мне. Непростое занятие помогать таким образом своему собрату, и я очень ценю тех, кто шел на подобный риск. В это время я написал сценарии к нескольким документальным фильмам — об академиках Ландау, Прохорове, Несмеянове...

Постепенно я отучился писать от собственного имени. Не заготавливал записок в «стол», про запас в надежде, что наступит время, когда они смогут понадобиться. Завидовал тем, кто способен на такой гражданский подвиг. Знал, как тяжки их судьбы, как жестоко обходились с неугодными литераторами, отправляя их по диссидентским маршрутам.

И червь сомнения — да нужно ли кому-нибудь мое писание? — и страх за семью, детей, и внутренний цензор — все вместе взятое никак не вдохновляло».

Не позавидуешь. Посочувствуешь. Хотя в сталинские времена Алексею Ивановичу, попади он в такую же ситуацию, пришлось бы валить лес в Сибири. В лучшем случае.

* * *

Мечта сорокалетнего свергнутого Аджубея не сбылась. Он не вернулся на свой Олимп. Он дожил жизнь хозяином прелестной дачи в живописном поселке «Летчик-испытатель». Рада Никитична похоронила его.

Многие и сегодня помнят этот блистательный взлет — ни один кремлевский зять за все большевистские годы не обладал таким редакторским талантом, такой смелостью, таким мастерством журналиста, таким дарованием человека, любящего свой газетный коллектив.

«Эпоха Аджубея» — называют старые журналисты те десять лет.

Думаю, Алексею Ивановичу повезло дважды: первый раз, когда он женился на Раде и, став зятем Хрущева, использовал свои природные данные, второй раз, когда он, попав в опалу, смог опереться на женщину, о которой можно только мечтать: в трудную минуту она защитила его от звания зятя Хрущева своей выдержкой, волей. И любовью.

МЕСТЬ ЗА ОТЦА, ИЛИ БИТВА КНИГ ОБИЖЕННЫХ СЫНОВЕЙ

Вечная проблема отцов и детей, столь остро существовавшая в русской жизни и литературе прошлого века, с точностью названа романом Ивана Сергеевича Тургенева. Она показала победу отцов над детьми, а иначе и не могло быть во время, когда писался роман. Евгений Базаров — в этом имени есть намек на героя пушкинского романа в стихах: Евгений Онегин просыпал свои вольнолюбивые семена в разночинную среду. Но оба Евгения — герои разных времен, и это отражают фамилии. Там Онега, река, нечто текучее, неуловимое. У Тургенева базар, реальность и действие.

Тургенев умерщвляет Базарова, не зная, что делать с ним. Да и другие писатели его эпохи, хотя сама жизнь покажет, как преображаются в политиков вчерашние естествоиспытатели, не смогут, не захотят или поостерегутся выводить на свои страницы в качестве героев террористов и социалистов. Великие творцы девятнадцатого века уйдут либо в войну 1812 года, не доведя повествование до Сенатской площади, либо изобразят, как Достоевский, пародии на революционеров. А жизнь тем временем будет плодить их, чем дальше, тем определеннее.

Я перечитала роман «Отцы и дети», увидела в Базарове угаданные Тургеневым некоторые черты Дмитрия Каракозова... И подумала: Александр Ульянов действительно духовный сын Каракозова, он четко пошел вслед за ним.

В двадцатом веке наступили времена, когда отцов и детей смешали и разделили особые исторические события: из оппонентов они превратились во врагов.

Советская идеология предложила своему обществу тему отцов и детей в истории Павлика Морозова, мальчика, предавшего отца ради идеи, объявив Павлика образцом для подражания.

На протяжении большевистской истории отцы и дети должны были быть единодушны в преданности партии и правительству. Два афоризма: «Яблоко от яблони недалеко падает» и «Сын за отца не отвечает» противоречили один другому и на бумаге, и в жизни. Сталин на словах утверждал второй афоризм, а поступал согласно первому: дети отвечали за отцов с первой же минуты изгнания родителя из любых эшелонов власти. Особенно из кремлевского.

При Сталине дети Каменева, Бухарина, Троцкого, Уборевича, Тухачевского, Егорова и других — ответили.

При Хрущеве дети Берия, Маленкова и иже с ними тоже, пусть не так страшно, но ответили.

При Брежневе — и Сергей Хрущев, и Аджубей, и другие, еще мягче, — ответили.

* * *

Всякое действие рождает противодействие. Получив возможность в конце столетия проявить характер и вернуть врагам отцов сыновний долг, кремлевские дети пишут...

В последние годы вышли книги:

Сергей Хрущев. «Пенсионер союзного значения», 1991 год.

Андрей Маленков. «О моем отце Георгии Маленкове», 1992 год.

Серго Берия. «Мой отец — Лаврентий Берия», 1994 год.

Разные по объему, разные по мастерству изложения, они похожи, как братья.

Сначала речь идет о прекрасных предках, потом о самой семье, тоже без сучка и задоринки.

О матерях — самые высокие, но безликие слова. Нина Берия, Валерия Голубцова, Нина Хрущева выглядят в этих книгах как полотна художников социалистического реализма: имена разные, а картины на одно лицо.

Отцы? Можно смело в каждой из книг менять местами имена отцов — ничего не изменится: вместо Хрущева — Берия, вместо Берия — Маленков, вместо Маленкова — Хрущев или Берия.

Серго Берия винит во всех грехах сталинского общества и даже в репрессиях Маленкова и Хрущева. И делает это вполне убедительно, несмотря на общеизвестную репутацию его отца.

Андрей Маленков во всем винит Берия и Хрущева со товарищи, убравших его отца с главного места на вершине власти. И тоже убедительно.

Сергей Хрущев винит Берия и Маленкова и, конечно, возвращает Брежневу шипы, вонзенные им в сердце Никиты Сергеевича. Убедительно.

Случайно получился необычный трехтомник сыновней любви. Если заняться специальным исследованием всех трех книг, сопоставлениями фактов и событий, приведенных в них, можно увидеть множество противоречий, нестыковок, несоответствий, но, приведя их в некий порядок, нетрудно понять: история замарала всех. И чем больше сыновья убеждают общество в невиновности отцов, тем виноватее выглядят отцы в их пристрастных интерпретациях.

* * *

Строки из книги Серго Берия: «Наверно, это странно звучит, но мой отец был очень мягким человеком. Странно, потому что за последние сорок лет столько написано о допросах, которые он якобы проводил в подвалах Лубянки, о его нетерпимости к чужому мнению, о грубости. Все это, заявляю откровенно, беспардонная ложь.

Это по его мнению — в архивах есть его записка в Политбюро и ЦК по этому поводу — был наложен запрет на любое насилие над обвиняемым. Это он сделал все, чтобы остановить колесо репрессий, очистить органы государственной безопасности от скомпрометировавших себя активным участием в массовых репрессиях работников...

А тысячи и тысячи честных работников продолжали бороться с уголовной преступностью, как и прежде, работали в разведке и контрразведке...

Почему партия, вернее ее высшее руководство, расправилось с моим отцом? Потому что он затронул святая святых советской номенклатуры — основу Системы. Говорю так не для того, чтобы перед кем-то оправдать своего отца. Свои ошибки он знал и вину свою знал — она тоже была, — потому что нет особой разницы, разделяешь ты взгляды тех, с кем находишься в руководстве страной, или нет; голосуешь за что-то из личных убеждений или в силу каких-то обстоятельств. Да, мой отец не подписывал расстрельные списки, как это делал Ворошилов, не проводил массовые репрессии, как Каганович или Маленков, Хрущев или Жданов, но коль он был одним из членов политического руководства, ответственность безусловно лежит и на нем, на каждом из них. Он ведь и хотел, настаивая на созыве очередного съезда, справедливой оценки деятельности и своей, и коллег.

...После смерти Сталина отец все еще надеялся, что даже в условиях существующей Системы что-то можно изменить. Понимали, что необходима смена курса, и те, кто работал вместе с ним — Хрущев, Маленков и остальные. Но пойти на кардинальные перемены они не могли, потому что, убрав партийное начало в руководстве страной, как того *требовал отец* (выделено мной. — *Л.В.*), они сами бы оказались в оппозиции к всесильному во все времена партийному аппарату».

Вот что пишет о своем отце Андрей Маленков: «Судьба Георгия Максимилиановича — не только судьба человека, принявшего условия жесточайших олигархических игр и действовавшего согласно этим условиям (а именно так и только так преподносится он во многих публикациях), но, как я твердо убедился, сопоставив документы, прежде всего история человека, постоянно пытавшегося — и порой не без успеха! — перебороть обстоятельства и, насколько было возможно, повернуть их во благо народу, государству, отдельным людям. И если бы не это противоборство, которое исподволь, а то и открыто, велось отцом против сталинских сатрапов, то не сохранить бы ему душу живую, не выйти после смерти деспота с теми выстраданными втайне еще при нем, поистине демократическими реформами, которые стали первым шагом к краху тоталитарного режима, и не быть бы ему низвергнутым в 55-м году и отторгнутым системой в 57-м, когда его реформы впрямую затронули кастовые интересы правящей верхушки».

А вот слова Сергея Хрущева: «Отца чрезвычайно волновала проблема власти, ее преемственности, создание общественных и государственных гарантий, не допускающих сосредоточения власти в одних руках и тем более злоупотребления ею. Одной из ключевых проблем были выборы депутатов трудящихся. Вместо существовавшей системы выдвижения одного кандидата отец предлагал выдвигать нескольких, чтобы люди могли свободно выбрать лучшего; так появлялась реальная зависимость депутатов от избирателей...

Установление социальной справедливости за счет привилегий носило скорее морально-этический характер, поскольку решение экономических проблем от этого не зависело. Удовлетворить потребности в товарах можно было только их производством в достаточном количестве и нужного качества, а не за счет перераспределенных благ.

Принятые решения безмерно озлобили тех, кому грозило лишение привилегий. И что немаловажно, не только их самих, но *и их жен* (выделено мной. — *Л.В.*). Все это, в свою очередь, сыграло не последнюю роль в падении Хрущева».

* * *

Цитировать из книг сыновей можно без конца, сопоставляя, сталкивая факты, события, мнения и предположения.

Можно найти у всех троих авторов множество противоречий самим себе, к примеру: когда, показывая Маленкова неприверженцем Сталина, его сын оговаривается: «Сталин был уверен в личной преданности ему Маленкова». Не говорю уже об оговорках Серго Берия и Сергея Хрущева — их книги намного толще книжки, почти брошюры Андрея Маленкова.

Но при долгом чтении всех трех книг, в какой-то момент, во всем этом хаосе суждений и защитительных слов, начинает проступать одна, простейшая, как амеба, мысль: если Берия, Маленков, Хрущев хотели демократии, улучшения условий жизни народа, прав и законов цивилизованного общества, почему они не договорились? Не потому ли, что каждый хотел САМ воссесть и править? И насаждать свою «демократию», словно картошку при Екатерине? Картошка-то прижилась, но человек не картошка. Сила власти, воля силы не могли остановиться. Жестокие и жесткие амбиции, как всегда в человечестве, оказались превыше здравого смысла.

Все три книги полезны именно своими противоречиями. Но не только. Спасибо Серго Лаврентьевичу, Андрею Георгиевичу, Сергею Никитовичу. Они были правы, написав, что хотели. Отшумит наш век. И «монах трудолюбивый» найдет их усердный, небезымянный труд, отряхнет «пыль веков», увидит историю субъективной, предвзятой сыновней любви.

Немного? Не так уж мало.

Сын отвечает за отца, но вот что удивляет: их отцы воспитывали в обществе павликов морозовых, способных предать отца ради идеи, а в своих семьях воспитали совсем иных людей. Не потому ли, что матери — эти такие разные кремлевские жены в душе считали кормилицу-идеологию сущей чепухой и, внешне поклоняясь ей, придерживались дома вечных ценностей.

НИНА БУДЕННАЯ,
ИЛИ КТО СОЗДАЛ КОННУЮ АРМИЮ?

Работая над этой книгой, читая документы, встречаясь с людьми и размышляя над увиденным и услышанным, поняла я одну закономерность жизни кремлевских семей: чем меньше у кремлевского отца было явных или приписанных ему исторических грехов, тем свободнее чувствуют себя дети. Они открыты для встреч и рассказов о своей и родительской жизни. Каверзные вопросы не ставят их в тупик — менее всего хотят они обелить отца, скорее — понять его.

Болевая точка века — массовые репрессии. Новые времена судят того или иного вождя по мере его участия в них. Мера эта бывает преувеличена или преуменьшена, в зависимости от судьбы вождя. «Послужной репрессивный список» Берия много «богаче» хрущевского, но неизвестно, какими были бы оба списка, победи в 1953 году, после смерти Сталина, не Хрущев, а Берия, имей он возможность подчистить документы.

Если участие вождя в массовых репрессиях незначительно или его вообще нет, можно найти грехи в «одноразовых» репрессиях — история дает богатый материал о годах гражданской войны и борьбы внутри Кремля в двадцатых, тридцатых, сороковых годах.

Найти всегда можно. Ищут и находят. Но сегодняшние историки — люди пристрастные прежде всего к желанию утвердить, как истину, собственную политическую позицию.

Нужно время, чтобы осела пыль.

— Я Нину Буденную знаю и очень люблю, — говорит мне Борис Алексеев, ведущий программ радиостанции «Эхо Москвы», — мы вместе учились на факультете журналистики. Она была очень простая. Юлия Хрущева, ее подруга, ломаная, надменная, а Нину все любили за хороший характер и товарищеское отношение. Если Юлии кто-то писал ее обязательные на факультете заметки и очерки, то Нина все делала сама. Оглядываясь назад, могу сказать: никакого минуса не было в ней. Очень удачный человек из нее получился.

Охотно приглашала к себе домой, с удовольствием рассказывала про отца.

Помню, она рассказывала, как ее отцу приписывали изобретение знаменитой тачанки, но в действительности было не так, тачанку изобрел кто-то другой. Буденный взял идею. И сзади прилепил надпись — «хрен догонишь», а спереди — «хрен уйдешь».

* * *

Читаю рукопись Нины Буденной «Система». Это не попытка показать отца с лучшей стороны, а существенное добавление к нестройному и противоречивому хору современных историков, пытавшихся в XX веке идеализировать или ниспровергнуть легендарную фигуру Буденного.

Сила рукописи «Система» в ее конкретности. Нина не дает себе воли проявлять негативные эмоции по поводу обид в адрес отца. С хладнокровием профессионального журналиста она использует безотказный прием: цитата историка, с которым не согласна, а после нее — четкое изложение своей позиции. С опорой на факты жизни.

Вот несколько примеров.

Историк Ю. Геллер утверждает: «Планируя заключительную операцию против Врангеля, М.В. Фрунзе поставил в первый эшелон войск не 1-ю Конную, а 2-ю Конную Армию Филиппа Кузьмича Миронова... И через несколько лет все боевые заслуги его конармейцев приписали Ворошилову и Буденному».

Дочь Буденного отвечает: «Это неправда. В Перекопско-Чонгарской операции, в которой Фрунзе построил глубоко эшелонированный боевой порядок, обе Конные Армии составляли второй эшелон... 1-й Конной Армии дано было направление на Симферополь—Севастополь, 2-й — на Керчь... И вы нигде не прочтете, что Керчь брали буденновцы. Да, боевые заслуги мироновских конармейцев замалчивались, но Ворошилов и Буденный себе их не приписывали никогда».

Историк Геллер пишет: «Такого в РККА (Рабоче-Крестьянской Красной Армии. — *Л.В.*) еще не было: целую дивизию Конармии за бандитизм осудил трибунал!»

Дочь Буденного отвечает: «Такого в РККА действительно никогда не было. Это случай так называемого вранья — как говорил один из героев Булгакова. Но отправная точка для вранья, к сожалению, имеется».

И приводит документ — приказ реввоенсовета по войскам 1-й Конной Армии, из которого явствует, что, выходя из боя с белополяками, несколько полков одной из дивизий «учинили ряд погромов, грабежей, насилий и убийств».

В приказе перечисляются преступления бандитов, провокаторов, хулиганов и шпионов, которые «присосались к полкам в безопасном тылу», и говорится: «Товарищи красные бойцы, командиры, комиссары! Имя Первой Конной Армии опозорено. Наши славные боевые знамена залиты грязью и кровью невинных жертв...

В связи с чем Совет Первой Конной Армии постановляет: «разоружить и расформировать 31, 32 и 33 номера полков, из списка Первой Конной Армии исключить навсегда. Всех убийц, громил, бандитов, провокаторов и их сообщников из 31, 32 и 33 кавалерийских полков немедленно арестовать и предать суду Чрезвычайного Военно-Революционного трибунала».

Далее дочь Буденного приводит факты жестоких еврейских погромов, которые удалось остановить бойцам ее отца.

И так по всей рукописи.

* * *

— Нина Буденная никогда не приписывала отцу того, что ему не принадлежало, — сказал мне Борис Алексеев в 1996 году, много лет не видевшись с Ниной, исходя исключительно из воспоминаний юности.

Рукопись Нины Семеновны подтвердила его слова: она, например, решительно опровергла устойчивый слух о том, что Буденному принадлежит идея создания больших конных масс, утверждая, что эта идея принадлежит белому генералу Деникину, а Буденный лишь осуществил ее в Красной Армии.

Стремление Нины Буденной к правде не останавливает ее пера даже в том случае, когда оно может испортить отношения с давними друзьями.

Она пишет: «Именно Буденному в кавалерии мы обязаны тем, что у нас сейчас сохранились элитные породы лошадей. А то, как Буденный и его товарищи прятали табуны от ножей мясников, когда, догоняя Америку по мясу, Н.С. Хрущев решил пустить наше конское поголовье на колбасу, отдельный детективный рассказ».

А ведь Нина с детских лет ближайшая подруга внучки Хрущева, которой может не понравиться такое откровение.

Впрочем, откровения рукописи «Система» в наше время могут не понравиться многим из конъюнктурных соображений, чернящим то, что вчера обелялось. И наоборот. Не потому ли рукопись «Система» до сих пор не издана? Но, как известно, рукописи не горят и обладают способностью становиться книгами.

* * *

Сижу с Ниной в ее просторной квартире у Никитских ворот, рассматриваю детские и юношеские фотографии.

— Это как раз Куйбышев, эвакуация. Нас у родителей еще двое тогда было. Вот с ушами это я. А это я на коне.

— Когда отец впервые посадил вас на коня?

— Первый раз года в четыре попробовал. А лет с шести-семи я уже крепко в седле сидела. Он учил. Я всю офицерскую школу прошла. У меня вообще много фотографий, но с папой почти нет, потому что я сама всегда фотографировала, и проявляла, и печатала снимки...

— Отец с вами, детьми, занимался?

— Занимался. Очень. Мы все трое фехтовали. Отец владел оружием в совершенстве — у него ни одной сабельной раны не было, потому что умел отражать нападение. Мой брат Сережа даже был чемпионом Москвы по фехтованию. Среди юниоров. Мама нас на спортивные сборы не пускала. Под слезы всей секции.

В пятьдесят шестом году я окончила школу и поступила на факультет журналистики.

— А был какой-нибудь преподаватель на факультете, который на вас влиял?

— Нет, к сожалению. Я училась писать статьи и очерки уже после университета, когда пошла в АПН (агентство печати «Новости». — *Л.В.*) стажером. Года полтора стажировалась, потом стала редактором, потом старшим редактором, потом исполняла обязанности заведующей отделом, а потом, в семидесятом, в издательстве начался шурум-бурум, смена руководства, я каждый день переписывала чьи-то заметки бесплатно.

Вдруг выяснилось, что начальник, который был надо мной, выписал мне восемь рублей за работу. Тут и начали говорить: «Она нечестно поступает, выписывает себе деньги».

Я как услышала это, подала заявление и ушла на договор в журнал «Журналист».

Год я там проработала сначала на договоре за сто рублей в месяц, а потом на договоре без ста рублей. Все время искала себе службу, чтобы была связана с искусством, десять лет занималась им, писала о живописи и хотела продолжать в том же духе. Пошла в журнал «Культура и жизнь» — был такой при Обществе дружбы. Там я пять лет проработала, а потом друзья меня в издательство позвали. С тех пор, с 1977 года я бессменно в издательстве «Московский рабочий».

— В мое время, — говорю я Нине, — но не на филологическом, а на журналистике, училась очень красивая девушка. Ее портрет однажды был напечатан на обложке «Огонька». Так вот, говорили, что она жена сына Буденного. Меня это тогда вообще совершенно не интересовало, но я почему-то запомнила.

— Да. Она выходила замуж за моего старшего брата Сережу. Ненадолго. Родила ребенка, наша мать уговорила. Когда ему исполнилось шесть месяцев, она, оставив его нам, отправилась отдыхать. И на том кончилось. Он, считай, с полугода у нас живет, она его брала на какое-то время, потом опять отдала. Мама с папой даже хотели усыновить Алешу. Сережа счастлив не был...

Тут я напомнила Нине о том, что мне однажды, уже после выхода в свет «Кремлевских жен», позвонила незнакомая женщина и, плача, сказала, что я единственный человек, которому она может позвонить, узнав о том, что умер Сергей Буденный — главная любовь ее жизни, они даже почти не были знакомы, но она, если и была счастлива, то от того, что ее посетила такая любовь. Я дала ей телефон Нины Семеновны, посоветовала позвонить.

— Да, она звонила мне. Но что тут скажешь? Может, в ней было Сережино счастье. Он не узнал об этом.

— Вы не испытывали на себе косых взглядов, когда вашего отца стали «клевать»? — спрашиваю я у Нины.

— Я бы их просто не заметила. Я человек по природе жизнерадостный...

Но «косые строки» неправд Нина заметила. Не потому ли, что взгляды были направлены на Нину, а строки — на ее отца?

Боль за родителей сильнее своих болей.

* * *

Не тороплюсь удовлетворять читательское любопытство и рассказывать о личной жизни этой женщины. Из всех знакомых мне кремлевских детей Нина кажется самой не тронутой той системой, о которой она рассказывает в своей рукописи. Но знаю, если читатель дойдет до последних строк этой главы и не узнает некоторых житейских подробностей о Нине, то останется неудовлетворенным.

Греки сбондили Елену по волнам,
А меня — соленой пеной по губам, —

писал поэт.

Чтобы не осталось у вас на губах разочаровывающего ощущения соленой пены, рассказываю.

Первый раз Нина вышла замуж за известного актера Михаила Державина. Одного из участников популярной телевизионной передачи «Кабачок тринадцать стульев». В семидесятых, когда «Кабачок» с его забавным польским колоритом появлялся на экранах в каждой квартире, он был одним из немногих «заграничных проникновений» в нашу замкнутую телекультуру. Это влекло к экранам.

— Как вы познакомились с Державиным?

— Юлька Хрущева притащила. Она была уже замужем, а я сидела, смотрела в окно и вздыхала от неразделенной любви к человеку, который и не подозревал о моих чувствах. Как та женщина, влюбленная в моего брата. Подруга моя поняла — пора вмешиваться. Устроила вечеринку, на нее пришел Миша.

У нас с ним общая дочь, Маша, внуки. Девятнадцать лет прожили вместе.

Неделикатные вопросы затолпились перед моей записной книжкой. Почему разошлись? Кто был инициатором? Легко ли дался развод?

Нина Семеновна отлично видит мои молчаливые метания.

— Не буду об этом. Я сама все затеяла. Полюбила другого. Сейчас замужем за ним.

Второй муж Нины Буденной — она никогда не меняла отцовской фамилии — Николай Пономарев, известный русский живописец...

Все!

ЗАКЛЮЧЕНИЕ, ИЛИ ДЕТСКАЯ КАРТА ВО ВЗРОСЛОЙ ИГРЕ

У книги «Кремлевские жены» была особенность, которую замечали многие читатели, и я сама отлично знала ее: вся книга, как говорится, шла «не по восходящей, а под откос». По убывающей. После глав о женщинах, прошедших тюрьму и ссылку, повествование покатилось в быт и обыденность.

Но, «каков поп, таков и приход».

Каково время, таковы и герои.

Каковы Женщины, таковы и главы о них.

«Кремлениада» о детях имеет ту же тенденцию. Чем ближе к концу века, тем ординарнее личности на вершине власти, тем обыкновеннее их жизни, банальнее характеры и бледнее или карикатурнее лица их детей.

Удивительно или неудивительно — ни один сын, тем более дочь, советского вождя не достигли вершин власти?

Разумеется, неудивительно.

В двадцатом веке, в народном государстве, любое продвижение детей к рулю управления было немыслимо. Никто и не пытался. Могли ли большевики уподобляться царям? Аппарат власти исключал даже мысль об этом. Единственное, чем отцы могли помочь детям: облегчить своею властью путь к избранной профессии. Дети Сталина — Яков, Светлана и Василий оказались раздавленными отцовским прижизненным величием и его развенчанием после смерти. Хрущев, в противовес Сталину, пройдя через драму собственного старшего сына, изменил направление родительского компаса и легализовал «институт кумовства», в котором ничего плохого не было и который существовал всегда, но как бы «под сурдинку». Зять Хрущева Алексей Аджубей единственный вошел в сферы власти, куда дети советского Кремля прежде не входили, но из нашего времени Алексей Иванович видится более как советник по политическому имиджу, чем как советник по политике.

Преемник Хрущева Леонид Брежнев, осудив кумовство предшественника, действовал в его направлении еще более вольготно, и окружение, смелея, расхватывало куски.

Сталинская «проклятая каста» измельчала в брежневские времена, расплодилась, но количество родни не переходило в качество.

Апофеозом этого явления стало семейное застолье у Брежневых, где в центре стола сидели Леонид Ильич и Виктория Петровна. По его сторону — его родные и близкие, по ее сторону — сонм ее родственников. Она — отменная хозяйка дома, строго следила за тем, чтобы вся придворная рать родичей была удовлетворена «законным образом», чтобы его родственники не пересилили в привилегиях ее родственников. И, будучи женщиной очень привязанной к родне, ухитрялась, пользуясь занятостью высокопоставленного мужа, сделать поболее для своих, кровных. Но разве кто-то из тех и других известен как крупный деятель государственного масштаба?

* * *

Битва книг обиженных сыновей выявила любопытных документальных летописцев времени, пристрастных, необъективных, но нравственно защищенных своей задачей — защитить имя отца.

Вслед за ними двинулись со своими воспоминаниями и мнениями племянники, внуки, правнуки, дальние родственники. Многие не жили в те времена, многие даже в детстве не видели тех, о ком пишут, но в их словах проскальзывают характерные детали кремлевского быта. Среди этих мемуаристов защитников властных структур заметно поубавилось. Явилась мода клевать или поклевывать кремлевскую родню.

Племянница Брежнева, Любовь Яковлевна, в своей книге о дяде и тете, будучи родственницей со стороны Леонида Ильича, вольно или невольно мстит Виктории

Петровне, рисуя ее, как «вульгарную материалистку», вместе с дочерью опустошавшую спецмагазины. Она сообщает, что ее отец Яков однажды нажаловался брату Леониду о набеге на спецмагазин, а тот, придя домой, нашел ножницы и гневно, на мелкие кусочки разрезал покупки жены.

Запоздалый сталинский синдром скромности? Расправа с покупками, как вырождение расправы с людьми? Расправа Брежнева бессильная, гнев напрасный — время неумолимо вело и его, и всю страну к той перемене, внутри которой сегодня находимся мы.

Его дочь Галина и сын Юрий — последние кремлевские дети, в сущности, победившие отцов своим стремлением к отвержению всякой идеи, кроме одной: пока есть возможность быть богатыми, быть счастливыми, быть свободными, отдыхать где и с кем хочется, пить сколько влезет и забыть о коммунизме, который их отец в тесном семейном кругу припечатал такими словами:

«Вся эта чепуха о коммунизме — сказка для народа. Ведь нельзя же оставить людей без веры. Отняли церковь, расстреляли царя, должна же быть какая-то замена. Так пусть люди строят коммунизм».

Любовь Брежнева, Любовь Бронштейн — племянница Екатерины Ворошиловой (хотя внук Екатерины Давидовны и ее сноха не признают Бронштейн племянницей. — Л.В.), Нина Хрущева — правнучка Никиты Сергеевича и другие, как правило, женщины, съехавшие на запад, аспирантки американских университетов и колледжей, вчерашние толстушки, выхудевшие на дозированном, полезном для здоровья западном питании, все эти плясательницы на плитах памяти близких и дальних родственников — тоже летописцы своего времени, удерживающие из-за океана память предков, как возможность покрепче состояться самим в другом времени и другой стране.

Я далека от желания судить и обвинять их: чаще всего они, вскрывая «язвы кремлевской жизни», выговариваают факты и события, могущие быть материалом для будущих непредвзятых историков.

Каково время, таковы и люди. Нужно прислушиваться ко всем.

* * *

Предвижу вопрос: а кто же вы, автор «Кремлениады»?

Я не росла в Кремле. Ни деды, ни отец не были вождями. Не политик-кремленолог я типа Роя Медведева, Волкогонова, Авторханова или Конквеста.

У меня одна цель: через кремлевскую жизнь, бывшую тонусом всей советской жизни, понять, что случилось с семьей в XX веке, увидеть, куда отцы и матери вели детей, куда пришли дети, куда идут внуки.

У читателей «Кремлениады» есть также все основания спросить меня: почему в книге нет детей Брежнева, Андропова, Черненко и, конечно, Горбачева?

Во-первых, их судьбы в развитии.

Во-вторых, нельзя объять необъятное.

В-третьих, я писала не энциклопедию привилегированных детишек, а книгу-исследование, где моими героями стали лишь типичные лица, а начиная с дочери Брежнева, о пьянстве и страсти к драгоценностям которой неизвестно лишь тем, кто умер еще при Хрущеве, дети Кремля медленно растворяются во времени, теряя черты эпохи и нивелируясь в ней.

Впрочем, в каждой из этих нерассмотренных мною семей свои характерные повороты. Двойной портрет жесткого и в то же время интеллигентного Андропова дорисовывают его дети: двое от первой жены, двое — от второй. Владимир, оставленный отцом, никак не мог доучиться, прошел тюрьму, рано умер, и благополучный Игорь — блистательный дипломат.

Интересна фигура Ирины, самой младшей дочери Андропова, которая, будучи студенткой филологического факультета МГУ, использовала авторитет отца, чтобы помочь наладить трудный быт великого литературоведа Михаила Бахтина. Кстати, почти у каждого кремлевского дитяти есть свои заслуги перед обществом, когда они помогали, выручали, содействовали выдающимся людям, не способным жить «в порядке особого исключения».

Детская карта во взрослой игре все время меняла свой облик. Сначала Сталин использовал ее против родителей, желая держать их в страхе, потом, по мере ослабления внутрикремлевской напряженности, дети все чаще жили наперекор ходу партийной машины или же осторожно отходили подальше от все более наступающих на Кремль представителей средств массовой информации.

— Что сказать об Ирине Горбачевой, — говорят ее знакомые, — милая, скромная женщина. Такая, как все.

Семья Ельцина? Я не рассматриваю ее в своих книгах. Для меня «Кремлениада» кончается вместе с историей Советского Союза. Жена и дочери Ельцина — другая страница, и рано ее писать.

* * *

Мое поколение — дети века.

Деды века творили революцию. Все вместе. И царь Николай II, невольно создавая революционную ситуацию, и члены его правительства, и противоположная сторона — революционеры всех мастей. Отражали время в своих зеркалах люди искусства, творцы Серебряного века.

Анна Ахматова тогда накликала беду:

Все расхищено, предано, продано,
Черной смерти коснулось крыло...

Накликала.

Пришли отцы — Сталин со своими помощниками, Хрущев, Брежнев. Раздвоенные искусства отцовского времени — подобострастные, официальные рядом с ними, противостоящие, мучительные — отражали процесс.

Хрущев повел детей вперед, на простор, но завел в углы, ибо не знал дороги к простору. Следом за ним Брежнев старался удержать их в углах, а когда сын века Горбачев, не без осторожности, все же разрушил углы, то выяснилось: вперед идти некуда.

Простор впереди — лишь иллюзия, странный сон в летнюю ночь или дрема в зимние сумерки.

Кто-то побежал бы назад, но углы разрушены, а крепость бездомна. Впереди — неизвестность. Светлое будущее капитализма нелепо, как и светлое будущее коммунизма.

Кремлевские привилегии — главная отличительная черта небольшой группы людей от всего народа — не только разложили души, испортили характеры и изломали судьбы привилегированных, но и лишили целое столетие возможности сформировать не «проклятую касту», а гармоничный мир.

Боже мой, сколько грехов на счету графьев и князей, бояр и дворян, но разве их считают сегодняшние потомки, остатки аристократии, когда, гордясь, говорят: «Я из рода Нарышкиных! Я из семьи Воронцовых-Дашковых! Я из Закревских!»

Давно ли они скрывали благородное происхождение?

Наиболее смелые, вроде Евгения Джугашвили, гордятся сегодня именем Сталина. Наиболее совестливые из Аллилуевых хотели бы забыть это имя. Но кто из них прав? Каждый по-своему.

В сущности, все мы в XX веке — заложники власти, жертвы фанатизма Ленина, жестокости Сталина, непоследовательности Хрущева, неподвижности Брежнева, легкомыслия Горбачева, амбициозности Ельцина. Кто следующий?

По убывающей?

* * *

По убывающей... Нет.

Мой учитель, Михаил Трофимович Панченко, рассматривая столетие как временной цикл, имеющий соответствия с временами года, разделял век на четыре части.

Первая четверть — осень, рождение эпохи, торжество глобальных идей.

Вторая четверть — зима, перерождение эпохи, торжество социальных идей.

Третья четверть — весна, возрождение эпохи, торжество коммунальных идей.

Четвертая четверть — лето, вырождение эпохи, торжество индивидуальных идей.

Если творчески отнестись к этой схеме и увидеть подвижность и перетекаемость процессов, а также попытаться посмотреть на людей в соответствии с четырьмя временами века, то нетрудно заметить, что масштабы личностей находятся в прямой зависимости от своей эпохи, хотя меры добра и зла, в каждом отдельном случае, распределяются сугубо индивидуально.

Крупская с ее закабаляющей страстью построить в России царство свободы, с ее титанической оргработой и одиннадцатью томами сочинений, как ни относись к ней сегодня, недостижимо огромна в сравнении с Горбачевой, миловидной женщиной, возжелавшей построить у нас заграницу.

Бездетность Надежды Константиновны и Владимира Ильича символична: они породили век, сотворили всех нас — у них не могло быть обыкновенных деток. Кстати, и в других столетиях люди, сотворившие век, как правило, или бездетны, или трагичны в детях. Бог не дает им возможности благополучно продлить себя в прямом потомстве.

Александр I — одинок; Петр I, похоронив десять детей, опоминается лишь в бездетной Елизавете Петровне; Василий III лишь под конец жизни становится отцом, и то сомнительным; Иван Грозный, чье потомство иссякает к исходу XVI века; безличное Смутное время XVII века по определению бездетно; Василий I и его жена София дают слабого потомка, и положение XV века выправляется лишь во время эпохи возрождения, когда правит Иван III.

XX столетие, принесшее человечеству невиданный

технический прогресс, ни на шаг не продвинулось к человечности, и та слеза ребенка, о коей болело беспокойное сердце Федора Достоевского, продолжает дрожать на ресницах детей Кремля, кто бы они ни были: Светлана Аллилуева, при многочисленных потомках одиноко доживающая свой век среди бархатистых просторов Корнуолла, ее ровесница из Рязани, мешком выращенной ею картошки подкармливающая детей и внуков, опять не дождавшаяся пенсии за самоотверженный труд на производстве, которого уже нет, или годящийся им в правнуки вчера родившийся мальчик, которому суждено на новом витке земной истории повторить то, что уже было в первой четверти XX века...

Не найдя ответа на вопрос: «кто виноват?», ищем его в вопросе: «что делать?»

* * *

Завершается последнее десятилетие двадцатого века. Конец спирали. Пора внуков. Внуки века не оглядываются, чтобы понять, осмыслить, оправдать и осудить, не слишком интересуясь прошлым.

Старо. В веках внуки не желали осмысливать опыт поколений, оттого, становясь дедами и отцами нового столетия, совершали одну и ту же дедовскую и отцовскую ошибку. Какую?

История учит лишь историков. Творцы времени желают получить свой опыт. До них ничего не было — после них хоть потоп.

А если в самом деле потоп?

Стоп.

Пока мы, дети века, еще живы и помним прошлое, не все потеряно.

Ошибка, которую можно исправить... Какая?

Все та же: мы говорим «деды, отцы», будто не было за нами бабок и матерей. Были — веками в тени, на подхвате, исподволь помогали дедам и отцам в их жестоких мужских делах и несли страдания на равных.

Дети и внуки, восходя из ребяческой бесполости, живут по той же схеме.

В нашем необычайном веке женщина сильна, как никогда прежде. Она — всюду. Выполняет общественные функции не хуже мужчины. Все, кроме одной: у нее нет возможности со-решать государственные дела: запрещать войны, помогать в экономике, следить за этикой и экологией. Все, что делает она на этих поприщах, подчинено мужскому диктату. Вот — ошибка.

Как исправить?

Убывание окончено — новый век начинает нарастать. Мужчина и женщина могут вглядеться друг в друга. Ведь на земле есть только двое. Остальное надумано: партии, «измы», противостояния. Вдвоем мы создаем семью. Однобокое, холостяцки устроенное общество разрушает ее. Как исправить?

Не вместо мужчин — женщины во власти, а вместе с мужчинами. По образу семей созданные формы властных структур. Тогда и нравственные обличья людей наверху не будут уродливы. И кремлевские дети будут иными.

* * *

Утопия? Нет. Если все мы в этой стране, в XX веке изначально дети Кремля, с привилегиями и без оных, рожденные великим и страшным временем, и все, что происходило за стенами Кремля, происходило с каждым из нас, то у новых детей есть надежда: заглянув внутрь зубчатых стен, нетрудно понять, чего в будущем следует опасаться, а что — предупредить.

Каждый может сделать это сам. Время XXI века соберет всех вместе, если политико-экономические мужские противостояния или астероид «Икар» не уничтожат нашу цивилизацию.

Прощайте...

Краткая библиография

Аджубей А.И. Те десять лет. Москва: Советская Россия. 1989.

Аллилуев В.Ф. Хроника одной семьи. Молодая гвардия. М. 1995.

Аллилуева К.П. В доме на набережной. Альманах «Конец века». 1992.

Аллилуева С.И. Двадцать писем к другу. New York: Harper & Row. 1968.

Аллилуева С.И. Только один год. New York: Harper & Row. 1970.

Анненков Ю. Воспоминания о Ленине. Новый журнал. 1965. № 65.

Берберова Н.Н. Железная женщина. Russica publishers, inc. New York. 1982.

Берия С.Л. Мой отец Лаврентий Берия. Современник. М. 1994.

Бобков Ф.Д. КГБ и власть. Новости. М. 1995.

Буденная Н.С. Система. Рукопись.

Быстров С. Наваждение. Труд. 4. V. 1994.

Валентинов Н. Встречи с Лениным. Нью-Йорк: Издательство им. Чехова, 1953.

Валентинов Н. Выдумки о ранней революционности Ленина. Новый журнал. 1954. № 39.

Валентинов Н. Ленин в Симбирске. Новый журнал. 1954. № 37.

Восленский М. Номенклатура. London: OPI, 1990.

Геллер М. Машина и винтики. London: OPI, 1985.

Горький М. Владимир Ильич Ленин. Сборник воспоминаний о Ленине. Москва, 1924.

Друнина Ю.В. Судный час. Современный писатель. М. 1992.

Канкрин А.В. Мальтийские рыцари. Московский рабочий. 1993.

Колесник А.Н. Хроника жизни семьи Сталина. М. — СПб. «ИКПА». 1990.

Кравченко Г.С. Мозаика минувшего. Москва: Искусство, 1975.

Маленков А.Г. О моем отце Георгии Маленкове. НТЦ «Техно-экс». М. 1992.

Матвеева Н.Н. Мой таинственный дед. Рукопись.

Мастыкина И. Закир, сын Иосифа. Новый взгляд.

Медведев Р. Н.С. Хрущев. Дружба народов. № 7. 1989.

Попов И. Один день с Лениным. Москва: Советский писатель, 1963.

Разгон Л.Э. Непридуманное. Москва: «Книга». 1989.

Сванидзе М.А. Дневники. Рукопись.

Симонов К. Глазами человека моего поколения. Знамя. 1988. № 3—5.

Соломон Г.Р. Вблизи вождя. Ленин и его семья. Московитянин. 1991.

Уварова Л.З. Василий. Рукопись.

Ульянов Д.И. Очерки разных лет. Москва: Издательство политической литературы. 1974.

Ульянова-Елизарова А.И. О В.И. Ленине и семье Ульяновых. Политиздат. 1988.

Хрущев С.Н. Пенсионер союзного значения. Москва: Новости. 1991.

Чернов В. Перед бурей. Нью-Йорк: Издательство им. Чехова.

Чернова О. Холодная зима. Москва 1919—1920 гг. Новый журнал. 1975. № 121.

Чуев Ф. Так говорил Каганович. Москва: Терра. 1993.

Вождь, диктатор, хозяин. Сборник. Москва: Патриот, 1990.

Доднесь тяготеет. Сборник. Москва: Советский писатель. 1989.

Иосиф Сталин в объятиях семьи. Документы. Родина. 1993.

От оттепели до застоя. Сборник. Москва: Советская Россия. 1990.

Содержание

КРЕМЛЕНИАНА И КРЕМЛЕНИАДА

Вступление 7
Сад Детства и детский сад 11
Тайны детей Марии Бланк 23

ИГРЫ С ДЕТЬМИ БОЛЬШИМИ И МАЛЕНЬКИМИ

Сноха, или Два мальчика в одной матроске . . . 45
Мальчик и девочка после Парижа 72
Еще один мальчик... 75
Девочки без имени 77
Детки в клетке 86
Красный командир Кудрявцев и юный граф Канкрин . . 97

СЫНОВЬЯ И СЫНКИ ИОСИФА СТАЛИНА

Кавказский пленник 105
Принц Вася 127
Загадочный сын 160
Второй Василий? 186
Сомнительный сынок 194

ЧЕТЫРЕ ЗВЕЗДЫ НА ОДНОМ НЕБОСКЛОНЕ

Царевна Светлана, или Бегущая по земле 199
Окопная звезда 231
Соперница Токарская 242
Судьба племянницы Киры 256

КАПКАН ДЛЯ СЕМЬИ БУРЕВЕСТНИКА

Воспоминания об Италии 277
Максим и Тимоша 283
Марфа, или «Девушка и Смерть» 288
Баронесса 300

ПРОКЛЯТАЯ КАСТА

Великолепная пятерня 321

Спецпитание, спецлечение, спецдыхание, спецучение . . 331

Спецгоспода и спецслуги 344

«Диамара» 354

«Плесень» 361

«Испанец» из дома Кагановича 366

На сломе времени 376

КРУЩЕВСКИЙ ХОРОВОД

Месть за сына, или Тайна гибели Леонида Хрущева . . 386

Рада и Сергей — два полюса 404

Зять любит взять 413

Месть за отца, или Битва книг обиженных сыновей . . 422

Нина Буденная, или Кто создал Конную Армию? . . 428

Заключение 435

Краткая библиография 444

Литературно-художественное издание

Лариса Васильева
ДЕТИ КРЕМЛЯ

Редактор *Г. Рассказова*
Художественный редактор *А. Новиков*
Технический редактор *Н. Носова*
Компьютерная верстка *Е. Кумшаева*
Корректор *И. Ларина*

Подписано в печать с готовых монтажей 12.09.2002.
Формат 84×108 ^{1}/$_{32}$. Гарнитура «Академия».
Печать офсетная. Усл. печ. л. 23,52+вкл.
Доп. тираж 3000 экз. Заказ № 1000.

ООО «Издательство «Эксмо».
107078, Москва, Орликов пер., д. 6.
Интернет/Home page — www.eksmo.ru
Электронная почта (E-mail) — info@eksmo.ru

Отпечатано с готовых диапозитивов
в полиграфической фирме «КРАСНЫЙ ПРОЛЕТАРИЙ»
103473, Москва, Краснопролетарская, 16

По вопросам размещения рекламы в книгах издательства «Эксмо»
обращаться в рекламное агентство «Эксмо». Тел. 234-38-00

Книга — почтой: Книжный клуб «Эксмо»
101000, Москва, а/я 333. E-mail: bookclub@ eksmo.ru

Оптовая торговля:
109472, Москва, ул. Академика Скрябина, д. 21, этаж 2
Тел./факс: (095) 378-84-74, 378-82-61, 745-89-16
Многоканальный тел. 411-50-74. E-mail: reception@eksmo-sale.ru

Мелкооптовая торговля:
117192, Москва, Мичуринский пр-т, д. 12/1. Тел./факс: (095) 932-74-71

ООО «Медиа группа «ЛОГОС».
103051, Москва, Цветной бульвар, 30, стр. 2
Единая справочная служба: (095) 974-21-31. E-mail: mgl@logosgroup.ru

ООО «КИФ «ДАКС». 140005, М. О., г. Люберцы, ул. Красноармейская, д. 3а.
Тел. 503-81-63, 796-06-24. E-mail: kif_daks@mtu-net.ru

Книжные магазины издательства «Эксмо»:
Москва, ул. Маршала Бирюзова, 17 (рядом с м. «Октябрьское Поле»). Тел. 194-97-86.
Москва, Пролетарский пр-т, 20 (м. «Кантемировская»). Тел. 325-47-29.
Москва, Комсомольский пр-т, 28 (в здании МДМ, м. «Фрунзенская»). Тел. 782-88-26.
Москва, ул. Сходненская, д. 52 (м. «Сходненская»). Тел. 492-97-85
Москва, ул. Митинская, д. 48 (м. «Тушинская»). Тел. 751-70-54.

Северо-Западная Компания представляет весь ассортимент книг издательства «Эксмо».
Санкт-Петербург, пр-т Обуховской Обороны, д. 84Е
Тел. отдела рекламы (812) 265-44-80/81/82/83.

Сеть магазинов «Книжный Клуб СНАРК» представляет
самый широкий ассортимент книг издательства «Эксмо».
Информация о магазинах и книгах в Санкт-Петербурге по тел. 050.

Вы получите настоящее удовольствие, покупая книги в магазинах ООО «Топ-книга»
Тел./факс в Новосибирске: (3832) 36-10-26. E-mail: office@top-kniga.ru

Всегда в ассортименте новинки издательства «Эксмо»:
ТД «Библио-Глобус», ТД «Москва», ТД «Молодая гвардия»,
«Московский дом книги», «Дом книги в Медведково», «Дом книги на ВДНХ».
Книги издательства «Эксмо» в Европе: www.atlant-shop.com

ISBN 5-04-006759-3